U0140565

苏轼全传

洪亮 著

北京联合出版公司
Beijing United Publishing Co.,Ltd.

只 为 优 质 阅 读

好
读

Goodreads

目　录

山雨欲来 ------------ 1

士风初振 ------------ 13

地灵人杰 ------------ 33

名动京师 ------------ 47

两位"储相" -------- 69

签判凤翔 ------------ 87

熙宁变法 ------------ 101

西湖歌吟 ------------ 123

密州太守 ------------ 139

彭城日月 ------------ 153

历史悲剧 ------------ 171

桃源惊梦 ------------ 185

乌台诗案 ------------ 197

东坡居士 ------------ 209

赤壁词赋 ------------ 231

久戏风波 ----------- 259

翰林学士 ----------- 281

苏堤春晓 ----------- 299

宦海浮沉 ----------- 315

垂老投荒 ----------- 333

天涯芳草 ----------- 355

钟声永恒 ----------- 383

山谷道人 ----------- 419

余音袅袅 ----------- 453

代跋 洪亮：放逐与回归

文 / 张国功 ---- 469

山雨欲来

"陈桥兵变"——2月上旬——升平图——对待风雨，一个"戏"字——宋初的中央集权——外忧：与辽夏的争端——内患：冗官、冗兵、冗费——"积贫""积弱"：必然的趋势公元 960 年 2 月 2 日，陈桥驿。

夜色如墨，一场密谋在夜幕的遮掩下悄然进行。

这是后周都点检（禁军统帅）赵匡胤的行辕。赵因屡立军功，深受周世宗的赏识与信任。周世宗病逝，继位的恭帝年仅七岁。前一年深秋，风闻割据山西的北汉会合契丹，准备攻周。后周宰相范质等不辨真假，"仓卒遣将"，正月初一就决定派军权在握的赵匡胤前往抵御。赵于正月初三离开都城，当晚宿于开封东北四十里的陈桥驿。

北征前，京师已经风传"出军之日当立点检为天子"，"富室或挈家逃匿，独官内不知"。此夜，赵已醉眠帐中，他的弟弟赵匡义（后改名光义）却在军中频繁活动。诸将皆为赵匡胤的亲信，一拍即合，于是一起去找赵匡胤的掌书记（秘书长）赵普。赵普也说："主少国疑，安能定众？"天刚亮，赵普即带兵变将士来见赵匡胤，力劝他抓住时机，自立为帝。赵大帅尚未答话，一件黄袍已经披在他的身上，众将一起下拜，山呼万岁。

赵匡胤讲了一番世受国恩、于心不忍之类自谦的话后，接着厉声对部下说：尔等因贪图富贵而拥立本帅，必须听从本帅的命令，否则这个皇帝我不能当！随即约法三章：对后周的太后与幼主不得惊犯，对后周的公卿不得侵凌，对朝市府库不得侵掠；服从者有赏，违命者族诛。然后率军返京。开封守将石守信等也都是赵匡胤的"义社兄弟"，开门迎入。"入城之日，市不改肆。"

几乎兵不血刃，就更换了一个朝代。因赵匡胤在后周任归德军节度使的治所在宋州（今河南商丘），遂以宋为国号，定都汴京（开封）。

这便是历史上著名的"陈桥兵变"。

正月初四，即该年公历的 2 月 3 日，赫然载入了世界编年史。2 月在中国古代实属多事之"春"，仅以上旬为例：

2 月 4 日（1403 年），明成祖朱棣改北平为北京。明太祖朱元璋死后，其第四子朱棣发动"靖难之役"，从封地北平起兵南下，夺得帝位，改元

"永乐"，又迁都北上。

2月5日（249年），曹魏发生"高平陵事件"。魏明帝死后，文武大臣曹爽与司马懿共受遗诏，辅佐年仅八岁的齐王曹芳。曹爽对司马懿深有疑虑，暗中削其实权，并派自己兄弟统领禁军。司马懿见形势不妙，"称疾，不与政事"。曹爽不放心，派亲信李胜去"看望"。司马懿装痴卖傻，喝粥时让粥流满前襟，说话语无伦次。李胜回报曹爽："司马公尸居余气，形神已离，不足虑矣。"曹爽放松戒备，于2月5日（魏正始十年正月六日）陪幼王离开洛阳去谒祭魏明帝的陵墓（高平陵）。司马懿见时机成熟，下令关闭洛阳城门，占领军营武库，又亲率精锐扼守洛水浮桥，以断曹爽归路。这一切只发生于半天之间。事成，司马懿遣使去见曹芳，声称只想罢免曹爽，别无他求。但当曹爽交出兵权后，司马懿即以"大逆不道"的罪名，将曹爽兄弟及其亲信一网打尽，处以死刑，并诛灭三族。自此曹魏政权便归司马氏掌握。

2月5日（756年），同样在洛阳，安禄山登位称帝。

2月6日（1904年），日俄战争在中国领土上爆发。

2月7日（318年），汉王刘聪用药酒毒死已成为他俘虏的晋愍帝司马邺——司马氏的后代。晋愍帝被俘后受尽侮辱。一次，刘聪秋游出猎，命司马邺身穿戎服，手执长戟，为车马前导。又一次，刘聪大宴群臣，要司马邺为宾客洗爵斟酒；酒过三巡，刘聪要如厕，又命司马邺手提马桶盖，在他身边侍候。即便如此，司马邺也难逃一死，死时仅十八岁。历史就这样嘲弄着老谋深算的司马懿。

2月8日（1234年），金哀宗自缢，蒙古兵入城，金国灭亡。

2月9日（826年），宦官刘克明等将荒淫无度、日日以"打夜狐"（深夜狩猎狐狸）为乐事的唐敬宗杀死。

2月10日（589年），隋将韩擒虎攻入建康（今江苏南京），于胭脂井中俘获陈后主及其妃嫔。陈亡。

⋯⋯⋯⋯

这几张异代相接的日历，似乎浓缩了整个中国封建社会刀光剑影的历史。但毋庸讳言，"陈桥兵变"收拾了残唐五代那种乱糟糟的割据局面，使中国再度回归一统，从而建立了与"盛唐"并称的"隆宋"。

由于战乱的弭平，人民得到了一定的休养生息。以租佃关系为特色的新的土地占有方式与剥削方式（土地买卖、实物地租、契约关系等），使佃农对地主的人身依附相对松弛；加上圩田、荒地的垦辟，耕艺的改良，单位面积产量的提高，使农业发展大大超过了唐代。手工业如丝织、瓷器等呈现五彩缤纷的景象。造纸、冶矿等也有了长足的进步。商品货币的流通，更使一些大城市乃至中小城镇空前繁荣，夜市不禁⋯⋯印书业（木板、铜板）普及推广，布衣毕昇又发明了活字（胶泥）印刷术，火药与指南针（水罗盘）取得重大的技术突破，前者广泛应用于军事（火炮、火箭、火球等），后者促进了航海事业的发展。这三大发明对世界历史产生了不可估量的影响。马克思曾予以评论："火药、指南针、印刷术——这是预兆资产阶级社会到来的三大发明。火药把骑士阶层炸得粉碎，指南针打开了世界市场并建立了殖民地，而印刷术却变成新教的工具，总的来说变成科学复兴的手段，变成对精神发展创造必要前提的最强大的杠杆。"（《经济学手稿·机器、自然力和科学的应用》）

在数学、天文学、医药学等领域，宋代也居于全球领先地位。

英国著名学者李约瑟博士说："谈到十一世纪，我们犹如来到最伟大的时期。"他认为这一时期中国的"科学与文化都达到了前所未有的高峰"。

但"隆宋"并未"隆"于政治。

于是鲁迅先生辛辣地说："外国用火药制造子弹御敌，中国却用它做爆竹敬神；外国用罗盘针航海，中国却用它看风水。"（《伪自由书·电的利弊》）

祖先发明的印刷术，排出了中国血泪交织的痛史。千年后的今天，我写北宋的悲患与风流。

宋仁宗景祐三年十二月十九日（1036年1月8日），苏轼出生于眉山（今属四川）纱縠行的一户人家。其时赵宋王朝建立已近八十年，在"升平图"的背后，封建专制社会固有的弊端已开始显现。天边不时有电光闪闪，雷声隐隐。

苏轼既然选择了这个山雨欲来的时代，必将在成年后经受暴风雨的敲打（据他本人说，他生日摇篮的上方闪耀着不祥的星座——摩羯宫，与韩愈相同，注定要经受许许多多的磨难，碰上各色各样的流言），直到晚年再贬渡海，还被穷追不舍。当时他写过一首题目很长的诗：《行琼儋间，肩舆坐睡，梦中得句云："千山动鳞甲，万谷酣笙钟。"觉而遇清风急雨，戏作此数句》。一个"戏"字，可以概括他平生对待风雨的态度。诗中之句更显示他从容不迫的气概，有一种超常的人格力量融贯其间："……急雨岂无意，催诗走群龙。梦云忽变色，笑电亦改容。应怪东坡老，颜衰语徒工。久矣此妙声，不闻蓬莱宫。"

急雨好像有意激发他的诗兴，天上的云电也为他梦中得到的好句而改容变色，并对他年衰语工感到惊奇，而这妙句蓬莱宫中的仙人们已久未听过了。

自然的风雨化作内在激情，他的心灵与外界共有一种生命律动。浪漫主义精神在这里被表达得再淋漓不过了。清人汪师韩评此诗曰："行荒远僻陋之地，作骑龙弄凤之思，一气浩歌而出，天风浪浪，海山苍苍，足当司空图'豪放'二字。"

赵匡胤登基后，曾赋《咏初日》曰："一轮顷刻上天衢，逐退群星与残月。"的确，他是"卧榻之旁岂容他人鼾睡"的霸才，镇压了后周残余势力的反抗，削平荆南与湖南两个藩镇，又先后灭了后蜀、南汉和南唐。宋太宗即位，拿下北汉，吴越王钱俶又来归顺。不过与汉唐相比，赵宋版图最小，后晋石敬瑭出卖给契丹的燕云十六州仍在辽国手中，西夏也在宋辽之间朝秦暮楚。但在赵匡胤心目中，外部威胁远不及唐代藩镇割据、奴才欺主的教训更为深刻。藩镇之所以敢同中央皇室对抗，在于他们"既有其土地，又有其人民，又有其甲兵，又有其财赋"。为了防止别人也再搞一出"黄袍加身"，赵匡胤全面加强了中央集权制。除了将握有重兵的将领解除军职（即"杯酒释兵权"），又在各路设置转运使，将一路所属州县财赋，留下"诸州度支经费"，其余全部运至京城。这便是所谓"强干弱枝"之术。

进一步便是分化事权、互相牵掣之法，仅举几例——

禁军由"三衙"分掌，但"三衙"有握兵之权，却无发兵、调兵之权，后两权在枢密院，而枢密院又不能直接掌握军队。南宋朱熹曾说："枢密院号为典兵，仓卒之间要得一马使也没讨处。今枢密院要发兵，须用去御前画旨下殿前司，然后可发。"实际上，发一兵一卒都要皇帝画旨。

实行更戍法，让士兵经常换防，造成"兵不识将，将不识兵""兵无常帅，帅无常师"的状况。

提高御史台、谏院等台谏官的地位，许其风闻言事，纠举、弹劾各级高官，特别是宰执大臣。

为了安抚人心，赵匡胤保留了后周整套官僚机构，却不让留职人员有相应的职权，而是另派官吏，让他们在头衔上带着"知""判"等字眼，去行使实权。这样逐渐形成了官与职殊，名与实分，官、职、差遣分离的状况。"官"只表明一个官员的位品，作为领取俸禄的依据，"职"只是荣誉头衔，只有"差遣"才拥有行政权力。但对后者又实行三年一易的制度，使其频频调动，不得专权。

鉴于唐代科举中主考官与被录取的门生结成政治联盟、进行派系斗争的教训，赵匡胤下诏禁止进士及第者称主考官为"恩师"、自称"门生"；后又举行殿试，由皇帝亲自录取进士，录取者便成了"天子门生"。在重文轻武的宋代，科举是加强皇权的重要措施。

由于怕臣僚有自强之志，赵匡胤一方面鼓励他们"多积金帛田宅以遗子孙，置歌儿舞女以终天年"；另一方面倡导黄老之学与佛经禅理，以使士大夫少其奔竞之心。

宋初在地域上的广度虽有所减削，但统治的密度却大为增加。

宋太宗赵光义继承其兄"先本而后末，安内以攘外"的衣钵，曾说："国家若无外忧，必有内患。外忧不过边事，皆可预防，惟奸邪无状，若为内患，深可惧也。"

"若无外忧"的"若"字，很有意思，说明并非没有外忧。《宋史纪事本末》卷七载：赵匡胤于乾德三年（965）八月设置贮钱的"封桩库"，打算蓄满四五百万后，向契丹赎买幽燕之地；如果不成，"以二十匹绢购一胡人首，彼精兵不过十万，止费我二百万匹绢，则虏尽矣！"表明他把兵力消耗在对内作战上，待到勉强统一，已经没有向外进攻的锋锐了。

太平兴国四年（979），宋太宗鼓足勇气，乘灭掉北汉之势，移师攻辽，企图一举收复燕云地区。宋军初战获胜，但高梁河（今北京西直门外）一役遭到辽军夹击。宋军大败，太宗中箭，急乘驴车逃走，从此不再亲临战场。雍熙三年（986）宋军再次伐辽。东路军于岐沟关（今河北涿州西）溃败，西、中路军被迫后撤。西路军杨业由于得不到主帅潘美的支援，在陈家谷口（今山西宁武东北）战伤被俘，绝食三日而死。太宗从此放弃了收复燕云的计划，采取守势。辽国却转守为攻，不时南下侵扰。

景德元年（1004），辽承天皇太后、辽圣宗又大举进犯，回避了对一些城市的攻坚，直趋黄河岸边的澶渊（今河南濮阳附近），逼近宋都汴京，宋廷一片慌乱。大臣王钦若主张迁都升州（今江苏南京），陈尧叟主张迁都益州（今四川成都），只有新任宰相寇准等少数人力请真宗赵恒亲临前线，以振士气。真宗进入澶州后，两军处于相持局面，结果在当年十二月与辽国订立了"澶渊之盟"——（宋以辽承天后为叔母，每年向辽输纳银十万两、绢二十万匹），两国自此相对平静了一段时间。危机过后，王钦若转而攻击寇准，说他把真宗当作"孤注"一掷，订立耻辱的"城下之盟"。寇准因此被罢相。

宋与西夏的关系更令人头疼。北宋初年，党项族首领李继捧是一个比较软弱的人物，而宋太宗多少还有些树立威信的兴趣，通过一些谈判，继捧入朝，献出四州。但继捧的族弟李继迁闹了分裂，重新宣告独立，并向辽求援。辽立即册封继迁为夏国王，并把义成公主许配与他。宋太宗任命李继捧为定难节度使，并赐名赵保忠。保忠向宋廷保证继迁决心悔过，太宗又赐名李继迁为赵保吉。宋廷以为这样一来，西边仍然是赵姓的天下。可是，李继捧失败了，匹马逃回。李继迁则不管自己姓李姓赵，是继迁还是保吉，终于夺回祖先的地盘。真宗即位，承认继迁独立的事实，并授以节度使。继迁却看准了宋王朝的虚弱，向西扩张，拿下灵州（今宁夏宁武），不久将灵州改为西平府，建立了他的王国。李继迁后来战死，子李德明即位，在攻略河西诸州后与宋修好。宋册封德明为定难军节度使、西平王，每年"赐"银一万两、绢一万匹、钱二万贯、茶二万斤，并重开榷场，进行贸易。

德明死，子元昊继位，将都城兴州（今宁夏银川）升为兴庆府。宝元元年（1038）筑坛受册，国号大夏，并撕毁勉强维持了二十年的宋夏和约，屡犯宋境。宋朝在西边驻军三四十万，但因诸将直接听命于朝廷，作战时互不联络、相援，难以合力攻敌，三川口（今陕西延安西北）、好水川（今宁夏隆德北）、定川寨（今宁夏固原西北）三次战役，宋军大将刘平、石元孙被俘，任福、葛怀敏等战死，伤亡惨重。而辽兴宗又于庆历二年（1042），趁宋朝疲于西线战事，以武力恫吓手段，迫使宋每年赠送银十万两、绢十万匹。

庆历四年（1044），元昊在内忧外惧（时辽在边境筑城调兵）的形势下，愿与宋重订和约。双方议定：西夏取消帝号，仍由宋册封为夏国主；夏国对宋名义上称臣，宋廷则"岁赐"银五万两、绢十三万匹、茶二万斤。另在各节日和元昊生日，再"赐"银二万两、银器二千两、绢帛衣着等二万三千匹、茶一万斤。是时苏轼九岁。

外忧日甚，而宋代君臣仍以"天地父母"自居。吃了败仗，说是不屑与"犬豕豺狼相较"；进贡财物，说是"大富家舍施乞儿"。

宋太宗所谓的"内患"，是指臣僚政变、百姓造反。对前者，采取了上文所述的一系列防范措施。对后者，则袭用宋太祖的养兵制度，每年招募兵士，特别是荒年募兵，把大量饥民、流民，即所谓"失职犷悍之徒"，这些本来足以危害王朝基础的社会力量，转化为维护专制统治的军事力量。

而当时较为清醒的士大夫所认为的"内患"，则是冗官、冗兵和冗费三大公害。

以冗官而言，由于分化事权，互相制约，造成重床叠架的官僚机构。宋真宗时，文学家柳开以"十羊九牧"为喻，形容机构的臃肿。加以政权扩大科举，按考生总额十分之一的比例加以录取，社会上各式人等，连和尚道士在内，都来应试，"以一日之长决取终身富贵"。仁宗时更下令"试进士诸科十取其二"。北宋统治者想通过这种办法，让地主阶级各阶层的政治代表参加到政权中来，由此调节这个阶级的内部矛盾，加强封建专制的基础；同时也吸收少数平民，正如荒年募兵一样。

真宗时确定对官员三年一"磨勘"的考核制度，一般官员只要无大差错，每三年便可迁转一次，逐步爬上高位。而只要达到一定级别，都有"恩荫"亲属为官的特权。这种特权可使中上级官员的子孙、兄弟乃至亲戚、朋友、门客、医生，免试获取官职。

宋朝是一个官僚的乐园。中级官员，特别是高官的俸禄优厚至极。宰相、枢密使正俸中的月钱即有三百千之多，这笔钱可买一百余亩良田。月钱禄粟之外，又有春冬服、随从衣粮和餐钱，还有茶酒厨料、薪蒿炭盐、饲马刍粟、米面羊口之给等。清代赵翼在《廿二史札记》中评"宋制禄之厚"时说："恩逮于百官者惟恐其不足，财取于万民者不留其有余。"即便比较正直的大臣如寇准，生活也十分奢侈。他的侍妾蒨桃曾写过一首诗予以规劝："一曲清歌一束绫，美人犹自意嫌轻。不知织女萤窗下，几度抛梭织得成。"

冗兵，由于募兵养兵制而急剧膨胀。宋代兵士的口粮、月钱和衣服，数量颇为可观。此外还有各种特支、赏赐，戍边者有特赏，征行者有预支和额外添给。即使在正常情况下，一名禁军年支达五十千，厢军三十千。仁宗时蔡襄做过一个统计，朝廷百万大军的费用，占国家全部财政收入的六分之五。后来张载说："养兵之费，在天下十居七八。"朱熹也表达过类似的看法："财用不足皆起于养兵。十分，八分是养兵，其他用度止在二分之中。"

冗费与冗官、冗兵紧密相关。加之朝廷大兴土木修造楼堂寺观，仁宗后宫数千人，宫廷赏赐动以万计。赵翼提过这么一件事：古代冬至日皇帝一年一度的祭祀南郊，在宋代改为三年一次。为什么呢？因为每祀一次，"大小各官皆得荫子"，"此外又有赏赉"。因"浮费之多"，"不得不改为三岁一举"（《廿二史札记》）。这一切靡费，再包括每年缴纳辽、西夏的岁币及其他赠礼，使王朝出现了严重的财政危机，即所谓"积贫"局面。

为了扭转这种局面，统治者拼命扩大赋敛，加重徭役，残酷地盘剥与压榨黎民百姓，即上文所引"财取于万民者不留其有余"。而官员、豪强、大商人也利用各种手段兼并土地。仁宗即位时，品官形势之家占田已达天下田畴之半。土地兼并（高利贷是其重要手段）使"富者（有）弥望之田，贫者无立锥之地"，后来更发展到"一邑之财十（之）五六入于私家"。欧阳修在《原弊》中这样形容：农民"一岁之耕供公仅足，而民食不过数月，甚者场功甫毕，簸糠麸而食秕稗，或采橡实、蓄菜根以延冬春"。司马光在其所上《劝农札子》中，也描述了一幅惊心的场景："今农夫苦身劳力，恶衣粝食，以殖百谷。赋敛萃焉，徭役出焉。岁丰则贱粜以应公上之须，给债家之求；岁凶则流离弃乡，转死沟壑。"

这里提到了"徭役出焉"，宋代的差役极为繁杂，但官户可免，商人也大都"赋调所不加，百役所不及"，僧道、女户（女子为户主）、单丁（家中只有一个男丁）亦不负担。徭役按户等分摊。仁宗时，韩琦上疏："州县生民之苦，无重于里正、衙前（皆役名）。有孀母改嫁，亲族分居，或弃田与人，以免上等；或非命求死，以就单丁，规图百端，苟免沟壑之患。"韩绛也提到："闻京东民有父子二丁将为衙前役者，其父告其子曰：'吾当求死，使汝曹免于冻馁'，遂自缢而死。"

"古者刻剥之法本朝皆备"。（朱熹语）广大农民全然无力"举首奋臂"以求温饱，求生不能，赴死不甘，终于爆发了一连串的起义。而我们知道，按中国农民逆来顺受、忍苦耐劳的特点，必须在他们每一个人的最最个人利益受到侵犯时，他们才会做出这个对他们说来颇为艰难的决定。

远在淳化五年（994），宋太宗曾不无得意地对宰相吕蒙正说："朕躬览庶政，万事粗理，每念上天之贶，致此繁盛，乃知理乱在人。"不料吕蒙正避席对曰："乘舆所在，士庶走集，故繁盛如此。臣尝见都城外不数里饥寒而死者甚众，不必尽然。愿陛下视近以及远，苍生之幸也。"太宗闻言，"变色不言"［南宋·李焘《续资治通鉴长编》（以下简称《长编》）卷三五］。然而正是这个贫寒出身的大官僚吕蒙正，每顿饭喝的一碗鸡舌汤，就须杀成百只鸡。

最具讽刺意味的是，赵光义向吕蒙正夸耀天下太平之时，正是川蜀王小波、李顺起义之日。

积弱之势与积贫之势一样，在宋仁宗时也完全显露出来。由于对统兵将帅限制过多，使他们"不能自奋于一战"，再加上将不专兵和军纪不明，造成兵士骄惰不堪的积习。军兵"游嬉于廛市间，以鬻巧绣画为业，衣服举措不类军兵"（苏舜钦语）。"卫兵入宿，不自持被而使人持之；禁兵给粮，不自荷而雇人荷之。"（欧阳修语）骑兵不能披甲上马，射出的箭在马前一二十步就坠落于地。而随着商品经济的发展，文官武将也参与了对商业利润的攫夺。他们霸占住许多兵士为自己服役。陕西一带，禁军中有"匠氏、乐工、组绣、书画、机巧，百端名目"。京畿附近的禁军也多被武将、戚里权近之家占为仆隶。

如果说"积贫"带有两重含义，即"三冗"所造成的国穷，以及向广大人民转嫁危机所造成的民贫；那么"积弱"也有两层意思，即对内日益不能控制农民的反抗，对外无力抵御辽夏的侵扰。

天空风云变幻，大地激荡不安。民愤，还有士愤，在沉郁中潜动、勃发，而后者更唱出了烙有时代印记的痛苦歌声。

士风初振

依样画葫芦——士意识的复苏——寸怀如春风，思与天下芳——庆历新政——进奏院事件——以道弘诗，以道振文：范仲淹、王禹偁、苏舜钦——北宋诗学"转悲为健"的开始至道元年（995）四月，宋太宗准备任命吕端为相。有人说端为人糊涂。太宗曰："端小事糊涂，大事不糊涂。"吕端奉行黄老之说，从政要诀为一"静"字。太宗也经常阅读老子的《道德经》，曾对侍臣说："伯阳五千言读之甚有益，治身治国并在其内。"

上溯至太祖朝，由于官官牵掣，职权不明，加之俸禄优厚，循默之风已起。开国元勋之一、做过三任宰相的赵普，就反对来自下面的改革呼声。他在公厅的屏风之后放置两只大瓮，"凡人投利害文字皆置中，满即焚于通衢"。后来的宰相也多是通吏道、循规矩之流。当时有一则逸事：陶谷文章号称宋初第一，他嫌朝廷对待词臣待遇不丰，要求离宫。宋太祖说："此官职有甚难做，依样画葫芦，且做！且做！"不准许辞官，也不进用。以致陶谷题诗于玉堂："官职有来须与做，才能用处不忧无。堪笑翰林陶学士，一生依样画葫芦。"（见《续湘山野录》）

延至太宗，当然喜欢吕端这样"罕所建明"的宰执大臣。宋真宗时的宰相李沆，被称为宋代守成第一贤相，时人却给了他一个"无口匏"（无嘴葫芦）的绰号。他曾对同僚说："吾为相无他能，惟不改朝廷法制，用此以报国。"一次病重，真宗前去探望，问起国事，他说："不用浮薄新进喜事之人，此最为先。"

但朝中毕竟有一批出身较为清寒、头脑较为清醒的士大夫意识到了帝国的危机，要求改革弊端。这里说开几句。在中国古代社会的政治组合中，士阶层是一支举足轻重的力量。一方面他们博通礼、乐、射、御、书、数六种统治技能，拥有参政的实力与机会；另一方面由于他们具有建构和阐述政治文化的能力和兴趣，因而对每一项政治行动的决策、执行、评估都有影响。这就在客观上造成了二元结构的政治格局：一元是皇权官僚政治机器，一元是从政但尚未被这架机器完全同化以及在野的士阶层。纵观历史，不难发现在对皇权政治的认同中，士阶层仍竭力维护自己的理想和独立，坚持理尊于势、道统高于王统，不甘沦为皇权政治唯唯诺诺的工具。"为帝王师"与"格君心之是非"，是他们世代相承的美好梦想。孔子坚持"天下有道则见，无道则隐"，孟子提出"居天下之广居，立天下之正位，行天下之大道。得志，与民由之；不得志，独行其道"，"富贵不能淫，贫贱不能移，威武不能屈"。所以士只是在操作层面上作为官方行政管理的工具，在价值层面上往往奉行内圣外王的统一，从人格修养上推衍出仁政王道，这就难免与从自身狭隘利益出发的皇权政治发生冲突，并具有强烈的道德色彩，所谓"惟仁者宜在高位，不仁而在高位，是播其恶于众"。尽管大一统的政治不断造就对皇权的迎合与谄媚，但从整体上看，以天下为己任的士阶层则以不妥协的批判精神构成现实政治的反对力量，尤其在国难当头、社会板荡的危急时刻。而皇权为稳固自己的地位，对付士阶层也有两手，一是血腥镇压——焚书坑儒、党锢之祸、文字狱……二是高价收买——汉高祖说"从吾游者，吾能尊显之"，唐太宗说"天下英雄尽入吾彀中矣"（彀中，是弓力所及之处，用现代话说，是进入我的火力圈内。这个彀中是不可轻入的，进入后就要受到主子的驯养）……但这两手在实质上都是饮鸩止渴的自杀政策，当士阶层日趋萎缩，只能"无事袖手谈心性，临危一死报君王"，甚至连这一点也做不到时，统治机能也就被极大削弱，社会危机便更加激化，几乎可以断定：对士阶层压制最为酷烈之日，便是王朝面临崩溃之时。

文归正传。当时的国势尚未如此严重，君主还有一些纳谏的气度，甚至偶生变革的意向。至道三年（997），王禹偁上疏言事，特别指出"减冗兵并冗吏"。宝元元年，苏舜钦上书，直指仁宗"燕乐逾节，赐予过度"，"政事不亲"，"又府库匮竭，民鲜盖藏，诛敛科率殆无虚日，计度经费二十倍于祖宗时"（《宋史》本传）。宝元二年（1039），宋祁上奏言"三冗"：一是"有定官无定员"，"一官未缺，十人竞逐，纡朱满路，袭紫成林，州县之地不广于前而官五倍于旧"；二是"厢军不任战而耗衣食"；三是"僧道日益多而无定数"，"道场斋醮无有虚日"等（《景文集》）。庆历三年（1043），富弼上书："今则西戎已叛，屡丧边兵；契丹日强，且增岁币；国用殚竭，民力空虚，徭役日繁，率敛日重；官吏猥滥，不思澄汰；人民疾苦，未尝省察。百姓无告，朝廷不与为主，不使叛而为寇，复何为哉？……若犹因循苟且，尚务偷安，不练人谋，只求天幸，臣恐五代之祸不旋踵而至矣。"（《续资治通鉴长编》卷一四三）嘉祐四年（1059），欧阳修也在奏议中指斥因循之风："国家自数十年来，士君子务以恭谨静慎为贤，及其弊也，颓堕宽弛，习成风俗，不以为非。"

这些人中杰出的代表，便是范仲淹。

范仲淹（989—1052），字希文，吴县（今江苏苏州）人，幼时家境衰落，母子相依为命。他曾在长白山（今山东邹平市南）醴泉寺僧舍读书，"惟煮粟米二合作粥一器，经宿遂凝，以刀为四块，早晚取两块，断齑数十茎，酢汁半盂，入少盐，暖而啖之，如此者三年"（《宋朝事录类苑》）。他还是一名秀才时，就"以天下国家为己任"。

天圣五年（1027），范仲淹于丁忧期间"冒哀上书"，尖锐指出："朝廷久无忧矣，天下久太平矣，兵久弗用矣，士曾未教矣，中外方奢侈矣，百姓反困穷矣。朝廷无忧则苦言难入，天下久平则倚伏可畏，兵久弗用则武备不坚，士曾未教则贤材不充，中外奢侈则国用无度，百姓困穷则天下无恩。苦言难入则国听不聪矣，倚伏可畏则奸雄或伺其时矣，武备不坚则戎狄或乘其隙矣，贤材不充则名器或假于人矣，国用无度则民力已竭矣，天下无恩则邦本不固矣。"这篇洋洋洒洒的《上执政书》，最后概括为十八字方针：固邦本，厚民力，重名器，备戎狄，杜奸雄，明国听。十几年后，他推行"庆历新政"时答手诏十事即张本于此。次年十二月，因宰相晏殊的推荐，他出任秘阁校理，不久因谏止天子帅百官给章献太后献寿一事，弄得"晏殊大惧，召仲淹怒责之，以为狂"。仲淹正色曰："仲淹受明公误知，常惧不称，为知己羞，不意今日更以正论得罪于门下也。""殊惭无以应。"（《涑水记闻》）但范仲淹终因触怒了章献太后（真宗妻）而被贬为河中府通判。明道二年（1033）章献太后死去，他才被召回。时江淮、京东地区蝗旱，仁宗遣仲淹安抚江淮。仲淹开仓赈济，并报请朝廷蠲免庐州、舒州（今安徽潜山）的折役茶，江南东路的丁口盐钱。饥民有吃乌昧草充饥的，仲淹将此草带回汴京，请仁宗在六宫、贵戚中传观，"以戒侈心"。

不久，宫中又发生一起纠纷。尚美人、杨美人得宠，郭皇后气不过，一巴掌打过去，恰巧皇帝从中调停，巴掌批在皇帝颈上，留下道道红印。仁宗一怒之下，要废掉郭后。宰相吕夷简本与郭后有隙，此时便顺水推舟同意废后。范仲淹反感这种媚上行径，率谏官、御史责难宰相，结果被贬往睦州。富弼正服毕父丧，回京上书，以为"废嫡后，逐谏臣"，一举两失，非盛世之道，又言范仲淹"忠直不挠"，但无效。郭后被废，封为净妃，诏书言皇后无子，愿意入道，别居他宫。诏命颁布前，已令有关部门不得接受台谏的章疏。我们知道，宋代以前御史台主弹纠官员、肃正纪纲、监督官吏之职，谏官掌规谏讽谕、监督君王，而宋代则开台谏合一之端，御史、谏官事权相混，但只用来对付大臣，于君主则无能为力。此即为一例。

睦州属两浙路，现桐庐、建德皆为其辖所。范仲淹到郡不久，便为严子陵立祠，并作记："云山苍苍，江水泱泱，先生之德，山高水长。"南城学者李觏从五百里外前来求见。范将此记给李看，李建议将"德"字改为"风"字，因"德"字太实。范欣然接受。李觏后来成了大思想家，现代学者胡适称其为"一个不曾得君行道的王安石""王安石的先导"。无论"德"字还是"风"字，都表明范仲淹崇尚气节，力图以诗文弘道，或者说以道贯于诗文，振作士风，用以对付严峻的政治环境。半年后，他移知苏州，景祐二年（1035）又被召回，这绝不是什么皇帝的恩泽。封建时代的君王有他们心传的一套办法，绝不让一派单独执政，造成一边倒的局势，以致危及他们的皇位。仁宗总是安置一些对吕夷简不满的人在台谏位上，与之抗衡。当台谏与吕氏正面冲突时，他多半将谏官贬走。时隔不久又召回被贬者，官复原职甚至有所擢拔，鼓励他们再同宰相对垒，不断玩弄着"恩归于主""怨归于下"的把戏。凭着这种左提右挈的"人君之术"，他操纵臣下，安居宝座。

景祐三年，范仲淹向仁宗献《百官图》，标明哪些人该重用；哪些人不称职，必须贬抑。吕夷简发现自己巩固实力的班底被揭穿，老羞成怒，控告范仲淹离间君臣关系，并反诬范仲淹等人结为"朋党"。为相多年，他揣摩透了仁宗，知道仁宗最忌讳这一点。此招果然奏效。范仲淹再度被贬，知饶州（今江西鄱阳）。余靖上疏论救，"请追改前命"，也以"朋党"之罪坐贬。尹洙闻讯，说余靖与仲淹交情不深尚能如此，我与仲淹是师友关系，更应当连坐，岂能置身事外？于是也遭贬。当时的左司谏高若讷趋炎附势，公开声称范仲淹当黜。欧阳修忍无可忍，写下《与高司谏书》，痛斥他"不复知人间有羞耻事"。高若讷上交此信，遂致欧阳修以"妄形书牍，移责谏臣。恣陈讪上之言，显露朋奸之迹"的罪名，被降为夷陵（今湖北宜昌）县令。

范仲淹临行，亲友为其饯别。王质特别请仲淹多留数夕，"抵掌论天下利病"。王质是真宗朝名相王旦之子，朝中亲戚故旧甚多，但他从未迎合、顺从什么人，此次也不怕被诬为"朋党"。送走范仲淹后，友人秉承大臣的旨意，提醒他说："你与范仲淹都门会别，每一番笑语，每一顿酒食，都让人实录下来了。将来万一有党锢之祸，你第一个逃不脱呀！"王质回答："如果那些窥测者采录这些呈进上听，未必不是苍生之幸，岂止是我王质一人的光荣啊！"

大书法家蔡襄当时也写了《四贤一不肖》的长诗。四贤指范仲淹、余靖、尹洙、欧阳修，一不肖指高若讷。此诗一出，"都人士争相传写"，书贾当即刻印出售，竟获厚利。契丹使者也买了带回去，跟欧阳修《与高司谏书》一起，张贴于幽州馆内。著名诗人梅尧臣把范仲淹比为啄木鸟，啄去树上的害虫，却惹怒了园林主人："啄尽林中蠹，未肯出林飞。不识黄金弹，双翎坠落晖。"又写了一篇《灵乌赋》，婉劝他结舌钤喙，像凤一样，翱翔待时。范仲淹也答了一篇同名的赋，表示自己"宁鸣而死，不默而生"。后来两人来往较疏，且互存偏见，这可能是原因之一。

一场轩然大波，使宋仁宗等惊魂未定。殿中侍御史韩绛为巴结吕夷简，上书请求禁止百官越职言事，仁宗竟予批准。苏舜钦正服父丧，针对此举，上《乞纳谏书》，赞扬范仲淹"刚直不挠"，揭露吕夷简一伙"蔽君自任"、结党营私，认为要使天下久安，必须力戒"独览""杜塞忠良之口"，而"求众多之议"，使"佞人邪谋莫得后进"，更痛切地指出："若诏榜未削，欺冈成风，则不惟堂下远于千里，窃恐指鹿为马之事复见于今朝也！"仁宗置若罔闻。

这次范、吕之争耸动朝野，余波不息，固然说明了范仲淹的人格魅力，正如《宋史》本传所言，"每感激论天下事奋不顾身，一时士大夫矫厉尚风节自仲淹倡之"，更可见社会上求变革的呼声日益高涨，终于为范仲淹等复出推行新政做了有力的铺垫。

这一年，正逢苏轼来到人世。

饶州西面为鄱阳湖，晴朗的日子，望得见秀色可餐的庐山。但仲淹之心"介然如石""可裂不可夺"。在和老友的诗中，他有"寸怀如春风，思与天下芳"之句。后游庐山，又有《瀑布诗》："迥与众流异，发源高更孤。下山犹直在，到海得清无？……"

景祐四年（1037）六月，杭州大风，江潮冲天，毁坏千丈堤防；八月，越州（今浙江绍兴）大水，十二月二日，汴京地震。接着，河东路地震成灾，忻州、代州（今山西代县）、并州（今山西太原）死近两万人。一月之内，韩琦、叶清臣、苏舜钦等纷纷上书，和西汉时一样，他们认为天变是由于人事不修，朝廷必须纠正阙失。仁宗命执政移范仲淹知润州（今江苏镇江），余靖、欧阳修等也由贬地徙近了一些。宝元元年正月，范仲淹泊舟彭泽，谒狄仁杰祠。狄仁杰曾被来俊臣诬陷入狱，免死后降为彭泽令。范仲淹有感而发，为这位唐代名臣写下一篇碑文："天地闭，孰将辟焉？日月蚀，孰将廓焉？大厦仆，孰将起焉？神器坠，孰将举焉？……"一开头便道出对自己的期许。

宋在三川口大败后，仁宗下诏许臣庶上书议朝政得失。一晃四年，终于在外忧压力下重开言禁。正逢范雍因守边不力降调，韩琦推荐范仲淹替代。范是一个被说成搞"朋党"的人，推荐他是要有一些勇气的。韩琦以身家性命向皇帝担保："……若涉朋比误陛下事，当族。"这时吕夷简也复相（他罢相是由于同另一位宰相王曾不和，王斥他"纳赂市恩"）。也许是亲身体会到降黜的滋味，吕夷简不仅写信称赞范仲淹，更向仁宗提议，除恢复范的旧职，还应加官。范与韩琦同被任命为陕西经略副使（正使为夏竦）。范仲淹兼知延州（今陕西延安）。他整顿军队，训练士卒，修复堡塞，大兴屯田，招抚"熟羌"（当地的一种少数民族）。西夏兵称："小范老子腹中有数万甲兵，不比大范老子可欺。"西夏人管知州叫老子，大范老子指范雍。范仲淹还选拔了一批将领。行伍出身的狄青作战勇猛，临阵披头散发，戴铜面具，所向无敌。范对他十分赏识，并授其《春秋》《汉书》，说："将不知古今，匹夫之勇，不足尚也。"狄青努力研读，渐通兵法，后成为一代名将。范仲淹又委派种世衡在延州东北二百里处筑青涧城（今陕西清涧）。种"且战且城"，争天，争地，争人，但无水，不能驻兵。筑城时，凿地一百五十尺才见石。石工不肯打下去，断言井打不成。种世衡说：把石块击碎，一畚一畚提上来；上来一畚，赏一百金。重赏之下，碎石数层，泉涌而出。城成，"右可固延安之势，左可致河东之粟，北可图银、夏之旧"。四年后，种又奉命筑细腰城，城起而病逝。范仲淹为作祭文，叹曰："安得壮士之尽如君兮，守此西土！"

范仲淹强调这个"守"字，是估计了宋、夏双方的实力，认为只能打持久的防御战。韩琦则主张会兵出击。身为主帅的夏竦，遇事却不拿主意，只顾在军中与侍妾淫乐，而把攻守两策上报朝廷裁决（元昊悬募竦首，只出钱三千文，边人传为笑话）。结果，仁宗批准了韩琦的计划。韩琦于庆历元年（1041）二月，派大将任福率军一万八千深入敌后，企图截断进攻渭州（今甘肃平凉）的夏兵退路。夏军佯败，任福追至好水川。夏军在川里丢下几具银泥盒子。宋军只听到盒里有鸟鸣之声，不敢轻动。任福赶到，命令打开，霎时一百多只哨鸽飞出，盘旋上空。夏军见此信号，四面合围，宋军自任福以下死亡万余。

先前，在军中效力的尹洙曾对范仲淹说："公于此不及韩公也，韩公云：'大凡用兵，置胜败于度外。'"范对曰："大军一动，万命所悬，而乃置于度外，仲淹不见其可。"（《历代名臣传》卷二二）好水川大败，"琦还至半途，阵亡者之父兄妻子数千人号于马首，持故衣纸钱招魂而哭曰：'汝昔从招讨出征，今招讨归而汝死矣，汝之魂亦能从招讨以归乎？'哀恸之声震天地，琦掩泣驻马不能进。范仲淹闻之，叹曰：'当是时难置胜负于度外也。'"（《宋史纪事本末》卷三）

元昊得胜，更加猖狂，使人作诗投掷于宋境："夏竦何曾耸，韩琦未足奇。满川龙虎辈（宋军尸体），犹自说兵机。"但对范仲淹的防区，始终未敢轻犯。范仲淹守边有功，心情却并不舒畅。这表露在他的《渔家傲》一词中："塞下秋来风景异，衡阳雁去无留意，四面边声连角起。千嶂里，长烟落日孤城闭。　　浊酒一杯家万里，燕然未勒归无计，羌管悠悠霜满地。人不寐，将军白发征夫泪。"

不久，又来了一场无妄之灾。当时夏国虽胜，但死亡不少，财力也难以支持。元昊派人全保安军（今陕西志丹）求见范仲淹，试探和谈。使者高延德原为宋将，寨陷被俘归顺。范仲淹延见，并给元昊一信，信中追述了真宗以来的宋夏关系，三十年"禾黍云合，甲胄委尘"。又对元昊讲了八条"逆顺"之理。对元昊，他不是没有怀疑，但也不想绝了和议之路。元昊得书，不肯取消皇帝称号，回信十分傲慢。范仲淹看了，不敢转致朝廷，当着西夏使臣之面焚信，只录了一个副本，还删节了一部分，送往京城。朝廷认为范仲淹身为臣子，没有擅自与西夏通外交的权力，是欺君罔上。参知政事宋庠主张处范仲淹斩刑。枢密副使杜衍反对，说范忠心耿耿，原只想招纳西夏，不可办罪。吕夷简也帮范讲话。仁宗下令撤去范的经略安抚副使，降职调知耀州（今陕西铜川市耀州区）。到任后，范上书为自己辩解，说他不报西夏请和事是担心报了朝廷不答复，绝了和路；答复了，又使夏人更起轻视中国之心。在耀州不到两月，徙知庆州（今甘肃庆阳），提出攻守两策："用攻则宜取其近而兵势不危，用守则必图其久而民力不匮。"

终因边事日紧，庆历二年，范又被任命为邠州（今陕西彬州市）观察使。在文臣中，观察使相当于秘书监，但前者月俸二百千，后者只四十五千。范仲淹三上让表说：守边士卒一年也吃不到一次肉，生了病的不能打仗行军，便被丢弃，死便挖个洞掩埋了事；犯罪逃亡，抓到便杀，自己有时不忍，但又不敢慢法。这种情况延续下去，想要他们为国尽力是不可能的。我与他们之间已筑起一道墙，不知有多厚；已有一条沟，不知有多深。如果我接受"千金之赐""千钟之禄"，更会引起他们的忌恨，总有一天会寻机与我为难的。至于那些军官，在战场上出死力的，看到我受朝廷宠遇，又会怎样想啊？

在范仲淹的坚辞下，朝廷同意他仍以龙图阁学士之职担任边事。秋天，夏军又大举进犯，败宋军于定川寨。元昊乘胜长驱直入渭川，大肆掳掠，并扬言要"亲临渭水，直据长安"。范仲淹从庆州驰援泾州（今甘肃泾川），夏兵怕后路被截，迅速退去，北宋朝野这才松了一口气。范仲淹与韩琦共驻泾州。时谚云："军中有一韩，西贼闻之心骨寒。军中有一范，西贼闻之惊破胆。"

庆历四年，宋夏媾和。

庆历三年，吕夷简因病求退。知谏院孙沔上书，言其"黜忠言，废直道"，只知姑息求安；三次入相，正当西边用兵，老吃败仗，契丹又乘机要索；国用不足，法令常变，士民一片嗟怨；地方守宰称职者十不得一，吕夷简对这一切难辞其责，朝廷应重振纲纪。

仁宗为形势所迫，这次不以上书为罪。吕夷简也说："闻此恨迟十年。"三月，吕夷简被罢相。仁宗任命范仲淹为枢密副使、参知政事，与杜衍、韩琦、富弼同时执政，任命王素知谏院，欧阳修、余靖、蔡襄等为谏官，表明了改革弊政的意向。一时群贤毕集，朝野为之欢欣鼓舞。

范仲淹在受命赴京途中，读到国子监石介写的《庆历圣德诗》。诗中对新政人物热烈颂扬，直斥原枢密使夏竦为"大奸"。范读完，对韩琦说："为此怪鬼辈坏事也！"他们久居官场，深知宦海风波。而石介却书生气十足，从书本里看到一些封建社会的立身处世准则，对人对事往往按此标准提出要求，成败利害在所不计。他感情炽烈，爱憎分明，但也容易授人以柄。如诗中提到欧阳修与余靖时，石介以皇帝的口吻写道："万里归来，刚气不折。屡进直言，以补予阙。"欧阳修曾善意地规劝过石介，不要"自许太高，诋时太过"。顺便讲一句，石介还是宋初古文运动的先锋，他慨叹"文之弊已久""文之本日坏"，大倡尊韩，表示自己愿学韩愈的弟子李翱、李观，"先生唱于上，介等和于下；先生击其左，介等攻其右；先生犄之，介等角之"，力图使宋文与"大汉相视，巨唐同风"。但他痛心杨亿等人"蠹伤圣人之道"，因而弘道轻文，开了后来生涩险怪文风的先河。

回朝后，范仲淹等"日夜谋虑，以致太平"，指出朝政已到了"不可不更张以救之"的关头，继而提出了一整套政治改革的主张："一曰明黜陟，二曰抑侥幸，三曰精贡举，四曰择官长，五曰均公田，六曰厚农桑，七曰修武备，八曰减徭役，九曰覃恩信，十曰重命令。"（《答手诏条陈十事》）建议大部分为仁宗采纳。这就是有名的"庆历新政"。

新政一经颁行，因为直接触及盘根错节的官僚体制，损害许多贵族、旧臣、滥官污吏的利益，以致他们毫不犹豫地联手反对，而范仲淹却矢志推行。据载：有一次他查阅各路转运使的名册，见到不称职的，就用笔勾掉。富弼在旁说：你这样轻轻一笔，别人全家都要哭啊！范回答：一家哭总比一路哭好呀。他坚决罢掉那些官员。这样更招来了反对者们十倍的疯狂、百倍的仇恨。惯用的武器"朋党"，又摸出来了。尽管范仲淹对仁宗说："方以类聚，物以群分，自古以来邪正在朝未尝不各为一党，不可禁也，在圣上鉴辨之耳。诚使君子相朋为善，其于国家何害？"尽管欧阳修写下义正词严的《朋党论》加以驳斥，指出从本质上讲，"小人无朋，其暂为朋者伪也"，他们以利相合，也会以利相争，但仁宗还是动摇了。大官僚夏竦甚至收买石介家中的女奴，令其模仿石介的笔迹，抄了一封废立皇帝的诏书草稿，诬赖是石介代富弼拟的，并将此事加以散播，一时间闹得满城风雨。范仲淹、富弼难以自安，只好并请行边。庆历四年，范出任陕西、河东宣抚使，富出任河北宣抚使。韩琦亦自请补外。石介则被逐，于当年六月忧愤而死。但夏竦并未放过他，又制造谣言，讲石介并没有死，已逃往契丹，勾结外族，准备以富弼的京东兵马为内应，进军汴京。仁宗派亲信前往山东石介的家乡斫棺查验。石介家乡几万人担保介确已死，才免于发棺。富弼因被诬告，在由河北入京时被阻于都门之外，不许进城。这一夜，他想了很多，悔恨当初的激进，从此丧失了改革的勇气。

新政施行不到一年便宣告夭折。仁宗命令恢复旧的"磨勘""荫子"法。十一月，又发生"进奏院事件"，给新政人物第二次打击。苏舜钦是经范仲淹推荐而监进奏院的。此月，进奏院依京师俗例举办赛神会，苏舜钦吩咐把院中积存的所拆奏封废纸一并卖掉，用这笔钱办宴。席间还招了一群妓女奏乐侑酒，狂饮醉闹。又即席赋诗，内中一个年轻人王益柔酒酣耳热，写下一首《傲歌》，有"醉卧北极遣帝扶，周公孔子驱为奴"之句。当时太子中舍人李定（字仲求，洪州人）想赴宴，但苏舜钦没有答应，李定便去御史中丞王拱辰处告密。王大喜过望。苏舜钦本来就是"庆历新政"的斗士，既为范仲淹推荐，又是宰相杜衍的女婿。只要告倒他，岂不可以"一举网尽之矣"？苏最后以"监主自盗"的罪名被削职为民，"进不知富贵之为乐，退不忘天下以为心"（欧阳修语）的杜衍也被罢相，范仲淹被贬知邠州。

苏舜钦携妻儿离开京师，远适范仲淹的故乡苏州，在那里筑沧浪亭，唱出了"迹与豺狼远，心随鱼鸟闲"的愤歌。病逝时，年仅四十一岁。梅尧臣写诗赞他："其人虽憔悴，其志独昂昂。"

范仲淹则以一种更为优游从容的态度对待。他在知邓州时和友人诗，吟着"欲少祸时当止足，得无权时始安闲。心怜好鸟来幽院，目送微云过别山……"但这种优游从容，仍是他胸襟中至大至刚之气的外泄。这气，终于凝成了千古传诵的《岳阳楼记》。九百多年来，物质的岳阳楼几经兴废，而这座精神的建筑几乎没有一块木石松动剥落，永恒的忧患意识顺着每一根楼柱直冲霄汉，博大的仁者胸怀吞吐着浩渺的洞庭烟波。

滕子京任泾州知府时，"用公使钱无度"，徙知岳州（今湖南岳阳），重修岳阳楼。幼年，范仲淹曾随继父到过岳州邻近的安乡。这个滨湖的小县，在他童心中印下了洞庭湖的水光云影。谁知四五十年后，这壮丽的风光却渲染着他应滕子京之请在邓州写下的这篇名记。

文成，由苏舜钦书石。舜钦善行、草，是当时有名的书家，所书清瘦劲健。"居庙堂之高则忧其民，处江湖之远则忧其君"，是范仲淹一生行事的写照。而"先天下之忧而忧，后天下之乐而乐"，更成为当世后代志士仁人的毕生追求。"衔远山，吞长江，浩浩汤汤，横无际涯；朝晖夕阴，气象万千。此则岳阳楼之大观也。"何等气魄！"登斯楼也，则有心旷神怡，宠辱偕忘，把酒临风，其喜洋洋者矣！"何等洒脱！从以后苏轼的词赋中，我们不难看出此文的印记。顺便说一句，唐代的孟浩然也写过《望洞庭湖赠张丞相》，"气蒸云梦泽，波撼岳阳城"一联很有气势。但接下来他却说"欲济无舟楫，端居耻圣明"，认为闲居村野有愧于盛世，希望能得到张丞相（九龄）的引荐。孟浩然作品多冲淡夷和，但这里分明是热衷仕进了。"气蒸"二句与"欲济"二句并存一诗，造成了"象大于意"的情状，而范仲淹的这篇《岳阳楼记》却意象相称。

奉知杭州不到一年大饥，范仲淹以工代赈，发放浙西储粮，"工役千夫"修仓库、吏舍。又号召杭州寺主利用"工价至贱"的机会大兴土木，调动了私家的财力。作为太守，他"纵民竞渡""日出宴于湖上"，被上司斥为"嬉游不节""不恤荒政"，事实却是"贸易、饮食、工技、服力之人仰食于公私者，日无虑数万人"。后来这种"发司农之粟募民兴利"之法，被朝廷普遍采用。

范仲淹晚年又调知青州。青州距他度过童年、少年的地方不过百里。望远山起伏，少年读书处隐于其间。长白山的烟霞还是那么幻丽，那么可亲。对于这个情同桑梓的地方，一草一木、一水一石都在他的回忆中闪亮，有如新生的泉眼。但因政事烦冗，体力不支，再调知颍州（今安徽阜阳，这也是欧阳修的第二故乡）。皇祐四年（1052）初夏，范仲淹路过徐州时病倒，当时孙沔知徐，全力抢救，终因沉疴难起而逝。六十三年前的秋天，范仲淹生于徐州，现又回归于斯。他留下六百字的《遗表》，回顾一生"大忤权贵，几成废放"，感叹自己的所遇不公："事久弊则人惮于更张，功未验则俗称于迂阔，以进贤援能为树党，以敦本抑末为近名。"仁宗谥他为"文正"，就像对待晏殊等一样，只把他看作一个擅于辞藻的文人学士。

风驰电掣的战车停了，金戈铁马远去；得时行道的愿望挫了，是非毁誉不闻；洛阳的万安山下，埋葬着范仲淹的伟躯，也埋葬了一代英杰的改革之梦。

　　"庆历新政"失败了，北宋诗文革新运动则方兴未艾。宋建国之初，文坛延续着晚唐五代的风气，雕章琢句，无病呻吟，格调卑弱。晚唐五代的整体文化倾向，是一种以"悲哀为主"（范仲淹语）的萎靡形态。从历史上看，晚唐五代也是中国士大夫心理最为沮丧的时期。宦官、藩镇支配国运，士人阶层被从权力中心逐出，弥漫于诗文中的是一种末世之感。而宋代由于政治格局与社会矛盾的变化，一些面对现实的知识分子提倡恢复韩愈的"文以载道"的传统，如柳开、范质、石介等，但他们又以道为本，以文为末，走向另一极端，文章"辞涩言苦"。沈括在《梦溪笔谈》中记载了这样一件事。当时这一流派的两位文士穆修、张景上朝："待旦于东华门外，方论文次，适见有奔马践死一犬，二人各记其事，以较工拙。穆修曰：'马逸，有黄犬遇蹄而毙。'张景曰：'有犬死奔马之下。'"

　　真正为宋代诗文开风气之先的，最早是王禹偁，后来有欧阳修、范仲淹、梅尧臣、苏舜钦等。他们在政治生活中励精图治，在文化领域里以道弘诗，以道振文，作品有相当的艺术感染力。究其原因，除了本身的学养，还与他们强烈的忧患意识，以及在宦海沉浮中深切的感受有关。从这个意义上说，风格不仅因人，也因围绕着人的环境。

　　王禹偁（954—1001），字元之，济州钜野（今山东巨野）人，自小家境贫寒，以磨面为生。据说有一次，济州从事毕士安（真宗时位至宰相）写了"鹦鹉能言宁比凤"一句，命诸子作对，无人能答。少年王禹偁适送面粉至州衙，抗声对曰："蜘蛛虽巧不如蚕。"毕士安叹曰："子精神满腹，将且鸣世矣。"（《宋朝事实类苑》）他不仅聪颖，而且勤奋，其《清明》诗中的贫士便是其写照："无花无酒过清明，兴味萧然似野僧。昨日邻家乞新火，晓窗分与读书灯。"后来在太宗朝，王禹偁果以诗才而备受赏识，连连升官。在安富尊荣的环境中，他不免"春风老尽诗情淡"，但毕竟不是一个自甘无为的俗吏，刚直耿介的性格也不允许他窃位苟禄，随众俯仰。他终因为人辩诬，触怒太宗，被贬谪商州（今陕西商州），由此接触到下层民众的疾苦，写了不少反映现实的诗篇。之后他被召还京，不久又因"讪谤"之罪出知滁州（今安徽滁州，后来欧阳修在此构筑了其"醉翁的世界"）。这时他深感"报国惟直道"是难以在官场立足的。"四年两度黜""销尽百炼钢"，滋生了"何当解印绶，归以谢膏粱。教儿勤稼穑，与妻甘糟糠"的念头。真宗嗣位后，诏求直言。不甘寂寞的王禹偁又上疏陈奏五条政见，指出"冗吏耗于上，冗兵耗于下，此所以尽取山泽之利而不能足也"，提议：一、谨边防，通盟好，使辇运之民有所休息；二、减冗兵并冗吏，使山泽之利稍流于下；三、艰难选举，使入官不滥；四、沙汰僧尼，使民无耗；五、亲大臣，远小人。这些意见可说是几十年后范仲淹改革主张的先声。奏疏上达后，他被召回，但又受到宰相的排挤，出知黄州（今湖北黄冈，苏东坡步其后尘的贬所）。他悲愤异常，离京时向当权者发出"未甘便葬江鱼腹，敢向台阶请罪名"的质询。

在黄州，王禹偁以诗酒琴棋消忧解愤，最著名的散文是《黄州新建小竹楼记》，以寓居竹楼所领略到的风光与情趣，与上层统治者的奢华生活对比。小楼二间"夏宜急雨，有瀑布声；冬宜密雪，有碎玉声；宜鼓琴，琴调和畅；宜咏诗，诗韵清绝；宜围棋，子声丁丁然；宜投壶，矢声铮铮然……公退之暇披鹤氅衣，戴华阳巾，手执《周易》一卷，焚香默坐，消遣世虑，江山之外第见风帆沙鸟、烟云竹树而已。待其酒力醒，茶烟歇，送夕阳，迎素月，亦谪居之胜概也"。而那些崇楼华阁，"止于贮妓女，藏歌舞，非骚人之事，吾所不取！"在黄州住了两年多，王禹偁又奉命移任蕲州（今湖北蕲春），到郡未逾月而病逝，年仅四十八岁。谏议大夫戚纶为其作诔文，有"事上不邪曲，居下不谄佞，见善若己有，嫉恶过仇雠"之句，世以为知言。

王禹偁是有政治抱负的士人，很想根据儒家那套理想化的秩序模式干一番事业——"吾生非不辰，吾志复不卑，致君望尧舜"，然而因循现状的政局和忌忠直、喜谗谀的官场，却使他的主观愿望多次碰壁。尽管他表示"屈于身兮不屈其道，任百谪而何亏"（《三黜赋》），毕竟壮志未酬，郁郁谢世。但这种遭际使他成了北宋诗文改革的先驱，他自己也相信"贫久心还乐，吟多骨亦清。他年文苑传，应不漏吾名"（《览镜》）。他又说"本与乐天为后进，敢期子美是前身"，对杜甫、白居易十分推崇。其诗作既反映民瘼，又有可贵的自责精神。下雪时，"尔看门外饥饿者，往往僵殍填渠沟""胡为碌碌事文笔，歌诗颂圣如俳优"。又如"五族不力穑，终岁饱且温。虽非享富贵，亦以蠹黎元"。他的一些景物诗也往往有感而发，"平生诗句多山水，谪宦谁知是胜游""石挨苦竹旁抽笋，雨打戎葵卧放花"，表现了一种不屈不挠的精神状态。

王禹偁与柳开共倡韩柳古文，认为文章的功用在于"传道明心"。对五代文风，他感叹"可怜诗道日已替，风骚委地何人收"（《还扬州许书记家集》），并在自己的文章中力纠其弊。除上引诗文外，诸如《待漏院记》，描绘临上朝前两种官员的心态十分细微，一种"其或兆民未安，思所泰之；四夷未附，思所来之；兵革未息，何以弭之；田畴多芜，何以辟之；贤人在野，我将进之；佞臣在朝，我将斥之；……忧心忡忡，待旦而入"，另一种"其或私仇未复，思所逐之；旧恩未报，思所荣之；子女玉帛，何以致之；车马器玩，何以取之；奸人附势，我将陟之；直士抗言，我将黜之；……私心慆慆，假寐而坐"。

而前一种官吏往往反受排斥，于是王禹偁又学陶渊明，在《录海人书》中假借秦末海岛夷人的见闻，描写了一个与世隔绝的"桃源"：人不知有"五岭之戍""长城之役""阿房之劳""大半之赋""三夷之刑"，愉快地劳动生息。但从总体上讲，王禹偁始终是切入现实的。苏轼后来在《王元之画像赞并叙》中给予极高的评价："元之以雄文直道独立当世！"

这里对范仲淹、苏舜钦做些必要的补叙。范仲淹曾大声疾呼"救时文之弊",他在《唐异诗序》中评说"五代以还,斯文大剥,悲哀为主",又在《岳阳楼记》中提出"不以物喜,不以己悲",将个人的悲苦转化为国身通一、关心时政的弘毅怀抱。范诗是其人格的外化。清刚之气与清静之性构成其内刚外柔的艺术特色。气质清刚,用于立朝,故能"危言鲠论""不畏权幸";禀性清静,用于立身,故能荣辱升沉,不系于心。《秋香亭赋并序》是明志的:"时也秋风起兮寥寥,寒林脱兮萧萧。有翠皆歇,无红可凋。独有佳菊,弗冶弗夭。"贬官睦州时,途中留诗:"圣宋非强楚,清淮异汨罗。平生仗忠信,尽室任风波。舟楫颠危甚,蛟鼋出没多。斜阳幸无事,沽酒听渔歌。"忠而被谤,没有屈子的泽畔悲吟,只有听渔歌的雅兴,岂止不忧不戚,风险中还惦念他人:"江上往来人,但爱鲈鱼美。君看一叶舟,出没风波里。"晚年出知邓州,不见衰迈之气:"南阳太守清狂发,未到中秋先赏月。百花洲里夜忘归,绿梧无声露光滑。"到了杭州,观潮诗中又有奇句:"把酒问东溟,潮从何代生?宁非天吐纳,长逐月亏盈。"这一问和晚于他的苏东坡、辛弃疾问青天、问明月有同样的气势与妙想。

如果说范仲淹除以诗文传世,后人还记得他的一些政绩外,那么苏舜钦(1008—1048)这位"庆历新政"的斗士,则更多是以诗文革新的闯将而著称。进奏院事件前,他的诗与奏文一样,具有强烈的政论性与战斗性。如《庆州败》:"国家防塞今有谁,官为承制乳臭儿。"《己卯冬大寒有感》:"不知百万师,寒刮肤革裂。关中困诛敛,农产半匮竭。"他的壮志则是"马跃践胡肠,士渴饮胡血。……昼卧书册中,梦过玉关北"(《吾闻》)。我们仿佛听到岳飞踏破贺兰山缺的呐喊,看到陆游报国无门的悲愤。

当时还流传着苏舜钦以汉书下酒的故事。他住在岳丈家中,挑灯夜读,一夜竟饮酒一斗。岳丈杜衍感到惊奇:下酒菜没有看到,怎么喝呢?

第二天夜里，岳丈派人探个究竟。见苏舜钦朗读《汉书·张良传》。读到"良与客狙击秦皇帝，误中副车"时，拍案道："惜乎击之不中！"随即仰脖喝下一杯。读到张良对刘邦说"此天以臣授陛下"时，又拍案道："君臣相遇，其难如此！"则又满饮一杯。岳丈知后大笑："有如此下（酒）物，一斗诚不为多也！"（《中吴纪闻》）

但苏舜钦未能有如此的"君臣相遇"，后半生对世态看透："交道今莫言，难以古义责。锱铢较利害，便有太行隔。余生性阔疏，逢人出胸膈。一旦触骇机，四向尽戈戟。平生朋游面，化为虎狼额。谤气惨不开，中者若病疫。"（《过濠梁别王原叔》）更愤慨："庶得耳目清，终甘死于虎。"（《天平山》）这些愤世嫉俗的诗仍染有豪放色彩："老松偃蹇若傲世，飞泉喷薄如避人。""拟攀飞云抱明月，欲踏海门观怒涛。"《览照》诗云："铁面苍髯目有棱，世间儿女见须惊。心曾许国终平虏，命未逢时合退耕。……一生肝胆如星斗，嗟尔顽铜岂见明。"借镜抒怀，指斥宋王朝的昏暗，表明自己的磊落襟抱。最有名的自然是《淮中晚泊犊头》："春阴垂野草青青，时有幽花一树明。晚泊孤舟古祠下，满川风雨看潮生。"末句既写景，又倾泻自己的如潮心绪。

欧阳修在评论苏舜钦诗时说："子美笔力豪隽，以超迈横绝为奇。"又说："子美气尤雄，万窍号一噫。有时肆颠狂，醉墨洒滂沛。"的确，晚唐五代以来，我们很少看到这样雄放、这样勇猛抨击黑暗势力的诗作了。比起精致的"西昆体"，它虽然略显粗糙，但更有血色，更富于活力。

过去人们论唐宋之诗，往往以风格区分。但宋诗的健朗、拗峭、刚硬，其实更是风骨的表征。健，乃是本于诗人人格生命中的一种刚大之气，发而为诗文的一种人文境界。宋人诗论诗话中的一个突出命题，便是崇仰一种刚健有力、自强不息的人格力量。从这一点讲，唐人精神如海棠牡丹，宋人品性如秋菊寒梅。经以上王、泡、苏诸人的努力，开始了宋诗学"转悲为健"的历程。

祖籍绵州盐泉（今四川绵阳东）的苏舜钦因推崇杜甫，取字子美。他逝世时，苏轼十三岁。如果舜钦知道这位同乡少年将以豪放杰出的文词横绝一世，当会放歌九泉，并浮一大白，如他读《汉书》时那样。范仲淹逝世时，苏轼十七岁。苏轼在五十四岁时所作的《范文正公文集叙》中称："自以八岁知敬爱公，今四十七年矣。"苏轼以忠言谠论著于朝，形于诗，未尝不是受了范仲淹的影响。

仿佛天公的有意安排，又留下了北宋诗文革新的主将欧阳修、梅尧臣，使苏轼在二十二岁时受到他们的提掖。历史无情复多情，演出了一幕幕悲喜剧，既摧残英才，又造就人杰！

地灵人杰

眉山——《名二子说》——苏序——范滂传——苏洵——苦读与善读——童年情趣，少年游踪——文运昌盛的四川——八娘的婚姻悲剧——雏凤清于老凤声蓝色的岷江由北而南流贯眉山。这是一个不大的县城。它的西南有峨眉山，添一个"峨"字，自然雄峻多了。它的南面为乐山，乐山有世界上最大的石刻佛像。这是唐开元年间，一位名叫海通的和尚及其后继者统役工匠，先后用九十年时间依山凿成的，人称凌云大佛。这一山一佛逼仄得眉山更形渺小。但在北宋，眉山却石破天惊，一下子迸出了三位文学大家：苏洵、苏轼、苏辙父子。这个"山不高而秀，水不深而清"的小城顿时便伟岸起来，以至于时谚说："眉山生三苏，草木尽皆枯。"这当然是夸张，只是强调眉山的千年灵气钟于一时，蕴出美玉。

　　苏轼出生时，父亲苏洵二十七岁，家道小康，"有山田一顷，非凶岁可以无饥，力耕而节用，亦足以自老"（苏洵《上田枢密书》）。在苏轼之前，他的母亲程夫人曾生过三个女儿和一个儿子。长女不满周岁夭亡，次女十岁死去，长子景先也只在世上留了四个春秋。苏轼三岁时便成了家中独子。大约是鉴于二女一子的早天，苏洵为这个字子瞻的儿子又取了个"和仲"的字，讨个吉兆。单从体质上讲，这祈愿是应验了的。随着孩子的长大以及三年后苏辙的出生，知子莫如父的苏洵对这两位爱子的脾性渐渐了解。他在《名二子说》中，阐明为二子取名的缘由："轼乎，吾惧汝之不外饰也"，轼是车上用作扶手的横木，暴露于外（"子瞻"便由"登轼而望"的意思生发）；"是辙者善处乎祸福之间也。辙乎，吾知免矣"，辙是车轮碾过的印迹，既无行车之功，也免翻车之祸。这个判断又一次应验。苏轼豪放不羁，锋芒外露，一生屡遭贬斥，甚至差点招来杀身之祸。苏辙内敛沉稳，性情冲淡，虽也经历过一次次宦海浮沉，却不像兄长那样倔强任性，因而终能免祸，得尽天年。他们二人手足情深，忧乐与共，一以贯之，传为千秋佳话。

　　两人性格的形成，有一个重要因素。当时父亲正发愤攻读和游学四方，全家的担子由母亲肩起。程夫人不得不借助两位保姆，一是"工巧勤俭"的任采莲，二是"颓然顺善"的杨金莲。姐姐八娘与苏轼居长，自然由聪明灵巧的任氏抚育，可以互相打闹，随性发展。而抚育苏辙的杨氏，三十岁时以老处女的身份卖与苏家为婢，平时寡言鲜笑。苏辙往往孑然一身，无伴嬉戏。

任采莲是眉山人，侍奉程夫人三十五年，哺育过八娘与苏轼，以后还照料苏轼的三个儿子，"皆有恩劳"。她"从轼官于杭、密、徐、湖，谪于黄"，七十二岁时逝于黄州。苏轼为她写下墓志铭，敬重她"生有以养之，不必其子也；死有以葬之，不必其里也"。

苏轼的慨爽个性，恐怕在很大程度上得之于祖父苏序气质的遗传。据苏洵《族谱后录下篇》记载，苏序"性简易，无威仪，薄于为己而厚于为人，与人交，无贵贱皆得其欢心"。不管士大夫还是田父野叟，他都"曲躬尽敬"。他"出入不乘马"，"敝衣恶食处之不耻"。苏轼后来也曾向他的门生谈起祖父，说他平时以米换谷，在自家谷仓中存了三四千石，遇到荒年，开仓散谷，广及自家佃农与同村饥民。有人说何必谷，祖父说"惟粟（谷）性坚能持久，故可广储以待匮"，而米则容易霉坏。他还说祖父围绕自己宅第种芋头，保存起来，待"野民乏食时，即用大甑蒸之，罗置门外，恣人取食之，赖以无饥焉"。苏序蒸芋时自然不曾想到，他这种乐施好善的精神会和芋头一起，救活、濡养了他那最终流落天涯的孙子。苏轼最津津乐道的是这样一件事：当他的叔父苏涣（苏序的次子）中举的消息传来，祖父正在郊外饮酒取乐。他"露顶戴一小冠子如指许大，醉中取诰，箕踞读之毕"，随即将来人送至的官帽公服笏板等与封诰一起塞入布袋，把吃剩的牛肉丢进另一布袋，"令村童荷而归，跨驴入城。城中人闻受诰，或就郊外观之，遇诸途，见荷担二囊，莫不大笑"。正巧邻近亲家程文应（苏轼的外祖父）的儿子程浚也中举，大事铺张庆贺，见苏序如此行径，觉得很丢脸，当面讥诮苏序寒酸。苏轼评价这桩仕事时说，祖父"惟有识之士奇之"。（以上均见李廌《师友谈记》）

林语堂先生在《苏东坡传》中曾言："这位不识字的老汉的智慧才华，原是在身上深藏不露的，结果却在他儿子的儿子的身上光荣灿烂地盛放了。"实为精彩之论。但断言苏序不识字，恐非事实。曾巩在《赠职方员外郎苏君墓志铭》中，曾提到苏序"读书务知大义，为诗务达其志而已，诗多至千余篇"。当然，这里可能有事实也有夸张，因为这"千余篇"诗一篇也没有留下。但老人的一生便是一篇豪迈质朴的诗。苏轼为避尊讳，把自己作品中的"序"都改称为"引"或"叙"。苏洵那篇有名的《送石昌言使北引》，其实也是一篇序文。

　　苏洵出外游学，程夫人"罄出服玩鬻之以治生"，并承担课子的任务。她出身富家，十八岁归于苏门，安贫守志，"甘此蔬粝"。有人劝她向娘家求助，她只是笑笑说：央求父母，诚无不可，但易遭人误解，讲我夫君无力养活妻子。

　　苏轼两三岁时，程夫人教他读李白的《早发白帝城》，这是苏轼接触最早的文学作品，生命里便有了第一颗诗的种子。

　　"道德无贫贱，风采照乡闾。……门前万竿竹，堂上四库书"，这是苏轼后来的回忆。书堂前的树上常有鸟儿飞来栖息，程夫人禁止儿童婢仆捕捉鸟雀。有一种名叫"桐花凤"的小鸟，羽毛红绿相间，衔尾而飞，每当春暮桐花开时翔集庭院。清脆的鸟鸣，稚嫩的读书声，是童年的歌。

　　八岁那年，苏轼入乡塾读书。十二岁时，从汴京来了一人，把石介所作的《庆历圣德诗》拿给塾师看。苏轼"从旁窃观"，老师说：小孩子家知道这些干吗？苏轼回答：如果诗中写到的都是天人，我当然不敢闻知。但如果他们像我一样也是地上的人，为什么我就不能知道呢？老师见他出言不凡，大为惊奇，便对他详细讲解，使苏轼对范仲淹等人十分仰慕。（见苏轼《范文正公文集叙》）

　　课余，一次程夫人授读《后汉书·范滂传》。后汉朝政不修，宦官弄权。范滂与太学生结交，上书弹劾奸党。皇帝却下诏捕捉上书者，史称

"党锢之祸"。那时逃亡的党人，家家愿意收容，所谓"望门投止"，可见人民的同情。有人来给范滂报信，他不仅不走，反而自赴官衙。县令既惊奇又感动，自解印绶，要带他逃亡。范滂道：我死则祸灭，我怎么忍心连累于君，又令自己的老母流离失所呢！与母亲惜别时，他母亲反而慰勉他：既想有美名，又想求高寿，这二者可以兼得吗？范滂跪着听完教诲，再拜而辞，死于狱中，年仅三十二岁。十岁的苏轼听了，十分激动地问：我长大后如果做范滂这样的人，母亲会同意吗？程夫人回答：你能做范滂，我难道就不能做范滂的母亲吗？使苏轼"奋厉有当世志"。苏轼当时不知道范滂就是范仲淹的远祖，但一条精神血脉却在他周身流贯。这远比血缘关系重要。

对少年苏轼影响最大的，还是父亲。

苏洵字明允，号老泉。曾巩说苏洵"少独不喜学"，其实苏洵是看不起"属对声律"的时文。他几次应试不中，"遂绝意于功名而自托于学术""尽烧曩时所为文数百篇，取《论语》《孟子》、韩子（韩愈）及其他圣人贤人之文而兀然端坐，终日以读之者七八年"（苏洵《上欧阳内翰第一书》），从此胸次豁然，造诣日深。他的主要著作都是在二十七岁到四十八岁的苦读生涯后期完成的。他长于策论，文笔纵横，波澜壮阔，语言简劲，特别主张"不为空言而期于有用"。苏轼牢记父亲的遗训，"言必中当世之过，凿凿乎如五谷必可以疗饥，断断乎如药石必可以伐病"（苏轼《凫绎先生诗集叙》）。这使他一生受益，半世罹祸。

苏洵并不是闭门读书的书呆子。他早年游历名山大川，后又三次离蜀，结识了不少奇士。这些人志气卓然，文行两称，纵论当时朝政得失、文风走向，使居住在蜀之边鄙的苏洵大开眼界。特别是庆历五年（1045），苏洵赴京参加制策举人考试，因"庆历新政"失败而废止，他亲睹这次变故，感慨良多。他认为新政失败，从仁宗方面讲，是没有把范仲淹等作为"腹心之臣"，而"与之权轻""用之不专""一人誉之则用之，一人毁之则舍之"（《远虑》）；从范仲淹方面看，也有失策之处，"欲以岁月尽治天下事，失于急与不忍小忿，故群小人亦急逐之。一去遂不复用，以殁其身"（《上富丞相书》）。这在当时是很有见识的，并非关在书斋里的"空言"。

苏宅有三座木假山。苏洵曾作《木假山记》，这是他一生的自我写照："木之生，或蘖而殇，或拱而夭，幸而至于任为栋梁则伐，不幸而为风之所拔，水之所漂……其最幸者漂沉汨没于湍沙之间不知其几百年，而其激射啮食之余，或仿佛于山者，则为好事者取去，强之以为山，然后可以脱泥沙而远斧斤。"这三座木假山便是"最幸者"，走过了一条多么艰难曲折的道路啊！"予见中峰，魁岸踞肆，意气端重，若有以服其旁之二峰。二峰者，庄栗刻峭，凛乎不可犯，虽其势服于中峰，而岌然决无阿附意。呀！其可敬也夫，其可以有所感也夫！"嘉祐四年十月，他们父子三人赴京时曾将木假山带上，运至汴京所居南园庭内。苏氏父子先后去世后，木假山又由京城被运回眉山苏宅。不难想见，木假山其实是苏氏父子的精神支柱。

天资聪颖的苏轼有书皆读，每读不忘。"初好贾谊、陆贽书，论古今治乱不为空言。既而读《庄子》，喟然叹息曰：'吾昔有见于中，口未能言，今见《庄子》，得吾心矣。'"（苏辙《亡兄子瞻墓志铭》）他从贾谊、陆贽的作品中，学习写文章的论证方法，特别是他们敢于正视并介入现实的精神；读《庄子》后，领略了汪洋恣肆的文风，后来能酣畅淋漓地表达自己的思想感情。他并不以天分高而沾沾自喜，而是苦读不辍，少年时便能把《汉书》一字不漏地背诵，还将《汉书》手抄两遍，既加深记忆，又练习书法。后来谪居黄州，他又第三次手抄《汉书》。当时一位名叫朱载上的人去拜访他，他让朱载上考他。朱便从《汉书》中挑出一册，随便举出某段开头一字，苏轼马上滔滔背出整段文字，无一处停顿错漏。朱一连换上几册都是如此，不禁大为折服。

早年的死背，对苏轼后来大有好处。每当他向皇帝进谏或草拟诏书，引用史实绝不会茫然无措。罗大经在《鹤林玉露》中也说过："庄子之文以无为有，《战国策》之文以曲作直。东坡平生熟此二书，故其为文横说竖说，惟意所到，俊辩痛快，无复滞碍。"南宋叶适则称苏轼为"古今议论之杰"。当然，四川人机警善辩自古皆然，苏轼不过是其中佼佼者而已。此风延至近世。以一本《革命军》名世的巴县人邹容，"凡遇留学生开会，容必争先演说，犀利悲壮，鲜与伦比"（《中国国民党史稿·列传·邹容传略》）。邹容有文有言，更以行动殉了自己的事业。死于狱中时，年仅二十一岁。

苏轼不仅苦读，而且善读。晚年，他的侄婿向他请教读书方法，他回答："书富如入海，百货皆有之，人之精力不能兼收尽取，但得其所欲求者耳。"并具体指点：读时每次可从一个专题入手，比如想研究古今兴亡治乱及圣贤们所发挥的作用，就注重读这方面的内容。第二次，再去钻研事迹、史实、典章、文物等。然后，第三次、第四次……方法如上。"此虽迂钝，而他日学成，八面受敌"（见苏轼《又答王庠书》），对各方面的难题都可以应付裕如，与泛读大不一样。这便是颇为后人称道的"八面受敌"法。

除读书作文外，苏轼又爱好琴棋书画，曾言"凡物之可喜，足以悦人而不足以移人者，莫若书与画。……始吾少时尝好此二者，家之所有惟恐其失之，人之所有惟恐其不吾予也"，以致到了"薄富贵而厚于书，轻死生而重于画"（见苏轼《宝绘堂记》）的地步。苏家有一古琴——雷琴，琴上有蛇腹般的花纹，刻"开元（唐玄宗年号）十年造，雅州灵开材"字样。父子三人皆通琴理。苏轼也会棋，但棋艺一般。

十二岁时，苏轼在家中园内"与群儿凿地为戏，得异石如鱼，肤温莹作浅碧色，表里皆细银星，扣之铿然。试以为砚，甚发墨，顾无贮水处"。

苏洵见了，称之为"天砚"，并"因以赐轼，曰：'是文字之祥也。'"（见苏轼《天石砚铭并叙》）。苏轼对这块砚一直珍爱，并把它传给儿子。后来他的幼子苏过果然成了一位文学家，世称"小坡"。但与其说是"天砚"之功，不如说是父亲的栽培与生活的磨砺。"天砚"实"人研"也。

苏轼有诗云："我昔家居断还往，著作不复窥园葵。"这只是一个方面。他的童年、少年也和其他孩子一样天真活泼，展开纯洁的灵魂接受每一种印象。他与表弟黄犍般满山乱跑，寻找梨栗橘柚；或与弟弟出门，"有山可登，有水可浮，子瞻未始不褰裳先之。有不得至，为之怅然移日。至其翩然独往，逍遥泉石之上，撷林卉，拾涧实，酌水而饮之……"（苏辙《武昌九曲亭记》）他还爱种树："我昔少年日，种松满东冈。"种多了，便积累了经验。陈师道《后山谈丛》还专门记录了"东坡居士种树法"。在《和子由踏青》中，苏轼追忆了倾城出游的盛况：歌鼓惊山，遗食遍地，鸟儿纷纷飞下啄取，并不惧人。有一个道士，吹嘘他的符箓灵验，可使（蚕）茧大如瓮，羊肥如獐。行人虽然不信，但为图个吉利，姑且买符。道士得了钱就去沽酒，结果醉倒路上，还在胡吹自己的神符，颇饶谐趣。《和子由蚕市》回顾家乡每年二月十五的"蚕市"风俗，也目睹了人间的不平。"蜀人衣食常苦艰"，农家用一年的收获换一些用品，还受到商人的欺诈："市人争夸斗巧智，野人暗哑遭欺谩。"《馈岁》诗中，也忆及："富人事华靡，彩绣光翻座。贫者愧不能，微挚出春磨。"

七岁时，苏轼曾听一位九十岁的朱姓老尼讲述后蜀皇帝孟昶与他的宠妃花蕊夫人在宫中摩诃池上纳凉作词的故事。四十年后，他只记起词的开头两句，"冰肌玉骨，自清凉无汗，水殿风来暗香满"，并据此写成《洞仙歌》。少时他还结识了一位名叫巢谷的和尚。巢谷为他讲经，并传授他医术秘方，令他对江水发誓，不得再传他人。关于传奇人物巢谷，我们以后还将提及。

眉山城西为象耳山，相传山下滠水边，有一老妪要将铁杵磨成绣花针，启示过少年李白，也不能不启示少年苏轼。

十六岁，他就读于远郊栖云山，曾在连鳌山石崖上写"连鳌山"三字，大如屋宇。

他还到过嘉州（今四川乐山），登凌云山远眺，手拂大佛，神思逸飞。海通和尚从贵州云游至此，见山下三江（岷江、大渡河、青衣江）汇合处水流湍急，暗漩丛生，时有船覆人亡的惨剧，遂决意在山崖上凿一巨佛，以镇灾息浪。为此，他四方化缘，远达江淮，终于募到所需的款项，然后主持施工，不料当地贪官乘机勒索钱财。海通严词拒绝："自目可剜，佛财难得！"贪官以为戏言，威逼不休。海通当场挖掉自己一只眼睛，这才吓退对方。这种普度众生的胸怀、忠诚事业的决心、疾恶如仇的气概，当使苏轼血脉偾张。自然，他也许还吟诵过李白在此写下的名诗："峨眉山月半轮秋，影入平羌江水流。夜发清溪向三峡，思君不见下渝州。"

宋代邵博说过："天下山水之胜在蜀，蜀之胜在嘉州。"直到五十多岁，苏轼还深情地回忆起那次游历："少年不愿万户侯，亦不愿识韩荆州。颇愿身为汉嘉守，载酒时作凌云游。"

在《眉州远景楼记》中，苏轼有这么一段议论："始朝廷以声律取士，而天圣（宋仁宗年号）以前学者犹袭五代文弊，独吾州之士通经学古，以西汉文词为宗师。方是时，四方指以为迂阔。"后来事实证明，这"迂阔"正与欧阳修等人倡导的古文运动相合拍。唐宋八大家，苏氏父子占去了三家，这与他们受西蜀文风的熏陶有直接关系。

眉山在成都西南二百余里，秦汉时便为成都、乐山之间的交通要冲，地理位置的优越不仅带来了发达的商业，也促进了养蚕、缫丝、纺纱、织布等手工业的发展，奠定了古城的经济基础，进而使其成为了一座"千载诗书城"（陆游语）。大而广之，四川，特别是成都及其附近地区，自古文运昌盛。唐代魏颢在《李翰林集序》中说过："自盘古划天地，天地之气艮于西南。剑门上断，横江下绝，岷、峨之曲，别为锦川。蜀之人无闻则已，闻则杰出。"明朝何宇度在《益部谈资》里也说："蜀之文人才士每出皆表仪一代，领袖百家……岂他方所能比拟？"苏轼所指的"西汉文词"，自然包括生于四川的司马相如、王褒、扬雄。

晋时川蜀产生过上《陈情表》的李密、撰《三国志》的陈寿、著《华阳国志》的常璩。初唐则又出现开一代诗风的陈子昂。大诗人李白青少年时也在四川度过，他在诗文中坚持把蜀地称为自己的故乡。

非川籍而入川留下业绩的名人，首推诸葛亮了。他"开诚心，布公道""能尽时人之器用"，使国中"风化肃然"；他奖励农耕，造成"田畴辟，仓廪实"的繁荣气象；他用"和彝"的政策解决西南边事；"七擒孟获"促进了民族团结；他五次北伐，两出祁山，一心想完成统一中国的大业，以致鞠躬尽瘁，葬于汉中定军山，留下遗嘱云："因山为坟，冢足容棺，殓以时服，不须器物。"他的《草庐对》《出师表》成了文学史上的名篇。而他本人，则是苏轼一生的偶像。我们还知道，玄奘曾在成都受戒，"初唐四杰"（王勃、卢照邻、杨炯、骆宾王）也与四川有不解之缘。吴道子早年到过蜀地，后来唐玄宗听说嘉陵江景致，派他重游写生。回长安后，玄宗问他带了多少画稿，他说："臣无粉本，并记在心。"当场在大同殿壁上挥毫，一天之内绘完了"嘉陵江三百余里"的大好风光。《历代名画记》说他"因写蜀道山水，始创山水之体，自为一家"。后来玄宗不再神游，亲自去四川了，不过那是"安史之乱"所逼。他所见所闻，也只是"峨眉山下少人行，旌旗无光日色薄"。然而，"国家不幸诗家幸，赋到沧桑句便工"（赵翼《题元遗山集》），"诗圣"杜甫投奔彭州（今四川彭州）刺史高适，后在四川生活九年，留下了他的"草堂诗"和"夔州诗"，数量占他全部创作的一半。岑参与贾岛为四川留下了他们的作品，也留下了他们的身躯。刘禹锡学习川东民歌，唱出别开生面的夔州竹枝词："东边日出西边雨，道是无晴却有晴。"李商隐独听巴山夜雨，沉吟强颜为欢的"何当共剪西窗烛，却话巴山夜雨时"。白居易来到忠州（今重庆忠县）后，在城东小山东坡栽种花树，希望能见到"百果参杂种，千枝次第开"的乐园，又未曾忘怀政务："养树既如此，养民亦何殊。将欲茂枝叶，必先救根株。云何救根株，劝农均赋租。云何茂枝叶，省事宽刑书。"（《东坡种花》之二）他曾邀大批百姓去府内做客，一起围着酒坛吃"咂酒"（四川一些少数民族的习俗，用细竹管或空心藤条、草茎插入坛中，每人取一根吸饮），且歌且舞，在"蛮鼓声坎坎，巴女舞蹲蹲"中，体会与民同乐的真趣。离开忠州时，他留诗云："三年留滞在江城，草树禽鱼尽有情。何处殷勤重回首，东坡桃李种新成。"苏轼在黄州垦辟东坡，并以此自号，不无缘由。而白居易在忠州饱食荔枝，并修荔枝楼，又使人联想到苏轼的"日啖荔枝三百颗，不辞长作岭南人"。

大批文人的先后来川，使成都这个享有"江山之秀、罗锦之丽、管弦歌舞之多、伎巧百工之富"（卢求《成都记序》）盛誉的地方，又有了"天下诗人皆入蜀"的美称。晚唐五代中原大乱，韦庄等皆避难于此。"花间词派"的作家，如李珣、欧阳炯、孙光宪等，也多为西蜀人。四川还出过不少才女，"锦江滑腻蛾眉秀，幻出文君与薛涛"（元稹诗）。文君指卓文君。薛涛"容姿既丽，才调尤佳，言谑之间立有酬对"，与白居易、刘禹锡、元稹、张籍、杜牧、裴度、张祜、雍陶等著名文士皆有唱和。王建也有诗寄薛涛："万里桥边女校书，枇杷花里闭门居。扫眉才子于今少，管领春风总不如。"在侍酒伴诗的应酬生涯中，她虽有一颗迷人的芳心，却能洁身自好，曾吟竹言志："……多留晋贤醉，早伴舜妃悲。晚岁君能赏，苍苍劲节奇。"最难能可贵的是，她身为红粉女流，却关心国事。如《筹边楼》："平临云鸟八窗秋，壮压西南四十州。诸将莫贪羌族马，最高层处见边头。"当时李德裕任剑南西川节度使，因蜀地边陲战事频仍，建筹边楼，楼上四壁均绘以边区地图。李经常与将领在那里讨论战事。薛涛此诗，提醒诸将切莫轻易开战，应十分谨慎处理边事，保疆安民。所以明代胡震亨在《唐音癸签》中评她"工绝句，无雌声"。薛涛晚年屏居浣花溪，当地人多以造纸为业，她因喜作小诗，嫌笺纸幅大，就请人创制小笺，以深红、桃红、松花、云母等底色为主，时号"薛涛笺"，风行数代。韦庄有《乞彩笺歌》："浣花溪上如花客，绿暗红藏人不识。留得溪头瑟瑟波，泼成纸上猩猩色……"宋代司马光也有诗云："西来万里浣花笺，舒展云霞照手鲜。"另有一位才女，即上文提到过的花蕊夫人。宋灭后蜀，她随孟昶去汴京。在驿壁上题了半阕《采桑子》："初离蜀道心将碎，离恨绵绵，春日如年，马上时时闻杜鹃。"到达后，据说宋太祖问她为何不以身殉国，她口占一绝："君王城上竖降旗，妾在深宫那得知？十四万人齐解甲，更无一个是男儿！"

踌躇满志的宋太祖，自可对他的女俘滥施淫威，竟然想不到，另一位西蜀才女薛涛的《筹边楼》，仿佛是专为赵宋王朝而写的。否则，便不会如此得意了。

在平静美好的青少年时代，姐姐八娘的悲剧，震撼了苏轼的心灵，使他初窥现实的真相。

八娘及笄而嫁，丈夫是与苏涣同榜进士程浚的儿子程之才（字正辅）。婚后不到两年，她即遭虐待而逝，年不满二十。这对苏家刺激很大。直到八年后，苏洵还写了一首《自尤》诗，记叙这场不幸的婚姻。八娘生子，产后染疾，苏洵夫妇不断去程家探望、交涉，但只看到"此时汝舅拥爱妾，呼卢握槊如隔邻"，程浚正抱着小老婆赌博，哪管儿媳的死活。同时"狂言发病若有怪，里有老妇能降神"，不仅不延医诊治，反而叫来巫婆装神弄鬼，使病人不得安宁。苏洵夫妇没有办法，只好把女儿接回家来医治休养。八娘病情日渐好转。本来，程家以为她已病入膏肓，才同意她回娘家，免担干系。知她好转，又来人将婴儿抱走，还责备她不回夫家侍奉公婆。八娘涕泣无语，三天后就离开了人间。苏洵想诉诸法律，但法律是袒护豪门的。无钱无势的苏家，奈何不得三世为官的程家。苏洵想叩问苍天，但鬼神本属虚妄，不能为屈死者申冤雪恨，只有自谴自责：是你把女儿嫁去程家，祸由自取，何必怨天尤人。怀才不遇与爱女的惨死，使他悟出了："明珠美玉本无价，弃置沟上多缁磷。置之失地自当尔，既尔何咎荆与榛。"对一个有节有才者而言，必须自重自爱，择时而出，择地而处；如果饥不择食，轻易委身，或者看错了时机对象，使自己陷入沟壑，就该旷达自适，用不着埋怨人世间除不完的荆棘。这种看法也影响了两个儿子。而苏轼一生对妇女的尊重，恐怕也与痛感八娘的遭遇有关。

八娘逝后，苏程两家绝交。苏洵更潜心学问。此时家中已有书数千卷。洵亲自辑校，教育二子："读是，内以治身，外以治人，足矣。"（苏辙《藏书室记》）为人父者，日益把希望寄托在二子博取功名上，以使自己受伤的心灵不药而治。那由稚嫩而渐趋朗朗的读书声，也许会使他于陶然中想起李商隐的诗句："雏凤清于老凤声。"

名动京师

王弗——成都与张方平——雷简夫——韩琦、富弼——名动京师——力挽颓波的主考官——欧阳修——梅尧臣——苏轼的怀念也许苏洵认为，二子学业已就，即将宦游，所以先为他们安排了婚姻大事。十九岁时，苏轼与青神县乡贡进士王方之女、十六岁的王弗完婚。次年，苏辙结亲。王弗是个贤淑的妻子，谨奉翁姑，体贴丈夫。起初她并不言明自己知书，只在丈夫读时陪着"终日不去"。后来苏轼偶有所忘，她就从旁提醒。这使苏轼大为惊喜，便问她其他书，她也"皆略知之"。还常常鼓励丈夫："夫学者不患才不及，而患志不立。"苏轼后来任凤翔签判时，她更显示自己在务实际、明利害方面，似乎远胜丈夫。苏轼与客人在堂上交谈，她则在屏后留意，待客人走后，根据此人言谈评论其品质。凡是模棱两可只顺着苏轼意思说话的人，她都劝轼远之。那些急于同苏轼亲近的人，她常说"恐不能久"，与人交往得快的人往往抛弃朋友也快。（见苏轼《亡妻王氏墓志铭》）这些判断常常得到验证。林语堂先生在《苏东坡传》中说："我想苏夫人的这种智慧是自'君子之交淡如水'得来的。水没有刺激的味道，但是人永远不会对之生厌。"可惜这位贤内助婚后十一年便病逝了，留下一个孩子苏迈。她一死，苏轼便开始在仕途颠踬失意，仿佛她是苏轼的守护神一般。

至和二年（1055），苏洵带二子去谒见镇守成都的张方平。

苏轼与弟弟第一次来到大都会，兴奋异常，游碧鸡坊、大慈寺、濯锦江、万里桥。大慈寺的壁画给苏轼留下了深刻印象，他尤其喜爱大画家孙知微在此寺寿宁院壁上兴到神至画成的湖滩水石四堵，认为有"输泻跳蹙之势，汹汹欲崩屋"之态。后来苏轼曾请名画家蒲永升为他临摹多幅，在外做官时一直带在身边。

游成都后，他还去过青城，品尝了郫筒酒，记下了"老人村"的事迹。后在《和桃花源诗并引》中说："蜀青城山老人村，有见五世孙者。道极险远，生不识盐醯，而溪中多枸杞，根如龙蛇，饮其水故寿。近岁道稍通，渐能致五味，而寿亦益衰。"剔除了笼罩在村上的神幻色彩，描绘出一幅清简的人间乐园图卷。

苏洵当然没有这份闲情。当时只需有名公巨卿的举荐，朝廷也可任命官职。尽管由于久困场屋，苏洵用倨傲包裹起自卑的心理，这次并不是主动去的。张方平入蜀后，就注意访贤。有人向他推荐苏洵，说"苏君隐居以求其志，行义以达其道"，但"蕴而未施，行而未成"；还说苏洵不愿求人，如果张方平不能以礼相待，他是不会出来的。张方平表示了"思见之意"，苏洵即回信答谢，遂有此次成都之行。

一见之下，两人大为投契，"论古今治乱及一时人物皆不谋而同"（苏轼《张文定公墓志铭》）。张方平欣赏苏洵"博物洽闻"，更赞扬他的文章："左丘明《国语》，司马迁善叙事，贾谊之明王之道，君兼之矣。"（张方平《文安先生墓表》）古道热肠的张方平立即向朝廷推荐苏洵为成都学官（但此事很久未见回文），同时又写信给文坛泰斗欧阳修，并附上苏洵的著作。其实他与欧阳修关系并不融洽。当王拱辰在"进奏院事件"中对苏舜钦等实施"一网打尽"之计时，张方平曾站在王拱辰一边，请诛王益柔，并进而打击范仲淹。欧阳与张由此交恶。但这次两人都从为国荐才出发，摒弃前嫌。叶梦得《避暑录话》载：欧阳修读到信与著作，"亦不以安道（张方平的字）荐之非其类，大喜曰：'后来文章当在此！'"

有一天，张方平问苏洵：令郎最近在看什么书？洵答：轼近日再看一遍《汉书》。张方平微惊曰：文字有看两遍的吗？"明允归，以语子瞻。子瞻曰：'此老特未知世间人尚有看三遍者！'"（见曾慥《高斋漫录》）张方平天资很高，过目不忘，《宋史》本传说他"少颖悟绝伦，家贫无书，从人假三史，旬日即归之，曰：'吾已得其详矣。'凡书皆一阅不再读"，所以才会这样发问。但他对年轻的苏轼还是赏识的，"一见待以国士"。

同年，他们还去雅州（今四川雅安）谒见太守雷简夫。雷简夫是范仲淹、韩琦在守边时识拔的人才，文武兼备。后来（他）调任雅州，常听江声，遂悟用笔之法，成为著名的书法家。雷简夫读了苏洵的文章，如获至宝，分别给张方平、欧阳修、韩琦写信推荐。这些信热情洋溢，言辞恳切，文笔隽美。其中一封说："简夫近今见眉州苏洵著述文字，其间如《洪范论》，真王佐才也；《史论》，真良史才也。岂惟西南之秀，乃天下之奇才尔。"认为张方平荐苏洵为学官是大材小用，可朝廷连这样的职务也不给。他很气愤地引了唐代萧昕举荐张镐的一句话："用之则为帝王师，不用则幽谷一叟耳。"

在名士争相延誉之下，苏洵的信心足了，对二子的期望更为殷切。嘉祐元年（1056）三月，他带二十一岁的苏轼、十八岁的苏辙进京应试。他们越剑阁雄关，出褒斜险谷，到达长安，游览了汉未央宫、唐大明宫遗址，还有大小雁塔、昭陵、乾陵等；又"恣观终南、嵩、华之高，北顾黄河之奔流"（苏辙《上枢密韩太尉书》）。两个多月后，他们终于看见屹立的开封铁塔。苏氏父子下榻在兴国寺浴室院。此时正逢京都大雨，蔡河决口入城，"溺兵夫、漂刍藁不可胜计……水死者数千万人"（《宋史·河渠志》），"坏官私庐舍数万区"（《宋史·仁宗纪》）。七月雨止，苏轼曾登上龙津桥，观京城夜景。但见星寒月皎，灯火荧煌，衬得劫后的四野分外凄凉。"不知京国喧，是谓江湖乡。"（苏轼《牛口见月》）"山雨"已经来了，而且恰巧在苏轼初入京城之际。这是不是一种征兆？

九月的一天，试院景德寺门前热闹起来，御林军手持枪戟，挺立两旁。巳时，钟鼓齐鸣，考生鱼贯入场。苏轼兄弟顺利通过了乡试。眉山来的四十五名考生里，中举十三名。苏轼后来回忆道："吾州同年友，粲若琴上星。"

父子三人盘桓京城，等待第二年的复试。苏洵向慕名已久的欧阳修亲呈著作。这位文坛盟主大为激赏。苏辙在《颍滨遗老传》中回忆，欧阳修读完苏洵文章后说："吾阅文士多矣，独喜尹师鲁（洙）、石守道（介），然意犹有所未足。今见子（洵）之文，吾意足矣。"欧阳修之所以雄踞文坛盟主地位，除了他自己的学术文章，还由于他总是不遗余力以汲引人才为己任。他曾多次嘉称王安石："德行文学为众所推，守道安贫，刚而不屈"，"议论通明，兼有时才之用，所谓无施不可者"。曾巩更是他的学生。后来，三苏、王安石、曾巩与他们的恩师欧阳修一起，把"唐宋八大家"之中的宋六家全部囊括。苏轼称欧阳修为"今之韩愈也"，实在一点也不过分。

经挚友欧阳修引荐，韩琦在家中以上宾规格款待苏洵。苏洵感慨自己年近五十而功名未就，吟道："佳节屡从愁里过，壮心时傍醉中来。"韩为之击节。但韩琦只把他看作一介书生，而这位书生偏偏要议论时政，不久韩琦就开始冷淡他了，正如当时范仲淹不喜欢石介的《庆历圣德诗》一样。韩琦此时刚从边防调回中央任枢密使，深感"军政久弛，士卒骄惰，欲稍裁制"，这与苏洵的看法是吻合的。但他吸取了"庆历新政"躁峻而败的教训，怕搞急了会"忤怨而生变"。其实这又与苏洵当年的分析近似。问题是，苏洵这回不是以冷静的局外人身份，而是向施行过"庆历新政"的旧臣面献新策（或者他自以为如此），仿佛能以言兴邦。他"遽为书显载其说，且声言教公先诛斩"，写文章公开表明自己的观点，劝韩琦像唐代李光弼代郭子仪为将一样，到职当天即斩张用济于辕门，使"三军股栗"。（见叶梦得《避暑录话》）这怎么不叫韩琦惕而远之？

苏洵在写《上韩枢密书》的同时，又写了《上富丞相书》，继续宣传他那一套"诛斩以尚威"的主张，讲到周公诛管、蔡而安周室，陈平借周勃之力除吕产、吕禄而安汉室，寇准为相"惟其侧有小人不能诛，又不能与之无忿，故终以斥去"等。富弼也早已不是当年的富弼了。他随范仲淹罢黜后，到至和二年才与文彦博同时起用为相，深知变革之不易。苏洵进而又指责他，说他与文彦博同进相府时"天下咸喜相庆"，可两三年过去了，天下对他"朝夕而待之，跂首而望之，望望然而不获见也，戚戚然而疑"。后人评此信说："明允此书固善，然未免交浅言深，此富公之所以不以为然也。"

但韩琦、富弼毕竟还有度量，仅仅是"不以为然"。苏洵的狷狂并没有影响他儿子在第二年的复试，更没有挫损二子在应试文章中的锋芒。韩、富二人关系不和，但在"宽容"这点上是相同的，也是可贵的。我们不能苛求古人，倒应反省自己。韩琦的雅量更为知名。据说他镇边时夜作军书，一名兵士持烛于侧，一不小心，落下的烛花烧着了韩琦的胡须。韩用袖子扑灭火星，继续作书。过一会儿，他抬头一看，身边已换了个兵士持烛。他生怕原先的那位被主管鞭打，忙对外喊道：不要换了他，他刚学持烛，不能怪他！军府上下都为这桩事感服。

嘉祐二年（1057）正月，仁宗任命欧阳修为主考官，韩绛、王珪、范镇、梅挚辅之，梅尧臣被辟为参详官（小试官）。礼部考试那天，考生们半夜起床，天刚亮就赶到考场，带着冷饭冷菜，因为没考完是不许出场的。他们被关在各自的斗室，有皇宫侍卫看守。朝廷严禁徇私，试卷交到考官手上之前，先要由书记誊抄一遍，隐去考生名字与笔迹。

考试是紧张的，"无哗战士衔枚勇，下笔春蚕食叶声"（欧阳修诗）。阅卷是艰难的，"力搥顽石方逢玉，尽拨寒沙始见金"（梅尧臣诗）。试题是《刑赏忠厚之至论》。梅尧臣读到一篇文章，全文以"仁"为依归，阐述了"立法贵严而责人贵宽"的见解，"有孟轲之风"。他十分看重，即推荐给欧阳修。欧阳修读后，也十分欣赏，准备以此文为第一，但又怕是他的门生、同乡曾巩所作，为避嫌疑，建议放第二名。还有一个原因是，文章中有一段典故："当尧之时，皋陶为士，将杀人。皋陶曰：'杀之三（杀他有三条理由）。'尧曰：'宥之三（赦他有三条理由）。'故天下畏皋陶执法之坚，而乐尧用刑之宽。"考官们都不明出处，当真取了第一，怕经不起质问。梅尧臣坚持要放第一，认为只要用得好，何须出处。韩绛等则帮欧阳修劝他。最后还是取了个第二。这张试卷的作者，便是苏轼。接着礼部复试，轼又以《春秋》对义（回答《春秋》一书的问题）取为第一。三月仁宗殿试，苏轼兄弟同科进士及第。

榜出之后，风波骤起。当时考生中的名士刘几（后改名刘煇）等皆未录取，而朴实的曾巩和从西蜀来京、寂寂无名的苏轼兄弟却列于榜首。愤怒、怨恨、嫉妒，在落选考生中爆发。《宋史·选举志》载："既而试榜出，时所推誉皆不在选。浇薄之士，候修（欧阳修）晨朝，群聚诋斥之。街司逻卒不能止，至为祭文投其家……"

宋代君王诏令沿袭唐风，用骈文中的四六言体。文学侍臣杨亿、刘筠等又将这种文体推广到表章、奏疏、书信之中，一时风行，号为时文。尽管王禹偁、范仲淹、欧阳修、尹洙、梅尧臣、苏舜钦等共同致力于诗文的革新，给雕章丽句的西昆体予以迎头痛击。但在斗争中，又出现了以怪僻替代华靡、以艰深饰其浅陋的另一极端的倾向。这股"求深""务奇"之风，有石介等人倡导于前，太学诸人呼应于后，时号"太学体"，愈演愈烈，成为古文运动深入发展与取得成功的重大障碍。苏轼在《谢欧阳内翰书》中一针见血地指出，"罢去浮巧轻媚丛错采绣之文"，因"用意过当，求深者或至于迂，务奇者怪僻而不可读，余风未殄，新弊复作"。

石介是反西昆体的健将，但他重道轻文，常写出这样的句子："吾常思得韩、孟大贤人出，为芟去其荆棘，逐去其孤径，道大辟而无荒碛。"（《与裴员外书》）太学生中也标新立异，爱写"狼子豹孙，林林逐逐"之类。上面提到的刘几，在试卷上发论："天地轧，万物茁，圣人发。"欧阳修在句后添了"秀才刺，试官刷"六字，并用朱笔批下"大纰谬"，予以张贴。刘几两年后再试，改名刘辉，更重要的是痛改了文风，欧阳修大为称赏，擢为第一。"由是场屋传诵，辞格一变。"

欧阳修就是在"余风未殄，新弊复作"的双重挑战面前，以自己政治地位与文学地位的双重优势，力挽颓波，力矫积弊，将一些雄健畅快、言之有物的作品"拔在高等"，对那些内容空泛、怪涩浮华的试卷"黜去殆尽"。实际上，这是将"道"落实于修身、议政，又进而发为文章，明体达用，起气格卑弱之沉病，倡高远平实之文风。不仅科场之习大变，更为北宋诗文革新运动的健康发展奠定了基础。他的得意门生苏轼后来在《太息送秦少章》中总结式地说:"士以剽裂为文,聚而见讪,且讪(欧阳)公者所在成市。曾未数年,忽焉若潦水之归壑,无复见一人者。"

苏洵带二子登门拜谢恩师。欧阳修顺便问苏轼:你在试卷中所说的帝尧与皋陶的典故出于何书?苏轼答:事在《三国志·崔琰传》孔融的注中。事后欧阳修查阅此文,还是没有找到。待苏轼再来时,他又究根问底,苏轼回以一段妙语。孔融在此传中注引《魏氏春秋》时,借袁绍败后曹操把袁绍之子袁熙的妻子赐给自己的儿子曹丕一事,写信对曹操说,周武王伐纣,把纣王的宠妃妲己赐给周公。曹操问孔融典出何处。孔融答:我以今日之事来推测古代的情况,想当然耳。而门生用尧、皋陶之事,也与孔融一样是想当然耳!欧阳修听完,不仅不怪罪,反而大为惊叹,对人说:"此人可谓善读书,善用书,他日文章必独步天下!"(杨万里《诚斋诗话》)苏轼又有书谢梅尧臣,尧臣转给欧阳修看,欧阳修大为激动:"读轼书,不觉汗出。快哉!快哉!老夫当避路,放他出一头地也。可喜!可喜!"(欧阳修《与梅圣俞书》)"出人头地"的成语,由此而来。

欧阳修当时的声望,一句褒贬之辞,足关学子一生的荣辱成败。苏轼有幸得到他一连串如此高的评价,自然声名大振。宰相文彦博、富弼,枢密使韩琦皆以国士待之,书法家蔡襄对其赞不绝口。苏洵见二子均登高第,心中也跃跃欲试。他向欧阳修献上自己精心构思、反复推敲的二十篇论文。欧阳修读了,认为有荀子之风,并将这些文章上呈朝廷。他欣欣地说:"一日父子隐然名动京师,而苏氏文章遂擅天下。"他的弟子曾巩后来在《苏明允哀词》中也毫无妒意地称扬:"三人之文章盛传于世。得而读者皆为惊,或叹不可及,或慕而效之。自京师至于海隅障徼(边界),学士大夫莫不知其名,家有其书。"

一次,欧阳修在家中对他儿子谈论苏轼,叹道:"汝记吾言,三十年后,世上人更不道着我也。"(朱弁《曲洧旧闻》)这话只说对了一半。苏轼后来果然"青出于蓝而胜于蓝",成为北宋文坛的领袖。但时至今日,我们也在"道着"欧阳修，后代还会"道"下去，岂止"三十年"而已！

欧阳修（1007—1072），字永叔，生在绵州，他的远祖是隋末唐初的大书法家欧阳询。这个家族的一支后来迁到吉州庐陵（今江西吉水）。尽管他自称庐陵人，但与四川确有不解之缘。父亲欧阳观虽然做过小官，但因"为吏廉而好施与"，病逝时全家竟"无一瓦之覆、一垄之植"（欧阳修《泷冈阡表》），此时欧阳修才四岁。出身于江南名族的母亲郑氏，只得带着儿女投奔欧阳修的叔父、当时任随州（今湖北随县）推官的欧阳晔。长江岸边，郑氏以荻秆为笔，在沙地上教自己"耳白于面，唇不着齿"的儿子习书认字，远非握犀管狸毫、铺素绢宣麻的先人欧阳询的排场。当然，也远非不幸。稍长，欧阳修向人借到《韩昌黎先生文集》，"读之，见其言深厚而雄博"（《记旧本韩文后》）。欧阳晔安慰郑氏说："嫂无以家贫子幼为念，此奇儿也！不惟起家以大吾门，他日必名重当世。"

尽管欧阳修酷爱韩文，但两次落第，使他不得不转攻西昆体诗文。

宋初的靡丽文风，虽经柳开等反对，但这种反对仅有理论，缺乏实践，缺乏具有美学价值的替代物，诗文的功能仅成了教育而不是表现（这种矫枉过正是每一种反叛在它开始时期都大致难免的）。柳开公然声称："女恶容之厚于德，不恶德之厚于容也；文恶辞之华于理，不恶理之华于辞也。"（《上王学士第三书》）一位德行虽好，但面目丑陋的女子，一般来讲还是缺少魅力的。具有讽刺意味的是，恰恰在这些倡导者"始以古道发明之，后卒不能振"（韩琦《尹公墓表》）之后，杨亿、刘筠、钱惟演等于修书、写作制诰之余，"历览遗编，研味前作，挹其芳润，发于希慕，更迭唱和，互相切劘"（《西昆酬唱集》序），大倡浮艳之风，杨亿甚至斥杜甫为"村夫子"。他们主要从晚唐李商隐、温庭筠等人著作中，摭拾辞藻，拼凑典故，写一些以华灯、绮宴、兰风、薰帐等为题材的诗作，然后缀编成集，自比昆仑山上神皇藏书处——西昆玉府的珍品，名之为"西昆酬唱集"。实际上既没有李商隐的深情，又缺乏温庭筠的风韵。从不食人间烟火这点上讲，这些作品倒真可以称作"仙品"。但这种"昆体"竟在文坛盛行三十余年，而欧阳修也靠这种文体的作品受到翰林学士胥偃（他未来的岳丈）、晏殊的鼓励与奖掖，连登高科，成为进士。

对于擢拔自己的座主，欧阳修是十分感激的。晏殊去世后，欧阳修在碑铭中赞其"得一善称之如己出""务进贤材"。欧阳修一生以"奖引后进如恐不及"（《宋史》本传）、好客喜士而名满天下，大概也有晏殊的影响在内吧。但有一事不能不提及。庆历元年，汴京大雪，身为枢密使、掌管全国军机要务的晏殊置酒西园。欧阳修即席赋《晏太尉西园贺雪歌》，中有"主人与国共休戚，不惟喜悦将丰登。须怜铁甲冷彻骨，四十余万屯边兵"之句。对于这首"谏诗"，晏殊很不高兴，后来对人言："裴度也曾宴宾客，韩愈也会做文章，但言'园林穷胜事，钟鼓乐清时'，却不曾恁地作闹。"（魏泰《临汉隐居诗话》）读者想必还记得，晏殊对范仲淹也是先推荐而后不满的。

在京师应举中，欧阳修结识了一对状貌奇伟的兄弟苏舜元、苏舜钦，还有穆修。他对这些人由衷钦慕，称为"当世贤豪"，后曾表示"今世人所谓四六（文体）者非修所好，少为进士时不免作之，自及第遂弃不复作"（《答陕西安抚使范龙图辞辟命书》）。天圣九年（1031），二十五岁的欧阳修以新科进士身份到洛阳任推官。正当他放舟伊川，优游龙门时，以门荫入仕、任洛阳首县河南县主簿的梅尧臣也来到了八节滩头。两人在伊水边相遇，从此结为至交。欧阳修后来回忆："逢君伊水畔，一见已开颜。不暇谒大尹，相携步香山。"他被梅尧臣的诗人气质吸引，顾不得陪他去拜谒大尹——洛阳长官钱惟演。香山有白居易的坟墓。他的在天之灵也许正眷顾这一难忘的相逢，并将"文章合为时而著，歌诗合为事而作"的精神，潜移到这两位年轻人的身上。

当时尹洙也在洛阳。这些人在钱惟演与得到杨亿推许的谢绛（梅尧臣的妻兄，时任河南府推官，地位仅次于钱惟演）领导下开展文学活动。欧阳修激赏尹洙（"师鲁天下才，神锋凛豪俊"）、梅尧臣（"玉山高岑岑，映我觉形陋"）。钱长官对这些下属优礼有加、平等相待。一次，谢绛与欧阳修同游嵩山，返程取道颍阳，直抵龙门。恰遇大雪，山山皆白。他们攀登石楼，远望洛阳，只见银雾弥漫。忽然一队人马由远而近，原来钱惟演看见下雪，派随从官员带厨师与歌伎乘车而来，并转达他的吩咐：游山辛苦，请在龙门好生休息，观赏雪景；府里公事有限，不必急于回衙。

钱惟演建双桂楼，请众人作记。尹洙仅用三百八十字写成，风格简古，一洗华靡。欧阳修十分佩服，向他请教，尹洙说："大抵文字所忌者，格弱字冗。"欧阳修深入体味，刻苦磨炼，把自己五百多字的旧作重写，最终比尹洙的还少二十字，且更精粹有法。尹洙喜道："欧九真一日千里也！"（《宋稗类钞》卷五）这也激励了众人学古文的决心。钱惟演常说：你们日后都是文学侍从之选，必须留意史学，察往知来，为国所用。后来这几位文友分散各地，宦海浮沉，摆脱了诗酒流连的生活，也进一步摆脱了"西昆派"的影响，在逆境中彼此勉励，但洛阳这一段生活毕竟不可或缺。年轻的古文作者偏偏在老资格的"时文"作家手下成长，从"西昆派"的茧蛹，破飞出诗文革新的彩蝶。

钱惟演在传统史家的笔下是很不体面的。他是吴越王钱俶的王子，仁宗时官拜枢密使，善用裙带关系，是一个八方拉拢的人物。但在奖掖文学后进上，他功不可没。

诗文革新运动的发展，主要受政治革新运动的影响。随着五代、宋初这些身居高位的文上的去世，这个在很大程度上凭依门第、阀阅的"文学世族"也日趋式微。正如清人冯武在《重刻西昆酬唱集序》中说的，"不隔一朝遽尔湮没"，受到了历史的冷落。一些出身寒素的士人相继入朝，给文坛带来了一股清风。他们再也不满于文艺仅作为猎取场屋富贵的工具，或宣泄个人琐屑悲欢的管道，也不再一味追求作品的声律辞藻之美，而是比较正视现实，关心朝政，往往置一己得失生死于度外，如《朱子语类》中所称，"至范文正时，便大厉名节，振作士气"，这又常常触犯权幸，被贬出京，在地方官任上进一步体察到生民疾苦，头上的帽带并不完全随宫廷的风向摆动，从而给创作注入新的活力。

景祐三年范仲淹忤吕夷简，欧阳修也同时遭贬。对这种自讨苦吃的行为，连家中掌厨的老婢都感到惊怪，而欧阳修的母亲郑氏却言笑自若，只是原先不饮酒的她到了贬所后，"日能饮五七杯，随时甘脆，足以尽欢"。而他本人呢？"方贬夷陵时无以自遣，因取旧案反复观之，见其枉直乖错不可胜数，于是仰天叹曰：'以荒远小邑且如此，天下固可知。'自尔遇事不敢忽也。学者求见，所与言未尝及文章，惟谈吏事，谓文章止于润身，政事可以及物。"（《宋史》本传）

这种认识，在欧阳修后来的《答吴充秀才书》中更为成熟："盖文之为言，难工而可喜，易悦而自足。世之学者往往溺之，一有工焉，则曰：'吾学足矣！'甚者至弃百事，不关于心，曰：'吾文士也，职于文而已。'……此足下所谓'终日不出于轩序，不能纵横高下皆如意'者，道未足也。"明确要求诗人不能满足于做一个"文士"。《送徐无党南归序》更从生死观高度，发出一种深沉感慨："文章丽矣，言语工矣，无异草木荣华之飘风，鸟兽好音之过耳也。方其用心与力之劳，亦何异众人之汲汲营营而忽焉以死者，虽有迟有速，而卒与三者同归于泯灭。夫言之不可恃也盖如此。"

欧阳修抨击"道未足也"。这种"道"并不等同于过去的"教化之道"。中国人文思想发展至宋代，"道"更加内化为士人安身立命的支柱。这在欧阳修此时的作品中已露出明显征兆。在《初出真州泛大江作》中，他口占："莼菜鲈鱼方有味，远来犹喜及秋风。"在《黄溪夜泊》中，他唱道："行见江山且吟咏，不因迁谪岂能来。"在《春日西湖寄谢法曹歌》中，他欣见："雪消门外千山绿，花发江边二月晴。"在《戏赠丁判官》

中，他吟出："西陵江口折寒梅，争劝行人把一杯。须信春风无远近，维舟处处有花开。"西陵江口的梅花已经开放，春风是没有地域界限的；他向行路的旅人劝酒，请他们在停船处共赏春光。最著名的是《戏答元珍》："春风疑不到天涯，二月山城未见花。残雪压枝犹有橘，冻雷惊笋欲抽芽。夜闻归雁生乡思，病入新年感物华。曾是洛阳花下客，野芳虽晚不须嗟。"清代袁枚在《随园诗话》中引友人评欧阳修语，"庐陵事业起夷陵，眼界原从阅历增"，是有一定道理的。

景祐四年，欧阳修移为乾德（今湖北老河口）县令。时逢大旱，他在祭雨文中，不仅把天旱归咎于山川之神，也归之于"吏之贪戾不能平民，而使怨吁之气干于阳阴之和而然也"。即使后来调回京城，他还是不改诤臣本色。在《答杨子静喜雨长句》中，又猛烈抨击："军国赋敛急星火，兼并奉养过王公。终年之耕幸一熟，聚而耗者多于蜂。是以比岁屡登稔，然而民室常虚空……""庆历新政"开始，他积极支持，针对守旧派的攻讦，写下义正词严的《朋党论》："……大凡君子与君子，以同道为朋。小人与小人，以同利为朋。此自然之理也。"君子"所守者道义，所行者忠信，所惜者名节。以之修身，则同道而相益。以之事国，则同心而共济。终始如一。此君子之朋也。故为人君者，但当退小人之伪朋，用君子之真朋，则天下治矣！"这已不仅是为现实党争而发，而是对士风的呼唤，对士人精神的群体认同，与范仲淹的"相尚以道"灵犀相通。

新政失败，当时欧阳修正在外任，本来旧势力的矛头并未对准他，但他挺身而出，为杜、韩、范、富等仗义执言："谋臣不用，敌国之福也。今此四人一旦罢去，而使群邪相贺于内，四夷相贺于外，此臣所以为陛下惜之也。"（《论杜衍范仲淹等罢政事状》）于是"群邪"开始反击了。

早在景祐二年，欧阳修的妹夫张龟正病逝后，其妹就携带七岁孤女前来投奔。此女系张龟正前妻所生，长大后，欧阳修将她许配给远房侄儿欧阳晟。出嫁多年，张氏与欧阳晟的男仆陈谏私通。事发，由开封府右军巡院审理。权知府事杨日严指使办案者让张氏在供词中牵涉欧阳修，从而诬陷欧阳修与张氏有暧昧关系。杨日严之所以这样做，是因为他在益州任职时，作为谏官的欧阳修曾指斥他"贪恣"。而被吕夷简提拔的右正言钱明逸，曾首劾范仲淹、富弼"更张纲纪，纷扰国经，凡所推荐，多挟朋党"，现在看到了这份材料，就上书指控欧阳修与外甥女有染，而这正是执政者所求之不得的。此事最后以"券既弗明，辨无所验"（《谪滁州判案》）结案，但政敌们的目的毕竟达到了。欧阳修被贬至滁州。

滁州地僻事简，欧阳修流连山水，写下大量诗文，四十岁刚到，便以"醉翁"自居，"篮舆酩酊插花归"，并留下著名的《醉翁亭记》。在这些作品中，他不仅用自然美景抚慰自己负谤遭谪的痛楚，而且与宇宙生命打成一片，欣然自得。《醉翁亭记》一出，便广为传诵。任太常博士的音乐家沈遵甚至专程到滁州，将读此文的感受与实地观光的体验结合，回去谱成《醉翁吟三叠》，又名《醉翁操》，知琴者以为绝伦。十年后，欧阳修奉使契丹途中与沈遵重晤，夜阑酒酣，沈遵又再次为他弹奏。

"醉翁"的内心世界，并非古井无波。他瞻仰至道元年贬知滁州的政治改革先驱王禹偁的画像，汲取信心与勇气。庆历六年（1046）的一个秋夜，他含泪翻开石介的遗著，写下一首三百五十字的五古《重读〈徂徕集〉》，相信历史终会作出公正的判决："谗诬不须辩，亦止百年间。百年后来者，憎爱不相缘。"表示宁肯触犯众怒，也要记下石介的冤屈："书于苍翠石，立彼崔嵬巅。"后来在《祭苏子美文》中他又写道，"嗟世之愚，掩抑毁伤，譬如磨鉴，不灭愈光。一世之短，万世之长"，倾泻了自己胸中的不平之气。在《新霜》诗中他更吟道："青松守节见临危，正色凛凛不可犯。芭蕉芰荷不足数，狼藉徒能污池槛。……咿呦儿女感时节，爱惜朱颜屡窥鉴。惟有壮士独悲歌，拂拭尘埃磨古剑。"

庆历八年（1048），欧阳修由滁州调至扬州，"所至民便"，并在公余建平山堂。后来他因政事繁忙，力不能支，上表改知别郡，却在扬州留下一则逸话。平山堂有他手植的一棵柳树，人称"欧公柳"，有"欧公留"之意。后来薛嗣昌接任，也手植一株，自榜"薛公柳"。"人莫不嗤之，嗣昌既去，为人伐之"（《墨庄漫录》）。

皇祐元年（1049）初，欧阳修获准移知颍州。颍州民淳讼简，物产丰美。到颍次日，欧阳修便来到西湖之滨种下瑞莲与黄杨，并寄诗友人："平湖十顷碧琉璃，四面清阴乍合时。柳絮已将春去远，海棠应恨我来迟。啼禽似与游人语，明月闲撑野艇随。每到最佳堪乐处，却思君共把芳卮。"后来他又在晏殊开修的西溪上架了三座小桥。这些桥使他忆起扬州，甚至认为西湖比扬州更美："菡萏香清画舸浮，使君宁复忆扬州。都将二十四桥月，换得西湖十顷秋。"从此，他与颍州结下不解之缘，写下多首《采桑子》，均以"西湖好"发端，并与好友梅尧臣相约："行当买田清颍上，与子相伴把锄犁。"即使后来回京，还是念念不忘："谁为寄声清颍客，此生终不负渔竿。"门生苏轼对这一点，实为忘年知音，在《跋欧阳文忠公书》中追述说："予出入文忠门最久，故见其欲释位归田可谓切矣。他人或苟以借口，公发于至情，如饥者之念食也。"因为欧阳修当时在京城，又屡陈直言而备受攻击。"自从中年来，人事攻百箭"（《读书》），"风波卒然起，祸患藏不测"（《感事》）。《宋史》本传也说他："天资刚劲，见义勇为，虽机阱在前，触发之不顾。放逐流离，至于再三，志气自若也。"

欧阳修在汴京的最大功绩，便是嘉祐二年的主试。作为一代文宗，要不是他挽狂澜于既倒，不仅北宋古文运动行将夭折，而且苏氏父子也可能湮没终身。他一生中，还举荐过包拯、胡瑗、吕公著等。王安石早从曾巩那里听过欧阳修对他的好评，但直到嘉祐初才登门拜访。欧阳修对他的姗姗来迟并不介意，当即倒屣相迎，延之于广座之中。后又有《赠王介甫》诗："翰林风月三千首，吏部文章二百年。老去自怜心尚在，后来谁与子争先。……"这位不阿权贵的翰林学士，竟对当时一名默默无闻的后生晚辈，以李白、韩愈相期许，实为难能可贵。《诗话总龟》评"欧阳公喜士为天下第一"，似并不过分。"我们欣然折服古人，而对后人却并不如此。"睿智的歌德这句哲言，用在欧阳修身上是失灵的。

其实，欧阳修倒更似乃至胜似"吏部文章"（苏轼又言欧阳"诗赋似李白"）。他虽学韩，但又不像韩愈那样突出"道统"的传授，而是强调经世体用之"道"，强调文章从关心现实中来，提倡"其道易知而可法，其言易明而可行"（《答张秀才第二书》）。韩愈也倡导过"文从字顺"与"务去陈言"相结合，但在创作实践中，主要发展了"奇"的一面，以雄辩和奇崛反对齐梁以来的淫靡与夸饰；欧阳修则发展了韩愈文论中"易"的一面，建立了自然流畅、委曲婉转的风格。他的这种努力，甚至影响了与他同修《新唐书》的宋祁（"红杏枝头春意闹"尚书）。宋祁搞了大半辈子"涩体"，最后不得不服输："余年六十始知五十九年非，其庶几至于道乎。每见旧所作文章，憎之必欲烧弃。"（见《宋景文公笔记》）但平易不等于浅易粗率。欧阳修又强调"言以载事而文以饰言，事信言文乃能表见于后世"（《代人上王枢密求先集序》），不同意柳开等以道统代文统。试看《秋声赋》，对无形的秋风做了何等摇曳多姿的描绘，烘托出何等神秘萧瑟的氛围，既是大自然的物声，又是作者的心声。他也擅词，如"平芜尽处是春山，行人更在春山外"（《踏莎行》）、"杏花红处青山缺，山畔行人山下歇"（《玉楼春》）、"拍堤春水四垂天，绿杨楼外出秋千"（《浣溪沙》）、"泪眼问花花不语，乱红飞过秋千去"（《蝶恋花》），又是何等情致！他的《六一诗话》，开了中国文学批评史上"诗话"这一形式的先河。

六十五岁时，欧阳修整理旧作。将这些稿子贴在墙上，坐卧观之，反复推敲，往往一篇文章要修改数十遍，甚至整篇一字不留，重新写过。《寓简》载："欧阳公晚年尝自审定平生所为文，用思甚苦。其夫人止之曰：'何自苦如此，当畏先生嗔耶？'公笑曰：'不畏先生嗔，却怕后生笑。'"这便是我们今天看到的《居士集》。而这些丰盈的著作，则又是欧阳修多在"三上"（"马上""枕上""厕上"）写成。（见《归田录》）这种勤奋与刻苦，当为"后生敬""后生学"。

欧阳修遭贬时，有位姓乐的秀才前来求教。欧阳修用《易·大畜》中的一句勉之："刚健笃实，辉光日新。"就是说内在的蕴蓄越深厚，外在映发的光辉便日新不竭。他又说过："仆知道晚。三十年（岁）前尚好文华，嗜酒歌呼，知以为乐而不知其非也。"（《答孙正之第二书》）这种"道"，使欧阳修在朝有气节，使欧阳修为文有气格。他的《六一诗话》批评说："孟郊、贾岛皆以诗穷至死，而平生尤自喜为穷苦之句。"并在《读李白集效其体》中，表现出对郊、岛的超越："山头婆娑弄明月，九域尘土悲人寰。……下看区区郊与岛，萤飞露湿吟秋草。"

欧阳修进一步强调"无复俗累"的"自适"。《论琴帖》一文言："在夷陵，青山绿水，日在目前，无复俗累，琴虽不佳，意则自释。及作舍人学士，日奔走于尘土间，声利扰扰，无复清思，琴虽佳，意则昏杂，何由有乐。乃知在人不在器也，若有心自释，无弦可也。"我们再看他一些诗句，如"我亦且如常日醉，莫教弦管作离声"（《别滁》）、"可笑灵均楚泽畔，离骚憔悴愁独醒"（《啼鸟》）、"清川万古流不尽，白鸟双飞意自闲"（《和韩学士襄州闻喜亭置酒》）、"解带西风飘画角，倚栏斜阳照青松"（《怀嵩楼新开南轩与郡僚小饮》）。末联中，诗人对西风凄凉、夕阳迟暮、画角哀音，却解带相迎，依栏醉赏，于青松兀傲的身姿中观照自己的身影，胸次何等轩昂！

继司马迁的"发愤著书"和韩愈的"不平则鸣"后，在《梅圣俞诗集序》中，欧阳修为后代留下了一段至理名言："盖世所传诗者，多出于古穷人之辞也。凡士之蕴其所有而不得施于世者，多喜自放于山巅水涯之外，见虫鱼草木风云鸟兽之状类，往往探其奇怪；内有忧思感愤之郁积，其兴于怨刺，以道羁臣寡妇之所叹，而写人情之难言，盖愈穷则愈工。然则非诗之能穷人，殆穷者而后工也。"综观欧阳修的文艺观，此处之"穷"应与"达"相对而言，不是指生活穷苦，而是指"士之蕴其所有而不得施于世者"，也即政治上受压抑，抱负难以舒展，于是凭借诗文渠道以宣泄，获替代性补偿，而从"穷"的状态中得到升华。这与沉溺于个人悲苦而不能自拔，而"以诗穷至死"者（欧阳修对郊、岛的评语）不可同日而语。这种"愈穷则愈工"确是梅尧臣一生的写照。

从某种意义上说，正是平民诗人梅尧臣进入了朝廷重臣欧阳修的生活，才使后者在精神上变得丰腴富庶，这远比欧阳修对梅尧臣的物质接济与仕途提携重要。

梅尧臣（1002—1060），字圣俞，宣州宣城（今属安徽）人。十二岁跟随叔叔梅询离家求学。二十几岁便以诗知名，但他终身官卑职微。钱惟演离开西京洛阳后，继任者王曙对梅尧臣的诗文也十分赏识，认为二百年来未曾有过这样的作品。但王曙不喜属下游宴，曾板着脸讲：诸位纵酒过度，没看到寇莱公晚年的受祸吗？寇莱公即寇准，为王曙的丈人。大概是欧阳修回答：看到的，可是莱公的受祸并非因为纵酒过度，而是年事已高，不肯退位，老不知足啊。年迈的西京长官默然了。但他对欧阳修并未记恨，反倒推荐他参加学士院考核，升为馆阁校勘，进入文学侍从之列。而王曙"纵酒受祸"的劝告，却在他儿子身上应验了，就是那位"进奏院事件"中的王益柔。

尽管梅询以吕夷简为靠山，但在吕、范之争中，梅尧臣是站在范仲淹一边的。范遭贬后，梅尧臣写《猛虎行》，直刺奸党。后来，范仲淹误解了梅尧臣善意的规劝（见本书"士风初振"章）。因此，当他戍边，召欧阳修到前线掌书记时，欧阳修因为范未同时汲引梅尧臣，回信说："今奇怪豪俊之士往往蒙见收择，顾用之如何尔。然尚虑山林草莽有挺特知义、慷慨自重之士未得出于门下也，宜少思焉。"便是指梅尧臣，希望给他一个报国的机会。但范仲淹未作肯定表示。这很伤梅尧臣的心，使他生出对范的反感，但他并不因此而靠拢守旧派。当然，欧阳修辞谢掌书记一职，原因是多方面的。《宋史》本传载，欧阳修认为自己过去支持范仲淹不是从私利出发，因此便可以"同其退"而不必"同其进"。还有就是"况今世人所谓四六者非修所好，少为进士时不免作之。自及第遂弃不复作。在西京佐三相幕府，于职当作亦不为作，此师鲁所见。今废已久，惧无好辞以辱嘉命"（《答陕西安抚使范龙图辞辟命书》）。

梅尧臣一生都有书生的耿介。据说他路过扬州，重臣宋庠（宋祁之兄，曾主张斩范仲淹）慕名延见，并赠以鹅。梅尧臣作诗答谢："曾游凤池上，曾食凤池萍。乞与江湖去，将期养素翎。"（《过扬州参政宋谏议遗白鹅》）宋庠读了很不高兴。名相晏殊热情款待，留谈数日，梅尧臣也以敷衍为主。两人地位相殊，晏殊平时自称诗中有"真富贵语"，如"笙歌归院落，灯火下楼台""梨花院落溶溶月，柳絮池塘淡淡风"等。而梅尧臣"微生守贫贱，文字出肝胆"（《依韵和晏相公》），看到的多是冻死的流民、无告的孤女。啼饥号寒之声影响了甜美的歌喉，他的诗风渐变，不再吟咏风月，赞美河豚，而是直书百姓的苦难。如《陶者》："陶尽门前土，屋上无片瓦。十指不沾泥，鳞鳞居大厦。"又如《小村》："棘篱疏败漫为门……老叟无衣犹抱孙……嗟哉生计一如此，谬入王民版籍论。"这便是大宋王朝子民的写真！

梅尧臣的个人生活也很不幸。庆历四年，他在船过高邮三沟时丧妻丧子，写下沉痛的《悼亡》《悼子》诗。他四十七岁才当上国子博士，又逢小女称称夭亡，悲愤至极："……汝禀气血为人，丰然皙然，其目瞭然，耳鼻眉口手足备好。其喜也，笑不知其乐；其怒也，啼不知其悲。动舌而未能言，无口过；动股而未能行，无蹈危；饮乳无犯舌之禁，爱恶无有情之系，若是则得天真与保和，何病夭之遽乎？"（《小女称称砖铭》）

虽然欧阳修评曰："圣俞覃思精微，以深远闲淡为意。"但以上所列绝非"深远闲淡"所能概括。当然，这类风格的诗也不少，艺术成就很高，如《鲁山山行》等。还有一些佳句："野凫眠岸有闲意，老树着花无丑枝。""四檐山色消繁暑，一局棋声下翠微。"梅尧臣自己也说过："作诗无古今，惟造平淡难。"主张"平淡"写实，以与西昆体的浓艳晦涩、内容贫乏相对抗。我们似应把这种"平淡"理解为内气充盈，发而为之的从容不迫之趣，正如张舜民评梅诗"如深山道人草衣捆屦，王公大人见之屈膝"，也即一种不俗的士气。梅尧臣的一些言志咏物诗更可见这种士气。如《古意》："月缺不改光，剑折不改刚。月缺魄易满，剑折铸复良。势利压山岳，难屈志士肠。男儿自有守，可杀不可苟。"而《挑灯杖》："……焦首终无悔，横身为发明。尽心常欲晓，委地始知轻。若比飘飘梗，何邀世上名。"简直是自白了。

梅尧臣有《京师逢卖梅花》诗："北人初识越人梅。"钱锺书先生的《〈谈艺录〉补订》云："梅为南植，北地罕见，故南人咏梅，每嘲北人之仅知有杏。"我们粗览北宋的名士文豪，似多为南人，多有梅的风标、梅的格调。而梅尧臣这位更兼姓梅的诗人，更是把他的梅格，大写在故乡的宣纸上。

苏轼对两位恩师终身怀着感戴之情。他赞扬欧阳修"以救时行道为贤，以犯颜纳谏为忠"，即使受到世俗"哗而攻之"，也只能"折困其身而不能屈其言"。嘉祐四年他从水路赴京，途经夷陵，还特地拜访峡州（今湖北宜昌）太守朱庆基为欧阳修所筑的至喜堂，回顾欧公当年的风范。后来他又从西南少数民族处买得蛮布弓衣，上面织着梅尧臣的《春雪》诗，赠予欧公。恰好欧阳修家中有一张古琴，系唐代宝历三年的名匠雷会所制，于是就用这幅织诗的蛮布做琴囊，以为家传之宝。欧阳修后来在《六一诗话》中记述此事，认为《春雪》诗在梅诗中"未为绝唱"，而少数民族在弓衣中织出，是因为梅尧臣"名重天下，一篇一咏传落夷狄，而异域之人贵重之如此耳"。元祐六年（1091）苏轼移知颍州，他重登恩师旧第，瞻仰欧公生前会客的会老堂。西湖上还不断传来歌女唱欧公小词《木兰花令》的清音。苏轼次韵写《调寄木兰花》："佳人犹唱醉翁词，四十三年（时离欧公知颖已有四十三年）如电抹。"顾随先生曾评此词："前片四句一口气读下去，不知怎的，沉着之中总溢出飘逸，而凄凉之中却又暗含着雄壮。"（《东坡词说》）

苏氏父子初至京师时，"人鲜有知者，圣俞独奇之，故赠明允诗，有云：'日月不知老，家有雏凤皇。百鸟戢羽翼，不敢言文章。'"后来苏轼谪贬南海北归，途经合浦，结识了梅尧臣的门生欧阳晦夫，谈论数日，相见恨晚。晦夫拿出老师当年写的这首诗。"东坡读毕，执晦夫手笑曰：'君年六十六，余虽少而白发苍颜，大略相似，困穷亦不甚相远，圣俞所谓凤例如此。天下皆言圣俞以诗穷，吾二人又穷于圣俞之诗，可不一大笑乎？'"（见曾敏行《独醒杂志》）

两位『储相』

程夫人之逝——守孝的日子——《咏怪石》——应诏不就——诗星在长江升起——王令——勉强任职与倔强处世的老人——制科考试——仁宗说：朕为子孙找到两位宰相了——"君恩"并未降临

乐极生悲，正当苏轼兄弟同科进士及第，父子三人名动京师、兴高采烈之际，嘉祐二年四月八日，程夫人在眉山病故。逝世时她竟还不知道京都的喜讯。人生的憾恨，莫过于此了。

父子三人闻得噩耗，仓促离京，连向亲友告辞都来不及。赶到家时，只见"屋庐倒坏，篱落破漏，如逃亡人家"（苏洵《与欧阳内翰第三书》）。办完丧事后，他们挑选一处名叫"老翁泉"的地方，作为苏家的茔地。

苏洵二十七岁时曾于泉边独居，自谓：过去种种，譬如今日死；未来种种，譬如今日生。日起则潜心攻读，日落则伴泉而息。"谢其素所往来少年"，居山不出五六年。此泉出于两丘之间，清冽甘美，苏洵在《老翁井铭》中还曾提到一个神妙的传说：当地人常在月明之夜，见一老翁倚坐泉边，若想靠近他，老翁就会倏然消失于水中，如一缕青烟。以后苏洵和苏轼的第一个妻子王弗皆殡葬于此。苏洵通常也被称为"苏老泉"。

苏洵为亡妻写了沉痛的祭文："……与子相好，相期百年；不知中道，弃我而先。……子去不返，我怀永哀；反复求思，意子复回。……昔予少年，游荡不学；子虽不言，耿耿不乐；我知子心，忧我泯没。"并希望自己"不日来归"，"凿为二室，期与子同"。苏洵至死也未曾续弦或蓄妾。

苏轼兄弟亲葺茅庐，在母坟之旁守孝。从母丧的悲痛中恢复过来后，苏轼也常去青神县的岳丈家走动。青神景色幽美，苏轼常与亲家叔伯表兄弟等游佛寺，涉清溪；在瑞草桥草地上坐饮，夜返何村，于夏夜的星光下，吃瓜子与炒蚕豆。其中有一位小姐，人称"二十七娘"，是王弗的堂妹。命中注定，她将与苏轼有缘。

这期间，苏轼并不仅仅沉溺于一己哀乐。他曾去成都，拜访当时的长官王素。王素也是一位耿介之吏，"庆历新政"的中坚分子。关于他，史书还有一则记载：在京都时，王素因旱情而请仁宗去郊外祈祷。仁宗说：太史讲下个月二日会下雨，我就在那一天去吧。王素断言二日不会下雨。仁宗问为什么。王素回答：陛下心知其雨再去祈祷，这是对上天不诚，所以臣料定那天不会下雨。仁宗很震动，便下诏次日出驾祈雨。苏轼谒见王素后，写了《上知府王龙图书》，对王素寄予厚望。信中讲，近年以来，蜀人抽筋割骨以奉其上，但仍不免刑罚。"有田者不敢望以为饱，有财者不敢望以为富"，整天提心吊胆过日子。但为政者大多只知养兵为要，而不知重赋的危险。"甲午之大乱出于民怨"。这是指甲午年（994）四川爆发的王小波、李顺起义。因此，他希望王素处理好"蓄兵以卫民"与"赋民以养兵"的关系。"今之饥者待公而食，寒者待公而衣，凡民之失其所者待公而安。"也许冬烘先生对苏轼居丧期间四处出游早有腹诽，但笔者由这封信而悟及，大孝在继母之志，不在细节。

苏轼家中的疏竹轩有一块怪石，守孝将终前他写了一首《咏怪石》的诗。诗中说，开头他觉得这块怪石没什么用处，用来当捣衣石或柱墩易断，作磨刀石或墨砚又太粗劣，也不能做射鸟用的石制箭头；做碑，它也经不住镌刻。总之毫无用处。接着写怪石托梦，为自己申辩：你讲的那些有用之石比比皆是，伤残破碎，为世所役，虽有小用，不足为贵。而我这样的坚石却世所罕见，而且往往名垂青史：海岱怪石，与铅松同充禹贡；魏榆怪石，警告过骄横虐民之君；临潼怪石，拒绝为秦始皇的骊山墓效劳；扬州怪石，有唐代诗人卢仝为之歌咏。怪石这种"意欲警惧骄君悛""万牛喘汗力莫牵""震霆凛霜我不迁""雕不加文磨不莹"的"节概"，使苏轼深为惭愧，觉得它不仅不丑，而且精神高不可攀，所以才把怪石的"节概"书之席端，作为自己的座右铭。

清代学者认为这是苏轼存世最早的一首诗。它虽然不够精警，缺乏锤炼，但构思奇特，先抑后扬，而且雄辩、博学，显示了作者潜在的艺术功力，成为苏诗豪放不羁的浪漫风格的雏形。这些都摆脱了试帖诗的习径。更可注意的是，苏轼借此表达了自己"有志不获骋"的感慨，一生都以此自励，对他历仕的仁宗、真宗、神宗、哲宗都敢于"警惧骄君悛"，作尖锐的批评；待人处世，总是本色相见，"雕不加文磨不莹"。他屡遭贬逐，但始终保持着"万牛喘汗力莫牵""震霆凛霜我不迁"的"节概"。

如果说苏轼兄弟此时举业已就，正踌躇满志，那么老苏则处于一种尴尬的境地。朝廷根据两年前欧阳修推荐苏洵的呈文，诏令眉州遣送苏洵赴京试策论于舍人院。这算是对一名普通士子的特别加恩，说明被诏之人已为皇上所知，准备擢用，而且不等三年一度的贡举或制科考试。按常理讲，苏洵落魄半生，现在有了出头之日，且于礼仪上也没有什么障碍（妻丧与母丧不同，守制期短）。但苏洵对朝廷七百多天后才答复的拖拉作风十分不满，为像他这样已经名满天下的五旬老人，不信其实际水平，也要经考入仕的因循旧例，深感气愤。他给皇帝上了一道奏折，以年老多病为辞，谢绝赴考。信中却流露一种隐痛。苏家五世不显，自不能通过荫补入仕。而"今之用人最无谓者，其所谓任子乎。因其父兄之资以得大官，而又任其子弟，子将复任其孙，孙又任其子，是不学而得者尝无穷也。夫得之也易，则其失之也不甚惜，以不学之人而居不甚惜之官，其视民如草芥也固宜"。这就不仅仅是为一己之命运而鸣不平了。对于个人场屋的失意，则更见辛酸。苏洵在《与梅圣俞书》中说："惟其平生不能区区附合有司之尺度，是以至此穷困。……自思少年尝举茂才，中夜起坐，裹饭携饼，待晓东华门外，逐队而入，屈膝就席，俯首据案，其后每思至此，即为寒心。"

苏洵如此热衷于仕途，以至热而至冷（热望过高而失望），究其本因，还是为了行道。这在他痛斥"视民如草芥"时已见端倪。在《上欧阳内翰第四书》中，表达得更为明白："洵之所为欲仕者为贫乎？实未至于饥寒而不择。以为行道乎？道固不在我，且朝廷将何以待之？""道固不在我"为谦辞，实话是我谋官是为了行道，但朝廷能马上给我官做，让我行道吗？接着又说，现在一般人认为两制的官员"富贵高显而近于君，可以行道"的了，但他们自己却认为没当到宰相，当了宰相又认为行道的机会未到。我苏洵算什么呢？纵使马上应诏启程，数月后到京师，又等数月"得试于所谓舍人院";主持考试的官员还要用一两年时间审阅评议考卷,幸而考上,蒙皇上恩准"下相府相与拟议",又需年把时间,才"庶几有望于一官,如此洵固以老而不能为矣"。人老了,还行什么道呢?

这封信也许会打动欧阳修。因为苏洵所举情况,欧阳修早在二三十年前就提到了。那时范仲淹当司谏,欧阳修与他素不相识,却在洛阳写了一封《上范司谏书》,强调谏官的职责,希望范有所建树,还援引唐代韩愈批评谏议大夫阳城一例,抨击了传统的"待机进谏"论:"夫布衣韦带之士穷居草茅,坐诵书史,常恨不见用。及用也,又曰:'彼非我职,不敢言。'或曰:'我位犹卑,不得言矣。'又曰:'我有待。'是终无一人言也。"不过现在的欧阳修读完苏洵的信,打动归打动,怕也只有苦笑而已。第二年,嘉祐四年六月,苏洵又接到朝廷圣旨,仍是上次内容,并未言及免试一事。

免试有过先例。苏洵的好友张俞也是屡举不第,后因声名远播,多次被征召入京,不过他均予谢绝。晁公武《郡斋读书志》载:张俞"隐于岷山之白云溪,凡六被征召皆不起,为文有西汉风……"但张俞并非不问世事。今天还流传着他的《蚕妇》诗:"昨日入城市,归来泪满巾。遍身罗绮者,不是养蚕人。"他还远游四方,凭吊兴亡。如《翠微宫》(唐太宗行宫,中唐后改为佛寺):"天子不来僧又去,樵夫时倒一株松。"又如《游骊山》:"玉帝楼前锁碧霞,终年培养牡丹芽。不妨野鹿逾垣入,衔出宫中第一花。"遗憾的是,苏洵只看到张俞可以免试,而没有深味这些诗篇,没有张俞看得透。

苏洵因不能享受免试待遇,这次又辞谢不就,不过辞奏委婉了些,说时已至夏,其子居丧之期将满,届时他将随子入都,一谒当道,细叙情由。

嘉祐四年十月,苏洵带二子再度赴京,走的是水路,且有两个儿媳同行；还有一位小旅客，苏家的长孙、苏轼的儿子苏迈。孩子是当年生的。倘若早生一年，道学家们将会侧目而视，讲苏轼在母丧期间不守孝道了。

这次赴京大不同于上回。上回是兼程赶路，仅两个月抵达，又要准备应试科目，前途未卜，无暇领略山川之美。此次苏轼兄弟入京便可授任，且时间充裕，江行景色一一摄入父子三人的诗中。十二月抵江陵，三苏已作诗一百篇，编为《南行前集》。嘉祐五年（1060）正月，在荆州度岁后陆行，三月到京，又有诗八十五篇，是为《南行后集》。行期将近半年，且家眷随行，得享天伦之乐，苏轼存诗七十八首。据他所概括，这些诗的内容有三，即"山川之秀美、风俗之朴陋、贤人君子之遗迹"（《南行前集叙》）。

苏轼的心情是亢奋的，功名在望，意气风发。"故乡飘已远，往意浩无边"（《初发嘉州》）。同诗中还有"奔腾过佛脚，旷荡造平川"的句子。近千年后的今天，你若登上乐山大佛寺，定会觉得这描写逼真。今人曾枣庄先生在《苏轼评传》中说："'少陵山水是图经'，苏轼的纪行诗也可作'图经'读。"苏辙的同题诗也反映了"飞舟过山足"的心情："至楚不复留，上马千里去。谁能居深山，永与禽兽伍。"

苏洵既宽慰于二子的成功，又惆怅于自己的失落。他在《三游洞》诗中说："洞中苍石流成乳，山下长溪冷欲冰。天寒二子苦求去，吾欲居之亦不能。"白居易、白行简、元稹三人曾同游此洞，各赋其诗。自苏氏父子游览并赋诗后，人称"后三游"。在嘉州发船前所作的《游凌云寺》，苏洵更表白了"余今劫劫何所往，愧尔前人空自哈"。凌云大佛在父子三人心中，竟有如此悬殊的感受！江行中途，遇杨节推与另一宋姓官员的船，同过三峡。杨、宋二人也是进士及第，谈笑风生。苏洵《和杨节推见赠》诗中又有"少年实强锐，议论令我怯"之句。荆州分别时留句，亦云："去生别怀怆，有子旅意惬。舍棹治陆行，岁晚筋力乏。予懒本不出，实为人事劫。相将犯苦寒，大雪满马鬣。""别怀怆"是劝自己想开一些，

"有子旅意惬"也不能完全安慰这位倔强孤傲的老人。

仕途的得意并没有使苏轼兄弟回避现实的苦难，或者毋宁说，他们正想在授官之后去解除这些苦难。《夜泊牛口》，苏轼看到当地居民"负薪出深谷""煮蔬为夜飧，安识肉与酒。朔风吹茅屋，破壁见星斗"。苏辙同题诗中也用"稻饭不满盂，饥卧冷彻曙"，描写贫苦渔者。途经黄牛峡，苏轼有《黄牛庙》诗，揭示人间的不平："江边石壁高无路，上有黄牛不服箱。庙前行客拜且舞，击鼓吹箫屠白羊。山下耕牛苦碌碡，两角磨崖四蹄湿。青刍半束长苦饥，仰看黄牛安可及。"前四句写黄牛神高高在上，不拉车箱服劳役，反而受人祭祀膜拜。后四句写山下耕牛在瘦硬多石的土地上耕作，连吃的草都不够填饱饥肠。

但在年轻人心中，更多的是对功业的向往。

苏轼多次歌颂诸葛亮："书生古亦有战阵，葛巾羽扇挥三军。古人不见悲世俗，回首苍山空白云"（《犍为王氏书楼》）、"惟余八阵图，千古壮夔峡"（《八阵碛》）。后来过湖北襄阳，在瞻仰诸葛的隆中故居时，他更充满崇敬："诸葛来西国，千年爱未衰。今朝游故里，蜀客不胜悲。"（《隆中》）

对屈原，他也十分仰慕。船过忠州时，写《屈原塔》一诗，并在诗前自注："原不当有塔于此，意者后人追思，故为作之。"尽管屈原并未到过忠州，这里人还是修塔纪念。"楚人悲屈原，千载意未歇。精魄飘何处，父老空哽咽。至今沧江上，投饭救饥渴。遗风成竞渡，哀叫楚山裂。……南宾（忠州）旧属楚，山上有遗塔。应是奉佛人，恐子就沦灭。此事虽无凭，此意固已切。古人谁不死，何必较考折（长寿短命）。名声实无穷，富贵亦暂热。大夫知此理，所以持死节。"诗中"此事虽无凭，此意固已切"两句，可以理解为苏轼以后在并非古战场的同名地点写前后《赤壁赋》的滥觞。全诗的气格音节又使人联想到文天祥《正气歌》，可能受到这首五古的影响。在《屈原庙赋》中，苏轼又一次感慨"自子之逝今千载兮，世愈狭而难存。贤者畏讥而改度兮，随俗变化斫方以为圆"，歌咏屈原"惟高节之不可企及兮"。可证苏轼所谓的功业，是为了匡时济世。

这种见识，在他的《滟滪堆赋并叙》中，表达得最为淋漓酣畅。叙中言："世以瞿塘峡口滟滪堆为天下之至险，凡覆舟者，皆归咎于此石。以余观之，盖有功于斯人者。夫蜀江会百水而至于夔，弥漫浩汗，横放于大野，而峡之小大，曾不及其十一。苟先无以龃龉于其间，则江之远来，奔腾迅快，尽锐于瞿塘之口，则其险悍可畏当不啻于今耳。"赋则更为形象："蜀江远来兮，浩漫漫之平沙。行千里而未尝龃龉兮，其意骄逞而不可摧。忽峡口之逼窄兮，纳万顷于一杯。方其未知有峡也，而战乎滟滪之下，喧豗震掉，尽力以与石斗，勃乎若万骑之西来。忽孤城之当道，钩援临冲，毕至于其下兮，城坚而不可取。矢尽剑折兮，迤逦循城而东去。于是滔滔汩汩，相与入峡，安行而不敢怒。嗟夫，物固有以安而生变兮，亦有以用危而求安。"

我们之所以不厌其长地引述此赋，是为了说明这种精神与苏轼的《咏怪石》诗是一脉相承的，而气魄更为宏大；也是为了暗示苏轼的"以用危而求安"的看法，奠定了他今后要求变革朝政的主张，并不因王安石而大为逊色。相比之下，苏辙则是谨慎的乐观。在《滟滪堆》诗中，敬慕顶上有唐尧时的古碑，结句则为"恐至绝顶遭风雷"。

苏轼还有一首《出峡》，以理趣入诗，显示了他性格中随缘自适的一面："入峡喜巉岩，出峡爱平旷。吾心淡无累，过境即安畅。"纵观苏轼一生行迹，似应理解为他对个人境遇的顺逆安之若素，但对国计民生，则完全可以用上"名声实无穷，富贵亦暂热。大夫知此理，所以持死节"。

这一时期的苏诗是不成熟的，瑕瑜互见，但也有一些佳作。如《神女庙》，借用道家关于神女帮助大禹治水的传说，"别出手法，以治水作骨"，一反巫山神女的艳科题材。"……云兴灵怪聚，云散鬼神还。茫茫夜潭静，皎皎秋月弯。还应摇玉佩，来听水潺潺。""云雨"在诗中不是媾合的象征，而成为神女驱遣灵怪鬼神的奇迹。《巫山》诗不再满足于对峡谷萧森、愁云低回的外景描摹，而是力求传神："晃荡天宇高，奔腾江水沸。"顺便说一句，这个"沸"字，在同期所写的《夜行观星》中运用得更为成功："大星光相射，小星闹若沸。"

日本学者吉川幸次郎则对那首《江上看山》有独到的见解。原诗为："船上看山如走马，倏忽过去数百群。前山槎牙忽变态，后山杂沓如惊奔。仰看微径斜缭绕，上有行人高缥缈。舟中举手欲与言，孤帆南去如飞鸟。"吉川先生说："把沿急滩而下的船中所看到的沿岸群山比作奔驰的群马，这是他后来的诗中从心所欲地运用自由、奇警的观察、联想及作为其表现的比喻的开端。从船中向着走在绝壁小道上的人影——也许是樵夫，也许是农夫——挥手想要说话，这也是他后来的诗中像地下水一样渗透着的对于所有人的广泛的爱的开端。"（《中国诗史》）

值得注意的是，忧患意识在这些早期诗中已初透信息。除第四章（名动京师）提到过的、途经宜宾回忆汴京大水的《牛口见月》外，还有如"亦解观形胜，升平不敢论"（《荆州十首》之二）、"楚境横天下，怀王信弱王"（《荆州十首》之十）。特别是陆行看见颖川一带庄稼连年不收，田野满目凄凉，不禁写下了"……但恐城市欢，不知田野怆。颖川七不登，野气长苍莽。谁知万里客，湖上独长想"（《许州西湖》）的诗句。这些"长想"，终于在作者入京后所作的《进策》中，化为剀切的议论。苏辙也在途经浉阳时，写下了"楚人信稀少，田亩任蓁芜。空有道路人，扰扰不留车"的诗句。这离京畿不远的地方，竟是如此荒芜！

七十八首早期诗中，五古占五十二首。苏轼的幼子苏过后来说："东坡尝语后辈，作古诗当以老杜《北征》为法。"许多江行诗显然可见学杜的痕迹，把心思才力引向坚朴的现实。纪昀也指出：《荆州十首》"篇章句法都合古法。此东坡摹杜之作，纯是《秦州杂诗》"。在北宋诗文革新运动中，学杜成为普遍的风气，这使苏轼一开始便走上了积极的道路。

"长江从蜀来，日夜东南奔"（陆游《入瞿唐登白帝庙》）。奔腾万里的长江啊，你那峥嵘的礁岩、起伏的波涛，孕育了多少诗才、多少辞章！江面上响着船工的谣曲、渔人的悲歌："滟滪大如象，瞿塘不可上。滟滪大如马，瞿塘不可下……""巴东三峡巫峡长，猿鸣三声泪沾裳。"水波里漂着商妇的哀怨、歌女的辛酸："嫁得瞿塘贾，朝朝误妾期。早知潮有信，嫁与弄潮儿。""夜深忽梦少年事，梦啼妆泪红阑干……"李白仗剑去国，吟诵着"仍怜故乡水，万里送行舟"，晚年那首著名的《早发白帝城》，抒发了遇赦返程的欢快。杜甫生动地描绘过"众水会涪万，瞿塘争一门""高江急峡雷霆斗，古木苍藤日月昏"；他的《秋兴八首》浑然一体，已成千古绝唱！刘禹锡在江上寄托了谪客的悲愤，留下了《竹枝词》的清新。白居易行经"苍苍两崖间，阔狭容一苇"的三峡，借"路穿天地险，人续古今愁"，暗寓了仕途的风波……还有一位可能在少年时到过长江的李贺，这早夭的天才，以丰富的想象、瑰丽的词句，写下了"瑶姬一去一千年，丁香箆竹啼老猿"（《巫山高》）、"蜀江风澹水如罗，堕兰谁泛相经过"（《神弦别曲》）。……当李白在这条江上捞月而逝，三百年后又升起了苏轼这颗诗星，正如苏轼所论"（韩）愈之后三百余年而后得欧阳子"一样。还有一位"宋代李贺"——王令，于嘉祐四年六月，即苏轼尚未启程江行之时，病逝于长江下游的常州。年轻的苏轼当然未能料到，四十年后，他生命的归宿也在常州。

长江，你那湍急的水流，注定要造就一批不安分的人才，从秭归源头出发的代代诗魂……

王令，江都（今属江苏）人，字逢原，是王安石途经高邮时发现的人才。王安石对他寄予厚望，"以为可以任世之重而有功于天下者"，并把自己的妻妹嫁给他。王令却终身不应举，颇有叛逆性格。在《感愤》诗中说："二十男儿面似冰，出门嘘气玉蜺横。未甘身世成虚老，待见天心却太平。狂去诗浑夸俗句，醉余歌有过人声。燕然未勒胡雏在，不信吾无万古名。"《纸鸢》则讽刺巴结新贵的世情："谁作轻鸢壮远观，似嫌飞鸟未多端。才乘一线凭风去，便有愚儿仰面看。"还有一些非常豪壮的诗句，如"但假深根常得地，何忧直干不扶天。"（《松》）、"长星作彗倘可假，出手为扫中原清。"（《偶闻有感》）、"终当力卷沧溟水，来作人间十日霖。"（《龙池二绝》）、"我有壹郁气，从来未经吐；欲作大叹吁向天，穿天作孔恐天怒。"（《西园月夜》）、"九原黄土英灵活，万古青天霹雳飞。"（《寄满子权》）。最有名的是那首《暑旱苦热》："清风无力屠得热，落日着翅飞上山。人固已惧江海竭，天岂不惜河汉干。昆仑之高有积雪，蓬莱之远常遗寒。不能手提天下往，何忍身去游其间。"昆仑与蓬莱当然都是清凉世界，但自恨不能救天下脱离火坑，也就不愿独个儿前往避暑了。

王令也有一些描写现实的诗，如《梦蝗》，借蝗虫之口，揭露"人食人"的世道："……连床列竽笙，别屋闲嫔姝。一身万椽家，一口千仓储。儿童袭公卿，奴婢联簪裾。犬豢羡膏粱，马厩余绣涂……贫者无室庐，父子各席居。贱者饿无食，妻子相对吁……吾害尚可逃，尔害死不除。"

当代学者钱锺书先生说王令"仿佛能够昂头天外，把地球当皮球踢着似的，大约是宋代里气概最阔大的诗人了"（《宋诗选注》）。可惜由于贫病交困，王令二十八岁便未尽其才地去世了。王安石异常悲伤，写下《思王逢原三首》，内有"蓬蒿今日想纷披，冢上秋风又一吹。妙质不为平世得，微言惟有故人知""百年相望济时功，岁路何知向此穷。鹰隼奋飞凰羽短，骐麟埋没马群空"等句。王令生前有《春晚》诗："三月残花落更开，小檐日日燕飞来。子规夜半犹啼血，不信东风唤不回。"王安石也正如诗中的子规，啼血悲歌，呼唤着王令早逝的青春。

苏家在嘉祐五年二月抵达京城，买下了一座附有花园的房子。苏轼被任命为福昌县（今河南宜阳，李贺的故乡）主簿。主簿是协助知县典领文书、办理具体事务的九品小官。苏辙也被任命为渑池县（今属河南）主簿。但兄弟两人均未到任。因为当时朝廷正物色应策试的人选。欧阳修举荐苏轼，杨畋举荐苏辙。不料考试之前，苏辙突然病倒。宰相韩琦闻知，便向仁宗奏明："今岁召制科之士，惟苏轼、苏辙最有声望。今闻苏辙偶病未可试，如此人兄弟中一人不得就试，甚非众望，欲展限以俟。"仁宗准奏。韩琦还多次派人探望苏辙病情，等到他痊愈，才决定开考。（见李廌《师友谈记》）《宋史》本传言韩琦"天资朴忠，折节下士，无贵贱礼之如一，尤以奖拔人才为急"，此事可见一斑。

差不多同时，韩琦还请准皇帝给了苏洵一个秘书省试校书郎的职务，做皇宫图书档案校对工作，无须经过考试。因为苏洵是布衣，连起码的官员资格都没有，所以称"试"，即代理。事态虽不如苏洵在赴京途中想象的那么悲观，但在他看来，这不过是"州县趋走拜伏小吏""劳筋苦骨，摧折精神，为人所役使，去仆隶无几也"，借此又发了一通牢骚："今朝廷糊名以取人，保任以得官……洵幸为诸公所知似不甚浅，而相公尤为有意，至于一官则反复迟疑不决者累岁。嗟夫！岂天下之官以洵故冗邪？"（《上韩丞相书》）

尽管如此，苏洵还是勉强接受了这个职务。他向欧阳修表白，是"不欲为异"；向别人也解释过，如果再辞就会被世论认为矫情钓誉，对朝廷有过高的期望。实际上，这恐怕与苏家当时的境况有关。父子来回奔波，又值丧妻，还在京城买宅，家产已经消耗殆尽。为谋生计，也必须接受这卑官薄禄。后来他又上书韩琦，说薪俸太低，难以糊口。韩琦过意不去，欧阳修也帮着讲了话，就任命苏洵为霸州文安县主簿，与人同修《太常因革礼》一百卷，即为本朝皇帝立传。

宋朝官制十分复杂，苏洵其实只是挂一个文安县主簿的空名，不必赴任；又如，一县的长官是县令，但常会调一个并非县令的人来管理，称为知某某县县事等。

苏洵留汴京修传，尽管涉及的那些皇帝都是当今天子的先人，但他决定采用史家笔法，不文过饰非，曾说："后闻臣僚上言，以为祖宗所行不能无过差，不经之事欲尽芟去，无使存录……然则洵等所编者是史书之类也；遇事而记之，不择善恶，详其曲折而使后世得知，而善恶子著者，是史之体也。"这就不难理解下面发生的一件事。嘉祐八年（1063）仁宗去世，韩琦为山陵使，治陵规模宏大，但因国库空虚，一切向州县摊派，海内骚动。苏洵向自己的恩人上书规谏，内有"昔者华元厚葬其君，君子以为不臣"的句子。据说韩琦览书，为之色变，因为"不臣"是"奸臣"的别称。他虽然没有完全采纳苏洵的"改令以救百姓之急"的建议，但也"稍省其过甚者"。（见张方平《文安先生墓表》）

终其一生，苏洵都是处世落落寡合，遇事不假通融，这不能不在一定程度上影响了苏轼兄弟。这从他们参加策试的文章便可以看出。

苏轼对当时国情总的分析是"天下有治平之名，而无治平之实；有可忧之势，而无可忧之形"，还打了一个生动的比方，宋王朝就像一个病人闷闷不乐，问他哪里有病，他自己也说不清楚。"其言语饮食、起居动作固无以异于常人，此庸医之所以为无足忧，而扁鹊（战国名医）、仓公（汉代名医）之所望而惊也！"公开提出："天以日运故健，日月以日行故明。……天下者大器也，久置而不用，则委靡废放，日趋于弊""方今之世，苟不能涤荡振刷而卓然有所立，未见其可也"。但他吸取了"庆历新政"失败的教训，一方面反对"因循苟且"；另一方面也反对用"悍药毒石"去治病。（以上均见《策略一》）总之，他不赞成"一切图速成之效"，否则会"欲速而不达"。这与王安石在上仁宗书中主张以"征诛"为变法开路的激进观点显然不同。

在变革什么的问题上，王安石认为当今之危，"患在不知法度""多不合先王之政"。苏轼则认为，声律再好，奏非其人，也会走调；法律再好，任非其人，也"不能无奸"（《策略三》）；要排挤你，尽管你"小不如法"，也可依法治你；而要举拔你，尽管你"有所乖戾"（违法乱纪），也可"借法以为解"（《决壅塞》）。苏轼有时也强调"厉法禁，自大臣始"，但还是为了他的"择吏"为先的主张。王安石也说过"方今之急，在于人才"（《上仁宗皇帝言事书》），"夫合天下之众者财，理天下之财者法，守天下之法者吏也。吏不良则有法而莫守，法不善则有财而莫理"（《度支副使厅壁题名记》），但还是为了顺利推行他的变法措施。

公允地看，苏轼过分强调治标的办法，否定法的治本作用，但针对当时现实，还是有一定道理的。王安石在理论上是正确的，但在实际生活中往往行不通。法之得以实施，并非一朝一代，乃至于数朝数代所能见效。当然，苏轼也不是一概反对变法。他认为：法"苟不至于害民而不可不去者，皆不变也"。但他的重心还是强调变法要慎重。他回顾说，范仲淹为相，当他正深思熟虑，准备提出变革措施时，仁宗却嫌他太慢了，不断催促他条陈天下之利害；但当他条陈利害"百未及一二"时，便已"举朝哗然"，范因此被逐。像这样朝令夕改，任人不专，"虽得贤人千万，一日百变法，天下益不可治"（见《策略三》）。

在变革的具体措施上，苏轼的十七篇《策别》，主要分三个部分。

《课百官》六篇是关于吏治改革的。苏轼主张赏罚分明："自下而上，民有一介之善，不终朝而赏随之""自上而下，公卿大臣有毫发之罪，不终朝而罚随之"。他认为当时官吏一是太多，二是太贪；正因为官多，居官时少，居闲时多，于是在任上就加紧搜刮，以作为"闲居仰给之资"（《抑侥幸》），也造成贿赂风行，"凡贿赂先至者，朝请而夕得，徒手而来者，终年而不获""举天下一毫之事，非金钱无以行之"（《决壅塞》）。他反对"三岁一迁"制，认为这会使"吏不为长远之计，则其所施设一切出于苟简"（《专任使》）。主张择吏应不拘一格，"世之贤者，……或出于竖贾贱人，甚者至于盗贼"，而"儒生贵族"有时却"放肆不轨"，连"小民"都不如。他不赞成官吏一旦犯罪则"终身不迁"的"今世之法"，主张给人以悔过的机会，使之"竭力为善以自赎"（《无沮善》）。他更不赞成举官连坐法，即被荐的人一旦有罪，推荐的人也要受惩。"人之难知自尧舜病之矣，今日为善而明日为恶，犹不可保，况于十数年之后？"（《无责难》）

《安万民》六篇有两个方面。一方面主张适当减轻赋敛。他说，古代设官是为了"裕民"，使百姓富裕；现在设官是为了"胜民"，战胜百姓。"赋敛有常限"，今却以提前缴纳"为贤"；"出纳有常数"，今却以多交"为能"（《敦教化》）。另一方面，对人民的反抗，苏轼认为应坚决镇压，"日夜整齐其人民，而锄去其不善"（《去奸民》）。在以后做地方官时，他基本上就是根据这两个原则行事的。

《厚货财》两篇强调"节用以廉取"（节流），与王安石强调开源不同。他指责朝廷对"天下之利，莫不尽取"："山陵林麓莫不有禁，关有征，市有租，盐铁有榷，酒有课，茶有算，则凡衰世苟且之法莫不尽用矣。"（《省费用》）为了节流，苏轼主张：一、取消郊祀赏赐与佛老宫观"岁给以巨万计"的大量费用；二、裁减冗官；三、裁减冗兵。

《训兵旅》三篇和《策断》三篇，都是为了抵御辽与西夏的侵扰，防止人民反抗而提出的强军措施。在《策别安万民·教战守》中，苏轼已经描述过："今者治平之日久，天下之人骄惰脆弱，如妇人孺子不出于闺门，论战斗之事则缩颈而股栗，闻盗贼之名则掩耳而不愿听。"士大夫也口不言兵，"以为生事扰民"。特别是"缘边之民西顾而战栗，牧马之士不敢弯弓而北向，吏士未战而先期于败"（《策别训兵旅·蓄材用》）。这样的民风士气，怎么能战斗呢？故而他主张"使平民皆习于兵""使士大夫尊尚武勇，讲习兵法"。他还反对募兵制，提出"兵出于农"，兵农合一。他认为对辽与西夏应采取主动，"示之以不惮，形之以好战"（《策断》

一）。就是说，你越怕打，对方越要打；不怕打，做出打的姿态，反而可能打不起来。

苏轼这次应制科试，"直言当世之故，无所委曲"，一点也不拐弯抹角。他甚至指责仁宗无所作为，"未知勤""未得御臣之术"，指责"大臣不过遵用故事，小臣不过谨守簿书，上下相安以苟岁月"；并说他之所以这样，是因为"天下无事则公卿之言轻于鸿毛，天下有事则匹夫之言重于泰山"（《御试制科策》）。他自认这些看法都是自己独立思考的结果，凡他不赞成的，"虽古之所谓贤人之说，亦有所不取。虽以此自信，而亦以此自知其不悦于世也"（《上曾丞相书》）。确实，无论是持重老臣，还是激进新派，都"不悦"。《苏诗总案》载，对苏轼的《进策》，"韩琦亦不善，王安石尤嫉之"。当时韩琦为相，王安石任知制诰。

这里再提一提苏辙。虽然他比哥哥老成持重，但目下正处于"少年喜事，诚有意于功名"（苏辙《谢两发运启》）的阶段，加以皇帝亲临监考，"是日晚，仁皇自延和步入崇政，过所试幄前。瞻望天表，最为亲近"（苏辙《去年冬辙以起居郎入侍迩英讲不逾时迁中书舍人虽忝冒愈深而瞻望清光与日俱远追记当时所见作四绝句呈同省诸公》自注），而且策问题目是讲仁宗有忧惧之心，希望直言朝政得失，便以为"方今群公在朝，以君子长者自处，而优容天下彦圣有技之士，士之有言者可以安意肆志而无患"（苏辙《上曾参政书》），于是便以赤子之忧直言极谏：古之圣人无事则深忧，有事则不惧；陛下正相反，"无事则不忧，有事则大惧"。听人讲，陛下"自近岁以来，宫中贵姬至以千数，歌舞饮酒，优笑无度，坐朝不闻咨谟，便殿无所顾问"，如久而不止，将蹈三代及汉、唐末世的"女宠之害"。又对宫中赏赐无度予以抨击，"国家内有养士、养兵之费，外有契丹、西夏之奉""陛下又自为一阱以耗其遗余，臣恐陛下以此获谤，而民心不归也"（《御试制科策》）。其他方面的尖锐坦率，也比其兄有过之而无不及。

考官们阅卷后，以"文义粲然"决定苏轼入三等（最高等）。自宋建国以来，制策入三等的只有吴育与苏轼两人，王介入四等。唯独对苏辙有分歧。胡宿认为他答非所问，又引汉、唐末世的昏君来比仁宗，主张罢黜。杨畋是荐人，担着干系，自不便表态。主考官知谏院司马光则认为应试的三人中，唯苏辙一人表现出爱君忧国之心，拟如其兄入三等。蔡襄支持司马光的意见，说：我是主管三司（盐、铁、度支等财政收支）的官，有责任向皇上报告财政困难的情况，但不敢直言；面对此卷，只有感到愧惭。

考官们意见不一，只有报到宰执那里请予定夺。老人们早已在苏辙的上书中，领略过这位后生小子不知节制、咄咄逼人的锋芒，所以一致主张罢黜。最后还是仁宗发了话：朕为求直言而试，现在因为苏辙直言而将他废弃，天下人将会怎样看我呢？考官们承旨，将苏辙收四等（下等）。杨畋这才松了一口气，上奏说："陛下赦其狂直而收之，盛德之事也，乞宣付史馆。"就是将此事载入史册。仁宗悦而允之。司马光也同列上奏："伏望陛下当此之际悉罢宴饮，安神养气，后宫妃嫔进见有时。"也为仁宗采纳。（见《续资治通鉴》卷五九）

仁宗退朝后，对高皇后说：朕今日为子孙找到两个宰相了。（见《宋史·苏轼传》）但这只是一张空头支票，"君恩"并未降及苏轼兄弟身上。最初任命苏辙为商州军事推官。任知制诰（掌起草诏令）的王安石以苏辙对策是"专攻人主"为由，拒绝撰词，结果苏辙未能赴任，在京侍奉老父，闲居了几年。苏轼在《病中闻子由得告不赴商州》诗中说"答策不堪宜落此""策曾忤世人嫌汝"，表明他对宦情仕途有了初步的清醒认识。

签判凤翔

夜雨何时听萧瑟？——在中国古文化的摇篮——宋太守的启示——祈雨——修改"衙前役"——《思治论》——陈公弼——《凌虚台记》——陈慥与章惇——亡妻丧父——续弦——永别故乡

嘉祐六年（1061），苏轼被任命为大理评事（掌刑狱的京官），签书凤翔（治今陕西省宝鸡市凤翔区）判官（辅佐州官，掌管文事之职）。这是以京官身份任州府签判，比起上次所授河南福昌县主簿，职位明显升了。正如他自己所言，"忽从佐县擢与评刑"。赴任前，他感到心中无底，便向在京为官的伯父苏涣请教"所以为政之方"。苏涣告诉他，你考场作文，拿到题目后，要考虑成熟方可下笔，才能写出好文章。"为政亦然，有事入来，见得未破，不要下手；俟了了而后行，无有错也。"苏轼"以此言为家法"（见郎晔注《经进东坡文集事略》），受益不浅，一生主张既要胸怀宏愿，又要稳扎稳打，反对操之过急。

十一月，苏轼离京赴任，子由为兄嫂送行，直到郑州。苏轼在郑州西门外，望着弟弟踏雪骑瘦马而返，头在高低不平的古道上隐现，直到望不见了，才继续赶路。这毕竟是兄弟间第一次分别呀。他后来回忆说："登高回首坡垄隔，但见乌帽出复没。"后人赞此二句"模写甚工"。在同一首诗里，他又感叹道："寒灯相对记畴昔，夜雨何时听萧瑟。君知此意不可忘，慎勿苦爱高官职。"这里引用了唐代诗人韦应物的诗典："宁知风雪夜，复此对床眠。"苏轼兄弟当年读到的版本为"安知风雨夜"。

余秋雨先生在《文化苦旅·夜雨诗意》里，对夜雨有十分出色的描绘。因为"天上人间只剩下了被雨声统一的宁定，被雨声阻隔的寂寥"，"夜雨中的想象总是特别专注，特别遥远"，"夜雨款款地剥夺了人的活力，因此夜雨中的想象又格外敏感和畏怯。这种畏怯又与某种安全感拌和在一起，凝聚成对小天地中一脉温情的自享与企盼"，"夜雨会使旅行者想家，想得很深很深。夜雨会使旅行者企望安逸，突然憬悟到自己身陷僻远、孤苦的处境，顾影自怜，构成万里豪情的羁绊"。

只消把"旅行者"改为"宦游人"，大概便切合苏轼兄弟了。总之，他们读到韦应物这两句诗时十分感动，曾相约及早退隐，共享天伦之欢、闲居之乐。后来两人的诗中，常有夜雨对床的话头，如"雪堂风雨夜，已作对床声"，"对床定悠悠，夜雨空萧瑟"，"对床老兄弟，夜雨鸣竹屋"等（以上苏轼）。因"乌台诗案"入狱，苏轼生死未卜，有怕苏辙"他年夜雨独伤神"之叹。苏辙出使契丹时，也有"夜雨从来相对眠，兹行万里隔胡天"之句。苏辙另有"夜深魂梦先飞去，风雨对床闻晓钟""燕坐微闻落瓦声，共对一尊通夜语"等。"夜雨对床"成了两人相期相许的誓约。但两人一生离多会少，灾多福少，以至于清人沈廉作诗叹道："他时若许连宵话，夜语宦程风雨多。"

到达凤翔后，兄弟间每月互寄诗一首，因为函件要在路上走十天左右。这便是有名的"岐梁唱和"（凤翔在岐山脚下，梁指汴梁）。

这些诗中，苏轼的《和子由渑池怀旧》颇能代表他的七律特色："人生到处知何似，应似飞鸿踏雪泥。泥上偶然留指爪，鸿飞那复计东西。老僧已死成新塔，坏壁无由见旧题。往日崎岖还记否，路长人困蹇驴嘶。"他忆起初次入京应试，路长人困，他们的马在崤山累死，换骑瘦驴赶到渑池，歇于奉闲僧舍，并与子由留诗壁上。现在旧地重游，老僧奉闲已死，旧日题诗无存。鸿雁在它飞过之处偶尔驻足，不过像在雪泥之上留下一点指爪的痕迹（这句似乎从欧阳修"瘦马寻春踏雪泥"化出，只是更加飘逸），飞走了，茫茫天地，它哪还记得在什么地方留下爪印呢？人生之旅也复如此。二十六岁的诗人，产生了时光沧桑变迁与人事无常之感，这也是当时的社会危机在他潜意识中的反映。"雪泥鸿爪"便成为一个历久弥新的成语。有人认为诗的后四句为赘语。其实这样才虚实相生。轻逸的马为疲瘦的驴所替代，也是一种仕途的预感。且驴更切合诗人身份。唐代李贺骑驴觅诗，存之锦囊。杜甫也有"骑驴三十载，旅食京华春"之句。南宋陆游也写过"此身合是诗人未，细雨骑驴入剑门"，甚至吟出"蹇驴闲后诗情减"。杨万里《跋〈剑南诗稿〉》更绝："千载诗人拜蹇驴。"

然而这不过是短暂的感慨。凤翔在渭水北岸，为关中之地，是中国古文化的摇篮。远望岐山，如凝固的紫烟。这不能不引起诗人极大的兴趣。

嘉祐七年（1062）二月中旬，苏轼去所属各县"减决囚犯"，处理那些悬而未决的案件，并尽可能将囚犯释放。经过诸葛亮北伐中原时所筑的武侯镇（又名石鼻寨，在宝鸡东三十里）时，他登临绝壁，凭吊英才。到虢县（今陕西虢镇），县东南十八里有磻溪石，传说是姜太公钓鱼之处。这次因公务未能亲往，他遥抒情怀："闻道磻溪石，犹存渭水头。苍崖虽有迹，大钓本无钩。"姜太公是以直钩钓鱼的，钓翁之意不在鱼，甚至也不在"誉"，而是"遇"，是等待明君到来的机遇。东方朔《七谏》中有"以直针而为钩兮，又何鱼之能得"。唐代卢仝《直钩吟》诗中也说："人钩曲，我钩直，嗟哉我钩反无食。"渊博的苏轼当然不会不知道这些典故，这也许折射出他胸中以古代贤者自许的意向。到郿县（今陕西宝鸡眉县），他写下著名的讽刺诗《郿坞》："衣中甲厚行何惧，坞里金多退足凭。毕竟英雄谁得似，脐脂自照不须灯。"董卓依仗"甲厚""金多"，妄图篡权自立，最后为吕布所杀，暴尸于市。守尸的兵士见他肉肥油厚，便在他的肚脐眼上点火，"光明达曙，如是积日"（《后汉书·董卓列传》）。

后来苏轼因祷雨还亲履磻溪，以偿夙愿。那次途经斜谷（诸葛亮北伐中原之道），他又一次表达了仰慕之情："公才与曹丕，岂止十倍加。顾瞻三辅间，势若风卷沙。……客来空吊古，清泪落悲笳。"

公务之外，苏轼还游览过岐山西北七八里的周公庙和润德泉，到过终南山上老子给尹喜传经的授经台。《授经台》可谓苏轼早期的哲理诗："剑舞有神通草圣，海山无事化琴工。此台一览秦川小，不待传经意已空。"公孙大娘舞剑器启发了张旭，高山大海提高了伯牙的琴艺。站在此台上，使人顿觉宇宙茫茫、人寰渺小，沉浸于时间的神秘性中，不等到传经，就已经悟得了道家的真谛。

苏轼有《凤翔八观》组诗。在《石鼓歌》中，除了精当地描写了这件结识过周秦、结识过唐宋而又有些漫漶难辨的珍贵文物，他还歌颂了周宣王的仁政，"勋劳至大不矜伐"；谴责了秦始皇的暴政，"暴君纵欲穷人力，神物义不污秦垢"。纵观苏轼一生，多是主张德治、仁政，而反对功利、刑名，这似乎是他诗文中的一条贯穿始终的血脉。因此他的这首诗，比韩愈的同题诗更有思想，至于艺术性的高低，笔者认为是各有特色的。

组诗中还有《王维吴道子画》，则可反映苏轼的审美情趣。他既赞誉吴道子的雄放之美，也称许王维"得之于象外"的妙趣。在二人中，似更推崇王维"有如仙翮谢笼樊"（同期另有《题凤翔东院右丞画壁》小品："嘉祐癸卯上元夜，来观王维摩诘笔。时夜已阑，残灯耿然，画僧踽踽欲动，恍然久之。"全用烘托手法，造成一种森然、迷幻之感，达到假语真意的意境。王维给他的画赋予了灵魂，吹进了他精神的气息）。但"道子实雄放，浩如海波翻。当其下手风雨快，笔所未到气已吞"，更常被后人用来比喻苏诗的特色。

当然，苏诗的风格不限于此，这时期的不少诗句已开始显示了这种多样性，读者自可细品："北客初来试新险，蜀人从此送残山"（《石鼻城》），"马上续残梦，不知朝日升。乱山横翠幛，落月淡孤灯"（《太白山下早行，至横渠镇，书崇寿院壁》），"东邻多白杨，夜作雨声急。窗下独无眠，秋虫见灯入"（《轩窗》），"湖上移鱼子，初生不畏人。自从识钩饵，欲见更无因"（《鱼》），"昏昏水气浮山麓，泛泛春风弄麦苗"（《题宝鸡县斯飞阁》），"未成报国惭书剑，岂不怀归畏友朋"（《九月二十日微雪怀子由弟》），"道人应怪游人众，汲尽阶前井水浑"（《楼观》），等等。

苏轼至凤翔上任时，太守为宋选。宋选是位温厚的上司，只把这位年轻人当作一介书生，"不以吏事责之"。但苏轼小心谨慎，恪尽职守，并认真学习宋太守的为政之道，正如他离京前向伯父请教一样。他忆起初次赴京应试，经过扶风（今陕西扶风），传舍（旅舍）极差，简直不可居；这次重来，发现已修葺一新，"如官府，如庙观，如数世富人之宅，四方之至者如归其家，皆乐而忘去"。这都是宋太守的政绩。苏轼由此想到，事无大小，只要认真对待，没有办不好的。不仅对传舍，甚至比传舍更小的事，宋太守都"未尝不尽心"。苏轼进而感叹："尝食刍豢（家畜肉）者难于食菜，尝锦衣者难于衣布，尝为其大者不屑为其小，此天下之通患也。"（《凤鸣驿记》）宋选大概自己也未曾料到，他心目中的书生，在自己的潜移默化下，已逐步变成一名干练的吏才。苏轼自己也应该庆幸，宋选使他的一生避免了"多空文而少实用"的"儒者之病"。

于是，苏轼攀登太白、远涉磻溪祈雨。"中间罹旱暵，欲学唤雨鸠。""乃者自冬徂春雨雪不至，西民之所恃以为生者麦禾而已。"第一次祈祷后，下了一场小雨，并不足以救旱。人们告诉他，太白山神在唐代封为神应侯，至宋朝却改封济民侯，降了一级，大概山神因此不高兴吧。苏轼马上找来《唐书》与方志，一查，果如所言。于是他代凤翔知府向仁宗写了一篇奏文，请求恢复太白山神原有的封爵，同时又派一名特使去通知山神。

听说特使从山上取回"龙水"，苏轼随宋太守出城恭迎。城乡群情振奋，聚来了几千人。虽然头上乌云密布，但仍未飘下雨滴。苏轼为妥善起见，便陪太守去城内真兴寺祷告，然后再出城。"水未至，风雾相缠，旗幡飞舞。""龙水"到来后，苏轼又随口念了一篇祷雨文。顿时风云变色，雷电交加，下了三天大雨。充沛而多情的好雨，灌饱了麦田与心田。"官吏相与庆于庭，商贾相与歌于市，农民相与忭于野。忧者以乐，病者以愈……"（《喜雨亭记》）人们因此称苏轼为"苏贤良"。也许这次大雨只是巧合，但苏轼事必躬亲、不惮烦劳、与民同忧乐的精神，也像喜雨一样，飘洒至今。人们传诵着他的名句："使天而雨珠，寒者不得以为襦；使天而雨玉，饥者不得以为粟。"（《喜雨亭记》）诵读时，笔者相信每一颗心都如一尾鲜活的小鱼。

凤翔是西北军事重镇，抗击西夏侵扰的前沿阵地。苏轼的职责之一，便是"飞刍挽粟，西赴边陲"，保证前方的军需供给。在《和子由苦寒见寄》中，他写道："庙谋虽不战，虏意久欺天。山西良家子，锦缘貂裘鲜。千金买战马，百宝妆刀环。何时逐汝去，与虏试周旋。"自己则苦练骑射，甚至在一首诗中以飞将军李广自励，抒发了抗敌守边的宏愿。但他对问题看得更深一层，指出要加强边防，必须"多方优裕其民"，关心民间疾苦；西陲之事不是"随欹而拄，随坏而补"所能解决的，而应抓住这个根本。

为此，苏轼建议改革"衙前役"。关中连年天灾兵祸，徭役又重，不少农民逃亡。官府只好把本地破产的百姓组织起来，顶替徭役，终年在岐山伐木，汛期运放。木筏从渭河入黄河，经三门峡之险，运到开封，损失很大，且要由服役之人包赔。苏轼认为此役"破荡民业，忽如春冰"，深感"救之无术，坐以自惭"。后经调查，发现倘在渭水、黄河未涨之时，让役人自己考察水情运木，情况可能会好些。于是他向韩琦上书，选择会放排的水工替代，也不用强行规定汛期运送。这才使"衙前之害减半"。

当然，也只能是减轻而已。嘉祐八年三月仁宗去世，韩琦为山陵使，苏轼花了五个月的时间来应付修陵所摊派的木材。在和子由的诗中说："王事谁敢诉，民劳吏宜羞。""千夫挽一木，十步八九休。"这种情状，使他"对之食不饱，余事更遑求"。"食不饱"，大概一是忙，二是忧。

如果说修改"衙前役"的提议还得以部分实施的话，那么"以官榷与民"便仅仅是主张了。宋王朝对人民生活中的一些必需品，如茶、盐、酒、矾（印染原料）实行官卖，又叫官榷。这是一笔重要的财政收入。苏轼在《进策》中就反对"天下之利（朝廷）莫不尽取"。在凤翔任上，他明确主张把凤翔官榷"尽以予民"，认为虽会失掉二万贯专卖之利，但总比"使民日益困穷而无告，异日无以待仓卒意外之患"要好，并直斥："朝廷自数十年以来，取之无术，用之无度，是以民日困，官日贫。一旦有大故，则政出一切，不复有所择。此从来不革之过，今日之所宜深惩而永虑也。"（见《上韩魏公论场务书》）可惜，基于自身的利益，封建统治者对官榷不仅"从来不革"，而且还会变本加厉。

苏轼这段时期的政见，集中表现于他在嘉祐八年所作的《思治论》中，这是《进策》的发展。文中明确指出"今世有三患"："常患无财"，"常患无兵"，"常患无吏"。尖锐地批评了当时朝廷目光短浅、举止失措的状态："万全之利以小不便而废者有之矣，百世之患以小利而不顾者有之矣。所用之人无常责，而所发之政无成效。此犹适千里不赍（带）粮而假丐于途（路）人，治病不知其所当用之药而百药皆试，以侥幸于一物之中。欲三患之去，不可得也。"当时情况确实如此，每发一政都"姑试行之"，屡试屡变，前政未废，后政复行，朝令夕改，虎头蛇尾，弄得百姓无所适从，怨声不绝。他强调"好谋而不成，不如无谋"，盛赞"商君（鞅）之变秦法"，敢于"撄（触犯）万人之怒，排举国之说"（这使我们看到王安石的影子）。但同时又指出："天下之士不可以力胜，力不可胜则莫若从众。从众者，非从其众多之口，而从其所不言而同然者，是真从众也。"所谓"同然"，是指绝大多数人从内心认为是对的。而"众多之口"并不一定代表大众，只不过是"闻于吾耳而接于吾前"的议论，"于吾为众，于天下为寡"的议论。

这些精辟的见解，并未被时间的尘沙所掩埋，今天还焕发着警世的光芒。

同年正月，陈公弼接任宋选。他是四川青神人，苏轼的同乡。陈系武人出身，为政严厉，当他听见皂吏称苏轼为"苏贤良"时，便下令将此人杖责二十，以示惩戒。苏轼有时去谒见他，他让这位年轻的才子吃闭门羹。最令苏轼无法忍受的是，他每拟奏文祷词，陈总要在草稿上大肆涂改，几易其稿，方得交差。因此过中元节时，陈邀苏轼赴宴，苏轼负气不去，陈认为这后生小子狂妄，罚了他八斤黄铜。

我们今天已难以明白陈为什么要这样做。或许他生性刚烈，驭吏苛察，或许他只想杀杀这位年轻下属的傲气。但回顾陈太守的仕途，他的另一些行径却博得我们的好感。在长沙，他曾抓捕一名恶僧，绳之以法；此僧与当地权要颇有来往，陈却毫不徇情。又一次，他拘捕了七十多个男巫，将这些鱼肉百姓的骗子遣返乡里务农。他还拆除了几座藏污纳垢的寺庙。更能说明问题的是，苏轼一生只写过七篇墓志，都是有必吐之言方为，即使王公贵人相求，他也不假通融。而除去写司马光的一篇外，《陈公弼传》是最长的。传中说："轼官于凤翔，实从公二年。方是时，年少气盛，愚不更事，屡与公争议，至形于言色，已而悔之。"

据说两人的和解是以苏轼作《凌虚台记》为契机的。陈太守在后花园造了一座"凌虚台"，以便公务之余登览散心。他吩咐苏轼为之作文刻碑。在记中苏轼感慨道："物之废兴成毁不可得而知也。"过去这里很荒芜，哪知道会出现此台，但此台终有一天又会变成荒野。"台犹不足恃以长久，而况于人事之得丧，忽往而忽来者欤？而或者欲以夸世而自足，则过矣。"有人说苏轼在文中暗寓对陈太守的讽谏，而陈太守却不以为忤，并且破例一字不改地命人刻石。但以苏轼的胸襟，恐怕更多的还在于一种危机感，文中列举凤翔附近的秦汉隋唐宫殿的兴废，似乎也预示着繁荣的大宋王朝也将化为丘墟垄亩。他在《思治论》中所忧虑的，也正是这一点。

后来苏轼离任，至元丰初谪居黄州。陈太守也在他州因人馈酒，以受赃获罪，沮辱抑郁致死。有人传陈公弼罹祸与苏轼挟嫌告密有关。这显然是臆测。因为苏轼当时因"乌台诗案"刚出狱不久，戴罪在身，自顾不暇，且与陈太守相距几千里之遥，怎知实情？而综观苏轼一生，他敞开灵魂，像一座不设防的城池，只有遭人诬害，从未暗算过别人，"眼前见天下无一个不好人"。他会因事而怒，也会来两句挖苦或自嘲的玩笑，却学不会恨人，即便对恶人、奸人、小人，也只是不喜欢而已。也许，命中注定要演一辈子的悲剧，不过，他认了，依旧健忘，依旧天真，襟怀永远是坦白磊落、表里澄澈的。

然而，当时的执政者却以自己的小人之心，相信并利用这个谣传，趁陈公弼的儿子陈慥在黄州岐亭，想借刀杀人，唆使陈慥与苏轼作梗，结果适得其反，苏轼与陈慥交谊更深，并欣然作《方山子传》，生动地描绘了陈慥少年时的豪侠之气、中年后的淡泊之志。为父子作传，在苏轼的创作生涯中实属罕见。

如果有人说，苏轼在凤翔便与陈慥相识，有"岐山之交"，所以才会有黄州的"岐亭之会"，尚不足以说明问题，那么我们还可举一个例子。苏轼被贬岭南，当时的宰相章惇故意派苏轼的姐夫程之才为提刑南下，想借他之手整一整苏轼。因为自从苏八娘去世后，姻家交恶，苏程两家四十余年不相往来。谁知程之才在惠州与苏轼见面后，弥补嫌隙，重修于好。这不能不归之于苏轼的人格魅力。

在凤翔时，陈慥才十八九岁。一次，他带着两个骑马的随从，身挂箭袋，在岐山游猎。忽然一只鹊儿飞过，他命一个骑从去射，那人没射中，陈慥便拍马向前，一箭中鹊。苏轼便是在这时与他相识的。两人在马上纵谈"用兵及古今成败"，一见如故。陈慥胸有抱负，"自谓一时豪士"。（见苏轼《方山子传》）苏轼与他父亲关系的缓解，他大概也从中斡旋过吧。在黄州，他们的友情因各自饱经沧桑而更加深厚。而执政者的偏狭与无知，也就显得更加可笑。

上面提到的章惇，当时在与凤翔相邻的商州任推官。他是建州浦城（今福建南平）人，生性刚毅，不甘落人之后。他与侄子章衡本为同科进士，但名列章衡之后，他很不服气，又下苦功再中甲科。他曾与苏轼同游鳌屋（今陕西周至）南山的仙游潭。此潭下临万仞渊谷，横木架桥其上。章惇提出与苏轼过桥到对面题壁，苏轼不愿以生命为赌注出这么一下风头，推辞不去。章惇便单身走过横木，然后将绳子系在一棵树上，缒绳而下，在绝壁上大书六字："章惇苏轼来游。"当他走回，苏轼拍了拍他的肩膀，说：我看你以后一定能杀人。章惇不解，苏轼笑笑说："能自拚命者，

能杀人也！"章惇也不介意，哈哈大笑。（见曾慥《高斋漫录》）

章惇注定要成为苏轼命中的克星。哲宗时，他身居要职，专事"报复仇怨，小大之臣无一得免"，甚至向皇帝上书，要将流放在岭南的朝臣（包括苏轼）统统杀尽。

至于他为什么同苏轼反目成仇，除政见不同，加之苏辙在元祐中奏其奸恶外，恐怕还有忌恨的心理。仁宗在苏轼兄弟策试后对皇后说过：朕今日为子孙找到了两个宰相。此话如前所述，不仅未能兑现，反而进一步害了苏轼。苏轼的好友佛印说对了："子瞻中大科，登金门，上玉堂，远放寂寞之滨，权臣忌子瞻为宰相耳！"

治平元年（1064）十二月，苏轼离任返京。当时凡在地方做官三年后，朝廷就要"磨勘"一次，依据考察结果，再另授新职。

返京途中，经过长安，他写下《骊山三绝句》，借古讽今："可叹前王恃太平"，"辛苦骊山山下土，阿房才废又华清"，"咫尺秦陵是商监，朝元何必苦跻攀"（秦始皇造陵于骊山附近，役徒七十万；唐玄宗又大兴土木作朝元阁于骊山）。联想到苏轼在《进策》中指责仁宗"后宫之费不减敌国（不亚于每年向辽与西夏贿赂的费用），金玉锦绣之工日作而不息，朝成夕毁，务以相新"，可以推断他是针对现实，有感而发的。

治平二年（1065）初，苏轼抵京前，京师又是一场大雨，民死者一千五百八十人。也许，这对苏轼又是一次预兆？

当时英宗继位，早闻苏轼的文名，想召轼入翰林，知制诰。宰相韩琦反对，认为破格拔擢，人们未必信服，反而有害于轼。英宗又想用轼修起居注，韩琦仍不赞同，认为此职与知制诰地位相近，也属不宜。韩琦只主张给苏轼一个能够接近皇帝的馆阁职务，还须考试。英宗说：不知一个人才丁如何才进行考试，为何对苏轼也要考呢？但韩琦坚持，苏轼还是考了，入三等，进史馆。在这个位置上，他有机会饱览宫中所藏图书、珍本、名人手迹与绘画等。苏轼对韩琦因他资历不够而不让他担任要职并无怨言，并称这是"爱人以德"。他似乎比父亲的胸襟开阔，或者说通达。

苏轼的留京，使苏辙从养亲的义务中解脱，于是向朝廷请官。三月，除大名府推官。

"静传钟鼓建章闲"的日子没过多久，家庭却迭遭不幸。治平二年五月二十八日，苏轼的妻子、年仅二十七岁的王弗病逝。苏洵十分悲伤，对轼说："妇从汝于艰难，不可忘也。他日汝必葬诸其姑（婆婆）之侧。"（苏轼《亡妻王氏墓志铭》）苏轼自己也留下了椎心的长痛！十年后，他在密州（今山东诸城）还写下了一首哀怨至极的《江城子》："十年生死两茫茫，不思量，自难忘。千里孤坟，无处话凄凉。纵使相逢应不识，尘满面，鬓如霜。　　夜来幽梦忽还乡，小轩窗，正梳妆。相顾无言，惟有泪千行。料得年年肠断处，明月夜，短松岗。"

次年四月，苏洵又病逝。曾巩《苏明允哀词》载："自天子、辅臣至闾巷之士，皆闻而哀之。"欧阳修《苏明允挽歌》云："布衣驰誉入京都，丹旐俄惊返旧闾。诸老谁能先贾谊，君王犹未识相如。三年弟子行丧礼，千两乡人会葬车。我独空斋挂尘榻，遗编时阅子云书。"这里"弟子"指苏洵二子。"尘榻"句用陈蕃善待东汉高士徐孺子的典故。"子云书"指苏洵刚刚完成的《太常因革礼》一百卷。"知其才而不能用"的韩琦，写了两首挽词。第一首尾联有"名儒升用晚，厚愧不先予"之句，沉痛自谴。这是真情的流露，还是搪塞社会舆论因洵之逝而对朝廷埋没人才的指责？总之可见朝野震动之大。连苏洵的同乡、时为翰林学士，后来当了十多年宰相的王珪，尽管处世圆滑，素与苏洵父子不合，也写了挽词。苏洵生前在《上皇帝书》中的预言看似实现了：他不仅自认"不迂阔"，而且到一定时候，也不会"以迂阔为世笑"，历代执政者应从中汲取教训。清康熙年间，邵仁泓刻本《苏老泉全集》在附录《老苏先生会葬致语并口号》中称：苏洵"书虽就于百篇，爵不过于九品。谓公为寿，不登六十；谓公为夭，百世不亡"。

英宗赐银一百两、绢一百匹，韩琦赠银三百两，欧阳修赠银二百两。苏轼秉承老父未遂之愿，不受银帛，求赐一官。英宗闻而伤之，特赠先禄寺丞，从起码官阶九品的县主簿，提拔为正八品，比一般县令的从八品稍高一等。另有一项特殊恩宠，诏令有司具舟送其遗体还乡入葬，这是比苏洵官阶高得多的人也难有的待遇。

苏轼兄弟由汴入淮，溯长江返川，同时护送的还有王弗的棺柩。治平四年（1067）四月抵达故里。父亲的坟墓早在他生前已营建完成，只消将灵柩安放在母亲的墓旁即可。王弗也葬于附近。苏轼在周围种了三千棵松树，希望将来成林荫护，也便是《江城子》词中所提的"明月夜，短松岗"。

居丧期间，苏轼曾应宝月大师惟简之请，作《中和相胜院记》。他认为佛僧的"劳苦卑辱"远远超过农人，但为什么有许多人"弃家毁服，坏毛发"去当和尚呢？这是因为寺僧可以避免"寒耕暑耘"和官府的"役作"。他更表示，佛门戒律是"为愚夫未达者"所设，而自己对长老们的"荒唐之说"是不相信的。"吾之于僧慢侮不信如此，今宝月大师惟简乃以其所居院之本末求吾文为记，岂不谬哉！"从中我们既可窥见苏轼早期对佛学的态度，又可看到他直言无隐的个性。

熙宁元年（1068）七月，苏轼服父丧期满。不久续弦，与王弗的堂妹王闰之成婚。闰之即前文提及的"二十七娘"，她比丈夫小十一岁，对丈夫很崇拜，遇事顺随，虽不如王弗能干，但却一直陪伴丈夫度过了宦海浮沉的艰难岁月，并悉心抚养堂姐的遗孤与自己的儿子。

十二月，在将故园交付亲友管理之后，苏轼兄弟携眷返京。亲朋们在送行时种下荔树，以期苏轼兄弟归来。苏轼后来在《寄蔡子华》诗中云："故人送我东来时，手栽荔子待我归。荔子已丹吾发白，犹作江南未归客。"这是他第三次出川，也是他最后一次返川与离川。从此，兄弟俩南北宦游，仕途蹭蹬，却再也未能重返故里，只在梦中寄托乡思了。

然而，比起返京后所面临的政治风浪，亡妻丧父、背井离乡，对苏轼而言，不过是杯水风波罢了。

熙宁变法

雄心勃勃的新皇帝——蓄势待发的王安石——一拍即合——雷厉风行、"摧抑兼并"的变法——反对的暴风雨——苏轼被变法派推向对立面——《上神宗皇帝书》——受困遭诬，牢骚满腹——"诗人例穷苦，天意遣奔逃"

苏轼兄弟于熙宁二年（1069）二月回到汴京。这时朝政已发生很大的变化。治平四年英宗逝世，神宗赵顼继位。神宗年仅二十，血气方刚，颇想革故鼎新，有所作为。德国哲学家尼采说过："需要往往被看作事件发生的原因，其实它常常只是事情发展的结果。"情况确实如此，"三冗"（冗官、冗兵、冗费）、"二积"（积贫、积弱）的局面，使调整生产关系，缓解社会危机已成燃眉之急。主变是当时的潮流。内忧外患所形成的忧患意识笼罩着整个士大夫阶层，连被视为守旧派代表人物的司马光也疾呼："若因循不改，日益久则患益深矣！"要求改革的呼声一浪高过一浪，各派的改革主张与局部的改革措施层出不穷，颇有点百家争鸣的味道。

"万事俱备，只欠皇帝。"而神宗看到国力衰弱，对辽、夏一再退让，早已无法容忍。他曾全身披甲去见祖母（仁宗的曹后），以表强国志向。为此，他先寄望于元老重臣，但富弼基于国家元气未复，认为："陛下即位之始当布德行惠，愿二十年口不言兵！"（苏轼《富郑公神道碑》）他与韩琦、欧阳修一样，坚持"庆历新政"时重点解决内政问题的看法。南、北宋的忧患意识侧重点有所不同。南宋丢掉了半壁江山，因而举国上下忧虑的重心是外患。北宋虽有辽、夏的割据与威胁，但中原地区及大半个中国尚在赵宋的统治范围。司马光主张"不和西戎，中国终不得高枕"（《温国文正司马公文集》卷六三），也是由于认识到辽、夏难以消灭宋朝，宋朝也无法统一辽、夏，因而强调从实际出发，对外采取共处政策，集中精力搞好内政。他们所忧虑的是如何富国富民。把这种对外主和简单说成是妥协投降，斥为"卖国"，将"变法派"的"主战"誉为"爱国"，不符合北宋的历史实际。

元老们这种稳健的态度，显然不能投合宋神宗急于事功的心理。于是激进的王安石和历史上习惯以他命名的变法就适逢其会，应运而生。这是11世纪中国乃至世界封建史上最为广泛而深刻的自救运动。"二三年间开阖动摇，举天地之内无一民一物得安其所者……数十百事交举并作，欲以

岁月变化天下。"（刘挚《论助役法分析疏二》）

王安石（1021—1086），字介甫，号半山，抚州临川（今江西抚州）人。父亲王益"无田园以托一日之命"，因此去各地为官，皆携眷而行。二十岁以前，王安石就到过江西境内几个县，到过江宁（今江苏南京）、扬州、韶州（今广东韶关），还有汴京。王益逝后，王安石一家便在江宁定居。

早年的广泛游历，使他目睹了社会的现实，民间（特别是农村）的疾苦。青少年时期的心灵的烙印是难以磨灭的。那时他便"耻以文士得名"，抱定经世致用的宗旨，又觉察到"读经而已，则不足以知经"，于是"自百家诸子之书至于《难经》《素问》《本草》、诸小说无所不读，农夫、女工无所不问"（王安石《答曾子固书》），且往往有自己的见解："善学者读其书惟理之求，有合吾心者，则樵牧之言犹不废；言而无理，周、孔所不敢从。"（释惠洪《冷斋夜话》）这一点倒与上文所述的苏轼相似：凡他不赞成的，"虽古之所谓贤人之说，亦有所不取"。王安石逝世后，苏轼在《王安石赠太傅制》中，也称其"网罗六艺之遗文，断以己意；糠秕百家之陈迹，作新斯人"。尽管这个"断"字可能含有贬义：独立思考并不坏，但走向极端，便可能成为固执独断了。

庆历二年，王安石考中进士，签判扬州，成为韩琦的幕僚。他常常通宵苦读，天快亮才在椅子上打个盹，来不及梳洗便去办公。韩琦以为他彻夜纵情声色，曾规劝他潜心读书，他也不作答辩。

庆历七年（1047），王安石改任鄞县（今浙江宁波鄞州区）知县。到任那年，鄞县正好丰收，王安石"乘人之有余，及其暇时大浚治川渠，使有所潴，可以无不足水之患"（王安石《上杜学士言开河书》）。第二年，在青黄不接的春季，他把县库的存粮贷给农民，约定秋收之后加纳少量利息偿还，仓中存粮也因之新陈相易。四百多年后，鄞县农民还在陀山立祠，纪念王安石。邵伯温在《邵氏闻见录》里，认为王安石"熙宁初年执政所行之法皆本于此"，有一定道理。但四海非一邑之小，执政非长吏之任，一县之情，并不能代表错综复杂的国情。

王安石在任上还写了《与马运判书》，讽刺当时财政如一个人关上门与自己的儿子做买卖，即使把儿子的钱都赚过来了，也不会富足。他尖锐指出，近年谈论理财正是这种"直相市于门之内而已"，在分配领域中打圈子，以搜刮百姓为唯一方针。他认为，只有当百姓从天地间（自然界）取得丰富的生活资料，天下才会富足；天下富足后，赋税来源才会畅旺，国家才会富强。所谓"富其家者资之国，富其国者资之天下，欲富天下则资之天地"。这可能是他此后变法从理财入手的动因之一。可惜这次变法调节的主要还是分配与再分配的关系，发展生产的远水解不了财用困竭的近渴。雄才大略的他仍然走不出怪圈。

三年任满后，王安石又去舒州当了一任通判，又调开封为群牧司判官。当时凡取得功名的士大夫，大多愿在朝廷的史馆或秘书省等号称"储才之地"谋一职事以期升迁，而王安石却希望"得因吏事之力少施其所学"。在他京期间十几次上书请求外任，于嘉祐二年为常州知州。在那里，他想开一条运河，但上司不予支持，只许他从常州属县中征调少量民夫，又值淫雨，使开河之役中途而废。王安石在《与刘原父书》中沉痛地说："阁下乃以初不能无意为有憾，此非某之所敢闻也。方今万事所以难合而易坏，常以诸贤无意耳。"指斥当时官绅阶层中的习故蹈常、因循苟且，只尚空谈、不务实干的风气。

嘉祐三年（1058）二月至十月，王安石任江南东路的提点刑狱，机关设在饶州。因朝廷实行榷茶法，严禁私藏、私运、私卖，致使告讦多端，而集中至官府、各场院的茶叶因辗转运送，日晒雨淋，质既低劣，价且昂贵。王安石上疏，使这一路在一段时期内取消专卖，改由商人运销，政府抽税。结果抽税所得并未少于专卖收入，又方便了百姓。

十月下旬，王安石被召回京，任三司度支判官，专管财政收支事务。

此时他宦游各地已达十六七年，根据长期对社会问题的观察与思考，约在第二年春天，向仁宗上了一封长达万言的《言事书》，陈说"天下之财力日以困穷，而风俗日以衰坏"的原因，是"患在不知法度"，要求"改易更革天下之事"。也许是吸收了历史上一些变革的教训，他提出"合先王之意"的主张，使"改易更革不至乎倾骇天下之耳目，嚣天下之口"。

《言事书》并未引起仁宗与执政大臣们的注意。实际上即使被注意，也未必能实施，因为范仲淹等人的失败距此甚近，朝廷的苟安心理占了上风。另外，王安石本人还需要在名望、资历上再行积累。此后，朝廷再三以馆阁文职委任，他都拒而不受。据说有次任他为"同修起居注"，即在皇帝身边做言行记录官（一个可以接近皇帝的要职），他"辞之累日"。发布委任状的官员无奈，追到他的住处要他收下，他竟躲进厕所。那官员只好将敕书放在案上而去，他又追而还之。辞疏上了八九次，他方才接旨。后来他又做过知制诰。嘉祐八年仁宗赵祯病逝，其过继儿子赵曙接位，是为英宗。这年秋天，安石之母亡故，他回江宁守丧。英宗屡召不起。守丧期满，他在家中收徒讲学，陆佃（陆游的祖父）、龚原、李定、蔡卞等，都是他的学生。

这种不求速售的作为带给他日益增长的声望，使"士大夫谓其无意于世，恨不识其面；朝廷每欲畀以美官，惟患其不就也"（《宋史·王安石列传》）。老臣文彦博就曾请仁宗破格重用他，原因在"安石恬退"，重用后可"激奔竞之风"（使那些拼命想往上爬的人受到刺激）。就连后来的反对派干将刘安世也称，"金陵（指王安石）亦非常人，……质朴俭素，终身好学，不以官职为意"，"平生行止无一可訾议者"。（马永卿《元城语录》）后来被列入旧党、屡遭贬逐的黄庭坚也赞："余熟观其丰度，真视富贵如浮云，不溺于财利酒色，一世之伟人也！"（《跋王荆公禅简》）过去对王安石看不惯的韩琦也改变了看法，说："天下盛推王安石，以为必可致太平。"

神宗登基后，王安石成了要求锐意变革的地主士大夫的旗帜。"当时天下之论，以金陵不作执政为（委）屈"（马永卿《元城语录》）。这中间韩维也起了很大的作用。神宗为太子时，韩维为其授课，每逢太子听得入迷处，韩维就说：这并非臣意，而是王安石的见解。引得太子终日思见安石本人。因而一嗣位，神宗即任王安石为江宁知府，数月后又召他为翰林侍讲学士。王安石虽受圣命，但延至七个月后方始来京。急不可耐的神宗准他越级进言，不受朝仪限制。当神宗把王安石比作诸葛亮与魏征，自己也想当当唐太宗时，王安石进一步鼓励神宗当以尧舜为法，认为此法不难实行，只是后世僚臣不了解先王之道，才以为尧舜之政不可复见。至于诸葛亮，王安石认为他的政治才干也不过是按部就班、循序渐进罢了，而这对于变法显然是不够的。他对神宗说："大有为之时正在今日！"

神宗听了这些，十分受用，但更拨动他心弦的，是王安石以变法而富国强兵的目标。理财则是达到目标的手段。事实证明，王安石吸取了"庆历新政"的教训，绕开吏治（"裁汰冗官"）这道最敏感，也最容易激起官僚集团反对的难关，集中全力理财。即使对于反对变法的官员，除非他们自愿离职，一般也不把他们从仕宦之途上驱逐，而仅仅调动他们的职务，有的外放地方，有的降职使用。对于年老或地位高的官员，则给予照管宫观之类的闲差，保留丰厚的俸禄。他用这种妥协的方式来减少变法的阻力。

苏轼兄弟抵京，正值变法之初，诸法未备，神宗诏求直言。苏辙见朝政有为，遂忘鞍马之劳，不顾末吏之微，疾书《上皇帝书》表示支持新政。神宗阅后，批付中书省，有"详观疏意，知辙潜心当世之务，颇得其要，郁于下僚，使无所伸，诚亦可惜"等语，并召对延和殿谈论多时，当面提升苏辙为三司条例司检详文字。这主要因为苏辙上书所提的"方今之计莫如丰财"，与神宗、王安石的想法合拍。

三司条例司是根据王安石的意见成立的一个临时机构，任务是制订财政改革方案。宋沿五代之制，置三司使以总国计，通管盐铁（掌工商收入和兵器收入等）、度支（掌财政收支和粮食漕运等）、户部（掌户口、赋税、榷酒等），号曰计省，位亚执政，被目为"计相"，权力很大。三司条例司则改为集体领导。同时进这个机构的还有吕惠卿等年轻锐进之士。

接着，预先制定的一系列新法相继出台，令人目不暇接，天下为之耸动。

均输法：当时各地上供财赋，不管年收丰歉、产地远近，都是同一定额。此法规定设发运使官，根据各地财赋情况和京城库存数量统一处置，"徙贵就贱，用近易远"，对各地供办的物品有变易调整之权，限制富商大贾对市场的操纵。

市易法：设立常平市易司，管理市场，控制物价，并向一般商人贷款或赊售货物，年息二分。这一条也是针对大商人的。

青苗法：为免除农民在青黄不接时受高利贷盘剥，官府向他们贷款，每年两次，利息二分，在夏、秋时随两税还纳（实际年息四分）。

免役法：原来实行的差役法，官府各类繁重差役由民户自己承包，常使当役人倾家荡产。免役法改为民户按户等的不同缴纳不同数量的免役钱，由官府雇人充役。各路、州、县依当地差役事务繁简自定额数，定额之外另增十分之二，称"免役宽剩钱"，由各地留存备用。原来不负担差役的官户、女户、寺观、未成丁户，也须按定额半数交"助役钱"。

方田均税法：为防止大地主隐瞒田产，赋税不均，决定丈量土地，并按土质肥瘠规定税额。

农田水利法：奖励兴修水利，必要时政府贷款加以资助。

以上各法属于理财范围。

保甲法：以十户为保，五十户为大保，十大保为都保，加强对百姓的控制；建立地主武装，以防农民反抗。

将兵法：置将练兵，使各地将官自专军队事务，改变过去"兵不识将，将不识兵"的状况。同时减兵并营，裁减五十岁以上的老弱兵士，进行全国军队的整编。

保马法：奖励民间承包，代官府养马。

以上各法属于整军范围。

由于宋初实行"不抑兼并，富室连我阡陌，为国守财"（王明清《挥麈录·后录·余话》）的向地主阶级开放的政策，致使豪强地主财产剧增，且隐田漏税；而官僚地主、富商巨贾也跻身于兼并之列，国家所掌管的财力却日益困窘，这对封建统治是一个严重的威胁，正如士阶层与皇权政治在某种程度上的对立所造成的精神威胁一样。当然，变法与反变法这场统治阶级内部财富（甚至权力）再分配的斗争，尽管以"摧抑兼并"为焦点，但绝不能因此说王安石只代表中小地主的阶级利益，而反对派只代表大地主大富豪的利益。王安石的根本目的是"为宗庙万世计"，防止像"汉之张角三十六万同日而起"，"唐之黄巢横行天下"（王安石《上仁宗皇帝书》）。苏轼在反对变法时虽举出过"豪商大贾皆疑而不敢动""富民残破略尽"等理由，其实担心的也是变法过多地损害了上层的利益，使赵宋政权失掉支持，"人主失人心则亡"，"一失其心，足以生变"（苏轼《上神宗皇帝书》）。苏轼同时也怕朝廷失掉中小地主与黎民百姓的人心，这从他一生行事中处处可以看到，否则就难以解释为何王安石与苏轼同出身于小地主阶级，而会站到对立的阵营中去。以此类推，对这场斗争中登台的双方角色，不能一概用阶级的定量分析法框定。

但无论如何，这次变法比"庆历新政"深刻得多，也激烈得多。它那雷厉风行的声势，冲破了北宋朝廷暮气沉沉的局面，惊呆了尸居禄位的文武百官，以致韩琦、富弼、欧阳修这些"庆历旧臣"都在它面前感到茫然失措，继而又纷纷从当年的激进立场转为稳妥，再而又用与当年同样激烈的态度来反对变法。

摧豪强，抑兼并，是王安石变法的主要内容，"民不益赋而国用饶足"，是王安石认为的"善理财"的标准。他在《乞制置三司条例》中表述为"稍收轻重敛散之权归之公上"，即加强行政的控制干预，以均输、市易等法令和扩大各项专卖的办法，将商业利润尽可能收入国库。青苗、免役等法令是将农业人户的财富，以"不加赋"的方式，"聚敛"到政府手中。这首先触犯了官僚地主和富商大贾的利益与特权，遭到普遍、强烈而持久的反对。至于这些法令事与愿违地不是减轻而是加重了广大农民和一般工商业者的负担，容待后文评说。

对官僚地主而言，青苗法贷款给农民，限制了他们的高利贷活动；免役法使他们必须按自己的产业付出一笔可观的免役钱；部分地区实施的方田均税法，又使这些地区的豪族缴纳相应的田赋。对富商大贾而言，市易法使他们垄断市场、"较固取利"的活动受到严格限制；国家对专利事业（茶、盐、酒、矾）的控制与加强，又让他们失去大量利润，出身于大地主、大商人或与他们有密切经济联系的官员及贵戚也极受损失。震惊，不满，愤恨……怒气郁蒸，怨气冲天，一场暴风雨终于来临。它的余波一直延续到北宋灭亡。

宋神宗拟任王安石为参知政事，唐介首先反对，称王安石"博学而泥古"，"议论迂阔"，"难以大任"。御史中丞吕诲更宣称：将王安石"置诸宰辅"，"误天下苍生必斯人也"。从而揭开了反变法斗争的帷幕。制置三司条例司和公布均输法，已引起众多不满。青苗法公布后，斗争更加炽热。司马光与吕惠卿激烈廷争，判大名府事的韩琦上疏猛攻青苗法，欧阳修也自青州上书反对。神宗开始动摇，并说：文彦博、吕公弼大概也以此举为不可，但仅仅腹诽而已，"（韩）琦真忠臣！虽在外，不忘王室。朕始谓可以利民，不意乃害民如此！出令不可不审！"［南宋·杨仲良《续资治通鉴长编纪事本末》（以下简称《长编纪事本末》）卷六八《青

苗法》上〕

之所以会有这种局面，一是这些反对派皆为元老重臣，且在"庆历新政"后颇有声望；二是在青苗法推行过程中产生的弊端。如韩琦就抓住了王广廉在河北强行分配贷款，并收息三分这种争利邀功的做法。这种做法，也刺激了当时尚在三司条例司的苏辙。吕惠卿为了希合王安石"因天下之力以生天下之财，取天下之财以供天下之费"的准则，所拟条例虽有抑制豪强、扶持农桑、缓和阶级矛盾的一面，但也有强化征敛的一面。而苏辙则认为"今也四方之财莫不尽取，民力屈矣而上用不足"，所以他主张丰财："非求财而益之也，去事之所以害财者而已矣。"（见苏辙《上皇帝书》）即紧缩开支，去冗吏、冗兵、冗费之弊。但是，这样做，比起强化征敛一途，显然困难得多。这也就能解释：为什么王安石在神宗动摇时，"称疾家居"一段时间，又重新被起用。当中还有个插曲。王安石请求解职，神宗命翰林学士司马光起草批答王安石奏章的诏旨，促安石复出。司马光却借诏斥责王安石："朕以卿材高古人，名重当世，召自岩穴，置诸庙朝，推心委诚，言听计用，人莫能间，众所共知。今士夫沸腾，黎民骚动，乃欲委远事任，退处便安。卿之私谋固为无憾，朕所素望将以诿谁？只复官常，无用辞费！"（司马光《赐参知政事王安石不允断来章批答》）借以激怒王安石，使他真的不干。王安石接旨果然大怒，立即抗章自辩。赵顼才"大悟"（引号为笔者所加，因为皇帝很少不细看臣僚代拟的诏书，特别是这样重要的诏书），封还王安石的自辩疏，并亲笔写下一封致歉的回谕："诏中二语乃为文督迫之过，而朕失于详阅，今览之甚愧！"十天后，王安石回朝，神宗又解释："青苗法朕诚为公论所惑，寒食假中静思，此事一无所害，极不过失陷少钱尔，何足恤！"（《长编纪事本末》卷六八）

王安石重新视事后也采取一些措施，下令各地严守法令，以堵塞反对派的借口。当然除了王广廉一类好大喜功者，还有的是反对派故意捣乱。

如贾蕃在知东明县（属开封府）试行免役法时，就故意把户等提高，将四等提为三等（按规定，四、五等免纳役钱），激起四乡不满，东明县民一千人纠集进京，五月十四日至王安石住宅告状。幕后牵线人为枢密院的文彦博。接着，御史中丞杨绘、御史刘挚即交章论列免役法之弊。东明县民由王安石安抚下来，并查办了贾蕃。王安石深感御史台已成为反对变法的前哨阵地，随即改组台谏机构，将阻挠变法的吕公著、李常、杨绘、刘挚等解职，安置了一批支持新法的官员。

这种领导层的改组，并未从根本上解决问题。贾蕃事件，甚至王广廉事件，都说明了：法已变革，具体执法的主体仍是那个曾经用旧法虐民的腐朽官僚体系和那些只知缘法作奸、不知因法利民的贪官酷吏，当然也包括因政见不同，消极甚至拒绝执行新法的一些比较体恤民情的清官廉吏。王安石来不及也不可能把那些人统统撤换，相反，还不得不依靠他们来推行新法。而对于贪官酷吏，多一条法就等于多交给他们一条鞭子，而人民又多了一条紧缚在身的绳索。

为了表示自己的不合作态度，韩琦、张方平告老还乡。范镇在辞呈上说："民犹鱼也，财犹水也。养民而尽其财，譬犹养鱼而竭其水也。"又言："陛下有纳谏之资，大臣进拒谏之计。陛下有爱民之性，大臣用残民之术。"还写咏假山诗，影射王安石："倏忽平为险，分明假夺真。"司马光在同王安石书信交往几次之后，双方互不退让，终于彻底决裂。尽管神宗一再挽留，并数次对其他大臣讲：只要司马光在他身边，他就不会犯什么大错。但司马光对枢密使一职拒而不受，并给皇帝写信："安石以为贤则贤，以为愚则愚，以为是则是，以为非则非。谄附安石者谓之忠良，攻难安石者谓之谗慝。"一直到神宗驾崩这十五年间，司马光在洛阳闭门不出，倾其全力完成他九年前即已开笔的历史巨著《资治通鉴》。

上述四人立场趋于守旧，但于苏轼或有大恩，或为至交，且均以节操名世，因此在苏轼的政治倒向上，发生过虽非决定性的，但却不可忽视的影响。韩琦、张方平已为我们所知。即以范镇为例。他与苏轼同为川人，但属长辈。苏轼在《范景仁墓志铭》中载：熙宁二年，王安石把自己反驳韩琦的言论编成文件下达，经门下省（掌管诏令与奏章出纳）时，范镇一一扣留封还。令五下，五次封还。第二年，罢司马光枢密副使，镇接诏，拒不转司马光，再次封还。神宗知镇不可夺，不经门下省，把诏书直接送给司马光，镇为之辞官。退居后，苏轼前去看他，安慰说：王安石对你诋毁愈力，人们便更以你为荣；今天你虽然退下，而名望更高。范镇听了，愀然抢白道："君子言听计从，消患于未萌，使天下阴受其赐，无智名，无勇功。吾独不得为此，使天下受其害而吾享其名，吾何心哉！"（《宋史》本传）后来他轻装回川旅游，曾吟诗曰："不学乡人夸驷马，未饶吾祖泛扁舟。""乡人"指司马相如，司马相如离成都出北门时说："（将来）不乘赤车驷马不过汝下！""未饶"是"不错过"之意。"吾祖"指范蠡，因为同姓，故称。这一切都使苏轼为范镇作了自己一生极少作的墓志铭，并称赞他"临大节，决大议，色和而语壮，常欲继之以死，虽在万乘前无所屈"。

苏轼在铭中又说："熙宁元丰间，士大夫论天下贤者，必曰君实（司马光）、景仁（范镇），其道德风流足以师表当世，其议论可否足以荣辱天下。"司马光退居洛阳，建独乐园，园仅五亩。《文昌杂录》载："北京（今河北大名）留守王宣徽洛中园宅尤胜。中堂七间，上起高楼，更为华侈。司马公在陋巷所居才能庇风雨，又作地室，于其中读书。洛人戏云：'王家钻天，司马家入地。'"苏轼也有诗曰："青山在屋上，流水在屋下。中有五亩园，花竹秀而野。"司马光有一亲仆，常呼主人为君实秀才。苏轼教他说，你应该称君实相公。司马光问他为什么改变称呼，仆人曰："苏学士教我。"司马光叹道："我有一仆，被苏子瞻教坏了。"（见余怀《东山谈苑》）他无子女，又无侍姬，"食不敢常有肉，衣不敢纯衣帛"，夫人亡后，独居一人。"侍更惟一老仆，一更二点即令老仆先睡，著书至夜分，乃自篝火灭烛而睡，至五更初公即自起，发烛点灯著述，夜夜如此"（《懒真子》）。长期修编《资治通鉴》，使司马光"筋骸癯瘁，目视昏近，齿牙无几，神识衰耗"。

当然，司马光之所以会影响苏轼，最主要的还是观点相近，他曾说过："且治天下譬如居室，弊则修之，非大坏不更造也。大坏更造，必得良匠，又得美材。今日二者皆无有，臣恐风雨之不庇也。"，"苟得其人，则无患法之不善。不得其人，虽有善法，失先后之施也。故当急于求人而缓于立法也。"（《宋朝事实类苑》）

苏辙预感到自己又一次面临"妄语自知当见弃"的处境，奏请外任。神宗看到奏状，问王安石："辙与轼如何？观其学问颇相类。"王安石曰："轼兄弟大抵以飞钳捭阖为事。"帝曰："如此则宜合时事，何以反为异论？"（《长编纪事本末》卷六七）这是问得有道理的。"飞钳捭阖"是指一个人没有固定的政治立场，专事察言观色以投人所好，伺机邀宠幸进。尽管如此，神宗还是准苏辙所请，改任河南府（今河南洛阳东）推官。

王安石一句话，把持不同意见的苏辙排斥，也将本来可以争取的苏轼推到了对立面。仁宗心目中"储备着的宰相"守完父丧，再度返京时，王安石已经捷足先登。这种必须在家守孝二十七个月的礼制，既可使国家大权不致长期集中于个人，又有不能维持一贯的政治形势的一面，以致发生畸轻畸重、忽左忽右的局面。唐代的李德裕如果能得到一个长期执政的机会，王朝的崩溃或许可推迟若干年月。虽然这两条对官低位卑的苏轼都不切合，但确使苏轼失去了操执国柄、发挥潜能的机会。他开始发现自己处在一个"多余人"的地位，继而发现局势于国于己均为不利：所谓于国不利，他认为王安石变法是以"悍药毒石"治理久病虚弱之人；于己不利，则因为王安石当政使自己的前途变得黯淡。王安石为了推行变法，建立自己的权威，尽力将个人的思想体系筑起一道排他性极强的围墙：要么听我的，照我说的办；要么请便。于是王安石与苏轼这两个各有主见的当世奇才，这一对专制政体下同目的而异程序的对抗体，终于不可能携起手来，互补短长，共兴改革。

王安石善于"蓄势"，借皇帝的召用与自己的辞而不就来抬高身价，造成一种众人翘首以待的情势，而一旦入主朝廷，就推行己意，绝不游移。从利用"术数"以求大用这一点看，苏轼远非王安石的对手。他"性不忍事"，坦率无隐，一下子从急欲改革的朝臣变为反对变法的先锋，上书神宗，批评他"求治太急，听言太广，进人太锐"，虽有担心"过犹不及"的含义，但也不无舍我而用他、心终难平的情绪。神宗当即表示："卿三言朕当熟思之。"熙宁二年（1069）元宵，神宗下令压价收买浙灯四千盏，以奉两宫之欢。苏轼投石问路，又写了《谏买浙灯状》，反对神宗"以耳目不急之玩，而夺其（民）口体必用之资"，还认为"内帑（皇帝内库）所储孰非民力，与其平时耗于不急之用，曷（何）若留贮以待乏绝之供"。神宗采纳，停止购灯。苏轼为神宗这种"改过不吝，从善如流"的表象所迷惑，又写了《上神宗皇帝书》和《再上皇帝书》，对王安石变法展开了全面的抨击。

一、反对农田水利法。指出"成功则有赏，败事则无诛"，会造成浮浪奸人争言水利，大兴功役。尽管苏轼一生注重水利建设，但这种反对未免以偏概全了。事实上，此法是唯一不为政府谋利，而以发展生产为目的的。从熙宁三年（1070）至熙宁九年（1076），全国共修水利10793处，受益民田36万余顷、官田2000顷。

二、反对雇役法。在凤翔任上，他对衙前役施行过变革。熙宁三年一月，王安石废除差役法，实行雇役法。"使民出钱（让政府）雇役"，规定原来不负担差役的官户、女户、寺观、未成丁户都要缴纳一半的役钱。这既打击了富户，但也有损于下等户。苏轼的态度显然维护"品官形势之家"的利益，也确实担心雇役法会加重一般老百姓的负担，担心后世会出现多欲之君与聚敛之臣。他特别为女户、单丁户辩护："户将绝而未亡"，"家有丁而尚幼"，连这种人家也要缴纳助役钱，陛下"富有四海，忍不加恤"？新党章惇后来也承认："言（雇役法）不便者多下等人户。"

三、反对青苗法。青苗法所收年利为十分之四，较高利贷者的成倍之息要轻。王安石的初衷也是"广蓄积，平物价，使农人有以赴时趋事，而兼并不得乘其急。凡此皆以为民，而公家无所利其入"（《宋会要·食货》卷四）。"公家无所利其入"，显然与变法所得巨额财富的事实不符。李定曾言青苗法在南方施行，百姓"皆便之，无不善者"。但李定为王安石的弟子，"素与王安石善"，讲这些话主要是为了媚上升官。另有陈舜俞记述山阴县"方今小民匮乏，十室八九，应募之人，不召而至，何可胜计"（《都官集》卷五《奉行青苗新法自劾奏状》）。但这道札子名曰"自劾"，本身是反对青苗法的。他只是形容百姓请青苗钱如同"孺子见饴蜜必染指争食"，但借了钱到时还不出，则产生"禁锢鞭棰""卖其田宅，佣其妻孥"的恶果。他的结论是："所有青苗新法难以奉行！"再有毕仲游说过："自散青苗以来，非请即纳，非纳即请，农民憧憧来往于州县。"（《西台集》卷五《青苗议》）实际上此议也是讲青苗法不便的。毕仲游指出，"立法则欲济下户"，但"散钱则多与上等"，因为富户有财力偿还，故可多借，又可把多借的钱用来向贫户放高利贷。上述"农民憧憧来往于州县"是指农民来回奔波借钱还钱，"辞耕田力作之业，而习为游惰之态"的。在执行过程中也出现不少问题。原来要求随意取贷不准抑配，实际上是强制抑配。《宋史·陆佃传》记这位王安石的门生、变法派人士的话说："凡言百姓乐请青苗钱、乐出助役钱者，皆不可信。"

四、反对均输法。王安石对商品经济的基本态度是，"恶其盛又恶其衰"。"恶其衰"容易理解，非如此则财富不聚，国力不强。"恶其盛"则因他看到了北宋城市商品经济的发展对"人欲"的深刻影响。在其《风俗》一文中，对此有较详尽的阐述："……京师者风俗之枢机也，四方之所面内而依仿也。加之士民富庶，财物毕会，难以俭率，易以奢变。至于发一端，作一事，衣冠车马之奇，器物服玩之具，旦更奇制，夕染诸夏。工者矜能于无用，商者通货于难得，岁加一岁，巧眩之性不可穷，好尚之势多所易。故物有未弊而见毁于人，人有循旧而见嗤于俗。富者竞以自胜，贫者耻其不若，且曰：'彼人也，我人也，彼为奉养若此之丽，而我反不及！'由是转相慕效，务尽鲜明，使愚下之人有逞一时之嗜欲，破终身之资产而不自知也。"其结果则是"淳朴之风散，则贪饕之行成。贪饕之行成，则上下之力匮。如此则人无完行，士无廉声，尚陵逼者为时宜，守检押者为鄙野。节义之民少，兼并之家多。富者财产满布州域，贫者困穷不免于沟壑"，造成两极分化，产生一系列社会矛盾，危及封建统治的基础。王安石的调节办法是"制法以权之"（《答韩求仁书》），即利用行政干预手段，将商业限制在一定范围内，通过国家的力量征收货币，实行物价控制，使商贾无力"与人主争利"。苏轼则反对与商贾争利："夫商贾之事曲折难行，其买也先期而与钱，其卖也后期而取值。多方相济，委曲相通，倍称之息由此而得。今官买是物，必先设官置吏，簿书廪禄为费已厚，非良不售，非贿不行。是以官买之价比民必贵，及其卖也弊复如前，商贾之利何缘而得？"

其实，北宋前期商品经济的发展，早使一些士大夫对工商业的认识有了明显变化。如范仲淹在《四民诗》中就写道，通过商品交易，可达到"上以利吾国，下以藩吾身"的目的，愤然喊出："吾商则何罪？君子耻为邻！"又在奏议中说："山海之货本无穷竭，但国家轻变其法，深取于人，商贾不通，财用自困。今须朝廷集议，从长改革，使天下之财通济无滞。"苏轼的恩师欧阳修也反对抑商政策。他在《通进司上书》中，指斥"然为今议者，方欲夺商之利，一归于公上而专之，故夺商之谋益深，则为国之利益损……议者不知利不可专，欲专而反损"，从而提出"与商贾共利"的主张。苏轼继承了老师的观点，又有自己独特的见解，即"驱民归商"，这在中国古代"重本""重农"占主导地位的思想传统中，无疑是稀罕而杰出的。这一思想集中体现在熙宁七年（1074）他知密州任上所写的《论河北京东盗贼状》里。河北、京东"自来官不榷盐，小民仰以为生"；变法期间，朝廷虽未采纳一些人扩大禁榷的建议，但由于"盐税日增"，使民间盐业"愈难兴贩"。对大商人，他也抱支持态度："且平时大商所苦，以盐迟而无人买。小民之病，以僻远而难得盐。今小商不出税钱，则所在争来分买。大商既不积滞，则轮流贩卖，收税必多。而乡村僻远无不食盐，所卖亦广。损益相补，必无大亏之理。"这就兼顾了小贩、大商、国家三方面的利益。当然，"驱民为商"并非要使农业生产者转向商业经营，而是主张对一些地区原本从商者，在迫于官方禁榷而破产之后，政府能够弛禁，驱之归业，以保证他们在社会职业人口构成中的应有比重。

　　五、反对变科举、兴学校。历代选拔官吏，分荐举与考试两种。魏晋九品中正制采取前者，即各郡以有声望的人士为"中正"，将当地读书人按德才分为九等，政府按等选用。唐宋科举制采用后者。苏轼曾在《谢制科启》中指出这两者都有不足：一切以考试为准，失之于仓促，无法深知士人的才行；委之于察举，又会滋长请托之风。他赞成制科"兼用考试察举之法"，"始由察举，而无请谒公行之私；终用考试，而无仓卒不审之患"。熙宁二年，王安石提出废诗赋明经考试，以经义、论策取士。苏轼认为这只是形式上的改变。我们今天看来，声病之学固然蔽塞人们头脑，讲解经义也只能代"圣人"立言。这种冲突，到王安石编成《三经新义》后，变得更为尖锐。为了更好地控制思想，王安石将《诗》《书》《周礼》加以诠释（《周礼》由他经手，《诗》《书》则由其子王雱与吕惠卿等共诠），使之成为"一道德"的工具，后又成为学校必读教材。他还编了一本《字说》，剖析字的结构。这本《字说》只有少量流传下来，且是作为逸事谈资才得以保留。比如他认为"波"字是"水"之"皮"，"坡"

字是"土"之"皮"。善谑的苏轼便说:那么"滑"字就是"水"之"骨"了。弄得王安石十分尴尬。王安石后来也承认,他改革科举,本意是将经生变为秀才,不想把秀才也变为经生了。

总而言之,苏轼在《再上皇帝书》中直言:"陛下自去岁以来,所行新政皆不与治同道。立条例司,遣青苗使,敛助役钱,行均输法,四海骚动,行路怨咨,自宰相以下皆知其非。"要求尽快废除新政:"今日之政,小用则小败,大用则大败,若力行而不已,则乱亡随之。"但他并不因循守旧,只是反对骤变,认为"智者所图,贵于无迹",应做到事已立而迹不见,功已成而人不知,而现在事未立、功未成,已闹得满城风雨了。"其进锐者,其退速。若有始有卒,自可徐徐,十年之后何事不立?"

在《上神宗皇帝书》中,最须注意的,一是孟子的民本思想,二是为政当容清议。

一千四百多年前,为了回避秦国的武力威胁,魏惠王迁都大梁,史书又称其为梁惠王。孟子曾游说惠王,虽不见用,却留下了他与梁惠王的著名答问录。

惠王问富国之方,孟子说:"不违农时,谷不可胜食也;数罟不入洿池,鱼鳖不可胜食也;斧斤以时入山林,材木不可胜用也。"(不剥夺农民耕种的时间,粮食就吃不完了;不拿密网到池塘中捕捞,鱼鳖就吃不完了;砍伐林木有定时,木材就用不尽了)

惠王问为政之道,孟子说:"人死,则曰'非我也,岁也'。是何异于刺人而杀之,曰'非我也,兵也'。王无罪岁,斯天下之民至焉。"(百姓死了,却说置他们于死地的不是我,是凶年饥岁,这与拿刀把人刺杀,却说杀人的不是我而是兵器,又有什么不同呢?大王要是能够不归罪于凶年饥岁,普天下的百姓便会涌到这里来了。)

见惠王有所领悟,孟子反问:用刀子杀人与用政治杀人有什么不同吗？惠王答：没有什么不同。孟子便发了一通洋洋洒洒的议论：

"庖有肥肉，厩有肥马，民有饥色，野有饿莩，此率（赶着）兽而食人也。兽相食，且人恶之；为民父母行政不免于率兽而食人，恶（何）在其为民父母也？"

这些思想后来升华为孟子在《尽心（下）》中提出的"民为贵，社稷次之，君为轻"的不朽论断。

开封即大梁故地，一千四百年后，在同一个地点，苏轼向另一位君王侃侃而论：《书》曰：'予临兆民，懔乎若朽索之驭六马。'言天下莫危于人主也。聚则为君民，散则为仇雠。聚散之间，不容毫厘。故天下归往谓之王，人各有心谓之独夫。由此观之，人主之所恃者，人心而已。人心之于人主也，如木之有根，如灯之有膏，如鱼之有水，如农夫之有田，如商贾之有财。木无根则槁，灯无膏则灭，鱼无水则死，农夫无田则饥，商贾无财则贫，人主失人心则亡。"

他进而认为，一个政权得以保存，大部分在于能容许不同政见正常发挥其功能，"臣自幼小所记，及闻长老之谈，皆谓台谏所言，常随天下公议。公议所与，台谏亦与之；公议所击，台谏亦击之。……夫弹劾积威之后，虽庸人亦可奋扬；风采消委之余，虽豪杰有所不能振起。……是以知为国者，平居必常有亡躯犯颜之士，则临难庶几有徇义守死之臣。若平居尚不能一言，则临难何以责其死节"。"君子和而不同，小人同而不和"，便是苏轼的结论。这一段把监察机构的作用，描述得再清楚不过了。

以我们今天看来，中国封建社会的"言路"是一种耐人寻味的历史现象，因为缺少独立的士人集团，言官们常常不过是高层政治斗争的工具。而且严格地讲，"宽容"这个概念本身就含有专制的味道：如果存在一个权威有权力去宽容，自然也有权力不去宽容，这是对思想自由的侵犯。但在当时，苏轼的这些议论无疑是难能可贵的。

从某种程度上讲，是变法派把苏轼一步一步推向对立面的。一开始，苏轼因反对科举改革，变法派就施行报复，叫他兼开封府推官，负责京城繁杂的刑事案件，想"以多事困之"。而且这些案件常与权贵相涉，十分棘手。但苏轼"决断精敏，声闻益远"。

他又作《拟进士对御试策》，批评王安石不知人，"士之在甲科者多以谄谀得之"。特别是两篇《上神宗皇帝书》，使"介甫之党皆不悦"；又逢范镇准备荐苏轼为谏官，更使对手不安。于是御史知杂事谢景温（王安石的姻亲）便诬奏苏轼兄弟扶丧回乡时利用官船贩运私盐、木材，并下令淮南、江南、东西荆、湖北、夔州、成都各路转运司（负责运输之官）严加调查，拘捕当时船工进行追问，想取得证据。虽然最后"穷治无所得"，但苏轼已经领略了政敌的手段。表面上，他不作申辩，甚而加以蔑视。他给在四川的内弟信中说："某与二十七娘甚安。……某为权幸所疾久矣。然揗摭无获，徒劳掀搅，取笑四方耳。"实际上，他越来越想脱离政治斗争的中心，乞求外任。

在古代，京城是权力的中心。在京任职意味着成功，展示了希望；离开京城，则表明仕途失意。但对于苏轼，京城已无可留恋。一批旧交新友已先后出走，他曾一次又一次地送行，有时忍不住发一通牢骚。在送曾巩的诗中说："昔从南方来，与翁（欧阳修）两联翩。翁今自憔悴，子去亦宜然。……但苦世论隘，聒耳如蜩蝉。安得万顷池，养此横海鳣。"意思是随着欧公的失势，你作为他的学生，离去也是必然的了。世论太容不得人，像蜩蝉一样吵闹震耳，哪有万顷的巨池，来养你这横海的大黄鱼呢？在送刘攽（贡父）的诗中说："君不见阮嗣宗臧否不挂口，莫夸舌在牙齿牢，是中惟可饮醇酒。"讥刺朝廷新法派不容人讲话，不如像晋代阮籍一样口不言人是非，但饮美酒而已。在送从表兄文同的诗中说："夺官遣去不自觉，晓梳脱发谁能收。"称许其政治上的超脱。

但苏轼终于超脱不起来。苏诗中的"骂格"便出现于这段时间。在《送刘道原归觐南康》中，他赞扬刘恕："孔融不肯下曹操，汲黯本自轻张汤。虽无尺箠与寸刃，口吻排击含风霜。"（《汉书·汲黯传》载：张汤因更定律令，升为廷尉，汲黯在皇帝前面责张汤："天下谓刀笔吏不可为公卿，果然，必汤也。"）诗中以孔融、汲黯比作刘恕，以曹操、张汤比作王安石。"口吻排击"指刘恕对王安石"面刺其过，介甫怒，变色如铁，恕不少屈"。

总的来讲，居丧、困于烦琐事务和卷入党争，造成了苏轼这一时期创作上的歉收。作诗仅五十六首，为他编年诗中的最低数字（凤翔三年达一百三十余首），而且质量大多平平。其中《送安惇秀才失解西归》一诗，又遭到没有知人之明的讥讽。安惇也是蜀人，考试不中西归，苏轼加以勉慰。安惇后来成了章惇、蔡卞手下的猎犬，大兴冤狱，积怨天下。但细观全诗，似也是借此以浇自己胸中块垒。苏轼回忆青少年时代："我昔家居断还往，著书不复窥园葵。揭来东游慕人爵，弃去旧学从儿嬉。……故山松柏皆手种，行且拱矣归何时。万事早知皆有命，十年浪走宁非痴。"这种情绪在《石苍舒醉墨堂》那首论草书的诗中，发展到"人生识字忧患始，姓名粗记可以休"那样的愤语。接下来是"何用草书夸神速，开卷惝恍令人愁。我尝好之每自笑，君有此病何年瘳。自言其中有至乐，适意无异逍遥游"。诗中既赞美草书的神速，又指出它"惝恍"的缺陷；称许友人的爱好，又认为它是一种病癖，正如他以前在凤翔任上所作的《次韵子由论书》一样，是带揶揄意味的戏笔。但也只能借艺术的"至乐""逍遥游"来化解忧愤。诗不失为一首佳作，王文诰以为苏诗之纵笔"实发端于此诗"。

熙宁四年（1071）秋，苏轼过陈州（今河南淮阳）晤子由，并同往谒欧阳修于颍州，这种纵笔风格的诗已接连产生。如《欧阳少师令赋所蓄石屏》："何人遗公石屏风，上有水墨希微踪。不画长林与巨植，独画峨嵋山西雪岭上万岁不长之孤松。崖崩涧绝可望不可到，孤烟落日相溟蒙。含风偃蹇得真态，刻画始信天有工。我恐毕宏、韦偃死葬虢山下，骨可朽烂心难穷。神机巧思无所发，化为烟霏沦石中……"石屏上的天然石纹，一经诗人想象，竟变成水墨妙品，且是唐代两位画松名家的神思郁积所化，实在匪夷所思！这里也寄寓了苏轼胸中的不平之气和对故乡的思念。另外《陪欧阳公燕西湖》中也有纵笔之句："谓公方壮须似雪，谓公已老光浮颊。……湖边草木新着霜，芙蓉晚菊争煌煌。插花起舞为公寿，公言百岁如风狂……"这是师生的最后一次见面。第二年秋天，欧阳修便去世了。

"阳春召我以烟景，大块假我以文章"（李白），只需将首句改为"新秋召我以清景"，似乎便可切合苏轼离开京城后的情状。政治的流放与灵感的回归，仿佛是一对孪生兄弟。几个月前他的《次韵张安道（方平）读杜诗》，仿佛是一种预言："诗人例穷苦，天意遣奔逃。……殷勤理黄菊，未遣没蓬蒿。"

西湖歌吟

流转人生中的忧乐与哲思——《游金山寺》——西子湖与西湖诗——托事以讽——祈雨灭蝗，疏浚六井——以诗为词——前生我已到杭州陪同欧阳修燕游颍州西湖时，苏轼大概会联想起这次外放的目的地——杭州西湖，也许还会记起文同在京城时的告诫："北客若来休问事，西湖虽好莫吟诗。"但他毕竟耐不住仕途的失意，抗不起风景的诱惑，一路上便开始大写而特写起来，且由于生活体验的加深，获得了人生的启悟，使这些诗焕发出哲理的光彩。《出颍口初见淮山，是日至寿州（今安徽寿县）》是这方面的佳作："我行日夜向江海，枫叶芦花秋兴长。平淮忽迷天远近，青山久与船低昂。寿州已见白石塔，短棹未转黄茅冈。波平风软望不到，故人久立烟苍茫。"日本学者吉川幸次郎在其所著《中国诗史》中，把此诗列为具有宋诗特色的代表作。他认为，比起唐诗，宋诗有一种"冷静的美"，"具有更多的理智，更多的精细观察，尤其是更富于对日常生活的观察"。"我行日夜向江海"，诗人说自己的旅行日日夜夜向东南的大江大海地区靠近，而不说他向江海方向旅行。旅行与其说是作为自己的意志，还不如说是作为流转的世界中的流转之一而被加于自己的。首句便是宋诗式的。当船从支流突然驶入宽阔的淮河主流，"平（一作长）淮忽迷天远近"，在平静或悠长的水面上漂浮，天既远又近；流转的万物中，人的认识也在流转，并非固定而绝对。接下来的"青山久与船低昂"，进一步加强了这种看法，似乎不动的青山也在颠簸地流转（苏轼对此句颇为得意。后来在他的《李思训画长江绝岛图》中，又有"沙平风软望不到，孤山久与船低昂"的重复，只换了"沙"与"孤"字）。而寿州白塔则象征流转中的人生即将达到的地点。但"黄茅冈"又横陈而出，使淮水弯曲，把诗人与寿州隔开。轻易得到的幸福，反而不显得可贵。"波平风软"在诗中是作为船速缓慢的因素，使诗人的视线望不见白塔。而故人则已伫立到暮色苍茫，在码头上等待诗人了。因此，寿州白塔毕竟不是虚幻的幸福象征。也许人生中真正的大欢乐是没有的，但是小欢小乐则存在于人生的各个段落，甚至人生就是在小欢小乐上的流转。

苏轼对这首诗是十分偏爱的，晚年谪岭南，在虔州（今江西赣州）又重新草书此诗，以寄感慨。

《泗州僧伽塔》也表现了诗人当时的情怀："我昔南行舟系汴，逆风三日沙吹面。舟人共劝祷灵塔，香火未收旗脚转。回头顷刻失长桥，却到龟山未朝饭。……耕田欲雨刈欲晴，去得顺风来者怨。若使人人祷辄遂，造物应须日千变。我今身世两悠悠，去无所逐来无恋。……"回忆当年护送父亲灵柩由汴河入淮，曾阻风泗州（清代此州已沉入洪泽湖）。"旗脚转"，用梅尧臣《龙女祠祈顺风》诗中"出庙旗脚转"句。全诗充满理性批判精神：假如人们的各种私愿都能从祈祷得到满足，而各人互为矛盾的私愿将使造物主本身陷入极大的矛盾之中，即使一日千变也无所适从。有感于此，自己则持"得行固愿留不恶"的旷达态度。谢桃坊先生在《苏轼诗研究》中认为此诗"主旨是在借此表示苏轼的政治态度，苏轼因反对新法而被排挤出朝，却又要到外地去执行新法，这是很矛盾的"，也可立为一说。因为此诗借回忆发端，当时并没有这些感受，如今经历过政治风波，才生发开来。同时，稍前写成的《虞姬墓》，也表明苏轼还不能完全超脱："帐下佳人拭泪痕，门前壮士气如云。仓皇不负君王意，只有虞姬与郑君。""君王"指项羽。在急迫时刻不辜负项羽的，只有自刎的虞姬与旧臣郑荣。郑荣在项羽死后被俘，刘邦命令项羽的旧臣改名为籍（项羽名籍），以试探他们避不避讳，只有郑荣拒不从命。从诗题看，偏重写虞姬，以郑荣陪衬。本来这个陪衬是可有可无的，苏轼硬嵌了进去，是不是下意识里，隐隐约约将自己比作仁宗、英宗朝的"旧臣"，来表明自己的操守？（后在徐州《赠写御容妙善师》诗中，苏轼也自称"先帝白发郎"。）

不能完全超脱，在政治上又难以有所作为，于是自然对宦游厌倦，产生了浓浓的乡念。这便是《游金山寺》的主旨："我家江水初发源，宦游直送江入海。闻道潮头一丈高，天寒尚有沙痕在。中泠南畔石盘陀，古来出没随涛波。试登绝顶望乡国，江南江北青山多。羁愁畏晚寻归楫，山僧苦留看落日。微风万顷靴文细，断霞半空鱼尾赤。是时江月初生魄，二更月落天深黑。江心似有炬火明，飞焰照山栖鸟惊。怅然归卧心莫识，非鬼非人竟何物。江山如此不归山，江神见怪警我顽。我谢江神岂得已，有田不归如江水。"首二句汪师韩评："将万里程、半生事一笔道尽，恰好由岷山导江至此处海门归宿为入题之语。"七、八句看似写景，实写乡思。后来辛弃疾的"西北望长安，可怜无数山"即本于此。诗题名为游，却撇开寺观，抒写乡思。出没无常的"石盘陀"被用来暗示自己把握不定的政治命运。中间又插进炬火一段，似实而虚，亦怪亦诞，抑或幻由心造；似乎江神显灵，也对诗人的迷恋仕途表示警诫。全诗形象地体现了苏轼后来提出的"赋诗必此诗，定非知诗人"的主张。

同时所作的《自金山放船至焦山》，也借遇同乡（焦山长老）表达了诗人"行当投劾谢簪组，为我佳处留茅庵"的退隐之意。

苏轼到杭三天，便去孤山访惠勤、惠思二僧。因为在颍时，欧阳修就把有多年交谊的诗僧惠勤介绍给他。惠思也是诗僧，曾与王安石唱酬。访后，苏轼写了一首诗："天欲雪，云满湖，楼台明灭山有无。水清石出鱼可数，林深无人鸟相呼。……孤山孤绝谁肯庐，道人有道山不孤。……出山回望云木合，但见野鹘盘浮图。……作诗火急追亡逋，清景一失后难摹。"全诗宛如一幅水墨画，中心是"道人有道山不孤"，既是赞人，又是自勉。末二句说作诗要如同捕捉逃亡者一样捕捉灵感，否则稍纵即逝，成为他写作的经验之谈。他自己后来也说"钱塘诗皆率然信笔"（《与陈传道书》），灵感来时，信笔挥洒，兴会淋漓，留下了大量佳什。林语堂先生在《苏东坡传》中言"西湖的诗情画意，非苏东坡的诗思不足以极其妙；苏东坡的诗思，非西湖的诗情画意不足以尽其才"，是很好的概括。

其中最脍炙人口的当然是七绝："水光潋滟晴方好，山色空蒙雨亦奇。

欲把西湖比西子，淡妆浓抹总相宜。"无论西施在溪头浣纱，还是在宫中歌舞，无论淡妆还是浓抹，都无法掩盖她的天生丽质。陈善在《扪虱新话》中说："要识西子，但看西湖。要识西湖，但看此诗。"的确，后人便把西湖称为西子湖。从某种意义上说，这首诗也是诗人的夫子自道：无论是轻装简从，还是峨冠博带；无论处于逆境，还是顺境，诗人都一样随遇而安，不改本色。这是真正的宋诗，将理趣寓于生动优美的形象之中，让人们多方面去品味。我们甚至可以想象，西子湖像位大家闺秀，即便有些不遂心，也不过眉黛轻颦而已。而这种轻颦，却别有一种风韵。

在这有美景佳肴、契友歌妓的东南形胜，苏轼游湖、观潮、赏月、宴乐、访僧、酬唱……抓住现实生活所提供的每一个享乐机会。他胸襟旷达，性情开朗，不习惯终日忧心忡忡、愁眉苦脸。在怨愤不满喷发之后，又经常保持平静、乐观的心绪。恰似他在《望湖楼醉书》中所描写的："黑云翻墨未遮山，白雨跳珠乱入船。卷地风来忽吹散，望湖楼下水如天。"即使对暴风雨，也如我们在开篇所言，他总抱着"壮观应须好句夸"（苏轼《望海楼晚景》）的豪迈态度。如《有美堂暴雨》："游人脚底一声雷，满座顽云拨不开。天外黑风吹海立，浙东飞雨过江来。十分潋滟金樽凸，千杖敲铿羯鼓催。唤起谪仙泉洒面，倒倾鲛室泻琼瑰。""吹海立"化用杜甫的"九天之云下垂，四海之水皆立"。"浙江飞雨"句，全用唐人殷尧藩《喜雨》中的成句："山上乱云随手变，浙东飞雨过江来。"江水汹涌，如同杯中之酒溢出；雨声震天，仿佛千杖急下，敲击羯鼓。"泉洒面"用唐玄宗召李白赋诗，以清水洒其面使其醒酒的典故。这里说暴雨仿佛是天帝为了唤醒李白而洒的清水，隐含以李白自比之意。琼瑰则比喻好诗。

同一个作者，又能写出风格清幽甚至孤寂的小诗。如："但闻烟外钟，不见烟中寺。幽人行未已，草露湿芒屦。惟应山头月，夜夜照来去。"又如："暮鼓朝钟自击撞，闭门孤枕对残釭。白灰旋拨通红火，卧听萧萧雨打窗。"

其题材的广泛，更令人目不暇接。写观潮："八月十八潮，壮观天下无。鲲鹏水击三千里，组练长驱十万夫。红旗青盖互明灭，黑沙白浪相吞屠。"写游湖："放生鱼鳖逐人来，无主荷花到处开。水枕能令山俯仰，风船解与月徘徊。"写赏花："人老簪花不自羞，花应羞上老人头。醉归扶路人应笑，十里珠帘半上钩。"（其实当时苏轼才三十七岁）写寻春："屋上山禽苦唤人，槛前冰沼忽生鳞。……曲栏幽榭终寒窘，一看郊原浩荡春。"写品茶："春浓睡足午窗明，想见新茶如泼乳。"写尝鲜："西风初作十分凉，喜见新橙透甲香。"

出巡邻县，他留下著名的《新城道中》（其一）："东风知我欲山行，吹断檐间积雨声。岭上晴云披絮帽，树头初日挂铜钲。野桃含笑竹篱短，溪柳自摇沙水清。西崦人家应最乐，煮芹烧笋饷春耕。"第四句十分精彩：太阳很圆地挂在树梢，发出的光芒竟仿佛带着音响。

他赞美湖州："顾渚茶芽白于齿，梅溪木瓜红胜颊。吴儿脍缕薄欲飞（杜甫诗：'刀鸣脍缕飞'），未去先说馋涎垂。"他描写天目山风情："山人醉后铁冠落，溪女笑时银栉低。"他歌颂"两足如霜不穿屦"的於潜（今属浙江临安）农家女子："逢郎樵归相媚妩，不信姬姜有齐鲁。"周初封太公姜尚于齐、周公姬旦之子伯禽于鲁，姬、姜二姓的妇女以雍容华贵著称。相比于潜女子的健美与真情，这些贵妇有什么值得羡慕的呢？他甚至在《古缠头曲》中肯定了一对年龄相殊的穷人的自由婚姻：当过"乐府旧工"的"白首"尚叟，与一年方十七的弹琵琶的"翠鬟女子"一见倾心，两人打破世俗观念，一起结发卖艺。"世人只解锦缠头，与汝作诗传不朽。"

他在西湖"二年鱼鸟浑相识"。他在邻县"天教看尽浙西山"。他是纯真的："七尺顽躯走世尘，十围便腹贮天真。"他是闲适的："因病得闲殊不恶，安心是药更无方。"他是清高的："可使食无肉，不可居无竹。无肉令人瘦，无竹令人俗。"（《左传》有"肉食者鄙，未能远谋"。这里取其意，以肉食者比喻专事营求厚禄的人。）他是超然的："已外浮名更外身，区区雷电若为神。山头只作婴儿看，无限人间失箸人。"（雷电使人惊恐，但立足天目山头，便好像是婴儿的啼声了，而人间却有无数的人吓得掉了筷子。借喻超脱于浮名与生命的人，自能藐视忧患。）

他仿佛尽情摄取目遇神接的一切印象，又迫不及待地将丰富的灵魂库存尽数倾泻。但所有这些只是苏轼的一面，否则也就不成其为苏轼，也不会有后来的"乌台诗案"了。

初到杭州，他在给子由的诗中，就反映了自己的矛盾心情："眼看时事力难任，贪恋君恩退未能。"甚至在以后一首诗中，流露了自己的畏惧心理："天静伤鸿犹戢翼，月明惊鹊未安枝。"但由于尊主泽民的儒家思想的浸濡，又使他用各种途径济时用世。"作诗寄谢采薇翁，本不避人那避世。"以伯夷、叔齐比喻两位寺僧，说自己本来就不逃避人事的纷扰，更没有遁世的想法。于是便出现了这种迂回的表达方式："见事有不便于民者不敢言，亦不敢默视也。缘诗人之义，托事以讽，庶几有补于国。"（苏辙《亡兄子瞻墓志铭》）俳谐怒骂之诗，在杭州任内表现得最为淋漓尽致。他咏冬日牡丹："化工只欲呈新巧，不放闲花得少休。"后他在狱中自供：此诗皆讥讽当时的执政大臣，以比化工但欲出新意擘画，令小民不得暂闲也。这样来看，另一首《冬至日独游吉祥寺》诗的寓意也就明白了："何人更似苏夫子，不是花时肯独来。"据苏轼《牡丹记叙》："酒酣乐作，州人大集。……饮酒乐甚，素不饮者皆醉。自舆台皂隶皆插花以从，观者数万人。"没有牡丹可赏也来，他看花不因众人之热而热，也不随众人之冷而冷。这种独立不羁的人格，使他一生付出了高昂的代价，也获得了高标的诗格。

除夜值班，他看到狱中关满穷人（大多是犯了盐法的），题诗于壁，以"哀此系中囚"，表示自己与他们"不须论贤愚，均是为食谋"，甚至希望"谁能暂纵遣"，放他们回家与亲人团聚两天。《山村五绝》之三，也反映榷盐给人民带来的苦楚："老翁七十自腰镰，惭愧春山笋蕨甜。岂是闻韶解忘味，迩来三月食无盐。"一些敢于贩盐的人可以刀杖自卫，贫而懦弱，靠笋蕨充饥者，则吃不上盐了。孔子听到韶乐，可以"三月不知肉味"，山村小民三月不知盐味，也会那般快乐吗？《山村五绝》之四，则是讽刺青苗法的："杖藜裹饭去匆匆，过眼青钱转手空。赢得儿童语音好，一年强半在城中。"一年几次请纳青苗钱，农家子弟多半干脆落在城中，不事生产。他们除了学得一嘴城里口音，一无所获。在湖州察看松江堤堰期间，苏轼作《吴中田妇叹》，借一位破产农妇的遭遇，直接控诉青苗法了：秋稻苦迟，淫雨连绵，"眼枯泪尽雨不尽，忍见黄穗卧青泥"。待到天晴收回部分到城里去卖，用以纳税，而米价竟贱如糠粞（碎米）。胥吏催迫，她只得卖牛以偿。她求生无路，宁愿投水去作"河伯妇"。其中"官今要钱不要米"，反映出自新法施行以来社会上普通的钱荒："百姓有米，而官不要米；百姓无钱，而官必要钱。"（司马光语）王安石"富国有术"，人民则日益贫困。《雨中游天竺灵感观音院》别具一格，以谣谣形式，讽刺养尊处优、无视民瘼的官僚："蚕欲老，麦半黄，前山后山雨浪浪。农夫辍耒女废筐，白衣仙人在高堂。"

对新法的不满与抨击，还表现在一些文章中。如《与千之侄》："独立不惧者，惟司马君实（司马光）与叔兄弟（指自己与苏辙）耳！万事委命，直道而行，纵以此窜逐，所获多矣！"《宝墨堂记》："蜀人谚曰：'学书者纸费，学医者人费。'此言虽小，可以喻大。世有好功名者，以其未试之学而骤出之于政，其费人岂特医者之比乎？"学书法的耗损纸张，学医术的耗损人命。"好功名者"以他未经检验的不成熟主张用之于政事，那么它对人命的耗损，岂是"学医者"可以比得上的？

"……崎岖世味尝应遍，寂寞山栖老渐便。惟有悯农心尚在，起占云汉更茫然。"此诗作于熙宁六年（1073）秋，因旱而祈雨之夜。尽管有"宏才乏近用，巧舞困短袖"（苏轼《次韵答章传道见赠》）的牢骚，可贵的是他的悯农之心尚在，他不能因与执政不合便不管百姓的死活。"宦游逢此岁年恶，飞蝗来时半天黑。"除了旱涝，蝗灾也很严重，但当时一些地方官吏为了取悦朝廷，竟隐而不报。苏轼在《捕蝗至浮云岭，山行疲苶，有怀子由弟》中，用"新法清平那有此，老身穷苦自招渠"来表示自己的愤慨：既然新法清平，不会有灾，那么这蝗虫大概是我这穷苦的老身自己招惹来的。但尽管"无人可诉"，他还表示要"区区犹欲理蝗余"。熙宁六年十一月，他又不辞劳苦，风尘仆仆，赴常、润（今江苏常州、镇江）赈济旱灾之民。这种"政虽无术（实指无从施展），心则在民"的实干精神，更表现在他随太守陈襄（字述古）指挥疏浚六井上。

杭州近海，其水咸苦。"惟负山凿井乃得甘泉，而所及不广"。唐代李泌为杭州刺史时凿成六井，"引西湖水以足民用"。后虽经白居易一度修复，但到宋时已废坏。这次疏浚，使杭人又用上了清水。第二年江浙大旱，百姓"以罂缶（酒器）贮水相饷如酒醴"，但杭州居民不仅不缺饮水，还有水喂牛、洗澡。"方是时汲者皆诵佛以祝公（指陈太守）。"（引文均见苏轼《钱塘六井记》）这里，苏轼当然不能自夸，但百姓祷祝的，必然还包括苏通判。否则，就难以说明，"乌台诗案"时苏轼被关在京城，命系旦夕，杭人还为他作了几个月的解厄斋场，祈祷他平安出狱。

"时新政日下，轼于其间每因法以便民，民赖以安"。（《宋史·苏轼传》）这对官场失意的他，是很大的安慰。但在执法过程中，并不常有"因法以便民"的机会。因此，他又时时产生自责之心。《戏子由》中他已说过："平生所惭今不耻，坐对疲氓更鞭箠。"熙宁五年（1072）秋冬，苏轼受命召集民夫，开凿汤村运盐河。"盐事星火急，谁能恤农耕。……天雨助官政，泫然淋衣缨。"他在督役中，亲见"人如鸭与猪，投泥相溅惊"，深悔出仕："寄语故山友，慎毋厌藜羹。"在给解官退居故里的叔岳丈王庆源的信中，他说杭州"虽有江山风物之美，而新法严密，风波险恶，况味如不佳"，信末有"但言此，心已驰于瑞草桥之西南矣"。瑞草桥夜嗑瓜子纳凉谈天的回忆，抚慰着他疲惫的心。熙宁六年赈饥，除夕宿常州城外，他又作诗道："行歌野哭两堪悲，远火低星渐向微。病眼不眠非守岁，乡音无伴苦思归……"

归乡不成，便找老乡。在赠秀州（今浙江嘉兴）本觉寺方丈文长老的诗中，他写道："每逢蜀叟谈终日，便觉峨眉翠扫空。"后来文长老去世，他作诗伤悼："三过门间老病死，一弹指顷去来今。存亡惯见浑无泪，乡井难忘尚有心……"

有时这种乡思又会升华为一种沧海桑田的感慨："朝见吴山横，暮见吴山纵。吴山故多态，转侧为君容。……春来故国归无期，人言秋悲春更悲。已泛平湖思濯锦，更看横翠忆峨眉。雕栏能得几时好，不独凭栏人易老。百年兴废更堪哀，悬知草莽化池台。游人寻我旧游处，但觅吴山横处来。"（《法惠寺横翠阁》）寺在杭州清波门南。"濯锦"指濯锦江，即锦江（岷江）。"雕栏"句借用李煜的词："雕栏玉砌应犹在，只是朱颜改。"这里更进一层：不仅凭栏之人易老，就是雕栏也不能持久。末四句设想未来，游人来到池台化成的草莽之中，寻觅我此时的游踪，就只有朝横暮纵的吴山了。

"老去尚贪彭泽米，梦归时到锦江桥。"心为形役，归田不得；找同乡，同乡会谢世；登楼阁，楼阁会化尘。还是好好地正视现实、珍惜现在，且把所到之处，权当成自己的故乡吧。东坡这种达观的思想，首先是在秀丽的杭州山水间萌生的。那组《六月二十七日望湖楼醉书五绝》，绝妙地显示了这条心路历程。刚写过"卷地风来忽吹散，望湖楼下水如天"，又来了"献花游女木兰桡，细雨斜风湿翠翘。无限芳洲生杜若，吴儿不识楚辞招"。楚辞中有《大招》《招魂》等篇。吴儿（游女）只知献花，不识芳洲香草。作者的思绪真是瞬息万变，此刻又以被放逐的屈原自喻。组诗的最后一首，终于"柳暗花明"："未成小隐聊中隐，可得长闲胜暂闲。我本无家更安往，故乡无此好湖山。"首句借用白居易《中隐》诗意："大隐住朝市，小隐入丘樊。丘樊太冷落，朝市太嚣喧。不如作中隐，隐在留司官。似出复似处，非忙亦非闲。……惟此中隐士，致身吉且安。"二句反用白居易"偷闲意味胜长闲"诗意。三、四句讲自己本来就没有家，还能往哪儿去呢？不如在这里流连吧，故乡没有这么美丽的湖山。

在这种诗酒流连中，苏轼写出了第一批词作。词这种形式，是随着唐以来封建商业都市的发展，商人与手工业者的增多，市民阶层的日益扩大而出现的。北宋汴京"新声巧笑于柳陌花衢，按管调弦于茶坊酒肆"（《东京梦华录》序）。金樽檀板、聊佐清欢的词的演唱，成为都市文娱生活的重要内容。君臣上下奢侈淫靡的风气，又进一步促使文人竞制新词。苏轼青少年时代在西南较为偏僻的眉山度过，加上家庭对他管束甚严，程夫人常以功名气节相励，兄弟二人全力准备科试，少有机会流连瓦市曲坊。他的父亲未写过词，苏辙一生也只留下两首。可以说，苏轼早期对都市生活习染不深。即便在汴京与凤翔，也把大部分精力投入儒家积极用世的理想与实践，无暇来写这种在当时认为是歌宴酒席上助兴的小词。如今来到了杭州（柳永的词《望海潮》形容这里是"东南形胜，三吴都会，钱塘自古繁华。烟柳画桥，风帘翠幕，参差十万人家"，"市列珠玑，户盈罗绮，竞豪奢"，"有三秋桂子，十里荷花。羌管弄晴，菱歌泛夜"），政治上失意了，但尚未遭到沉重打击，诗酒朋友多，又有较为充裕的时间与较为平静的心境。在这种文风荟萃、弦歌不辍的氛围里，苏轼学词是再自然不过的了。

而且，著名的词人张先也在杭州，已经八十多岁，仍然精神强健。张先《天仙子》中有"云破月来花弄影"，曾仕谒欧阳修。欧阳修盛赞此句，相见恨晚。旁边有客对张先说："人皆谓公为张三中，即心中事、眼中泪、意中人也。"张先回答：为什么不叫我作"张三影"呢？客人不明白。张先说："云破月来花弄影"，"娇柔懒起，帘栊压花影"，"柳径无人，坠风絮无影"，这是我平生得意之句。（见《古今诗话》）大概他认为"三中"太过直白，了无余韵（无独有偶，王安石诗也爱写影，不过并非地上投影，而是水中倒影）。清人朱彝尊却认为张先的"吴兴寒食词'中庭月色正清明，无数杨花过无影'在世所传'三影'之上"。宋人曾慥则喜爱张词《青门引》中的"那堪更被明月，隔墙送过秋千影"。的确，张先所写之"影"，多姿多彩，迷人眼目。当时杭州所形成的是以张先为中心的词人圈子。苏轼与张先作诗互谑，常游西湖，并同赋《江城子》。这一时期的苏词，大体上还未脱离宋代文人赠妓侑酒、往来应酬的狭小天地。"在宋人的心目中，词从民间文学里兴起的时间还不很长，只能算是文体中的暴发户，不像诗是历史悠久的旧家世阀，因此也不必像诗那样讲究身份。有些情事似乎在诗里很难出口，有失尊严，但不妨在词里描述。……同一作家的诗和词，常取材于截然不同的生活，表达了截然不同的心灵，仿佛出于两个人或一个具有双重人格的人的手笔。"（见中国社会科学院文学研究所编写的《中国文学史》）这种"双重人格"不一定指言行不一，而是关乎人的感情的多面性。胡仔在《苕溪渔隐丛话》中提到寇准的词，"如《江南春》云：'波渺渺，柳依依，孤村芳草远，斜日杏花飞。江南春尽离肠断，蘋满汀洲人未归。'又云：'杳杳烟波隔千里，白蘋香散东风起。日落汀洲一望时，愁情不断如春水。'观此语意，疑若优柔无断者；至其端委庙堂，决澶渊之策，其气锐然，奋仁者之勇，全与此意不相类"。我们再拿欧阳修为例，在古文中，他是一位诤臣；在诗歌中，他是一位豪士；但在词中，却是一个"多情种子"。如《玉楼春》："尊前拟把归期说，未语春容先惨咽。人生自是有情痴，此恨不关风与月。　离歌且莫翻新阕，一曲能教肠寸结。直须看尽洛城花，始共春风容易别。"《蝶恋花》写一少妇的闺怨，下阕是："雨横风狂三月暮，门掩黄昏，无计留春住。泪眼问花花不语，乱红飞过秋千去。"这种情感的复杂性，与他们生活的多样性是分不开的。在朝廷，在官场，他们以政治家与士大夫的身份出现；在歌席，在舞宴，他们则露出风流倜傥的文人面目来。

叶嘉莹女士在《论苏轼词》一文中引用昔人的话，"观人于揖让，不若观人于游戏"，精当地指出："一般人作词之态度既不像作诗之态度那样严肃，因而当其写词之时，反而也就更能摆脱了在严肃的文学作品之中有意为之的拘束，而往往可以更加自然地流露出自己天性中的某些特质。"

北宋的词经过晏殊父子、欧阳修、张先，尤其是柳永的努力，较晚唐更进一层。但柳永虽有发展慢词、初拓词境，使词从贵族的华屋绮筵，走向市井的旅邸歌馆之功，终觉"长于纤艳之词，然多近俚俗"（黄昇《花庵词选》）。

苏轼来了。陈师道在《后山诗话》中说："子瞻以诗为词，如教坊雷大使之舞，虽极天下之工，要非本色。"雷大使是男的，跳得再好，但不是舞的本色。因为词从晚唐五代以来，多是写闺情妾怨的。而我们认为，"以诗为词"恰恰是苏词的本色。他那旷达的胸襟、率直的性格、广博的学识、横溢的才华，"自是曲子中缚不住者"（晁补之语），打通了"双重人格"，给北宋词坛带来两大变化：一、扩大了词的传统题材，使之"无意不可入，无事不可言"（刘熙载《艺概》），让词从狭义的"缘情"文学向"言志"靠拢；二、变革了晚唐以来香艳、柔婉的主体风格，使词"无穷清新，不独寓以诗人句法，能一洗绮罗香泽之态也"（《词林纪事》引楼敬思语）。杭州时期的苏词虽然尚未形成自己的风格，但已显示"以诗为词"的倾向。如《南乡子·送述古》："回首乱山横，不见居人只见城。谁似临平山上塔，亭亭，迎客西来送客行。……"又如记游桐庐七里濑的《行香子》："一叶舟轻，双桨鸿惊。水天清、影湛波平。鱼翻藻鉴，鹭点烟汀。过沙溪急，霜溪冷，月溪明。　　重重似画，曲曲如屏。算当年、空老严陵。君臣一梦，今古虚名。但远山长，云山乱，晓山青。"

三年的任期满了。苏轼对杭州充满了依恋之情。在他仕途失意、心情苦闷之时，是这里的友人给他慰藉，是这里的百姓对他爱戴，是这里的歌妓助他游兴，是这里的山水明他心目。当惠勤请他为自己的诗集作序时，他不禁感慨万千地忆起，欧阳修去世的消息传来，他因公务在身，不能赴丧，曾与惠勤哭于僧舍，并写下《祭欧阳文忠公文》，"今公之没也，赤子无所仰庇，朝廷无所稽疑。……昔我先君怀宝遁世，非公则莫能致。而不肖无状，因缘出入，受教于门下者，十有六年于兹。……上以为天下恸而下以哭其私。"而也不忘刺一下新法："斯文化为异端，而学者至于用夷（邪说）；君子以为无为为善，而小人沛然自以为得时。譬如深渊大泽，龙亡而虎逝，则变怪杂出，舞鳅鳝而号狐狸。"在《钱塘勤上人诗集叙》中，又一次强调"欧阳公好士为天下第一，士有一言中于道，不远千里而求之，甚于士之求公"。虽然"士之负公者亦时有"，但在颍州见苏轼时，欧公"犹论士之贤者，惟恐其不闻于世也"。

这种好士荐贤的品德，也为苏轼所继承。

晁补之十七岁随父至新城，见钱塘山川秀美，人物盛丽，工艺绝巧，仿枚乘《七发》、曹植《七启》，写了《七述》献给苏轼。苏轼大为赏识，讲自己本想赋此题，因见《七述》而叹："吾可以搁笔矣！"后来又赞晁"博辩俊伟，绝人远甚"。以后晁补之声名大起，成为"苏门四学士"之一。他说自己从学苏门，"犹出荆棘险阻得大途（路）"。

邵茂诚与苏轼同年登进士，十五年后两人相逢于湖州知州孙莘老（觉）处，翌年茂诚卒。又过一年，苏轼途经高邮，访茂诚故居，"败帏瓦灯，尘埃萧然"，苏轼入而哭之，乃检其遗稿，作《邵茂诚诗集叙》，以传于世。其中赞曰："其文清和妙丽如晋、宋间人，而诗尤可爱，咀嚼有味，杂以江左（指六朝）唐人之风。"同时感慨道："至于文人，其穷也固宜。劳心以耗神，盛气以忤物，未老而衰病，无恶而得罪，鲜不以文者。"

在杭州，苏轼与僧人（披着袈裟的诗人）也过从甚密。一次在僧舍壁间发现一首小诗："竹暗不通日，泉声落如雨。春风自有期，桃李乱深坞。"打听到是僧人清顺所作，即日求访，"一见甚喜，而顺之名出矣"。（见《竹坡诗话》）《冷斋诗话》载："西湖僧清顺，怡然清苦，多佳句，尝赋《十竹》诗云：'城中寸土如寸金，幽轩种竹只十个。春风慎勿长儿孙，穿我阶前绿苔破。'……荆公游湖上爱之，称扬其名。坡晚年亦与之游，亦多唱酬。"

有一次，苏轼游寿星寺，他对同游的佛印禅师说：我平生并未来过此地，但总觉得眼熟；从这里上到忏堂，应当有九十二个石阶。派人去数，果然不差。苏轼感叹道：我的前身该是这里的山僧吧！他大概相信这一点，在诗中也提及："前生我已到杭州，到处长如到旧游。"（《和张子野见寄》）又在黄州时，于《答陈师仲主簿书》中说："见为编述《超然》《黄楼》二集，为赐尤重。从来不曾编次，纵有一二者，得罪日皆为家人妇女辈焚毁尽矣，不知今乃在足下处。……轼于钱塘人有何恩意，而其人至今见念？轼亦一岁率常四五梦至西湖上，此殆世俗所谓前缘者。在杭尝游寿星院，入门便悟曾到，能言其院后堂殿山石处……"

异乡（杭州）第一次替代了家乡（眉山）。以后还有黄州、惠州、儋州……离杭后，他常回忆道："西湖天下景，游者无愚贤。深浅随所得，谁能识其全。嗟我本狂直，早为世所捐。独专山水乐，付与宁非天。三百六十寺，幽寻遂穷年。所至得其妙，心知口难传。至今清夜梦，耳目余芳鲜。……"在和友人的诗中，他也慰勉："遣子穷愁天有意，吴中山水要清诗。"

密州太守

《沁园春》：早行——中秋词——词的"士大夫化"，一新天下耳目——"老夫聊发少年狂"——《后杞菊赋》——《超然台记》——抨击时政，致力邑政——"平生五千卷，一字不救饥"

熙宁七年五月，朝廷诰下，命苏轼以太常博士直史馆权知密州（今山东诸城）。苏轼在《密州谢表》中说："携挐（妻儿）上国，预忧桂玉之不充；请郡东方，实欲弟昆之相近。"前一句是托词，他之所以不愿"携挐上国"，主要不是担心京城桂薪玉食，居大不易，而是害怕朝廷的党争。后一句为实话，当时苏辙正在齐州济南任主管文字的掌书记，兄弟俩已有几年没见面了，思念甚苦。

接到任命，延至九月，苏轼告别诸友，新任杭守杨绘（元素）为他饯行。他曾在《南乡子·和杨元素》一词中想象"东武（指密州）望余杭，云海天涯两杳茫。何日功成名遂了，还乡。醉笑陪公三万场"。因为杨元素也是蜀人。山阴县令陈舜俞（即前文所述上奏反对青苗法札子者）也特来钱塘相别。杨、陈与张先又专程送他至湖州，访李常（公择），刘述也在座，后人因建"六客堂"。苏轼与五人又俱至松江，置酒垂虹亭。这才依依北上，途经苏、常、润、扬、楚、海诸州，一路旧雨新朋，诗酒唱和。四十余天，写诗十三首，作词则达二十六首，为诗之两倍，第一次打破了旧例。苏词现存三百余首，写作时间为二十九年，比较而言，这次行程的写词密度是最大的。更可喜的是，《沁园春》开始了苏词的质变，写于由海州（旧治在今江苏连云港西南）至密州途中。词前有小序："赴密州，早行，马上寄子由。"这种手法始于张先。词云："孤馆灯青，野店鸡号，旅枕梦残。渐月华收练，晨霜耿耿，云山摘锦，朝露泫泫。世路无穷，劳生有限，似此区区长鲜欢。微吟罢，凭征鞍无语，往事千端。

当时共客长安，似二陆初来俱少年。有笔头千字，胸中万卷，致君尧舜，此事何难？用舍由时，行藏在我，袖手何妨闲处看？身长健，但优游卒岁，且斗尊前。"上片写征途凄清寂寞，下片回忆他与苏辙当年赴京应试，就像陆机、陆云兄弟一样，"少有异才，文章冠世"（《晋书·陆机传》），也颇有杜甫"致君尧舜上，再使风俗淳"的豪情。但后来由于反对新法，只好遵循儒家"用之则行，舍之则藏"的处世哲学，远离京城，优游度日，诗酒自娱。这是苏轼创作的第一首长调，以议论入词，引吭高歌，看似旷达，实含忧愤。

这种矛盾的心情，在苏轼密州所写的《水调歌头》中，得到了更为圆熟、更为淋漓的发挥。词前也有小序："丙辰中秋，欢饮达旦，大醉作此篇，兼怀子由。"与苏辙的手足深情，总能使他写出极其优美的作品："明月几时有？把酒问青天。不知天上宫阙，今夕是何年？我欲乘风归去，又恐琼楼玉宇，高处不胜寒。起舞弄清影，何似在人间。　　转朱阁，低绮户，照无眠。不应有恨，何事长向别时圆？人有悲欢离合，月有阴晴圆缺，此事古难全。但愿人长久，千里共婵娟。"他虽身在江湖，却心存魏阙。据说八年后，"都下传唱此词"，宋神宗读到"琼楼玉宇"二句时感叹道："苏轼终是爱君。"乃命量移汝州（时苏轼贬居黄州）。词中的"不知天上宫阙，今夕是何年"，确也有当今朝廷上不知怎么样了的含义。

但佳作自有其多义性。我们也不妨把这首词看作苏轼通达思想的艺术表现。他俯仰古今变迁，感慨宇宙流传，厌薄宦海风波，揭示人生哲理，勾勒出一种皓月当空、美人千里、孤高旷远的境界氛围，是一首自然与社会高度契合的感喟之作，通篇咏月，又处处关合人事。开首排空直入，笔力奇崛，与屈原《天问》、李白《把酒问月》有着承传关系。"我欲乘风归去"几句，意谓我本是从神仙世界来的，现在想回到"琼楼玉宇"，但又怕耐不住天上的孤寒；也可理解为我想回到朝廷，又怕竞争激烈、难以容身。"起舞"二句，"长言之不足，故嗟叹之；嗟叹之不足，故不知手之舞之足之蹈之也"，在月色澄明中翩翩起舞，顾影自喜，已仿佛天上，哪像在人间呢？也可理解为在地方官任上同样可以做一番事业，何必一定要回到朝廷呢？于是下片的"朱阁""绮户"便是人间的"琼楼玉宇"。"不应有恨"而恨在其中。但词人即刻由感情转入理智，化悲怨而为旷达。"人有悲欢离合，月有阴晴圆缺，此事古难全。"末二句化用南朝谢庄《月赋》"美人迈兮音尘阙，隔千里兮共明月"，也可参看唐代张九龄的"海上生明月，天涯共此时"，却转出更高的思想境界，向世间所有离别的亲人，包括自己的弟弟，发出深挚的慰问与祝愿："但愿人长久，千里共婵娟。"这坦诚无私的呼吁，这爽朗率真的祈求，穿透时间与空间的阻隔，在一代又一代读者的心弦上同振共鸣。确实，以这样高远的境界俯瞰有缺陷的人生，人生便也不那么悲观了。正如南宋胡仔所言："中秋词自东坡《水调歌头》一出，余词尽废。"真是爱就爱得风流千古，谱就谱成一曲绝唱！

杨海明先生在《唐宋词史》中认为："以诗代词"只是苏词的表象，词的"士大夫化"才是苏词的实质。相对词而言，当时宋诗的时代感、现实感更强。"只有到了苏轼词里，人们才像在他的诗里那样，看到了一个活生生、活泼泼的苏东坡，才看到了作者作为一个士大夫文人的那种比较完整的生活面貌和相对深刻的思想面貌。"

杨先生所言苏词的"士大夫化"，是相对两种词风而言。一是针对传统的艳词。苏轼在评论当时颇负盛名的张先词时，说过："张子野诗笔老妙，歌词乃其余波耳。《华州西溪》云：'浮萍破处见山影，小艇归时闻草声'又和余诗云：'愁似鳏鱼知夜永，懒同蝴蝶为春忙。'若此之类皆可以追配古人，而世俗但称其歌词。昔周昉画人物皆入神品，而世俗但知有周昉士女（画），盖所谓'未见好德如好色'者欤？"（《题张子野诗集后》）明确表示了他对传统歌词之"好色"特征的不满，不愿重蹈张、周被人误看的覆辙，而要让自己的词作不仅如"艳词"与"仕女画"，更要像内容深广得多的"诗"和"人物画"那样，比较全面地反映自己的经历与情感。二是针对柳永的"俗词"。柳永词"天下咏之""凡有井水处，皆能歌柳词"，却受到士大夫文人的贬斥。晏殊便是一个。但用晏殊那种虽"高雅"却仍"香艳"的词作来抵消柳词的影响，正如拿"妇人语"（蒲传正评晏词）去对抗"女儿词"，岂不是五十步笑百步？苏轼在密州《与鲜于子骏书》中曾言："近作小词，虽无柳七郎风味，亦自是一家。"如何才能"自是一家"？便得将他深厚的士大夫文人的人格、学养，将他的自家面目倾注于词中，终于取得了这样的评价："及眉山苏氏，一洗绮罗香泽之态，摆脱绸缪宛转之度，使人登高望远，举首高歌，而逸怀浩气，超然乎尘垢之外，于是《花间》为皂隶，而柳氏为舆台矣。"（胡寅《酒边词序》）

苏词的成果，也是它以前词坛上"社会化"倾向发展的产物。所谓"社会化"倾向，是相对于词的专写男欢女悦、幽期密约的"艳科化"狭隘倾向而言。范仲淹的《渔家傲》，把边陲的羌管筚歌之音带进了词坛。王安石的《桂枝香·金陵怀古》亦为咏史佳作："登临送目，正故国晚秋，天气初肃。千里澄江似练，翠峰如簇。征帆去棹残阳里，背西风、酒旗斜矗。彩舟云淡，星河鹭起，画图难足。　念往昔，繁华竞逐。叹门外楼头，悲恨相续。千古凭高，对此漫嗟荣辱。六朝旧事随流水，但寒烟衰草凝绿。至今商女，时时犹唱，后庭遗曲。"刘熙载言此词"瘦削雅素，一洗五代旧习"（《艺概》）。江山可亲，兴亡可叹，不仅仅是在发思古之幽情。柳永的《八声甘州》也应视为"言志抒怀"之作："对潇潇暮雨洒江天，一番洗清秋。渐霜风凄紧，关河冷落，残照当楼。是处红衰翠减，苒苒物华休。惟有长江水，无语东流。　不忍登高临远，望故乡渺邈，归思难收。叹年来踪迹，何事苦淹留？想佳人，妆楼颙望，误几回、天际识归舟。争知我、倚阑干处，正恁凝愁！"

苏轼对柳永词的态度是复杂的。叶嘉莹女士在《论苏轼词》中有过透彻的分析：一、对柳词十分重视，视为与之较劲的对手（如前引《与鲜于子骏书》）。二、对柳词中的淫靡之音表示鄙薄与不满。据《历代词话》引《高斋诗话》，一次"少游（秦观）自会稽入都见东坡。东坡曰：'不意别后公却学柳七作词。'少游曰：'某虽无学，亦不如是。'东坡曰：'销魂当此际非柳七语乎？'"三、对柳词中某些兴象高远的句子，又有独到的赏识。赵令畤《侯鲭录》载："东坡云：世言柳耆卿曲俗，非也。如《八声甘州》'渐霜风凄紧，关河冷落，残照当楼'，此语于诗句不减唐人高处。"汉魏诗以风骨取胜，唐诗以气象取胜。柳永常为乐工歌女撰写应景歌词，有时不免浅泛。但也有写自己身世坎坷、怀才不遇的，有开阔高远的形象，有生动活泼的感发。除《八声甘州》外，另有《玉蝴蝶》（望处雨收云断）、《曲玉管》（陇首云飞，江边日晚）等。正是这一类词给了苏轼启示，扩大了苏词的境界，却又未受其限制。叶嘉莹女士总结道："柳词所写景物虽极高远，但多为凄凉、日暮、萧瑟、惊秋之景，其景与情之关系，乃是由外在凄凉之景，而引起内心中失志之悲，这当然是由于柳永自己本来就是一个落拓失志的词人之故。至于苏轼所写的高远之景象，则使人但见其开阔博大，而并无萧瑟凄凉之意，其景与情的关系，乃是作者天性中超旷之襟怀与外界超旷之景物间的一种即景即心之融汇。而且柳词在写过高远的景物以后，往往就又回到其缠绵的柔情之中，但苏轼则常是通篇都保留着超旷之襟怀与意兴。所以苏轼虽然也曾从一部分柳词'不减唐人高处'的意境和气象中获得启发，但却并未为其所限制，而终于蜕变成与柳词迥异的超旷之风格。"

总而言之，即使词在被"架空"于闺楼香阁之中时，它还是有其"嗜土"的本性的。随着北宋社会矛盾的进一步激化，词的"回归社会"倾向也进一步深化。苏词的成就，应视为作者杰出的才识、个人的遭际与整个社会背景变化相汇聚而完成的一种可贵的结晶。在民风质朴、粗豪，与苏杭一带的娇歌软语截然不同的密州，他写下悼念亡妻王弗的名篇《江城子》（十年生死两茫茫）；写出了标准的"豪放"（这种风格在苏词中并不多见）之作《江城子·密州出猎》："老夫聊发少年狂，左牵黄，右擎苍。锦帽貂裘，千骑卷平冈。为报倾城随太守，亲射虎，看孙郎。　酒酣胸胆尚开张，鬓微霜，又何妨！持节云中，何日遣冯唐。会挽雕弓如满月，西北望，射天狼。"词成后，他"令东州壮士抵掌顿足而歌之，吹笛击鼓以为节，颇壮观也"。词中自称"老夫"，其实苏轼刚满四十，是比照奔驰会猎的少年们而言。"孙郎"指三国孙权，他曾有投戟击虎的壮举。"持节云中"，节指符节，云中为古郡名，治所在今内蒙古。冯唐为西汉名臣，汉文帝时云中太守魏尚抵御匈奴有功，但因多报杀敌六人而被免；冯唐指出文帝赏轻罚重，文帝复魏尚之职。"天狼"，星名，旧说主侵掠，此处喻西夏。下片盼望朝廷能派出冯唐那样的使臣，推荐自己担当重任，报效边疆。

熙宁六年，神宗采纳王韶收复河湟（今青海、甘肃一带），断西夏右臂的建议。王韶复河州，"军行五十有四日，涉千八百里，得州五"。七年，吐蕃木征侵河州，王韶乘虚进趋定羌城，断西夏通路。木征率其酋长降。苏轼受此鼓舞，次年写下了这首词。

同一时期的同一词调，甚至同一韵脚，竟写出这两首风格截然不同的作品。王灼在《碧鸡漫志》中说："东坡先生非心醉于音律者，偶尔作歌，指出向上一路，新天下耳目，弄笔者始知自振。"这里提到"偶尔作歌"，是准确的。周济《介存斋论词杂著》云："东坡每事俱不十分用力，古文、书、画皆尔，词亦尔。"他天分既高，兴趣又广。平生所作词三百余首，在他的全集中所占比例不大，在东坡而言，可说只是余力为之的遣兴之作而已，却独擅北宋词坛，真令人可惊可叹！

等待苏轼的，不全是"锦帽貂裘，千骑卷平冈"的太守出猎生涯，他只是"聊发少年狂"。在《蝶恋花·密州上元》一词中，表现了与杭州繁华的强烈反差："灯火钱塘三五夜。明月如霜，照见人如画。帐底吹笙香吐麝，此般风味应无价。　　寂寞山城人老也。击鼓吹箫，乍入农桑社。火冷灯稀霜露下，昏昏雪意云垂野。""三五夜"，指正月十五元宵。上片极写杭州上元火树银花之夜。"帐底吹笙"句，指赏灯人家搭起的"看棚"。笙管如沸，人洁衣香。"更无一点尘随马"，化用苏轼远祖苏味道的上元名句："暗尘随马去，明月逐人来。"苏味道在武则天朝中当过宰相。唐中宗时被贬为眉州刺史，他的后代中的一支便在当地繁衍下来。下片转写密州。一个山城，地异矣；一个人老，时异矣；一个寂寞，情异矣。农桑社，古代祭土地神处，凡遇节日，迎神赛会，盛况空前，而这里不过一鼓一箫而已。夜同此夜，节同此节，偏偏火冷灯稀，云含雪意，昏垂四野，一派萧索景象！

此种窘况在《后杞菊赋》中表露无遗。序中云："天随生自言常食杞菊，及夏五月，枝叶老硬，气味苦涩，犹食不已，因作赋以自广。始余尝疑之，以为士不遇，穷约（节约）可也，至于饥饿嚼啮草木则过矣。而余仕宦十有九年，家日益贫，衣食之奉殆不如昔者。及移守胶西，意且一饱而斋厨索然，不堪其忧。日与通守刘君廷式循古城废圃求杞菊食之，扪腹而笑。然后知天随生之言可信不缪。"天随生指唐代陆龟蒙，他自号天随子，曾作《杞菊赋》，苏轼此赋继他而作，故标为"后"。"仕宦十有九年"，是从仁宗嘉祐二年苏轼登第算起，至神宗熙宁八年（1075），共十九年。此时刘廷式为密州通判，而苏轼已升为太守，却"斋厨索然"，天天与刘通判绕城墙采杞菊以果腹。但他写此赋的目的，却不是为了诉苦，而是为了自解。随遇而安的思想，也在这篇赋中得到了发挥："人生一世，如屈伸肘。何者为贫？何者为富？何者为美？何者为陋？……较丰约于梦寐，卒同归于一朽。"人生一世，只如手肘的一屈一伸那样短暂。在短促的一生中计较生活的丰盛与俭约，最后都是空梦一场，成为朽骨。

这种思想在《超然台记》中达到了极致："凡物皆有可观，苟有可观，皆有可乐，非必怪奇玮丽者也。铺糟啜醨（酒糟薄酒）皆可以醉，果蔬草木皆可以饱。推此类也，吾安往而不乐？夫所谓求福而辞祸者，以福可喜而祸可悲也。人之所欲无穷，而物之可以足吾欲者有尽。美恶之辨战乎中，而去取之择交乎前，则可乐者常少而可悲者常多，是谓求祸而辞福。夫求祸而辞福，岂人之情也哉？物有以盖之矣（把人心蒙住了）。彼游于

146

物之内，而不游于物之外。物非有大小也，自其内而观之，未有不高且大者也。彼挟其高大以临我，则我常眩乱反覆，如隙中之观斗，又乌知胜负之所在？是以美恶横生而忧乐出焉，可不大哀乎？余自钱塘移守胶西，释舟楫之安而服车马之劳，去雕墙之美而庇采椽之居，背湖山之观而行桑麻之野。始至之日，岁比不登，盗贼满野，狱讼充斥，而斋厨索然，日食杞菊，人固疑余之不乐也。处之期年，而貌加丰，发之白者日以反黑。余既乐其风俗之淳，而其吏民亦安予之拙也。于是治其园圃，洁其庭宇，伐安丘、高密之木以修补破败，为苟全之计。而园之北因城以为台者旧矣，稍葺而新之，时相与登览，放意肆志焉。……台高而安，深而明，夏凉而冬温。雨雪之朝，风月之夕余未尝不在，客未尝不从。撷园蔬，取池鱼，酿秫酒，瀹脱粟（煮着去壳的小米）而食之。曰：'乐哉游乎！'方是时余弟子由适在济南，闻而赋之，且名其台曰超然，以见余之无所往而不乐者，盖游于物之外也。"这是苏轼重要的人生哲学宣言。清人林云铭评曰："他处亭台作记，多言先有亭台而后乐，此独因乐而有台，谓乐本在心，以台为寄……"

这种不以物累（早期《出峡》诗中，苏轼就有"吾心淡无累"之句）的思想，在熙宁十年（1077）为驸马王诜所作的《宝绘堂记》中也有阐发。王诜，字晋卿，娶英宗女，为神宗姐夫、驸马都尉，好延接文士，宝绘堂是他收藏书画之所。苏轼在文中不谀他身份显贵，不夸他收藏丰富，却提醒："君子可以寓意于物，而不可以留意于物。寓意于物，虽微物足以为乐，虽尤物不足以为病；留意于物，虽微物足以为病，虽尤物不足以为乐。"接着摆出历史上一些收藏书画而招祸的王公贵人为戒，看来是在扫王诜的兴致。但君子爱人以德，王诜自会理解他这一番苦口婆心。苏轼还以自己为例，言少时也曾留意书画，是"颠倒错缪，失其本心"，"自是不复好，见可喜者虽时复蓄之，然为人取去亦不复惜也。譬之烟云之过眼，百鸟之感耳，岂不欣然接之，去而不复念也。于是乎二物者常为吾乐而不能为吾病"。最后希望王诜"全其乐而远其病"。王诜是第一位刻苏诗的人，"乌台诗案"中，王所刻的苏诗四卷，却被当成苏轼的罪证，驸马本人也被牵连进去。

苏轼有一位亲戚蒲宗孟（字传正），历任高官，生活奢侈，每天宴饮要杀猪、羊各十头，燃烛三百，有人劝他节俭些，他发怒：要让我在黑屋里挨饿吗？他为了"多买书画奇物"，甚至不惜以衣物抵押，高利借钱。苏轼后来也写信劝他："归老之计不可不及今办治，退居之后决不能食淡衣粗，杜门绝客；贫亲知相干（求），决不能不应副（付），此数事岂可无备？"又言自己："书画奇物，老弟近年视之不啻如粪田（粪土）也。"

这里就有一个问题，苏轼既已如此超然，为什么还会陷入诗狱？有些人超然是超然了，却变得不分黑白、不关痛痒，变成心死。那不是超然，而是麻木。苏轼的为人，有放过（"去而不复念也"）的一面，也有认真的一面。对于自己的困境乃至苦难，他能超然对待，但对于国家、人民的忠爱之心，无论在朝在野，则始终不改初衷。

作于同期的《密州通判厅题名记》中说："余性不慎语言，与人无亲疏辄输写腑脏，有所不尽如茹物不下，必吐出乃已。"到郡二十天，即上书宰相韩绛，反对手实法。当时王安石第一次罢相，此法由吕惠卿提出，规定户主自报家产，官府折合现钱，据以划定户等，摊派免役钱；如有隐瞒，一经告发，即没收其隐瞒部分，并抽取一宗奖励告发者。这样繁难的清估任务，势必滋事扰民。王安石也不赞成，复相不久，手实法即废。

苏轼写的《寄刘孝叔》，后来却成为"乌台诗案"的重要罪证。"君王有意诛骄虏，椎破铜山铸铜虎。……南山伐木作车轴，东海取鼍漫战鼓。汗流奔走谁敢后，恐乏军兴污质斧……"其实，苏轼并不是反对抵御西夏，而是不同意用横征暴敛来筹集军资。同年十月，苏轼去常山祭雨。归途上就写了那首《江城子·密州出猎》。回来意犹未尽，又作《祭常山回小猎》七律，题于州署厅壁："……弄风骄马跑空立，趁兔苍鹰掠地飞。……圣明若用西凉簿，白羽犹能效一挥。"密州剽悍、豪勇的民风，激发了诗人投笔从戎、为国报效的壮志。关于诗的结句，苏轼说："意取（晋）西凉州主簿谢艾事。艾本书生也，善能用兵，故以此自比。若用轼为将，亦不减谢艾也。"可悲的是，这样的诗也在诗狱中被政敌们当作讪谤朝廷用人不当的口实。真是言出祸随，诗成谤至，欲加之罪，何患无辞！

对于新法，苏轼除"托事以讽"外，在执行过程中，一是硬顶，如对手实法；二是"因法以便民"，如对免役法。手实法为防止百姓少报财产，奖赏告其不实的人。苏轼对告密行径深恶痛绝，认为会败坏社会风气。"公谓提举常平官曰：'违制之坐若自朝廷，谁敢不从？今出于司农，是擅造律也，若何？'使者惊曰：'公姑徐之。'未几朝廷亦知手实之害，罢之。密人私以为幸。"（苏辙《亡兄子瞻墓志铭》）对免役法，苏轼在《上韩丞相论灾伤手实书》中说，此法的"利害"，从长远看，"轼所不敢言"，但朝廷必欲推行，无须用手实法来定役钱，可用"五等古法"来定役钱。一、二、三等是大户，应负担主要役钱，由他们分摊。四、五等户又可分上中下三等。五等下户最穷，"不当出分文"；其他四、五等户则"须令出钱至（最）少"。免役法还规定额外征收二分利息，叫"宽剩钱"。他主张用宽剩钱"买民田以募役人"，即让民出钱以免役，可尽力于农事。他在密州实行后，"民甚便之"。这种态度比起他在《上神宗皇帝书》中坚决反对免役法有了变化，也正是他后来反对司马光废除免役法的动因。他相信实践的结果。在同文中，他还指出一些地方官吏，为了讨好上级，"皆言蝗不为灾，甚者或言（蝗可）为民除草"。他以亲身经历反驳道："轼近在钱塘，见飞蝗自西北来，声乱浙江之涛，上翳日月，下掩草木，遇其所落，弥望萧然。此京东余波及淮浙者耳，而京东独言蝗不为灾，将以谁欺乎？"并说。"自入（密州）境，见民以蒿蔓裹蝗虫而瘗（埋）之道左，累累相望者二百余里，捕杀之数闻于官者几三万斛。"即便这样，有些"农夫"还是感到无望，"拱手但垂泣"，苏轼则不能"坐观不救"，他主张用火烧（"秉畀炎火"），用土埋（"荷锄散掘"），用米奖励捕蝗者。蝗旱自古相连。苏轼又去常山祈雨："比年以来，蝗旱相属。中民以上，举无岁蓄。量日计口，敛不待熟。秋田未终（收），引领新谷。……有秋不雨，霜露杀菽。黄糜黑黍，不满困箪。麦田未耕，狼顾相目。道之云远，饥肠谁续？"也许是太守"摩抚疮痍"的诚心感动了常山山神，"山中归时风色变，中路已觉商羊舞。夜窗骚骚闹松竹，朝畦泫泫流膏乳"（《次韵章传道喜雨》）。商羊是传说中的一种鸟，它屈其一足起舞，就预兆下雨。在同诗中，他还写道："从来蝗旱必相资，此事吾闻老农语。庶将积润扫遗孽，收拾丰岁还明主。"老农告诉他，随着旱象的解除，蝗灾也会减轻，丰收在望了。他与民同乐，又为君报喜。

"磨刀入谷追穷寇，洒涕循城拾弃孩"，也是苏轼在密州任上所做的两件事。前者，他在《与王庆源书》中说："始至值岁饥，人豪剽劫无虚日。凡督捕奸凶五七十人，近始肃然。"这说明他为了"明主"，对人民的反抗是不会手软的。同时，他也清醒地认识到："上不尽利，则民有以为生；苟有以为生，亦何苦而为盗？"那些因税课加重而破产的盐民，"欲为农夫，又值凶岁；若不为盗，惟有忍饥"，"冒法而为盗则死，畏法而不盗则饥，饥寒之与弃市均是死亡，而赊死之与忍饥祸有迟速，相率为盗，正理之常，虽日杀百人，势必不止"（见《论河北京东盗贼状》）。关于"拾弃孩"，也实有其事。后来他在《与朱鄂州书》中言："轼向在密州，遇饥年，民多弃子。"他从官仓中移用部分粮米，"别储之，专以收养弃儿"。每养一儿，"月给六斗"以奖励，几年中全活数千人。这种人道主义的功德，本书以后还会专门论及。

密州任将满，苏轼听说孔宗翰将来接任他。孔宗翰是孔子的后裔，行前便寄来对苏轼表示敬慕的诗篇。苏轼在奉和诗中，充满负疚自责之意："秋禾不满眼，宿麦种亦稀。永愧此邦人，芒刺在肤肌。平生五千卷，一字不救饥。"他自来密州，连年蝗旱，虽致力于恤贫抗灾，但由各种天灾人祸所酿成的社会疮痍、民间疾苦，却是难以治愈的。他对新太守寄予厚望，以密州十万百姓相托："何以累君子，十万贫与羸。"自己则感到身心疲惫，只盼早日归乡："何时剑关路，春山闻子规。"但朝廷则已调派他知河中府（今山西永济西）。

"二年饮泉水，鱼鸟亦相亲"，"为郡鲜欢君莫叹，犹胜尘土走章台"。苏轼于熙宁九年年底依依不舍地告别密州，途中遇上大雪，他便在潍州（今山东潍坊）停宿，度过除夕。翌日清晨，趁雪霁天晴又匆匆上路，谁知雪又下起来了。当他看到沿途凋敝的村落，感叹万分："三年东方旱，逃户连敧栋。老农释耒叹，泪入饥肠痛。"比起他们，自己的行役之苦又算得什么呢？岂但"敢怨行役劳"，他又想到"助尔歌饭瓮"。山东农谚云："霜淞如雾淞，穷汉备饭瓮。"雪雾相继，必有好年成。苏轼实干家的面影，在飘旋的风雪中闪现。

唐代白居易新制绫袄，咏诗云："……百姓多寒无可救，一身独暖亦何情。心中为念农桑苦，耳里如闻饥冻声。争得大裘长万丈，与君都盖洛阳城。"比起苏轼此刻所思，就显得过于浪漫了，尽管苏轼也是浪漫主义大师。下章我们将会看到，苏轼怎样以豪迈的气概迎接风雨，又以实干的精神抗击洪水。

彭城日月

李公择——兄弟重逢——不甘"喑默"——抗洪——黄楼——苏门"四学士"与"六君子"——苛评孟郊——道潜——百步洪——咏月诗词——词的《桃花源记》——煤与"日"诗——惜别

苏轼走到齐州（今山东济南），苏辙因事赴京，他的三个儿子冒雪来迎。好友李常（公择）正任知州，他盛情挽留苏轼住了一个多月，游大明湖等。公择身材矮小，苏轼戏呼他为"短李"，但对他十分敬重。除去杭州时的交谊，苏轼在密州任上，还写过《李氏山房藏书记》。文中，他认为书比象犀珠玉、丝麻五谷为贵，"用之而不弊，取之而不竭"，慨叹古人得书之难而读书之勤，痛惜今人得书易而"束书不观，游谈无根"，把这种学风的败坏，归罪于王安石颁布《三经新义》为应试准绳。然后笔锋一转，褒扬李常："余友李公择少时读书于庐山五老峰下白石庵之僧舍。公择既去，而山中之人思之，指其所居为李氏山房。藏书凡九千余卷。公择既已涉其流，探其源，采剥其华实，而咀嚼其膏味，以为己有。发于文词，见于行事，以闻名于当世矣。而书固自如也，未尝少损。将以遗来者，供其无穷之求，而各足其才分之所当得。是以不藏于家，而藏于其所故居之僧舍，此仁者之心也。"苏轼在齐州作词也称："短李风流更上才。"分手时，又作《蝶恋花·暮春别李公择》："簌簌无风花自堕。寂寞园林，柳老樱桃过。落日有情还照坐。山青一点横云破。　　路尽河回人转舵。系缆渔村，月暗孤灯火。凭仗飞魂招楚些。我思君处君思我。"顾随先生在《东坡词说》中激赏"簌簌"三句："直透出天地之妙用，自然之神机，自然而然，行乎其所不得不行。人力既无可施，造化亦只任运。"到徐州后，苏轼还有《阳关词》，借以表达离情："济南春好雪初晴，行到龙山马足轻。使君莫忘雪溪女，时作阳关肠断声。"李常曾任湖州知州。雪溪在湖州，故提及。后来公择罢齐州知州，又去徐州苏轼处小住，互为唱酬。

　　苏轼继续由齐州进京述职，苏辙得知消息，与范镇出迎，双方在澶（今河南濮阳）、濮（今山东鄄城）间相遇，然后共赴京城。谁知到了陈桥驿，忽然接到诏命，令苏轼改知徐州，且不许他们兄弟进京。赵匡胤在陈桥发动兵变，建立宋祚。而如今朝廷竟对两位赤手空拳的文官如此戒备，岂不可笑？幸好范镇邀他们暂避自己的东郊寓所。苏辙后来在《寄范丈景仁》中，表达了他们兄弟的感激之情："交游畏避恐坐累，言词欲吐聊复吞。安得如公百无忌，百间广厦安贫身。"

苏辙早被张方平荐为南都（今河南商丘）签书判官。他与苏轼同去南都拜谒张方平。安顿好家属后，他又随苏轼来到徐州，盘桓了一百多天。

七年来，南北暌隔，鱼雁传书，如今终于有机会在一起畅叙手足之情了。日子过得真快，两人应酬友朋，登临山水。这大概是个子高大、性格内向的苏辙一生中少见的痛快日子。"渌水雨新涨，扁舟意自如。"还写下著名的《逍遥堂会宿》二首："逍遥堂后千寻木，长送中宵风雨声。误喜对床寻旧约，不知漂泊在彭城。""秋来东阁凉如水，客去山公醉似泥。困卧北窗呼不醒，风吹松竹雨凄凄。"苏轼《感旧诗》追叙："嘉祐中予与子由同举制策，寓居怀远驿，时年二十六，而子由年二十三耳。一日秋风起，雨作，中夜翛然，始有感慨离合之意。"苏辙在逍遥堂诗中所述重逢虽"喜"，却是"误喜"，空欢喜，因为尚不能得遂初愿，不久就要"孤帆水驿"，再次离别。第二首想象自己离开后苏轼的心情，将苏轼比作晋代风流耽酒的襄阳太守山简，情调更为凄凉。苏轼却勉作劝慰："别期渐近不堪闻，风雨萧萧已断魂。犹胜相逢不相识，形容变尽语音存。"但在《中秋月》（《阳关词》之一）中，却也难抑别绪："暮云收尽溢清寒，银汉无声转玉盘。此生此夜不长好，明月明年何处看？"七年来，两人第一次共度中秋，又离别在即，情何以堪！选用《阳关词》的曲调，也可证这是一首惜别诗。苏轼后来贬居惠州，又重录此诗，附记说："余十八年前中夜秋，与子由观月彭城时作此诗，以《阳关》歌之。"

分手后，苏辙在归途中，又差不多经历了苏轼在《沁园春·赴密州早行马上寄子由》一词中同样的心潮。他回忆起："念昔各年少，松筠阆南轩。闭门书史丛，开口治乱根。文章风云起，胸胆渤澥宽。不知身安危，俯仰道所存。"当时自以布衣而傲干侯："誓将贫贱身，一怋世俗昏！"，"岂意十年内，日夜增涛澜。生民竟憔悴，游宦岂复安！"但比起哀鸿遍野，自己也该知足了："而况我与兄，饱食顾依然。"在归后的《次韵子瞻见寄》中，他还用自己暗示苏轼："年来效暗默，世事慵讥评。"

但是，这只是苏辙的愿望而已。苏轼并没有"暗默"。司马光在洛阳筑"独乐园"，反孟子"独乐乐不若与人乐乐"之意。苏轼婉劝他："先生独何事，四海望陶冶。"甚至说："抚掌笑先生，年来效暗哑。"在《日喻》中，苏轼直斥新法："南方多没人（潜水者），日与水居也"，故能在实践中学会游泳，而"生不识水"者，只在口头上问问如何游水，"未有不溺者也"。"昔者以声律取士，士杂学而不志于道；今也以经术取士，士知求道而不务学"，这便是文章的旨意所在。

如果讲此文带有负气性质，那么《凫绎先生诗集叙》则是一篇真正的现实主义文学宣言。熙宁十年六月，苏辙尚在徐州。苏轼兄弟与颜复游百步洪回来后，轼为颜复父亲颜太初的诗集写了一篇序言。凫绎先生是颜太初的号。序中说："昔吾先君适京师，与卿士大夫游，归以语轼曰：'自今以往，文章其日工而道将散矣。士慕远而忽近，贵华而贱实，吾已见其兆矣。'以鲁人凫绎先生之诗文十余篇示轼曰：'小子识之。后数十年，天下无复为斯文者也。'先生之诗文皆有为而作，精悍确苦，言必中当世之过，凿凿乎如五谷必可以疗饥，断断乎如药石必可以伐病。其游谈以为高，枝词以为观美者，先生无一言焉。"这篇序后来在"乌台诗案"中，被加上"讥讽朝廷更改法度，使学者皆空言不便"的罪名。但苏轼只在此序中顺便刺了一下新法，目的还是宣传他的"皆有为而作"的文学主张，并贯穿于他此前此后的创作实践。

无论讥评新法也好，文学的主张与实践也好，不久便被苏轼统统暂抛一边。他去对付铺天盖地而来的洪水了。对前者，说明他不计党争，投身于卫城保民；对后者，说明他以行动的实践，写下比纸上更为辉煌的诗文。过去在杭州，他只是辅佐太守办了一些实事；在密州虽身为太守，但其地狭小荒僻，也无从大展其行政才能。至此，一个正直、干练、为民造福的苏轼，开始形成其丰满的形象，这是他千百年来始终为百姓爱戴的重要原因。

刚过完中秋、送走子由，七月十七日，黄河在澶州曹村埽一带决口，连淹四十五县，八月二十日，屯于历代兵家必争之地的徐州城下。水位高达二丈八尺，比城中平地高出一丈有余，再加上连日大雨，水势日涨，徐州东南城墙随时有崩塌的危险。全城人心惶惶，特别是一些大户，纷纷出城避难。苏轼知道，这样一来，民心势必更乱。挺住，便是几十万屏卫，稍一转身，便是几十万灾民！人心之溃比城溃更为可怕。他穿草鞋、拄木杖，把那些富民劝回城中，表明自己决心："吾在是，水决不能败城！"又亲自赶往武卫营动员禁军："河将害城，事急矣，虽禁军且为我尽力！"禁军头目见太守一身泥水登门求援，十分感动。本来禁军归朝廷直接掌握，不得轻易调动。这时也顾不得那么多了，全体士卒加入民夫行列，冲出城外，火速筑东南长堤。堤长近万尺，高十尺，厚二十尺。加上苏轼在洪水未至之前，早已"使民具畚锸，畜土石，积刍茭"，所以堤坝得以及时赶成。"水至堤下，害不及城，民心乃安。"

接着又是两天两夜的暴雨，洪水涨势更高，水位离城头只有数寸。苏轼"庐于城上，过家不入"，以大禹为榜样，指挥加固加高城墙。"方水之淫也，汗漫千余里，漂庐舍，败冢墓，老弱蔽川而下，壮者狂走，无所得食，槁死于丘陵林木之上。"苏轼在城上见此惨景，不顾城内劳力紧缺、备粮日乏，"使习水者浮舟楫，载糇饵以济之，得脱者无数"。（均见苏辙《黄楼赋叙》）忧心如焚的苏轼，后来采纳僧人应言的建议，开凿清泠口，把积水引入黄河故道，才缓解威胁。

十月十三日，澶州大风停止，一片汪洋才渐渐退入黄河故道，苏轼闻讯，稍稍宽心，写《河复》诗以庆贺。登上望洪亭，又写了一首七绝："河涨西来失旧洪，孤城浑在水光中。忽然归壑无寻处，千里禾麻一半空。"意犹未尽，再写《答吕梁仲屯田》，回顾这惊心动魄的七十几个日日夜夜。洪水期间，屯田员外郎仲伯达留在徐州城东南的吕梁悬水村。灾后脱险，入城与苏轼相会，恍如梦中。诗开头云"乱山合沓围彭门，官居独在悬水村。居民萧条杂麇鹿，小市冷落无鸡豚"，写出村景。"黄河西来初不觉，但讶清泗流奔浑。夜闻沙岸鸣瓮盎，晓看雪浪浮鹏鲲。……坐观入市卷闾井，吏民走尽余王尊。计穷路断欲安适，吟诗破屋愁鸢蹲。岁寒霜重水归壑，但见屋瓦留沙痕。"汉元帝时，王尊为东郡（今河南濮阳）太守。洪水暴涨，水浸堤坝，老弱奔散。王尊宿于堤上，坚不走避。以上皆记仲伯达所述，描绘了洪水来时的情状，以及他因在破屋里吟诗解愁的窘况。"入城相对如梦寐，我亦仅免为鱼鼋。"处变不惊，指挥若定，不辞劳，更不矜功，太守反而诙谐地谈到"我也仅免……"。诗的重点在后面："明年劳苦应更甚，我当畚锤先黥髡（借喻民夫）。付君万指伐顽石，千锤雷动苍山根。"明年的防洪工程，是未雨绸缪的百年大计，将更为艰巨，我应挑筐持锤，当先劳役。拨给你大量的人力，开山取石，声震山谷，加固堤坝，才可以使"高城如铁洪口决，谈笑却扫看崩奔。农夫掉臂免狼顾，秋谷布野如云屯"。站在坚固的城墙上，排洪口流泄加快，才可在谈笑中看着洪水奔腾而不受其害，农夫无后顾之忧，神态自如，秋谷如黄云屯聚田野。这美好的设想陶醉了苏轼，于是他上书朝廷，请求允许他调集来年役夫增筑徐州城堤。尽管此时朝廷嘉奖他"亲率官吏，驱督兵夫，救护城壁，一城生齿并仓库庐舍得免漂没之害"，但对他的请求却迟迟未予答复。直到次年二月，才准赐二千四百一十万钱，用工四千二十三人，又发常平钱（常平仓积谷的贷本钱）六百三十万，米一千八百余斛，募三千余人，改修外城，建四座木坝。

功成，苏轼又在徐州东门上建一楼阁，以黄土刷墙，命名黄楼，作为二期工程的纪念碑。古人认为金木水火土相生相克，黄代表黄土，可以克水。

神宗元丰元年（1078）九月初九，正逢重阳佳节，黄楼落成。苏轼在楼上摆酒设宴，并作诗以记："去年重阳不可说，南城夜半千沤发。水穿城下作雷鸣，泥满城头飞雨滑。黄花白酒无人问，日暮归来洗靴袜。岂知还复有今年，把盏对花容一呷……一杯相属君勿辞，此景何殊泛清雪。"《林下偶谈》载："自古享文人之至乐者莫如东坡。在徐州作一黄楼，不自为记，而使弟子由、门人秦太虚为赋，客陈无己为铭，但自袖手为诗而已。有此弟，有此门人，有此客，可以指呼如意而雄视百代，文人之至乐孰过于此？"

文中提到的秦太虚，即秦观，字少游，扬州高邮（今属江苏）人。少时好学兵法，想在征讨辽与西夏中建功立业，恢复汉唐故地。由于屡试不第，只好回乡读书。他与孙莘老是亲戚，也深受李公择赏识。由于两人多次介绍，熙宁十年，秦观来徐州拜见苏轼，有诗云："我独不愿万户侯，惟愿一识苏徐州。"苏轼也"置醴备乐如师弟子"，并赞扬秦观为"夜光明月"之珠，作品"超逸绝尘"，"新诗说尽万物情"。次年秦观应苏轼之约，寄《黄楼赋》，为苏轼所赏，称其"雄词杂今古，中有屈宋姿"。后来秦观在诗词上卓然成家，成为"苏门四学士"之一。

文中提到的陈无己，即陈师道，徐州人，字履常，又字无己，号后山居士。少学文于曾巩，诗宗杜甫，家贫，多苦吟之作，后成为"江西诗派"的代表作家，为"苏门六君子"之一。

"苏门四学士"中的晁补之，在杭州即从师苏轼。另一位张耒，字文潜，楚州淮阴（今江苏省淮安市淮阴区）人。"少年读诗书，意与屈贾争。口谈霸王略，锐气虹霓横。"游学陈州，为当时的学官苏辙爱重，并因此被苏轼所闻。中进士后，任临淮（今安徽泗县）主簿。苏轼在密州建超然台，张耒曾应约写《超然台赋》，由此开始诗文交往。苏轼称其诗具秀杰之气，文似苏辙，"汪洋澹泊，有一唱三叹之声"。这之前，张耒与秦观、晁补之已结为知交。

"四学士"加上陈无己，再加上李廌（《师友谈记》的作者，曾记叙苏轼谈其祖父苏序为人），便成为"苏门六君子"。

无论是"四学士"还是"六君子"中的头号人物、未来"江西诗派"的盟主黄庭坚，此时也在苏轼的生活中出现。黄庭坚，字鲁直，自号山谷道人，当时任北京国子监教授。他并未前来徐州，只是写信并附上自己两首诗，将苏轼比作高崖青松，自己则为深谷小草。苏轼读了，在回信中说："轼始见足下诗文于孙莘老之坐上，耸然异之，以为非今世之人也。莘老言：'此人，人知之者尚少，子可为称扬其名。'轼笑曰：'此人如精金美玉，不即（近）人而人即之，将逃名而不可得，何以我称扬为？'……其后过李公择于济南，则见足下之诗文愈多，而得其为人益详。意其超逸绝尘，独立万物之表，驭风骑气，以与造物者游。……今者辱书词累幅，执礼恭甚，如见所畏者，何哉？轼方以此求交于足下而惧其不可得，岂意得此于足下乎？喜愧之怀殆不可胜。"并作诗答之："期君蟠桃枝，千岁终一尝。顾我如苦李，全生依路傍。"（晋代王戎幼时，见路边李子，独不去摘，说：树在道旁而有这么多果实，可见采的人少，一定是苦李。）对有才华的文学新秀，苏轼是如此自谦，既看出他的热肠，又说明他的眼光。这不单因为苏轼与李常（黄庭坚的舅舅）、孙觉（黄庭坚的岳丈）是莫逆之交。他面对的毕竟是晚辈啊。当然，黄庭坚其时已名声初起，比如晁补之就曾向他请教。

对于唐代的名诗人孟郊、贾岛，这两位韩愈的弟子，苏轼的评价要苛刻得多。在《读孟郊诗（之一）》中，他一方面称许郊诗"孤芳擢荒秽，苦语余诗骚"，但又认为他"要当斗僧（指贾岛）清，未足当韩豪"，甚至说自己："何苦将两耳，听此寒虫号。"在《次韵答刘泾》中又说："吟诗莫作秋虫声，天公怪汝钩物情，使汝未老华发生。"也是评孟郊的，因为韩愈《送孟东野序》中有"以虫鸣秋"之句。这主要是因为苏轼才思富赡，不事苦吟，自与郊、岛异趣。这种异趣在一个侧面上反映了唐宋诗人的不同。所谓"苦吟"的"苦"，既指"吟安一个字，捻断数茎须"的创作辛苦，也指"出门即有碍，谁谓天地宽"的生活窘苦。所以欧阳修在《六一诗话》中说："孟郊、贾岛皆以诗穷至死，而平生尤自喜为穷苦之句。"他对这种悲情的超越，我们在第三章已经谈及。吴处厚在《青箱杂记》中也评："然则天地又何尝碍郊？孟郊自碍耳！"苏辙在《诗病五事》中更谈道："郊耿介之士，虽天地之大无以安其身，起居饮食有戚戚之忧，是以卒穷而死。……甚矣，唐人之不闻道也。"宋代诗学不仅批评孟郊等人"自鸣其私"，更进而批评他们"哀而至伤"。直到金朝，元好问在《论诗绝句》中还说："东野穷愁死不休，高天厚地一诗囚。"

日本学者吉川幸次郎在《宋诗概说》中提到："自汉代以来，特别是在六朝诗里，开始认为人生是绝望的、充满悲哀的存在，于是悲观思想也就变成了诗的基调。"他认为，宋诗之转化悲情，"在中国文学史上，甚至在中国思想史上，可以说是一个重大的转变"。

对贾岛，苏轼也肯定了他诗境之清（"要当斗僧清"，因为贾岛做过和尚）。现在，一位宋代诗僧来访苏轼了，也是"新诗如玉屑，出语便清警"。道潜是一个闲云野鹤式的传奇人物。曾有《临平道中》一诗："风蒲猎猎弄轻柔，欲立蜻蜓不自由。五月临平山下路，藕花无数满汀洲。"苏轼激赏，为之刻石。一次，苏轼在逍遥堂设宴，暗中指使官妓马盼盼故意挑逗道潜，道潜援笔立成一诗："寄语巫山窈窕娘，好将魂梦恼襄王。禅心已作沾泥絮，不逐春风上下狂。"使苏轼对他更为敬重。在《次韵道潜见赠》中，苏轼栩栩如生地塑造了这位僧人的形象："独依古寺种秋菊，要伴骚人餐落英……云衲新磨山水出，霜髭不剪儿童惊。"他"公侯欲识不可得"，却偏来光顾"彭城老守"，"千山不惮荒店远，两脚欲趁飞猱轻"，且又"多生绮语磨不尽，尚有宛转诗人情"。

苏轼在另外场合，也称道潜诗"清绝与林逋上下"，而其人"通了道

161

义，见之令人萧然"。后来又替道潜改名为参寥。在他的酬唱诗中，有一个见解颇值得注意："道人胸中水镜清，万象起灭无逃形。"(《次韵道潜见赠》)"欲令诗语妙，无厌空且静。静故了群动，空故纳万境。"(《送参寥师》)也就是说，唯有心胸清空，襟怀不染，方能映万物之形神，尽自然之义理。虽然苏轼已经意识到这点，但也难以完全做到。纪昀在评苏轼后来任职翰林学士期间的诗时说："此卷多冗杂潦倒之作"，原因是"征逐交游扰人清思不少，虽以东坡之才，亦不能于酒食场中吐烟霞语也"。

这里的"酒食场中"，准确地说，应为互相倾轧、虚与酬酢的官场。《百步洪（之一）》这首名诗，便非"酒食场中"的产物。洪在徐州东南二里，为泗水的一段，乱石激涛，约百步之程，故名。苏轼前诗中提到的"河涨西来失旧洪"的"旧洪"也。苏辙曾有诗描绘："岸边怪石如牛马，衔尾舳舻谁敢下。没人出没须臾间，却立沙头手足干。"王巩（字定国，王素之子，张方平的女婿）来徐州，一日与颜复带上三位徐州名妓游百步洪，"吹笛饮酒，乘月而归"。苏轼因事不能前往，夜着羽衣，置酒黄楼以待。他与归人在楼上宴饮，"相视而笑，以为李太白死，世间无此乐三百余年矣"。王巩去后逾月，苏轼与参寥放舟洪下，追怀王巩旧游，已成陈迹，遂写此诗："长洪斗落生跳波，轻舟南下如投梭。水师绝叫凫雁起，乱石一线争磋磨。有如兔走鹰隼落，骏马下注千丈坡。断弦离柱箭脱手，飞电过隙珠翻荷。四山眩转风掠耳，但见流沫生千涡。……"博喻是这首诗的艺术特色。为了形容水势的迅猛，一连用了七个比喻：兔奔、鹰击、马驰、断弦、脱箭、飞电过隙、跳珠翻荷。纷沓的意象使人目眩神迷。赵翼《瓯北诗话》说此四句"连用七喻，实古所未有"。诗的后半段由奔腾的逝水感悟到古今得失皆如一瞬："君看岸边苍石上，古来篙眼如蜂窠。"这使人联想到苏轼往昔"雪泥鸿爪"的名喻。但下句并未归于虚无："但应此心无所住，造物虽驶如吾何。"

这里的"住"，也即"此在"，实为屈原式的时间感受。"老冉冉其将至兮，恐修名之不立。"因而屈子便鞭策他的生命之车，用有限对抗无限，以成就"我"的存在价值。时间的"此在"便呈现出一种紧迫状态。而"无所住"则是庄周式的时间感受。他不是肯定无限中的有限，而是放弃"有限"，皈依"无限"，融化到自然里，在自己身上感到自然的无限生命力，从而获得个体生命的安顿与止泊。春生秋死的寒蝉不能与人类有时间的共喻，而人类也不能与"八千岁为春，八千岁为秋"的大椿有时间的共喻。人类与寒蝉的时间感划一。勘破人的本位，便进入时间与空间的逍遥。屈、庄两种不同的时间观，在苏轼身上往往并存甚至交错。在他所心仪的陶渊明身上也早有例证。渊明《杂诗》中有"盛年不重来，一日难再晨。及时当勉励，岁月不待人""日月掷人去，有志不获骋"等，又有"纵浪大化中，不喜也不惧。应尽便须尽，无复独多虑"。

庄子的达观精神变为汉魏时期士人普遍的哀音（"生年不满百，常怀千岁忧"等），而陶渊明真正理解了庄子。"秋菊有佳色，裛露掇其英。泛此忘忧物，远我遗世情。一觞虽独进，杯尽壶自倾。日入群动息，归鸟趋林鸣。啸傲东轩下，聊复得此生。"时间的流逝，被转化为一觞一觞美酒频倾的生命形式，哀转化为乐，而一天之中时间的终结，则被凝固在一幅田园风光中。苏轼在《题渊明诗》中说："靖节以无事自适为得此生，则见役于物者非失此生也？"苏轼理解了渊明，即由时间感上的"任化"而得到生命之大真大全。

既然不能像陶渊明那样"归田园居"，苏轼便只能采取美酒频倾的生活方式："杏花飞帘散余春，明月入户寻幽人。褰衣步月踏花影，炯如流水涵青蘋。花间置酒清香发，争挽长条落香雪。山城酒薄不堪饮，劝君且吸杯中月。洞箫声断月明中，惟忧月落酒杯空。明朝卷地春风恶，但见绿叶栖残红。"（《月夜与客饮杏花下》）诗里渲染了唐人灿烂的生命情调，如李白："将进酒，杯莫停。……钟鼓馔玉不足贵，但愿长醉不复醒。"而这生命情调往往又与月光相连："花间一壶酒，独酌无相亲。举杯邀明月，对影成三人。……我歌月徘徊，我舞影凌乱。"仿佛月亮也醉了，普天同醉，万古同醉，时间也醉了。

徐州时期，苏轼的"月"诗似乎特别多，如："清风卷地收残暑，素月流天扫积阴。""风萤已无迹，露草时有光。……诗成月渐侧，皎皎两相望。"其中最有名的，大概便是前文所引的"暮云收尽溢清寒，银汉无声转玉盘。此生此夜不长好，明月明年何处看"了，正可与他的《东栏梨花》比美："梨花淡白柳深青，柳絮飞时花满城。惆怅东栏一株雪，人生看得几清明。"

《中秋月寄子由》三首，离情也很浓郁："殷勤去年月，潋滟古城东。憔悴去年人，卧病破窗中。徘徊巧相觅，窈窕穿房栊。月岂知我病，但见歌楼空。抚枕三叹息，扶杖起相从。天风不相哀，吹我落琼宫。白露入肺肝，夜吟如秋虫。坐令太白豪，化为东野穷……"，"六年逢此月，五年照离别。……镕银百顷湖，挂镜千寻阙……"，"……悠哉四子心，共此千里明。明月不解老，良辰难合并。回顾座上人，聚散如流萍。尝闻此宵月，万里同阴晴。天公自着意，此会那可轻。明年各相望，俯仰今古情。"其中第三首提及友人赵杲卿还记得苏轼在密州所作的《水调歌头》（明月几时有）："赵子寄书来，水调有余声。"他颇以此自慰、自豪。

朱光潜先生《中西诗在情趣上的比较》一文提到："西方诗人所爱好的自然是大海，是狂风暴雨，是峭崖，是日景。中国诗人所爱好的是明溪疏柳，是微风细雨，是湖光山色，是月景。"

究其原因，或许西方人之祖为游牧民族，崇拜太阳（父性神）；中国人之祖为农耕民族，崇拜月亮（母性神）。这种对自然的原始生命体验，在华夏初民的无意识记忆中积淀，成为一种集体无意识、一种超个性的先天性情感。月亮圆缺变换的规律，使中国诗人在人生无常与月光永恒的对比交融中，获得一种生命的沉醉、审美的超越。农耕民族的重土观念与回归意识，使怀乡题材成为折磨人而又丰富人的"甜蜜的痛楚"，以血缘关系为纽带的家人（推而广之，也包括友人、情人）团圆，借月之圆缺而取得认同或向往，产生一种"美丽的忧伤"（有意思的是，"朋"字由两个"月"组成，总合不成一个）。月亮还作为高洁而不受污染的象征，使中国诗人从中观照自我，从而体认自我的价值与自我完善的程度。以和为贵、以静为主、以柔为美的月亮文化，远离代表太阳文化的狂风暴雨、惊涛骇浪、电闪雷鸣（凡·高画笔下星夜的树，也仿佛在燃烧）；崇尚含蓄冲淡意境与大团圆结局的中国美学，也与表现冲突、抗争、死亡与毁灭题材的西方悲剧精神相判别。

月光，最故乡的月光，是中国诗人美丽的梦里风景。

苏轼饮酒赏月而归，恍惚间来到一座小楼。楼已荒废，檐间有燕子穿飞。庭院寂寂，月光清冷，花影扶疏……忽然，一个纤纤身影，凌波微步，长裙曳地，在月光下徘徊。走近一看，那女子瞳剪秋水，花容憔悴，如惊鸿一瞥，翩然而逝，仿佛雾气化成；回眸间，那幽怨的目光，似蕴含千古的寥落。一瞥之中的千古寥落，也烙上了他的心头。

不久，一曲《永遇乐》词，传遍了全城。

苏轼好生奇怪，这梦里奇境、心中秘事，怎会被外人所知？

查问结果，在夜巡的兵士身上。那兵士说：小人稍通音律，一天夜过张建封的祠庙，忽闻歌声，就是长官大人所作的这首词，于是暗记在心，又传了开去。

苏轼"笑而遣之"，不予追究。（见曾敏行《独醒杂志》）

词前有小序："彭城夜宿燕子楼，梦盼盼，因作此词。"词曰："明月如霜，好风如水，清景无限。曲港跳鱼，圆荷泻露，寂寞无人见。纭如三鼓，铿然一叶，黯黯梦云惊断。夜茫茫，重寻无处，觉来小园行遍。　天涯倦客，山中归路，望断故园心眼。燕子楼空，佳人何在，空锁楼中燕。古今如梦，何曾梦觉，但有旧欢新怨。异时对，黄楼夜景，为余浩叹。"

燕子楼，相传是唐代张建封（一说张建封之子张愔）纳名妓关盼盼为妾时所筑。张死，盼盼守此楼十余年未嫁，后不食而终。苏轼则是借题发挥。"明月如霜"化自白居易《燕子楼》诗："满窗明月满帘霜，被冷灯残拂卧床。燕子楼中霜月夜，秋来只为一人长。""好风如水"，这比喻新鲜，唐人有"月色如水水如天"，而以风拟水却罕见，不仅写出风的清凉柔和的质感，也写出身似濯浴的快感。鱼跳暗点人静，露泻可见夜深，寂寞无人之意则已逗出。"铿然一叶"有一叶落而知秋的况味。"夜茫茫"既指夜色，也指惊梦后的茫然，似真似幻，恍惚迷离，又有一种悟境：世人为名利所扰，营营终日，犹如睡梦，眼前身畔有多少良辰美景失之交臂，真可谓"清景无限""寂寞无人见"。下片"望断故园心眼"，妙句。前人"望穿秋水"只写出眼望的焦灼、目视的失落感，此句则写出心灵的眼睛翘望故园而不得一瞥的无望与"断裂"。"古今如梦"至"为余浩叹"，内涵深广。燕子楼中的种种旧事固然如梦已逝，而古往今来无数悲欢又何尝不是一连串旋生旋灭的梦境？从燕子楼思及黄楼，从今夜思及未来。黄楼是苏轼知徐政绩的象征。就在写此词一个月前的重阳节，三十多位文士宴聚黄楼，庆贺竣工，为一时盛事。然有盛必有衰，他年后人见黄楼而吊自己，亦同今夜自己宿燕子楼而梦关盼盼一样，抒发出"后之视今亦犹今之视昔"（王羲之《兰亭集序》）与"后来视今犹视昔，过眼百世如风灯"（苏轼杭州任上诗）的无穷感慨。（作于同期的《送郑户曹》诗也有："他年君倦游，白首赋归来。登楼一长啸，使君安在哉。"）全词景中有情，情景交融；情中有理，以理化情，终于挣脱了由政治波折带来的精神桎梏，燕子楼小园的无限清景与深夜沉思的词人的澄澈心境互为映照，于悲慨中逸出旷放。

在中国文学史的夜空里，群星灿烂，有一轮李白的月亮，有一轮苏轼的月亮。

人只能在胸次无尘之时偶来旧楼废园，才能幸会明月好风的情景、跳鱼泻露的幽致。作为一州太守，难得生活在月光下。黄楼落成不久，元丰元年春，旱情又生。于是苏轼卸下羽衣，戴上儒冠，在《徐州祈雨青词》中说："……而天未悔祸，岁仍大荒。水未落而旱已成，冬无雪而春不雨。烟尘蓬勃，草木焦枯。"城东有一石潭，传与泗水相通，清浊相应。民间说，以虎头置潭中，激起龙虎相斗，便会雷鸣云集，沛然作雨。苏轼来此祈雨，并有《起伏龙行》诗记其事："……东方久旱千里赤，三月行人口生土。……尔来怀宝但贪眠，满腹雷霆喑不吐。"他希望"倒卷黄河作飞雨"。后来果真下了雨，如他从前数次祈雨一样。"天未悔祸"是说早了一些，"天"常常帮他忙（或为他所感动），而"人"却往往不容他，当然指官场中人。

夏初，苏轼又去拜谢神灵。沿途已是一派丰收气象。他的《浣溪沙·徐门石潭谢雨》，是一组洋溢着泥土气息的农村风俗画，开拓了词的领域：

"照日深红暖见鱼，连溪绿暗晚藏乌。黄童白叟聚睢盱。　　麋鹿逢人虽未惯，猿猱闻鼓不须呼。归家说与采桑姑。"

"旋抹红妆看使君，三三五五棘篱门。相挨踏破茜罗裙。　　老幼扶携收麦社，乌鸢翔舞赛神村。道逢醉叟卧黄昏。"

"麻叶层层苘叶光，谁家煮茧一村香？隔篱娇语络丝娘。　　垂白杖藜抬醉眼，捋青捣䴬软饥肠。问言豆叶几时黄？"

"簌簌衣巾落枣花，村南村北响缫车。牛衣古柳卖黄瓜。　　酒困路长惟欲睡，日高人渴漫思茶。敲门试问野人家。"

"软草平莎过雨新，轻沙走马路无尘。何时收拾耦耕身？　　日暖桑麻光似泼，风来蒿艾气如薰。使君元是此中人。"

笔者之所以全部引录，在于苏轼差不多第一次将农村题材引入词

167

中，他以前的词人虽写过一些渔夫、浣女、莲娃，但渔夫只是隐者的乔装，而少女则被当成民间美女来描绘的。这从徐州古战场上采来的一束野花，也是他化干戈（外争内斗）为玉帛的仁者思想的体现，甚至可说是词中的《桃花源记》。日暖溪清，老少俱欢，鱼乌猿鹿也颇为自在。村姑为争看太守，特地抹妆着绸，结果挤得踩破了红裙。赛神集会后，乌鸢翔舞，醉翁卧路（仿佛他少年在故乡所遇的卖符道士）。煮茧的香味、蚕妇的笑语，阵阵而来。缫丝的声音、瓜贩的叫卖，交织而响。簌簌枣花，落满了衣巾；麻衣老柳，充满了古趣。口渴了，随便敲哪一户人家的门求饮……于是苏轼又想到"何时收拾耦耕身"。结句则为总纲："使君元是此中人。""元是"含有原本是、现在才发现之义。可与他写自己叔丈人王庆源"吏民莫作官长看，我是识字耕田夫"参照。苏轼"尊主泽民""爱民如子"的思想，在这里已发展到"与民同乐"、化身为民的层次。

与作者的吟月诗词相比，这组词则为"日词"："照日深红暖见鱼""麻叶层层苘叶光""日高人渴漫思茶""日暖桑麻光似泼"。特别是"泼"字，真有醍醐灌顶之感。当然这是中国式的"日词"。这种日光在"乌台诗狱"阴湿的黑牢中消失，在出狱后也大为减弱，让位于月色了，在月中饮酒，在月中嚼诗，在月中以诗下酒。

苏轼此时还在继续燃烧，于元丰元年十二月派人在徐州城西南、白土镇以北发现了煤矿。徐州过去无煤，平常年景，人们烧柴草，还可将就过冬。熙宁九年冬，雨雪连绵，行人断绝，山民无法进山砍柴烧炭，致使城中有人抱出被子与人换柴，还换不到半捆湿柴（"湿薪半束抱衾裯"）。这是苏轼在徐州任上，除抗洪之外的又一政绩。他为之写下他的"日"诗《石炭》："……流膏迸液无人知，阵阵腥风自吹散。根苗一发浩无际，万人鼓舞千人看。投泥泼水愈光明，烁玉流金见精悍。南山栗林渐可息，北山顽矿何劳锻。为君铸作百炼刀，要斩长鲸为万段。"同时所写的《田国博见示石炭诗，有"铸剑斩佞臣"之句，次韵答之》中，也有"楚山铁炭皆奇物，知君欲斫奸邪窟"两句。联想到不久后发生的"诗狱"，书生迂气可掬。

元丰二年（1079）二月，苏轼改任湖州（今属浙江）。临行，百姓蜂拥而来，挽留他，向他洗盏敬酒，为他请寿。这在他的诗中均有生动的记录："吏民莫扳援，歌管莫凄咽。吾生如寄耳，宁独为此别。别离随处有，悲恼缘爱结。而我本无恩，此涕谁为设？"但他毕竟还是欣慰的："鞭镫遭割截"，如姚崇那样受到阻留。姚崇为唐人，曾任荆州刺史，调离时吏民围住不让他走，把他的马鞭马鞍都给割断了。

他留恋徐州："古汴从西来，迎我向南京。东流入淮泗，送我东南行。暂别复还见，依然有余情。春雨涨微波，一夜到彭城。过我黄楼下，朱栏照飞甍。可怜洪上石，谁听月中声。"另有词《江城子》："天涯流落思无穷。既相逢，却匆匆。携手佳人，和泪折残红。为问东风余几许。春纵在，与谁同。　　隋堤三月水溶溶。背归鸿，去吴中。回望彭城，清泗与淮通。寄我相思千点泪，流不到、楚江东。"

给人印象最深的还是这首诗："父老何自来，花枝袅长红。洗盏拜马前，请寿使君公。前年无使君，鱼鳖化儿童。举鞭谢父老，正坐使君穷。穷人命分恶，所向招灾凶。水来非吾过，去亦非吾功。"父老的感激出自肺腑。苏轼的答语不仅谦恭，甚至有一份自嘲味道。而"穷人命分恶，所向招灾凶"这一句谑语，却不幸而言中，成为谶语。

历史悲剧

《流民图》——"人谏"与"天谴"——内讧——吕惠卿——"熙宁宰相"与"元丰独断":变法的转轨——王安石的悲剧——"为富人辩护"——"均贫富":历史的悲剧

熙宁九年十月，苏轼尚在密州，王安石已第二次罢相，出知江宁府（今江苏南京）。但苏轼的政治境遇却无大的改观，甚至更糟，被阻于陈桥驿不得进京便为一例。外放杭州以来，虽然苏轼仕途不顺，但比起处于权力斗争旋涡中的王安石，可谓"小巫见大巫"了。

熙宁六年，在王安石的大力支持下，王韶经略熙河，使宋军在对西夏的斗争中始占上风。但辽国对宋的变法图强十分恐惧，便借端生事，屡开边衅，要求重划两国边界。宋辽关系骤然紧张。同时，从熙宁六年至八年，各地发生旱灾，河北农民纷纷逃亡。皇宫门吏郑侠趁机向神宗上《流民图》，画的是戴着脚镣的难民在砍树挣钱，用以偿还官府的青苗贷款。据说"神宗反复观图，长吁数四，袖以入，是寝不能寐"，翌日罢新法。事实上，这只是一个导火线而已。

早在熙宁五年，司天监灵台郎亢瑛就用"天久阴，星失度"的"天象"，上书"政失民心，强臣专国"，并诬王安石密谋政变。亢瑛刺配英州（今广东英德）后七八个月，华山山崩，枢密使文彦博断言："市易司不当差官自卖果实，致华山山崩！"他认为市易司买卖果子，"分取牙利"，是"徒损大国之体，只敛小民之怨"。毋庸讳言，由于市易司供应了宫廷与官衙的各种需要，一向在购置宫廷用品中向商人勒索的宦官无利可图了。一向"影占行人"的神宗皇后的父亲向经，因免役钱的实施而无法从中渔利了。他曾向市易司"以牒理会"，市易司却"不见听从"。仁宗皇后之弟曹佾"赊买人木植不还钱"的行径，也被市易司揭发了。一些宦官在神宗面前"伏地叩头，流泪云：'今祖宗之法扫地无遗，安石所行害民虐物，愿陛下出安石。'"两宫太后（仁宗曹后、英宗高后）则向神宗提出一个让王安石体面下台的办法："不若暂出之于外，岁余复召可也。"后又抹泪直言："王安石变乱天下。"一次，宋神宗同他的两个弟弟岐王、嘉王击球为戏，以玉带作赌。嘉王说：我赢了，不要玉带，只求废掉青苗、免役法。岐王干脆劝神宗说：你应该听祖母的话。据说神宗十分恼怒：我不会治国，你来接替！

如果说这些"人谏"尚不足以完全动摇神宗的话，那么"天谴"的分量一压，则使神宗不知所措了：京东、河北的飓风，全局性的大旱，彗星出现等。尽管王安石力劝神宗："天文之变无穷，人事之变无已，上下傅会，或远或近，岂无偶合，此其所以不足信也！"（《长编纪事本末》卷二六九）但也无法打消神宗对天意的疑惑。终于借《流民图》事件，解除了王安石的宰相职务。时为熙宁七年四月。

反对派利用王安石的被免，加强攻势。在野的韩琦、富弼、司马光等，认为加强国防的各项改革是致"契丹之疑"的根本原因。熙宁八年（1075），在神宗主持下，宋在划界问题上对辽让步，放弃七百里土地。在内政方面。被反对派呼为"传法沙门"的韩绛和"护法善神"的吕惠卿继续推行新法。在汴京粜卖了数以万计的粮食，使京师居民度过两年灾荒。在河北、江浙等灾区，则利用贮存的青苗钱米，募集灾民兴建水利和从事其他工役。

外忧稍缓、内政稍安的形势下，变法派这个极不稳固的政治集团内部，却产生了深刻的裂痕。究其原因，还在于神宗的游移不定。在市易法屡受抨击的情况下，神宗不断"诘责中书，意欲有所更张"。熙宁七年三月的一个晚上，神宗给曾布下了一道手令，称"市易司""颇妨细民经营"，命曾布奏明其事。曾布是曾巩的弟弟，却没有其兄的质朴端方，他揣摩皇帝意图后，便与创议设施市易法的魏继宗联手，向提举市易司吕嘉问发难，责其"务多收息以干赏"，罢其职务。接着以"挟官府而为兼并之事"的罪名，全盘否定了市易法。曾布是变法派的重要人物，王安石曾说过："法之初行，议论纷纷，独惠卿与布终始不易，余人则一出焉一入焉尔！"曾布的倒戈，削弱了变法派的力量。后来吕惠卿查清所谓市易司违法案件不实，又把曾布搞垮。

吕惠卿极有才干，均输、青苗、农田水利诸法皆由他所拟；曾与司马光廷争，言辞有据，雄辩滔滔。他未显时，"欧阳公以学者罕能及，告之于朋友，以端雅之士荐之于朝廷"（叶盛《水东日记》）。王安石也对神宗说过："惠卿之贤岂特今人，虽前世儒者未易比也，学先王之道而能用者独惠卿而已。"遗憾的是，吕的政治野心与他的政治才干是成正比的。他在执政期间，既不能与宰相韩绛共事，对同列如沈括等也"每事必言其非"，加以排挤，又不择手段提拔自己的亲信，或是一些投机人物，如"笑骂从汝，好官须我为之"的邓绾；对于反对派，则更是无情打击。

当郑侠再次上书时，他的运气便不妙了："惠卿奏为谤讪，编管汀州"，后来又"议致之死"。大概神宗想起《流民图》事件与自己直接有关，于朝野不好交代，于是说："侠所言非为身也，忠诚亦可嘉，岂宜深罪？"但还是把郑侠发配英州（见《宋史·郑侠传》）吕惠卿与邓绾又派舒亶（此人在"乌台诗案"中也扮演打手角色）追上流放途中的郑侠，搜其行囊，"有言新法事及亲朋书，尽悉按姓名治之"，也牵涉到王安石的弟弟王安国，将其罢黜，"放归田里"。这当中似有挟嫌报复的成分。王安石未罢时，一次与吕惠卿商议政事，王安国在窗外吹笛。安石说：远此郑（淫）声如何？安国回敬了一句：远此佞人如何？但吕惠卿之处理王安国，更是想打击王安石，以防他东山再起。这种意图后来更为明显：吕、邓密谋将王安石牵进一起谋反事件。宰相韩绛为了钳制吕的势力，希望王安石复出，便派人暗中报信。王安石七日之内，火速进京自白，才澄清了真相。他对吕在执政期间自创的"手实法"等，也早已不满。所以当神宗请他再次入主朝政时，他慨然应允。

王安石复相后，发现已时移事异，他与吕惠卿等往往意见相左，也不能与同列韩绛、王韶等善处。邓绾见吕惠卿处于劣势，又转而投靠王安石，并揭发吕惠卿同地方官勾结，向富户借钱，在苏州华亭购置大批田产事，吕因此遭黜，章惇也因类似原因被免（后两人又复出）。但这并不能复振王安石的改革热情，他时时感到力不从心。

初次入相时，王安石与神宗的关系，虽不如曾公亮所言"上与介甫如一人"，但在大多数场合，神宗对安石是言听计从的。而这次呢？宋人吕本中在《杂说》中载："王安石再相，上意颇厌之，事多不从。安石对所厚（知心朋友）叹曰：'只从得五分时也得也！'"加上熙宁九年（1076），王安石之子王雱（他在排斥吕惠卿中出谋出力甚多）病死，王安石更是忧伤，"不接人事"。他的门人练亨甫等怕他辞职，就去见中丞邓绾，商量为王安石的亲属谋取官职，又奏请皇帝赐给王安石一座好的宅第。一天，王安石对神宗表示求退的意向，神宗说：朕为了挽留你，已一一按你的欲求去办，只是还找不到一所稳便的宅第。王安石惊问：臣有什么欲求？为什么要赐臣宅第？神宗笑而不答。次日，这位"拗相公"再次恳请神宗讲明情由。神宗出示邓绾所上奏章。王安石请罢邓绾，练亨甫也同时遭斥。王安石去意愈坚。

邓、练这两位弄臣小丑的下场不值一提。我们倒应交代一下当年使"台谏噤口"的吕惠卿。他安置在建州（今福建建瓯）时，曾说：我在此地连一口冷水也不敢喝，唯恐生病，使好事之徒讲我是因为悲戚愁苦、对朝廷不满而病。又据《鸡肋编》载：吕惠卿久排在外。八十岁时，在京师看见那些宰辅权臣多是出于自己门下的晚辈，既有某种失落感，又难免有几分自得。一日延见宾客，有一道士自称与吕同为宗族之人，礼数颇简。吕很不服气，问他有什么本事。道士答：能诗。吕看见空中有一纸鸢，命他当场赋诗。道人应声曰："因风相激在云端，扰扰儿童仰面看。莫为丝多便高放，也防风紧却收难。"吕羞愧难当。人到了这个份儿上，活着也烂掉了大半。

王安石却是真正的悲剧人物。

变法开始，宋神宗一直动摇彷徨，安石曾指摘神宗"刚健不足，未能一道德以变风俗，故异论纷纷不止"（《长编纪事本末》卷二一五），"天下事如煮羹，下一把火，又随下一杓水，即羹何由有熟时也"（《长编纪事本末》卷二六二），"由陛下忧畏太过，故奸人窥见圣心，敢为诳胁也"（《长编纪事本末》卷二二三）。王秉性刚烈，议政中每每"辞色皆厉"，神宗则"改容为之欣纳""一切屈己听之"。但在变法取得一定势头，理财尝到不少甜头后，神宗却忘了安石对他的坚定支持与倾力相助，虽重申条法条例，执行中就往往"参考群策而断自朕志"。人们常常提到"熙丰变法""熙丰新政"，但"熙宁变法"如果说由王安石主持，那么"元丰新政"只能看作是神宗变法，因为王安石已经罢相。南宋朱熹在回答门徒提出的元丰年间神宗不用安石的问题时，一针见血地指出："神宗尽得荆公许多伎俩，更何用他？到元丰年间，事皆自做，只是用一等庸人备左右趋承耳！"（《朱子语类》卷一三〇）

更大的悲剧还在于"元丰之政多异熙宁"（陈瓘语）。元丰初年，谏官常秩继安石罢相后亦挂冠而去；其子常立等所撰《常秩行状》中说："（秩）因不悦先朝故事而去"，"自荆公去位，天下官吏阴变新法，民受荼炭"，而"上下循默，败端内萌，莫觉莫悟"。言下之意，对于新法变质，神宗是难辞其咎的。两宋士大夫在论及此事时，也常以"熙宁之政"与"元丰之政"对举，以"王安石之政"与"神宗之政"对举，或干脆分为"熙宁宰相"与"元丰独断"。

变法初，两人共同的出发点是"理财"。但理财若以发展生产为主，通过改善各类民户的经济状况来增强其纳税能力，这叫"为民理财"。理财若绕过纳税民户的经济状况这个中介，直接通过损下益上之捷径来充实国库，这叫"为国聚财"。南宋叶适说过："理财与聚敛异。今之言理财者聚敛而已矣。"

熙宁元年四月，王安石提出的"治道"是减轻赋税、征役，"其于出政发令之间，一以安利元元（百姓）为事"。后又多次申述："善理财者，民不加赋而国用饶""为天下理财，不为征利"。为同时达到"百姓富安"与"国用饶足"这两个目的，一是发展生产，二是"摧抑兼并"。前者措施是履实田亩，兴修水利，鼓励垦辟；后者则在一定程度上打击了豪强形势之家的过分聚敛与富商大贾的非法牟利。熙宁变法初步实现了王安石使"元元安土乐业，人致己力以生天下之财"的诺言。宋人杨龟山评说："熙宁更新百度，无非以理财为务，其知此乎？故谓之青苗以宽民之财，免役以宽民之力，立市易以权货贿之阜通，使兼并无所侵渔而穷乏者安其生，农得尽力于耕而游惰兼有所事，其施设之意厚矣。然未十有年间，羡余之息充溢府库，而民反有受其弊者，其故何哉？"实际上是勾勒出一条从富民到富国，从理财到聚敛的转变轨迹。王安石去职不久，神宗改元"元丰"，亲主变法。一、利用新法中固有的富国因子大肆聚敛。元丰间，农夫"因欠青苗至卖田宅、雇妻女、投水自缢者，不可胜数"。正如郑侠所言："是法所以苏贫乏而反困之，抑兼并而反助之矣。"二、在商品流通领域扩大国家专利，攫取更多的垄断利润。王安石刚一罢相，神宗为从西北部落购买更多的战马，便在四川恢复榷茶，岁岁增息，元丰中达百万（缗）。"蜀茶尽榷，民始病焉。"后又推广到福建。这与王安石的官收茶税，"民得自贩"的主张完全相反。也正是在王安石二次罢相后，神宗正式推行"榷铁之制"。秦观说过："江淮则增煮海之息，闽蜀则倍摘山之赢，青徐则竭冶铸之利。其他希风旨、效计数、无名之取、额外之求盖不过胜数，而天下之财大半归于公室矣。"三、将大量税收从政府财政中划拨出来，封桩于内藏库，由神宗亲自掌握。元丰元年即在宫内新建内藏三十二库，元丰五年又建二十库。靖康元年（1126），金兵攻入开封，检视府库，见太祖时的封桩库、神宗时的元丰库，其金银锦绮宝货等物"皆充满盈溢"，搬运时"三日不绝"。

其实，神宗与王安石对改革的价值取向，开初便大异其旨。北宋"夷狄骄盛，寇盗横炽"两种威胁，王安石以内忧为主，担心重现汉之张角、唐之黄巢起事的局面，认为只要自身稳定，辽夏不足为患。《元城语录》则载，神宗看见"两蕃不服及朝廷州县多舒缓，不及汉唐全盛时，每与大臣论议，有怫然不悦之色"。一开始就希望王安石改变其修内政、兴农事为主的施政纲领。熙宁二年七月，提出须"先措置得兵乃及农"，第二年又提出"兵部最所急"，希望立即修缮甲兵，以开拓疆界，一展雄图（雄图固然可嘉，但我们切不可忘记，历史上一些"主战派"往往囿于传统的以"华"统"夷"的大汉族主义）。只是由于安石的耐心劝谏与坚决抵制而未果。安石一去，神宗以筹饷养兵、丰赡国库为主旨的变法不仅畅通无阻，并进而导致挑起元丰四年（1081）、元丰五年（1082）间的两次宋夏战争。史载："灵州、永乐（今陕西米脂县西）之役，官军、熟羌、义保死者六十万人，钱粟银绢以万数者不可胜计。"噩耗传来，神宗十余年来的强国美梦一朝破灭，再不提用兵二字，三年后即郁郁而终，年仅三十八岁。一生励精图治、不耽逸乐的他，也属于时代的悲剧人物！

由于变法的转轨，神宗既不能坚决"摧抑兼并"，又不愿停止敛财，只有从下层开刀。具有讽刺意味的是，起义与兵变的频率，在真宗朝大致为每年一次；仁宗在位四十余年间，上升为年均一点三次。神宗朝十八年中共有三十五次，每年已近两次，而且恰恰多半发生在熙宁后期与元丰年间。这正应了德国诗人荷尔德林的一句格言："人想把国家变成天堂时，总是把它变成地狱！"

倘若能利用在熙宁后期出现的局面（"年谷屡登，积粟塞上盖数千万石，而四方常平之钱不可胜计"），通过取消免役宽剩钱而只征雇值，不收青苗息钱而将之变为无息贷款，甚至在全国范围减轻两税之率，来消弭原先条文中的富国因子，发扬熙宁富民路线之美意，那么……

但这仅仅是假设而已，植根于封建专制政体的改革，不能不以悲剧而告终。在统治者不得不加固他们地位的时候，便开始进行改革，而当被统治者有可能松脱枷锁的关头，这种改革便停顿下来，甚至节节倒退。它也给今人宝贵的遗训：经济改革与政治改革密切关联，不可顾此失彼。反之亦然。

王安石最大的贡献并不是设立过十余条改变社会管理形式的法令，而是他所信奉和坚持的大无畏精神："天变不足畏，祖宗不足法，人言不足恤忧也。"这"三不足"的命题不论是他本人总结的，还是反对派以此责难他的，都在他身上有充分的体现。他提出"法先王"的口号，考证出免役之法出自《周官》，保甲之法起于三代，市易之法源于周市司……，以此来为现实斗争服务，并明确对神宗说："至于祖宗之法不足守，则固当如此。且仁宗在位四十年，凡数次修敕；若法一定，子孙当世世守之，则祖宗何故屡自变改？"（《长编纪事本末》卷五九）《长编纪事本末》熙宁七年四月己巳载："上以久旱忧见容色，每辅臣进见，未尝不叹息恳恻，欲尽罢保甲、方田等事。王安石曰：'水旱常数，尧、汤所不免。陛下即位以来累年丰稔，今旱暵虽逢，但当益修人事以应天灾，不足贻圣虑耳。'"至于"人言"，才是变法所遇到的真正现实难题。王安石当面劝过神宗："……故小不忍致大乱乃诗人所刺，则以人言为不足恤未过也。"（《长编纪事本末》卷五九）在更多的场合，王安石把"人言"叫作"流俗"。如："陛下方以道胜流俗，与战无异。今稍自却，即坐为流俗所胜矣。"（《长编纪事本末》卷六八）而反对派在弹劾王安石的奏章中，也提到"安石强辩自用，诋公论为流俗"。

熙宁间一位名叫萧注的官员，在上殿奏对时，生动地形容过："安石牛耳虎头，视物如射，意行直前，敢当天下大事。"（见周煇《清波杂志》）

由于王安石激烈的变法措施，使许多对改革前的朝政不满的士大夫，转而对改革本身大为不满，对改革的主持者王安石的日常行事，也多有人身攻击的记载，如说他不拘细节、不爱干净，甚至乖僻到不近人情。其实，我们从他对王令早逝的哀恸中，已看出他是性情中人。他的大妹妹，嫁给工部侍郎张奎，封长安县君。他在《示长安君》诗中说："少年离别意非轻，老去相逢亦怆情。草草杯盘供笑语，昏昏灯火话平生。……"

可作为又一例证。晚年他为弟弟王安礼送行，联想到往日他送长女出嫁的情景，寄诗曰："荒烟凉雨助人悲，泪染衣巾不自知。除却春风沙际绿，一如看汝过江时。"女儿读诗后，有《寄父》一绝："西风不入小窗纱，秋气应怜我忆家。极目江南千里恨，依然和泪看黄花。"真可谓父女情深！对亲人如此，对朋友也多情。送王补之诗云："淮口西风急，君行定几时。故应今夜月，未便照相思。"原为风阻客船，却写成明月有情，不便在这一夜来照相思之苦。

另外在私德与钱财上，于人言汹汹中，王安石居然未受过什么指责。上述邓绾、练亨甫之流的勾当是瞒着他干的。还有一次，他的次女出嫁蔡卞，夫人吴氏宠爱女儿，便以锦缎作帐，未成人礼而奢华气派已为外界所知。神宗问王安石：卿是大儒之家，怎么用锦帐嫁女？安石"愕然无以对"，回去一问果然如此，就下令将锦帐全部捐给佛寺。"明日再对，惶惧谢罪而已。"（见曾纡《南游记旧》）又是吴氏，为丈夫新买一妾。女子进见时，王安石问是怎么一回事。女子说：夫人吩咐奴婢伺候老爷。王安石问：你是谁？女子答：奴家丈夫在军中运送官米，不幸沉船失米，倾家荡产也难以偿还官债，所以他卖掉奴家凑钱抵债。王安石心中难过，问：把你卖了多少钱？答：九百缗（贯，千文为一贯）。王安石即找到她丈夫，命其夫妇团聚，钱也不须还了。他本人对金钱也毫不在意，做宰相时，一领到俸禄，就交给弟弟们，任凭他们花费。他患有哮喘病，药用紫团参，但配不到。当时薛师政从河东回来，送给他几两，但他不收。有人劝他：相公的病非此药不能治，不要辞掉。他说：我没有紫团参，也活到今天。"竟不受"（见沈括《梦溪笔谈》）。廉洁之中，大有"拗相公"的成分。他生来面色黧黑，门人问于医，医生说：可用澡豆令相公擦面。安石说："天生黑于予，澡豆其如予何？"（见《梦溪笔谈》）

王安石的这种私人品德，更加重了他的悲剧色彩。然而，从变法与反变法的斗争，我们更着眼于一种历史的悲剧。与强调"富国"和主张以政权干预经济的观点相对立的，是在宋代有普遍表现的"为富人辩护"的观点。唐代柳宗元就提出："富室，贫之母也，诚不可破坏。"宋初"不抑兼并"的国策，使土地商品化的倾向更为突出，经济关系取代政治特权在土地所有权的获取上逐步占主导地位。随着商品经济的发展，商人社会地位的提高，一些士大夫强调富人是国家之"本"，反对抑制富人的发展，这是新的经济关系变化的产物。约翰·希克斯在《经济史理论》中说："商品经济要想达到繁荣，就必须确立，至少在某种程度上确立对财产的保护和对合同的保护。"宋代也曾明令保护私有财产与契约关系。《宋刑统》中规定"占盗侵夺公私田"要受到法律制裁，"诸在官侵夺私田者，一亩以下杖六十三亩加一等，过杖一百五亩加一等，罪止徒二年半。园圃加一等"。苏辙曾认为大姓是"州县赖之以为强，国家恃之以为固，非所当忧，亦非所当去也"。苏轼也有类似的看法。后来他又提出贫富互为依存的见解："客户乃主户之本，若客户阙食流散，主户亦须荒废田土矣。"司马光强调："是以富者常借贷贫民以自饶，而贫者常假贷富民以自存，虽苦乐不均，然犹彼此相资以保其生。"具体表现在他认为放青苗钱会使"贫者既尽，富者亦贫，臣恐十年之外，富者无几何矣。富者既尽，若不幸国家有边隅之警，兴师动众，凡粟帛军须之费，将从谁取之"？还提出应鼓励人们求富，若"多种一桑，多置一牛，蓄二年之粮，藏十匹之帛，邻里已目为富室"，便被充当重役，人们"况敢益田畴、葺庐舍乎？"对扩大再生产形成严重障碍。这些，也许只是一厢情愿。因为不可能做到"富民安其富而不横，贫民安其贫而不匮，贫富相恃以为长久，而天下定矣"（苏辙《诗病五事》）。资本的积累是以血与火开辟道路的。频繁的农民起义惊破了这些士人的美梦。北宋初四川的王小波、李顺起义，就提出"吾疾贫富不均，今为汝均之"的口号。

历来的统治阶级，也有其"均贫富"的思想，贾以儒家"不贫不富"，"不盛不衰"，"过犹不及"的传统。孔子曰："故圣人之制富贵也，使民富不足以骄，贫不至于约。"《论语·季氏》载："丘也闻有国有家者，不患寡而患不均，不患贫而患不安。盖均无贫，和无寡，安无倾。"管子则提出："贫富有度。"《春秋繁露·度制》更为明确："使富者足以示贵而不至于骄，贫者足以养生而不至于忧，以此为度而调均之，是以财不匮而上下相安。"由此可见，这些论点的中心不是要实现各阶级平均分配财富，而是要按照一个合适的"度"（等级制原则），通过政权的力量来调节财富分配，使之达到贫富适中，"各得其分"。这是维护等级分配制度的调节器，使封建制度长期延续。前期，这一思想对巩固与缓和阶级矛盾，稳定统治，恢复与发展生产起过进步作用。后期则阻碍了社会的演进，抑制了资本积累和自由劳动力的形成，维护着自然经济结构。无论对变法派与反变法派来说，这种维护意图均占主导地位，而后者对商品经济发展的不自觉的偏袒，也显得那样苍白无力。

老子的"均贫富"思想则代表了小生产者的观点："天之道，损有余而补不足，人之道则不然，损不足以奉有余。"这已突破了按"度"来分配财富的框架，也对"死生有命，富贵在天"的观念提出了挑战，发展为后世农民起义中"王侯将相宁有种乎"的口号。这些起义多用道教形式，采取道家某些学说作为其思想基础，不能不与老子的平均观念有关。美国经济学家米尔顿·弗里德曼曾区分"机会均等"与"结果均等"两种不同的均等形式。中国古代的平均观念要求的是"结果均等"，即通过分配与再分配，实现对财富的平均占有，这是自然经济的产物。而商品经济则鼓励生产者在机会均等的条件下自由竞争，促进生产的发展。

这种"均贫富"思想在中国历史上更起过进步作用。但正如经典作家所说，农民不是新的生产力的代表，不具有完成社会形态更替的历史任务与能力。因此，即便改朝换代，农民起义领袖成了"帝王将相之种"（如朱元璋），也照样在废墟上重新修起帝王的宝座，照样实行等级制度，照样反对被统治者进行"均贫富，等贵贱"的尝试。而这种思想本身如果发展到极致，便呈现出消融个性，安贫乐道、"捆在一起受穷"的意识，阻碍了机会均等的公平竞争机制的产生，对社会发展无疑是严重的障碍，也是造成中国历史悲剧的温床。

对于北宋乃至中国古代史上这场规模最大、影响深远的变法运动，前人多有评议，众说纷纭。也许正是这些力图清晰地勾勒历史的描述，使历史变得愈加扑朔迷离。也许笔者的努力，也陷于同样的迷宫。

但笔者相信，历史绝不仅是时是事，而是对时、事的沉思。这大概是人的历史与动物史的区别吧。从这个意义上讲，历史有两次诞生：第一次诞生于人的行动，这行动使历史客观化为一种史实；第二次诞生于人对史的沉思，这沉思使历史主观化为一种意义。未经沉思抚摸、整理、评价、体悟的历史，只是佐餐助酒的谈资。历史必须经过沉思的洗礼。

对这次变法的一切认真的评估，对时间一维性结构的一切认真的拼拆、组合与建造，都有助于历史意义的重新理解与弘扬。

历史不是逝者如斯的一去不返的江河，而是一股在地下燃烧千年仍不断沸腾的岩浆。

桃源惊梦

"仙品"诗与豪迈诗——平山堂怀旧——营造"桃源"——高标的风竹——文同——岘山亭——祈晴——桃源惊梦

赴湖州途中，苏轼又留下不少佳作。我们看到他《舟中夜起》："微风萧萧吹菰蒲，开门看雨月满湖。舟人水鸟两同梦，大鱼惊窜如奔狐。夜深人物不相管，我独形影相嬉娱。暗潮生渚吊寒蚓，落月挂柳看悬蛛。此生忽忽忧患里，清景过眼能须臾。……"纪昀曾评头两句："初听风声，疑其是雨。开门视之，月乃满湖。"用的是错觉法。全诗似乎都笼罩在这种"错觉"之中。人鸟相忘，同为一梦。潮水暗涨，其声低咽，似寒蚓蠕动之音（梅尧臣有"穴蚓声苦长，流响入孤枕"句）；落月挂在柳枝，仿佛悬在丝端的蜘蛛。这个比喻不仅在古诗文中罕见，而且有点现代派诗风。人、物仿佛都患了梦游症的这一切，在苏轼眼里都化为忧患中的"清景"。清代方东树评此诗曰："空旷奇逸，仙品也。"

被大风留金山两日时，苏轼又有奇思妙想："塔上一铃独自语，明日颠风当断渡。朝来白浪打苍崖，倒射轩窗作飞雨。龙骧万斛不敢过，渔舟一叶从掀舞。细思城市有底忙，却笑蛟龙为谁怒。……"首二句"独""颠""当""断""渡"五字同一声母，仿佛"铃语"的象声词。三、四句气势扑人，五、六句却笔锋一转：舱量很大的巨船都不敢行驶，而一叶渔舟则随风起舞。北宋僧惠洪在《冷斋夜话》中，把苏轼的"见说骑鲸游汗漫，亦曾扪虱话辛酸"与此联并列，说："以鲸为虱对，以龙骧为渔舟对，小大气焰之不等，其意若玩世，谓之秀杰之气终不可没者，此类是也。"而"细思"二句，故作问语一顿，也表现出诗人面对狂风恶浪而意态自如。

宋代许多和尚都是披着袈裟的诗人，上面提到的惠洪便是其中之一。相传王安石的次女、蔡卞的妻子，读到惠洪的"十分春瘦缘何事，一掬归心未到家"，认为他尘缘未断，径呼他为"浪子和尚"。

我们所熟悉的参寥，此刻正与苏轼风浪同舟。他与秦观是在苏轼途经高邮时陪同南下的。苏轼对他依旧赞不绝口："我有方外客，颜如琼之英。十年尘土窟，一寸冰雪清。……新诗如弹丸，脱手不暂停。……"

他们三人后又同游无锡惠山、松江垂虹桥。苏轼更加意气如虹："……浮天自古东南水，送客今朝西北风。……舟师不会留连意，拟看斜阳万顷红。"，"二子缘诗老更穷，人间无处吐长虹。平生睡足连江雨，尽日舟横擘岸风。……"

白居易写过："无论海角与天涯，大抵心安即是家。"苏轼在惠山却说："行遍天涯意未阑，将心到处遣人安。"所谓心不安者，还是不能忘情于社稷百姓。他企羡惠山钱道人的超然，又抨击了一通变法派："书生苦信书，世事仍臆度。不量力所负，轻出千金诺。当时一快意，事过有余怍。不知几州铁，铸此一大错。"同时也反省自己："我生涉忧患，常恐长罪恶。"新法尝试不灵，旧法施为无能，这种忧患意识，就向钱道人"万事初不作""无病亦无药"的处世态度倾斜，还庆幸自己"脚浅犹容却"。

早些时候过扬州，苏轼在其所写的《西江月》词中，已把自己矛盾复杂的心境作了更为艺术化的表达："三过平山堂下，半生弹指声中。十年不见老仙翁，壁上龙蛇飞动。　　欲吊文章太守，仍歌杨柳春风。休言万事转头空，未转头时皆梦。"据说苏轼写此词时，"红妆成轮，名士堵立，看其落笔置笔，目送万里，殆欲仙去尔"。又是一名诗僧德洪在《石门题跋》中作此记载。这段文字之所以精彩，是它把苏轼在热闹中心离尘俗、神游天外的一瞬描绘得栩栩如生。欧阳修仙逝八年后，苏轼瞻仰老师所建的平山堂，手泽如新，墓骨早枯，自是黯然神伤。"文章太守"与"杨柳春风"俱为欧词中语。苏轼到此"欲吊"，用的是自己的方式："仍歌"。唱恩师所写的词，也是一种告慰吧。这也是一种自慰，是苏轼式的参破一切的旷达。他的忧患比老师深重，不能仅仅用老师的"行乐直须年少"式的诗酒自宽。白居易有"百年随手过，万事转头空"，苏轼则更进一层：老师去世，固然一切皆空，就是"未转头时"、活在世上的人，又何尝不在梦中？这与苏轼在徐州所作《永遇乐》中"古今如梦，何曾梦觉"旨意相同。既然人生如梦，何妨心造幻境？而湖州，又为他提供了构筑梦里桃源的合适场所。

早在作杭州通判时，苏轼就到湖州"相度堤岸"，有"余杭自是山水窟，仄闻吴兴（湖州）更清绝"之句。为什么说"更清绝"？因为："湖中橘林新着霜，溪上苕花正浮雪。顾渚茶芽白于齿，梅溪木瓜红胜颊……"这次，他得以从容其间。"吏民怜我懒，斗讼日已稀。能为无事饮，可作不夜归。"他"遍游诸寺"："我来无时节，杖屦自推扉。莫作使君看，外似中已非。""肩舆任所适，遇胜辄留连。焚香引幽步，酌茗开净筵。微雨止还作，小窗幽更妍。盆山不见日，草木自苍然。忽登最高塔，眼界穷大千。卞峰照城郭，震泽浮云天。深沉既可喜，旷荡亦所便（使人联想他早期《出峡》诗中的'入峡喜巉岩，出峡爱平旷'）。"他泛舟清江："袅袅风蒲乱，猗猗水荇长。小舟浮鸭绿，大杓泻鹅黄。得意诗酒社，终身鱼稻乡。乐哉无一事，何处不清凉。"他沿城赏花："环城三十里，处处皆佳绝。蒲莲浩如海，时见舟一叶。"他饱啖美味："半壳含黄宜点酒，两螯斫雪劝加餐。……堪笑吴兴馋太守，一诗换得两尖团（母蟹脐团，雄蟹脐尖）。"在这"紫蟹鲈鱼贱如土"的地盘，苏轼还学古代的太守花样翻新地享受："碧筒时作象鼻弯，白酒微带荷心苦。运肘风生看斫脍，随刀雪落惊飞缕。"汉魏时一郑姓官员，在三伏天率宾僚避暑，把簪子插进荷茎，盘曲成象鼻状为柄，以荷叶盛酒传递而吸。这种荷叶杯柄，叫碧筒。酒气掺了荷香，别有清味。另有一首诗，想象奇特："城中楼阁似鱼鳞，不见清风起白蘋。试选苕溪最深处，仍呼我辈不羁人。……"这一切颇似《世说新语·任诞》中的毕卓："一手持蟹螯，一手持酒杯，拍浮酒池中，便足了一生。"

湖州确有不少古贤遗踪，是王羲之、谢安、颜真卿等先人宁静、朴素而又意味深长的生活见证，容易使人缅怀高士遗风。所以苏轼写过："南郭清游继颜谢，北窗归卧等羲炎。"羲炎指伏羲氏与神农氏（炎帝）。这句是从陶渊明《与子俨等疏》中衍化而成。陶文为："常言五六月中北窗下卧，遇凉风暂至，自谓是羲皇上人。"还应提一下张志和。《唐书·张志和传》载：金华人，自称烟波钓徒。颜真卿为湖州刺史，志和来谒，以舟漏请更换。于是浮家泛宅，往来苕霅间。善画山水，酒酣则捡笔成诗，有《渔父》词："西塞山边白鹭飞，桃花流水鳜鱼肥。青箬笠，绿蓑衣，斜风细雨不须归。"唐宪宗求其真迹，不能致。因而苏轼也描写了一位"青箬低白发"的避世渔父："相逢欲相问，已逐惊鸥没。"又有诗："爱酒陶元亮，能诗张志和。青山来水槛，白雨满渔蓑。……"尽管陶渊明未到过湖州。苏诗再三提到他："已占蒲鱼港，更开松菊园。"用《归去来辞》中"三径就荒，松菊犹存"句。湖州、彭泽在苏轼心中已合二为一，成为精神桃源的象征。

于是我们读到这首《南歌子》："雨暗初疑夜，风回便报晴。淡云斜照著山明。细草软沙溪路，马蹄轻。　　卯酒醒还困，仙材梦不成。蓝桥何处觅云英？只有多情流水，伴人行。"蓝桥在今陕西蓝田县，相传是裴航遇仙女云英之处。事见《太平广记》。在这雨雾初晴、细草软沙、马蹄轻快之时，词人竟飘飘欲仙，虽然仙梦不成，尚有多情流水一路伴行。苏轼意犹未尽，又和韵连写了两首："日出西山雨，无晴又有晴。乱山深处过清明。不见彩绳花板，细腰轻。　　尽日行桑野，无人与目成。且将新句琢琼英。我是世间闲客，此闲行。""带酒冲山雨，和衣睡晚晴。不知钟鼓报天明。梦里栩然蝴蝶，一身轻。　　老去才都尽，归来计未成。求田问舍笑豪英。自爱湖边沙路，免泥行。"栩然，欢乐状，此用庄周化蝶典故。求田问舍，指只打算置产业，没有"大志"的人，为豪杰英雄所笑。这里有自嘲意味，但也不全是。"求田问舍"也可与同期写的另一首诗印证："……乡国飘零断书信，弟兄流落隔江淮。便应筑室苕溪上，荷叶遮门水浸阶。"在尘世而能"免泥行"，此地真为桃源了（李煜则痛吟过"醉乡路稳宜频到，此外不堪行"）。

桃源毕竟在人间，因此"溪城六月水云蒸，飞蚊猛捷如花鹰"。但这毕竟是自然界的威胁，苏轼可以对付。或者与友人"共依水槛立风橹。楼中煮酒初尝茭，月下新妆半出帘。……人间寒热无穷事，自笑疏顽不受疵（疟疾）"，或者与晚辈"夜饮井水"："吴兴六月水泉温，千顷孤蒲聚斗蚊。此井独能深一丈，凛然如我亦如君"，或者"苦热诚知处处皆，何当危坐学心斋"，或者"吟哦相对忘三伏，拟泛冰溪入雪官"（因湖州四面环水，世称水晶宫）……总之，苏轼的态度是"人将蚁动作牛斗，我觉风雷真一噫"（《次韵秦太虚见戏耳聋》）。晋代殷仲堪的父亲患"耳聪"病，听见床下蚂蚁蠕动之声，说是牛斗；而自己"耳聋"，风雷也像轻微的嘘气。

细推以上诸诗，似也不全对自然界的侵害而发。苏轼与客人游何山道场，"归途风雨作，一洗红日燎。我惊万窍号，黑雾卷蓬蓼。舟人纷变色，坐羡轻鸥矫。我独唤酒杯，醉死胜流殍。书生例强狠，造物空烦扰。更将掀舞势，把烛画风筱……"他憩息于友人贾耘老筑于苕溪的亭阁，命官奴秉烛捧砚，在壁上画风竹一枝。"更将掀舞势"，让人忆起他的"渔舟一叶从掀舞"。面对风雨，他不仅安神，更借势挥毫，画一竿高标的风竹！

苏轼在绘画上属于以文同为首的"文湖州竹派"的重要一员。文同字与可，在中国画史上首创不施勾勒的写意墨竹画。他是汉代蜀郡太守文翁的后裔。文翁曾建石室（学舍）培养当地学子，又派官吏去长安求学，一开蜀地闭塞之风。"至今巴蜀好文雅，文翁之化也"（《汉书》）。因此，文同也被人称作"石室先生"。他少时贫困，笃于学："男儿处贫贱，憔悴守文笔。"但又有"振缨效王官"的志向。举进士后，做地方官，访民疾苦，严办不逞之徒，使一境安然。在洋州（今陕西洋县）任上，正逢朝廷推行新政"榷法"。洋州产茶，但处于深山之中，商旅不通，国家收购不尽，民间茶叶堆积如山。而官盐又不能及时供应，有"淡食"之苦。文同上奏朝廷，请缓行榷法，改以茶叶换取外来食盐，并开禁准许茶商收购，既免去山民荷担远行送茶之劳与茶叶堆积损耗之害，又使百姓无缺盐之苦。神宗准奏，"舆诵欢然"。

文同对新法不像苏轼那样持激烈反对态度，而是"行之以中道，勉副议者欲"，即中庸之道，对"议者"（变法派）采取不急不怠的应付态度。而对借新法为护符，谋权夺势者，则喻之为莺："浓染羽毛深画眉"，"只应自道新声好"。至于借行新法而聚敛民财者，他告诫："勿谓花无言，请以君心酌花意，君容待花转丰艳，花枝因君愈憔悴。"（《莫折花》）希望他们惜花，也即惜民。在《织妇怨》中，他又说："安得织妇心，变作监官眼！"态度委婉，但也只是一种善良的愿望罢了。在旧臣被逐时，文同也夺一官放外，但他"默无所云"，反而对苏轼不知进退的做法苦口诫之。用现代的话说，他是一位好好先生。

但文同留给我们的遗产不在德政，而在文艺。苏轼称他有"四绝"："诗一，楚辞二，草书三，画四。"苏辙说他："风雅之深，追配古人；翰墨之工，世无拟伦。"司马光、文彦博也赞他"襟韵洒落如晴云秋月，尘埃不到"。他与苏轼兄弟的交谊，除亲戚关系（系堂表兄，其子又与苏辙长女联姻）外，更主要的是双方以道相勉，以情相慰，以文相知。他与苏轼在凤翔订交，后同在京城。在自己诗中留下了当年苏轼的形象："书窗画壁恣掀倒，脱帽褫带随纵横。喧呶歌诗啪（大呼）文字，荡突不管邻人惊。更呼老卒立台下，使抱短箫吹月明。"后来文同在陵州（今四川仁寿）任上，寄诗规劝在杭州以诗刺时的苏轼："众人庵尽圆，君庵独云方。君虽乐其中，无乃太异常。……东西南北不足辨，左右前后谁能防？愿君见听便如此，鼠蝎四面人恐伤。"

其实，文同也是外圆而内方。他在熙宁五年十月作《纡竹记》，记叙去陵州北山岩下采药，发现歧竹二株，一脱箨时为蝎子所伤，一为垂岩所轧，屈己向上，纡回茂发，感慨之余，画《纡竹图》，并将摹本寄苏轼。苏轼后来刻图石并跋，赞扬这种屈而不挠的风节。

文同在洋州，有《望云楼》诗："巴山楼之东，秦岭楼之北。楼上卷帘时，满楼云一色。"苏轼在密州和诗："阴晴朝暮几回新，已向虚空付此身。出本无心归亦好，白云还似望云人。"文诗白描，含而不露；苏诗议论，颇具机锋。但共同之处在于：安石二度罢相，朝政日非。两人只有抬头望天，天上白云浑然一色，超尘绝俗，比起人间的尔虞我诈、钩心斗角，实为仙境。而归乡便与上天差似。苏轼和文同洋州园池诗共三十首，其中有不少佳作，如："朱栏画柱照湖明，白葛乌纱曳履行。桥下龟鱼晚无数，识君拄杖过桥声。""贪看翠盖拥红妆，不觉湖边一夜霜。卷却天机云锦段，从教匹练写秋光。""不种夭桃与绿杨，使君应欲候农桑。春畦雨过罗纨腻，夏垄风来饼饵香。"末一首，惠洪在《冷斋夜话》中称之为"举因知果"法。我们也称为联想。此法在苏诗中常用，如"玉花飞半夜，翠浪舞明年"，"一听南堂新瓦响，似闻东坞小荷香"等。另"罗纨腻"又可理解成比喻雨后桑叶，"饼饵香"比喻风中麦香，这两句实为多种手法的综合运用。

但苏轼是那么谦虚，在徐州寄文同的简牍中言："又见兄之作，但欲焚笔砚耳，何敢自露？"另一方面，也反映文同诗作确有其特色。他的咏竹诗可为代表。他以竹为师，以竹为友，说："我常爱君此默坐，胜见无限寻常人。"在他笔下，竹有"占水侵沙一万枝"的旺盛生命力，有"铁石枝梢劲，冰霜节目圆"的傲骨，有"帷幔翠锦，戈矛苍玉"的风姿，有"心虚异众草，节劲逾凡木"的品格。

文同以画家画名嵌入诗中，为我国风景诗增添异彩。当然，在他之前也有"叠石小松张水部，暗山寒雨李将军"（韩偓《山驿》）、"忆得江南曾看着，巨然名画在屏风"（林逋《乘公桥作》）等，但仅偶而见之。文同则把这种方法自觉地、大量地用于诗作，如"峰峦李成似，涧谷范宽能"（《长举》）、"独坐水轩人不到，满林如挂暝禽图"（《晚雪湖上寄景孺》）。钱锺书先生在《宋诗选注》中称这种技法，"西洋要到十八世纪才有类似的例子"。张景孺是文同好友，暝禽图为古画。文同对此图激赏，在另一首诗中让想象长上翅膀："试待晴明挂轩壁，定开群眼一时飞。"

文同的画名更掩过诗名。他"朝与竹乎为游，暮与竹乎为朋，饮食乎竹间，偃息乎竹阴，观竹之变也多矣"（苏辙语），擅写墨竹，创深墨为底、淡墨为背之法，不着别色，讲求与中国书法相联系的笔法，重神似而不求形似。一次，他在路上看见两蛇相斗，想起唐代草书名家张旭看公孙大娘舞剑器，悟成狂草大师的故事，遂伫步细观。蛇在地上猛搏的动姿、纠缠的线路与毛笔在纸上的动止、轻重、徐疾不是有许多共通之处吗？于是悟出了不少道理，草书大进，又用于竹画，渐成一家。苏轼有《与可飞白赞》："霏霏乎其若轻云之蔽月，翻翻乎其若长风之卷旆也；猗猗乎其若游丝之萦柳絮，袅袅乎其若流水之舞荇带也；离离乎其远而相属，缩缩乎其近而不隘也。"有《戒坛院与可画墨竹赞》："风梢雨箨，上傲冰雹；霜根雪节，下贯金铁。"

元丰二年正月，文同赴湖州任，途中卒于宛丘驿（今河南淮阳），但世人仍称其为"文湖州"。苏轼闻讯，"讣之三日，夜不眠而坐喟，梦相从而惊觉，满茵席之濡泪"，作《祭与可文》。苏轼调湖州太守，便是顶文同之缺的。七月七日，他在湖州曝晒书画，见文同遗作，"废卷而哭失声"，作《文与可画筼筜谷偃竹记》，提出了文同的"胸有成竹"的文艺见解："今画者乃节节而为之，叶叶而累之，岂复有竹乎？故画竹必先得成竹于胸中，执笔熟视，乃见其所欲画者，急起从之，振笔直遂，以追其所见，如兔起鹘落，少纵则逝矣。与可之教予如此。予不能然也，而心识其所以然。"米芾的《画史》一节，可作为苏轼此段文字的注脚："子瞻作墨竹，从地一直起至顶，余问何不逐节分，曰：'竹生时何尝逐节生？'运思清拔，出于文同与可，自谓与文拈一瓣香。"

苏轼此文还提到一段逸事："与可画竹初不自贵重，四方之人持缣素而请者足相蹑于其门。与可厌之，投诸地而骂曰：'吾将以为袜！'士大夫传之以为口实。及与可自洋州还，而余为徐州。与可以书遗余曰：'近语士大夫："吾墨竹一派近在彭城，可往求之。"袜材当萃于子矣。'"

关于"胸有成竹"，历代称许者甚众。但也有持不同见解的，石涛语："画竹可以不节，尚有何法可拘？翻风滴露，观者正当得其生韵耳。"又云："坡公画竹不作节，此达观之解，其实天下之不可废者无如节。"平心而论，苏轼只是涉及创作方法，要说他达观，也是气节充盈而生的达观，是"枝梢劲"后的"节目圆"。郑板桥则从创作途径提出他的看法："江馆清秋，晨起看竹，烟光、日影、露气皆浮动于疏枝密叶之间。胸中勃勃，遂有画意。其实胸中之竹，并不是眼中之竹也。因而磨墨展纸，落笔倏作变相，手中之竹又不是胸中之竹也。"

各说可以互存互补。竹在中国诗学中，与梅、兰、菊一样，是中国文人的自恋诗化感受。它兼有梅之冲寒犯雪与兰之翠色长存，郑板桥的"春风夏雨清光满，历到秋冬翠更多"，也是偏重于竹的象征意味的。竹不管春秋递嬗、季节冷暖，一生一世，只一袭青衫，以其"高""直""疏萧"，使中国文人得以在其中充分玩赏自己的君子美质。梁代刘孝先便已咏过："竹生空野外，梢云耸百寻。无人赏高节，徒自抱贞心。耻染湘妃泪，羞入上宫琴。谁能制长笛，当为吐龙吟。"而苏轼兄弟之推崇文同墨竹，气节成分似也多于技艺成分。早在《送与可出守陵州》诗中，苏轼就写过："壁上墨君不解语，见之尚可消百忧。而况我友似君者，素节凛凛欺霜秋。……君知远别怀抱恶，时遣墨君解我愁。"后又写过："要看凛凛霜前意，须待秋风粉落时。"文同逝后多年，他还不断地以诗文追念，委实是缘于文同墨竹所体现的人格力量。而他也是靠着这种丰沛的人格力量，才得以创立湖州的"桃源"："清风定何物，可爱不可名。所至如君子，草木有嘉声。我行本无事，孤舟任斜横。中流自偃仰，适与风相迎。举杯属浩渺，乐此两无情。归来两溪间，云水夜自明。"这是"清景"，也是"心景"；是实境，更是幻境。

湖州城南也有一座岘山亭，为晋时太守殷康所建。这使人想到襄阳岘山的"堕泪碑"。《晋书·羊祜传》载：祜乐山水，每风景佳，必访岘山。尝慨然叹息，对从事中郎邹湛等说："自有宇宙便有此山，由来贤达胜士登此远望如我与卿者多矣，皆湮灭无闻，使人悲伤！"邹湛安慰他："公德冠四海，道嗣前哲，令闻令望，必与此山俱传。"羊祜逝后，襄阳百姓果然在岘山为他们的太守立碑纪念，名"堕泪碑"。欧阳修后来写了《岘山亭记》，把羊祜与杜预比较：虽然杜预平吴功劳为大，但羊祜"以其仁"更被人怀念。苏轼在登湖州岘山亭时想起前贤往事，自叹"我非羊叔子，愧此岘山亭"，并鼓励从游的晚辈"当以德自铭"。"铭"在这里，既有铭刻之意，也有留名之意。而苏轼的"愧"，也表明他并未沉溺于"桃源"而忘情世事。湖州尽管"风俗阜安，在东南号为无事"（苏轼《湖州谢表》），但近几年来自然灾害严重。特别是杭州地区，熙宁八年的一次大饥疫，死了五十余万人，城郭萧条，土地荒芜。苏轼写过："来往三吴一梦间，故人半作冢累然。"又有："政拙年年祈水旱，民劳处处避嘲呕。"意为他连迁数州，各地的水旱、徭役都很严重，民受其害，自己也无脸见人，所以"避嘲呕"。"政拙"表面看是讲自己，实际上是指变法。

尽管如此，苏轼还是勉力为政。他一生以祈雨为多，在湖州却有一次上下山黄龙洞祈晴之举，皆因"吴兴连月雨，釜甑生鱼蛙"。他"寄语洞中龙，睡味岂不嘉？雨师少弭节，雷师亦停挝"，以使"积水得反壑，稻苗出泥沙。农夫免菜色，龙亦饱豚豭"。他从"桃源"中走出，决心"要与遗民度厄年"。但是"厄年"还未度过，苏轼就厄运临头了。也许一动为民造福之念，便触为己招祸之机。苏轼在湖州任上仅三个月，他的"桃源春梦"是何其短暂！

乌台诗案

御史的发难——通风报信——逮捕——自杀的念头——月光之恋——绝命诗——陷害与营救——最后的考核——车盖亭诗案——出狱诗——犹不改也

王安石罢相后，朝中围绕着变法而展开的斗争，逐渐演变为权臣对异己的残酷打击。苏轼在《湖州谢表》中有两句牢骚："愚不适时，难以追陪新进"，"老不生事，或能牧养小民"。这"新进"与"生事"，显然刺痛了一些本来就对他欲加治罪的人。先是监察御史里行何正臣弹劾苏轼"愚弄朝廷，妄自尊大。又一有水旱之灾、盗贼之变，轼必倡言归咎新法，喜动颜色"，要求对苏轼"大明诛赏，以示天下"。御史中丞李定（字资深，扬州人）因不服母孝，曾受苏轼讥讪，也上章言苏轼有四条"可废之罪"：一、"怙终不悔，其恶已著"；二、"陛下所以俟轼者可谓尽矣，而狂悖之语日闻"；三、"言伪而辩"，"行伪而坚"；四、"陛下修明政事"，而苏轼则"怨不用己"。总之，苏轼是一个"讪上骂下，法所不宥"的人。李定咬住对手不放，认为苏轼"罪在当诛"。御史舒亶（他在惩治郑侠中有过出色表演）攻击苏轼包藏祸心，怨望皇上，无人臣之节："陛下发钱以本业贫民，（轼）则曰'赢得儿童语音好，一年强半在城中'；陛下明法以课试郡吏，（轼）则曰'读书万卷不读律，致君尧舜知无术'；陛下兴水利，（轼）则曰'东海若知明主意，应教斥卤变桑田'；陛下谨盐禁，（轼）则曰'岂是闻韶解忘味，迩来三月食无盐'。其他触物即事，应口所言，无一不以诋谤为主，小则镂板，大则刻石。"

在接二连三的表章面前，宋神宗不可能无动于衷。专制君王总是要求属下当奴才就得当个全心全意、俯首帖耳的奴才；半心半意、说三道四的奴才，在君王眼中，便是十足的贰臣逆子。他下令御史台将苏轼押来京城鞫审。时为元丰二年七月。

李定喜形于色，但又犯难，因为几乎没有人愿意去干这种不光彩的行当，弄脏自己的手。他"对人叹息，以为人才难得，求一可使逮轼者少有如意"。最后是太常博士皇甫遵"被遣以往"，带儿子与两名台卒"倍道疾驰"。

驸马王诜与苏轼交厚，从禁中得到消息，通过王巩告知在商丘的苏辙。苏辙心急如焚，拜托王适兄弟（王适后成苏辙女婿）昼夜兼程，并嘱他们在苏轼被捕后接兄长的家属到商丘安置。他还同时写下《为兄轼下狱上书》，请求除去自己官职，以赎苏轼死罪于一免。对"抚我则兄，诲我则师"的子瞻，要子由以身代死，他大概也会从容而赴的。

本来，王适兄弟是赶不上皇甫遵的。但皇甫遵到润州时，大约因为劳累，儿子生病延医，耽搁了半天。所以苏辙的信使先到湖州一步。

信使的到达，无疑使苏轼有了一定的思想准备。苏轼十二岁时，苏洵让他写《夏侯太初论》。夏侯玄（字太初）为三国时魏之重臣，因参与推翻大将军司马师的密谋被捕，临刑举措自若。他平日即处事镇静，一次"倚柱作书，时大雨霹雳，破所倚柱，衣服焦然，神色无变，书亦如故"（《世说新语·雅量》）。苏轼借此写下这样的名句："人能碎千金之璧，不能无失声于破釜（炊器）；能搏猛虎，不能无变色于蜂虿（蝎类）。"意谓对于突如其来的事故，人们因没有心理准备，往往会失声变色，而推崇夏侯玄临危不惧的精神。他自己对这两句颇为欣赏，在知密州时所作的《颜乐亭诗并叙》中曾再次引用。

但另一方面，信使急如星火地赶来，又使苏轼感到事态的严重。当皇甫遵带人直闯州厅，穿着皇帝赐给的朝服朝靴，手执笏板，"二台卒夹侍，白衣青巾，顾盼狞恶"时，苏轼心中也没有底了。他与本州通判祖无颇商议要不要出迎。无颇说：事情已到这个地步，已是无可奈何，长官还是出迎为宜。苏轼又问：但我既为罪人，不该再穿官服出迎的。无颇说：在不知道朝廷到底定你什么罪之前，你还是一州的太守，应穿朝服出迎。

于是，苏轼也穿上朝服朝靴，手执笏板，迎于厅上。祖无颇与其他佐吏站在苏轼背后。那两个台卒怀中的台牒，像匕首一样挂起衣服，皇甫遵则傲气盈眉，久久不语，气氛十分紧张。苏轼见此状况，自认死罪无疑，遂先开口：今日必是赐死，死固不辞，请允许我回后堂与家人诀别。皇甫遵这才从牙缝中挤出四个字："不致如此。"

祖无颇一听，心下稍安，迈前一步问：太博（皇甫遵为太常博士）一定有台部的公文吧？皇甫遵厉声问：你是什么人？对方坦然答：本州通判祖无颇。皇甫遵才命台卒将牒文交给祖无颇。祖无颇一看，只是一般的拘捕文书，并未定什么罪名，心中更安。苏轼也获准与家人告别，全家哭成一团。苏轼反而讲了一个故事，安慰夫人：宋真宗时，有位名叫杨朴的隐士，能诗（比如《七夕》诗："未会牵牛意若何，须邀织女弄金梭。年年乞与人间巧，不知人间巧已多。"以埋怨织女的口气说：你年年把巧给予人间，难道不知道人间的奸巧已经够多了吗？）。真宗召见他，想试试他的诗才。但他不愿为官，便答不会作诗。真宗问：临来前，有人作诗送你吗？杨答：只有我老伴作了一绝："更休落魄耽杯酒，且莫猖狂爱吟诗。今日捉将官里去，这回断送老头皮。"真宗听后大笑，便放杨朴归山。苏轼问夫人：今日临行，你就不能像杨朴的老伴一样，写一首诗送送我吗？王夫人失声而笑，家里其他人也跟着笑了。

苏轼的天性里，就有这么一种坚韧，能屈能伸，但从不折断。在压力下屈服，当压力一挪开，又猛然一掌，竖将起来，依旧昂然自得。

严峻的现实，毕竟逼在眼前。他自忖此去凶多吉少，幻不可测，便给子由写信，交代后事。又对王适兄弟说：遭此大难，贱累就重托二位了。家中婢仆一并相托处置。还请先垫些银两，使他（她）们不致流离失所。女婢若无所归，请善择人家遣嫁……

此时皇甫遵催行。苏轼的长子苏迈已满二十岁，获准在路上照顾父亲。祖无颇目击以上拘捕与后来押送的情景，告诉了苏轼的朋友孔平仲，孔平仲写进《孔氏谈苑》里。"出城登舟"时，"郡人送者雨泣。顷刻之间，拉一太守如驱犬鸡"。用苏轼自己的话，则为"如捕寇贼"（《杭州召还乞郡状》）。

船行至太湖鲈香亭下，因舵损修理。那天晚上，风涛阵阵，月明如昼。夜深了，苏轼尚未入睡。也许"鲈香亭"这个地名，使他想起晋代张翰的故事。张翰在齐王手下任职，身居洛阳，秋风起时，思念家乡吴中的莼菜羹、鲈鱼脍，说："人生贵得适意，何能羁宦数千里以要名爵！"据说还写过一首《鲈鱼歌》："秋风起兮木叶飞，吴江冷兮鲈正肥。三千里兮家未归，恨难禁兮仰天悲！"他终于辞官而归。不久齐王事败，而张翰独能免祸。"时人皆谓之见机。"自己呢？老叫嚷要解甲归乡，却一直下不了决心。远的不说，在徐州时，便写过《春菜》诗："蔓菁宿根已生叶，韭芽戴土拳如蕨。烂蒸香荠白鱼肥，碎点青蒿凉饼滑。宿酒初消春睡起，细履幽畦掇芳辣。茵陈甘菊不负渠，脍缕堆盘纤手抹。北方苦寒今未已，雪底波棱如铁甲。岂如吾蜀富冬蔬，霜叶露芽寒更苗。久抛菘葛犹细事，苦笋江豚那忍说。明年投劾径须归，莫待齿摇并发脱。"现在，还谈什么家乡美味，还待什么齿摇发脱，已是命在旦夕。比起张翰，自己实非"见机"，岂不遗羞世人？一阵阵的潮声，拍打心头。想到已受与将受的人身侮辱，想到审讯中难免连累他人，心灵已无法承受这场噩梦。还是选择一死吧，离开这可诅咒的人间！一闭目，一纵身，只是顷刻间事！

抬头一瞥，舱外的月亮，正对自己深情地凝视。你不就是钱塘江潮推上的那一轮吗？你不就是我在密州醉眼所见的那一轮吗？你不就是我在彭城与子由共赏的那一轮吗？月亮呵，我心上的故乡！你给过我这么多的柔情与勇气。是我与子由、与亲友不解的情结！我曾为你写过多少脍炙人口的诗词呵！我这一去，子由怎么办？他一定不会独生。岂不苦了弟弟一家？退一步讲，即便子由不死，两家的担子，也会累垮了他！"月有阴晴圆缺"，人生也是这般，没有满盈也没有全暗。单是为了看看究竟还会有什么临头，也值得继续这生命的旅程……天渐渐亮了，他居然还写了一首诗："晓色兼秋色，蝉声杂鸟声。壮怀销铄尽，回首尚心惊。"

船过广陵，苏轼的好友、扬州知州鲜于侁（字子骏）单身前来探望。尽管台吏不允许他们相见，但这种友情的慰藉，对罹难的苏轼来讲，是怎么形容也不为过的。有人劝鲜于侁将平时与苏轼的来往文字尽数销毁，以免遭累，他回答："欺君负友，吾不忍为！"不久遭贬。差不多同时，王适兄弟护送苏轼家属的船，在宿州被抄。抄后，王夫人说：都是老爷平日爱吟诗作文，才惹下这场大祸！一气之下，将家中残存的苏轼诗文付诸一炬。

进京后，苏轼被关进一间阴暗低湿的牢房。朝北有一扇小窗，可以望见御史台的后院。那儿，槐榆摇绿，楠竹婆娑。柏树上聚集了成群的乌鸦，从早到晚呱呱地噪着。汉代以降，乌鸦已在这种地方噪了一千年了。因此，御史台又被称为"乌台"。这"乌"字，又使人联想到墨吏。起初苏轼不想拖累他人，"虚称更无往复"，但他与朝野人士的交往诗文均被查获，只好承认"与人有诗赋往还"，并写下两万多字的"供状"。此案牵涉了七十余人。苏轼自料必死，就把日常服用的青金丹（一种安眠药）藏下一些，准备一旦定了死罪，就超量服用自尽。

押解途中，苏轼已与苏迈约定，每次送狱饭，均用菜、肉；如有不测（死讯），则单独送鱼。一个月后，因粮快吃完，苏迈去陈留（在开封东南）谋求，临时委托亲戚送食，仓促中忘了交代。这位亲戚恰巧烧了一条鱼送至狱中。苏轼见鱼大惊，当即写了两首诀别诗，托狱卒梁成设法转交子由。梁成一直待苏轼很好，每晚都要端一盆热水给苏轼洗脚。此刻，他安慰苏轼："学士必不至如此。"苏轼对他说："使轼万一获免，则无所恨；如其不免而此诗不达，则目不瞑矣。"

诗一为："圣主如天万物春，小臣愚暗自亡身。百年未满先偿债，十口无归更累人。是处青山可埋骨，他年夜雨独伤神。与君世世为兄弟，又结来生未了因。"苏轼自谓平生"拙于谋身，锐于报国"，他只承认自己"愚暗"，愚是不善谋身，暗是不识时务。"百年"二句，言自己未尽天年，便了却在人世所应承担的义务，可丢下家属十口，就更拖累子由了。"是处"指到处。"夜雨"指与子由早年有"夜雨对床"之约。"与君"二句，纪昀评曰："情至之言，不以工拙论也。"

诗二为："柏台霜气夜凄凄，风动琅珰月向低。梦绕云山心似鹿，魂飞汤火命如鸡。眼中犀角真吾子，身后牛衣愧老妻。百岁神游定何处，桐乡知葬浙江西。""柏台"指御史台。"琅珰"指长锁。"犀角"比喻额骨，古时相者认为龙犀日角皆吉人相。"吾子"为苏迈。"牛衣"，乱麻编织之衣，这里指未给妻子留下什么遗产。七、八句苏轼自注："狱中闻杭、湖间民为余作解厄道场者累月，故有此句。"苏轼爱浙江山水，又听说杭州、湖州百姓闻他入狱，一连数月为他作解厄（灾厄）道场，所以希望苏辙将他葬在浙西。

这两首绝命诗，没有自诬品节，而是相信自己，相信人民，也反映出封建专制下一位正直官吏的悲愤。苏轼后来回忆道："去年御史府，举动触四壁。幽幽百尺井，仰天无一席。隔墙闻歌呼，自恨计之失。留诗不忍写，苦泪渍纸笔。"前四句言囚室之狭，五、六句写一墙之隔，两个世界，墙外可放声歌呼，墙内则愁思难遣。一个没有失去过自由的人，是不懂得自由的可贵的。"留诗"指诀别诗。

当然，院内还有一人，不仅听见"歌呼"，还听过另一种声音。苏颂（后来作了丞相）在开封办理一案，被谏官劾为"宽纵请求"，这时也关在御史台内。他后来在《狱中诗序》中说："子瞻先已被系"，与他"才隔一垣"。其诗云："遥怜北户吴兴守，诟辱通宵不忍闻。"可见苏轼当时所受的折磨。单是这样的审讯，就达十一次之多。又据《孔氏谈苑》载：苏轼谪居黄州时，梁成将他的两首绝命诗奉还，"子由以面伏案不忍读……"清代王夫之在《姜斋诗话》中，曾指责苏轼系狱时不能"昂首舒吭"，因而"可耻孰甚"，恐怕是过于严苛了。

朝廷上，为苏轼一案，也展开了激烈的争辩。宰相王珪（苏洵的同乡，曾为老苏写过挽词）指控苏轼"不臣"，证据是苏轼写过一首《双桧》诗："凛然相对敢相欺，直干凌空未要奇。根到九泉无曲处，世间惟有蛰龙知。"这首诗显然受了苏洵那篇《木假山记》的影响，用以自励气节。王珪却说："陛下飞龙在天，而轼求之地下之蛰龙，其不臣如此！"神宗感到这样太牵强附会，说："诗人之词安可如此论，彼自吟桧，何预朕事！"变法派成员之一的章惇揣摩帝意，也从旁为苏轼开脱："龙者非独人君，人臣俱可以言龙也。"神宗受此启示，又说："自古称龙者多矣，如荀氏八龙、孔明卧龙，岂人君也？"东汉荀淑有八子，皆有才名，人称"荀氏八龙"。章惇在退朝后还质问王珪，是不是想使苏轼家破人亡。王珪答：这是舒亶对"蛰龙"诗的看法。章惇挖苦：舒亶的口水也可以吃吗？这一问问得狠。王珪惯于拾人余唾。他为相多年，专看皇帝脸色行事。上朝为了"领圣旨"，皇帝表态后他说"听圣旨"，退朝后则对僚属说"已得圣旨"，时人讥为"三旨宰相"。后来章惇还对人抨击王珪："人之害物无所忌惮有如是也！"然而不幸的是，这句话又将成为章惇自己的写照。

当苏轼入狱，"天下之士痛之，环视而不敢救"时，范镇与张方平愤然上书营救。张方平书成，南京（今河南商丘）官吏不敢转呈，他就派儿子张恕上京到闻鼓院投书。张恕在院前徘徊不敢投。以后苏轼出狱，读到张方平疏奏的副本，大惊失色。苏辙看了，也感叹道：难怪吾兄吐舌，苏轼不死，正得张恕不投之力。苏轼何罪？不过名声太大，与朝廷争胜。张方平却在奏书中称他是"天下之奇才"，这样只会更加激怒神宗。苏辙对此案的看法，比当时与后代许多人都更为明了："东坡何罪？独以名太高，与朝廷争胜耳！"对神宗而言，新法实施并不顺遂，而像苏轼这样有巨大影响力的人却不愿合作，便自然产生惩一儆百的动机。有人问苏辙，当时该如何向神宗进言。苏辙答：应该讲本朝未曾杀过士大夫，现在杀了苏轼，后人会说神宗是杀士大夫的始作俑者。神宗好名而畏议论，这样才能救苏轼。

原来宋太祖赵匡胤，曾将他的遗嘱刻碑，锁在一间密室里。以后每一个皇帝登位，才可去密室一观。这块碑又名"誓碑"，新帝实际上去读碑立誓。碑文曰："不得杀士大夫及上书言事人"，"子孙有渝此誓者，天必殛之"（见叶梦得《避暑漫抄》）。也可以说，苏轼之所以大难不死，是受到赵匡胤亡灵的佑护。而赵匡胤之所以立碑，也是为了大宋的基业。从这一点讲，他也许比后来的许多统治者高明。据说还有一次，赵匡胤设宴，翰林学士王著乘醉喧哗，太祖命人好生扶出。王著不肯走，移近屏风，掩袂痛哭。左右人硬把他拽了出去。翌日上朝，有人启奏："王著逼宫门大恸，思念（周）世宗。"要求对王著治罪。太祖说：他不过是一名酒徒，世宗时我就了解他。何况一介书生哭世宗，又能怎么样呢？（见王君玉《国老谈苑》）从这一点讲，宋太祖又比后来的许多统治者自信。

除了宋太祖的亡灵，还有宋仁宗的亡灵，不过是附在仁宗后曹氏的身上出现的。年迈的太皇太后见神宗数日不欢，动问原因，神宗说：更张数事未就，又有苏轼者，写了许多谤讪文字。曹后问：是不是苏轼、苏辙两兄弟的那个苏轼？神宗惊曰：娘娘何以闻之？曹后陷入回忆："吾尝记仁宗皇帝策试制举人，罢归，喜而言曰：'朕今日得二文士，谓苏轼、辙也。然吾老矣，虑不能用，将以遗后人，不亦可乎？'"说到这里不免伤恸，又闻苏轼系狱，当问清苏轼政绩上并无不良记录，便说：这是小人无可攻击，才摘举诗文以加罪。"则又泣下。上亦感动，始有贷轼意"。（见方勺《泊宅编》）又据《耆旧续闻》载：曹后病重，神宗欲大赦天下，以祈减轻病情，曹后说："不须赦天下凶恶，但放了苏轼足矣！"不久，她便撒手长逝。今天人们还记得她，大概也只因她弥留之际所做的这桩善举。

本章还应提到另外几位。与王珪同为宰相的吴充，曾问神宗：魏武帝（曹操）怎么样？神宗说：何足道！吴充进一步婉劝："陛下以尧舜为法，薄魏武固宜，然魏武猜忌如此，犹能容祢衡，陛下不能容一苏轼何也？"神宗故作惊讶："朕无他意，只欲召他对狱，考核是非耳，行将放出也。"王安礼（王安石之弟）也劝神宗：自古大度之君不以言罪人，若对苏轼行法，"恐后世谓陛下不能容才"。特别应该提一提王安石。他当时闲居江宁，但有些话还能对神宗产生效果。他为苏轼上书："岂有圣世而杀才士者乎?"据说,这场公案就"以公(王安石)一言而决"。这话不免有些夸大,但可见王安石从中起的作用。

此案结束前,还有戏剧性的一幕。一天晚上,昏鼓已毕,苏轼正要睡觉,忽然看见两个人推开牢门,往地上丢了两个小箱,枕着便睡。苏轼也不在意,酣然入眠,鼻息如雷。到四更时分,被人推醒,有人连声为他贺喜。他慢慢转过身子,问是怎么回事。对方只说:请学士安心睡寝。说罢,那两人依旧夹箱离开。原来这天(十一月三十日),正是苏轼案件具结上奏之日。神宗不放过最后一次对他"考核是非"的机会,密遣小黄门(皇宫新补的内侍)于晚间来狱中察看苏轼的动静。当那两个小黄门将实情呈报后,神宗对左右大臣说:"朕知苏轼胸中无事者。"十二月二十七日,下旨释放苏轼,夺两官,贬黄州团练副使。王诜、王巩、苏辙因"漏泄禁中语",俱遭贬谪。王诜受到的"勒停"处分,比逐出朝外的"安置""编管"等更为严重,须"追毁出身以来文字",除开除公职外,还被剥夺一切政治权力。王巩被远谪宾州(今广西宾阳)监盐酒。他其实是派系斗争的牺牲品,其父王素为富弼好友,岳父张方平是苏轼的父执兼师长,都是反对新法的中坚人物。

司马光、张方平等因已赋闲,无官可贬,也因与苏轼诗文交往,各罚铜二十斤。舒亶曾提出:司马光、张方平、范镇、陈襄、刘挚"可置而不诛乎"?意欲一网打尽,但未得逞。

这便是宋史中有名的"乌台诗案",它是一个来势凶猛的信号,开了中国历史上以诗治罪的先例。之后,还发生过一起不太有名的"车盖亭诗案"。后一诗案的主犯蔡确系新党人物。他是靠兴冤狱起家的。熙宁间,蔡为御史,汪辅之谢上表中有"清时有味,白首无能"句,蔡确以为"言涉讥讪",使汪坐降虔州而死。几年后的东坡之狱盖始于此。蔡在元丰间,位至宰相。元祐中,因其弟赃败,谪守安州(今湖北安陆),夏日登车盖亭,作诗十首。吴处厚将这些诗注释呈上,认为其中五首"涉讥讽":

"'何处机心惊白鸟，谁人怒剑逐青蝇'，以讥谗佞之人；'叶底出巢黄口闹，波间逐队小鱼忙'，讥新进用事臣。'睡起莞然成独笑'，方今朝廷清明，不知确笑何事？……"蔡确传世之诗，大概只是此首："纸屏石枕竹方床，手倦抛书午梦长。睡起莞然成独笑，数声渔笛在沧浪。"他终于难成"独笑"，又贬新州（今广东新兴）而死。而"诗案"的主因，则在于当时是旧党掌权。

历史就这样冤冤相报。悲剧一幕又一幕地展开。

当苏轼尚在狱中，李定自认手握生杀予夺大权，气焰熏天，同列都不敢问他案情进展情况。有一天，他忽然在崇政殿门主动对众人说："苏轼奇才也！"见众人不敢搭腔，又接着说，"虽三十年所作文字诗句，引证经传，随问即答，无一字差舛，诚天下之奇才也！"（见王巩《甲申杂记》）

支撑苏轼精神的，是一种"士"气。在狱中，他曾写诗，分别咏御史台后院的榆、槐、竹、柏。一到深秋，榆树"蠹皮溜秋雨，病叶埋墙曲"；槐树"破巢带空枝，疏影挂残月"；而竹则"甲刃纷相触"，"猗猗散青玉"，"萧然风雪意，可折不可辱"；对柏呢，他"仰视苍苍干，所阅固多矣"。无怪乎他一出狱，便写下《十二月二十八日，蒙恩责授检校水部员外郎黄州团练副使，复用前韵二首》。"复用前韵"，指复用狱中的绝命诗韵。诗一为："百日归期恰及春，余年乐事最关身。出门便旋风吹面，走马联翩鹊噪人。却对酒杯浑似梦，试拈诗笔已如神。此灾何必深追咎，窃禄从来岂有因。""百日"，苏轼自八月十八日赴狱，到十二月二十八日出狱，恰好一百日。节令虽是冬季，但在他诗人的灵魂上春天已经降临。来不及伤感，只关心"余年乐事"。"便旋"，即便捷。噪，喜鹊叫了。而"试拈诗笔已如神"，又是何等自矜！末二句认为此类遭遇在官场司空见惯，用不着深究，"窃禄"是这场灾祸的根本原因。诗二为："平生文字为吾累，此去声名不厌低。塞上纵归他日马，城东不斗少年鸡。休官彭泽贫无酒，隐几维摩病有妻。堪笑睢阳老从事，为余投檄向江西。""平生"句，言自己因诗文而受累。"此去"句，言今后名声越低越好。何正臣曾说"轼所为讥讽文字传于人者甚众"，舒亶说他"传播中外，自以为能"，李定说他"滥得时名"。"塞上"句用"塞翁失马"典故，暗示出狱虽为福，但安知福后是否再有祸事。"城东"句用唐人小说《东城父老传》故事。少年贾昌因善斗鸡而受玄宗恩宠，被封为鸡坊"五百小儿长"，天下号为"神鸡童"。当时有谚："生儿不用识文字，斗鸡走马胜读书。"此句用的是指己骂人之法，看似自诫，实际上暗刺李定之流。也可理解成："士大夫以文字歌功阿世就如同斗鸡小儿以斗鸡取媚邀宠，作者表示所不愿为。"（陈迩冬语）"休官"句意谓自己家贫，不敢辞官。"隐几"句，佛经中维摩诘以法喜（见法而生喜）为妻，相对世人以妻色为喜而言，并不是真有妻子。此句谓自己将与佛法终老。"睢阳老从事"指苏辙，他当时任著作郎，签书应天府（唐时为睢阳郡，今河南商丘）。"为余"句，指苏辙被贬筠州（今江西高安）监酒。纪昀批评这两首诗"少自省之意"，其实，苏轼本来就不想"自省"。《孔氏谈苑》载：苏轼写下"却对酒杯浑似梦，试拈诗笔已如神"两句，"私自骂曰：'犹不改也！'"我们仿佛看到苏轼自骂时面带的笑容。

东坡居士

风雪途中，梅花故人——初到黄州——《卜算子》——
儒学与佛理——海棠诗——新的友人——人道精神——安土
忘怀——《方山子传》——梅花诗——垦辟东坡——"莫嫌
荦确坡头路，自爱铿然曳杖声"

元丰三年（1080）正月初一，苏轼由御史台差人押出汴京，启程赴黄。苏迈徒步相随。元旦是我国传统年节，朝野俱欢，"诸国使人入贺殿庭，列法驾仪仗，百官皆冠冕朝服"，"开封府放关扑三日，士庶自早互相庆贺；……小民虽贫者，亦须新洁衣服，把酒相酬尔"（《东京梦华录》）。苏轼父子却冒着风雪，凄凉就道。

途经陈州，子由与其婿文务光从商丘赶来送行。这是"乌台诗案"后兄弟俩的劫后相逢。苏辙本来因俸少口多，已经穷困到"明日无晨炊"的地步；苏轼入狱，他又奉养嫂侄全家近一年之久，兼之这次受株连而贬官降薪，不仅一贫如洗，而且债台高筑。两人在陈逗留三日。苏轼谢诗曰："夫子自逐客，尚能哀楚囚。奔驰二百里，径来宽我忧。……别来未一年，落尽骄气浮。"表示自己"平时种种心，次第去莫留"。这大概是子由劝说的结果，也可能是见弟弟因己遭累而作的慰语。但在赠文务光（文同第四子）诗中，又流露出自己的本性："此生聚散何穷已，未忍悲歌学楚囚。"再一次提到"楚囚"，因所去的黄州，旧为楚地。分手不久，在《正月十八日蔡州道上遇雪，次子由韵》诗中，他便故态复萌："下马作雪诗，满地鞭筲痕。伫立望原野，悲歌为黎元。"自己"未忍悲歌"，却为黎民百姓的苦难而悲歌一曲了。这真是他"犹不改也"的绝妙注解。

寒气砭骨，鞍马劳顿，苏轼只想早日到达置所："便为齐安（黄州郡古名）民，何必归故丘。"过淮河时，他又写道："黄州在何许，想像云梦泽。"感叹"吾生如寄耳，初不择所适。但有鱼与稻，生理已自毕"。中旬末，进入黄州麻城县境。二十日，过县治春风岭见梅花，写下了脍炙人口的《梅花二首》。其一为："春来幽谷水潺潺，的皪梅花草棘间。一夜东风吹石裂，半随飞雪度关山。"的皪，鲜明貌。见梅花如见故人，触发了自己不同流俗、孤芳自赏的情怀。而梅花惨遭风雪鞭笞飘落的命运，又使他想到自身，想到子由，想到因"乌台诗案"而牵连受罪的朋友们。其二为："何人把酒慰深幽，开自无聊落更愁。幸有清溪三百曲，不辞相送到黄州。"进一步将梅花引为同调。"幸有"则笔锋一转：即便花落了，也还有"清溪""不辞相送"。（又有人诠释："清溪所以浮其落蕊，能相送先生到黄州矣。"）"三百曲"则极言溪流回环曲折，更显出造物对自己的呵护。这种泛爱万物，也相信自己为天地万物所爱的精神，使苏轼处处能随遇而安，这是他获得快乐的秘诀。这秘诀像一块"点金石"，使诗人终生受用不尽。顺便说一句，苏轼咏梅之作四十余篇，几乎占了他全部咏花诗的一半。

除了梅花、清溪，苏轼又与山野的松树目遇神接，回忆起少年时代，作《戏作种松》："我昔少年日，种松满山冈。……不见十余年，想作龙蛇长。夜风波浪碎，朝露珠玑香。"温馨的乡味，抚慰他受伤的心灵。而现世的感慨，又寄寓于同时所作的《万松亭诗叙》中："麻城县令张毅植万松于道周以庇行者，且以名其亭，去未十年而松之存者十不及三四。伤来者之不嗣其意也，故作是诗。"诗中"天公不救斧斤厄"句，自有其深意。"天公"应读作"朝廷"。

仿佛是天意安排，旧友正在路上等他，像梅，似溪，如松。二十五日，"山上有白马青盖来迎者"。原来是陈公弼的公子陈慥，现隐居岐亭，特地出迎二十五里。陈慥字季常，别号龙丘子，也是四川眉山人，在凤翔即与苏轼订交，可谓同乡故友了。苏轼的兴奋是可想而知的。他在岐亭留住五日，作《陈季常所蓄〈朱陈村嫁娶图〉二首》。其二为："我是朱陈旧使君，劝农曾入杏花村。而今风物那堪画，县吏催钱夜打门。"朱陈村在徐州萧县，苏轼知徐时，曾到过与朱陈村毗邻的杏花村。这首诗直刺时政，一无所隐，出狱时"平生文字为吾累"的誓言，又被苏轼抛诸脑后了。明代都穆在《南濠诗话》中说：朱陈村在徐州丰县东南一百里深山中，民俗淳质。一村惟朱陈二姓，世为婚姻。白乐天有《朱陈村诗》三十四韵。"予每诵之，则尘襟为之一洒，恨不生长其地。后读坡翁《朱陈村嫁娶图》诗……则宋之朱陈已非唐时之旧，若以今视之，又不知其何如也。"一首小诗竟能打破后人的"桃源"梦想，实在功不可没。

二月一日，苏轼到达黄州，尽管他已成为"不得签书公事"的变相囚徒，还是给神宗呈上《到黄州谢表》，表示要"蔬食没齿，杜门思愆，深悟积年之非"，而自己"贪恋圣世，不敢杀身；庶几余生，未为弃物"。据说神宗读到"无官可削，抚己知危"这两句时，笑曰："畏吃棒邪！"（见徐度《却埽编》）以下臣的遭际取乐。幸好苏轼这些话只是例行公事的敷衍文章，并未那样低首下心，更没有，也不可能完全洗心革面。在《初到黄州》诗中，我们见到了诗人的本色："自笑平生为口忙，老来事业转荒唐。长江绕郭知鱼美，好竹连山觉笋香。逐客不妨员外置，诗人例作水曹郎。只惭无补丝毫事，尚费官家压酒囊。""为口忙"有多层含义：为糊口而出仕，因口祸而获罪，兼指"鱼美""笋香"的口福。二句看似诙谐，实则沉痛。苏轼自幼便"奋厉有当世志"（苏辙《亡兄子瞻墓志铭》），及壮被视为宰相之器。二十多年后，不仅没有功成名遂，反而蹉跌至此。"员外"，是定额以外的散官。"水曹郎"，是隶属于水部的郎官。梁朝何逊、唐代张籍、南唐孟宾于等都任过此职。苏轼借这种巧合加以发挥。"不妨""例作"，牢骚之中带点幽默放达。宋代惯例，官吏俸禄有一部分是实物支付。而苏轼的检校官一职，得到的多是公家卖酒后民间退回的酒袋（压酒囊）。这两句表面上自惭尸位素餐，实际上既是诗人苦中作乐的自嘲，又是对朝中权贵的讥讽。

史良昭先生在其著《浪迹东坡路》中，对此时的苏轼，从心理学的角度作了分析："现代心理学家认为，人类有五个层次的基本需要，即生理、安全、社会联系、自我尊严及自我实现，各种需要以居前的层次为其基石，依次排成台阶的形状。……不过，以古代的中国读书人来说，在前三层次先天不足的情况下，自尊的需要却格外亢奋，所谓'士可杀而不可辱'的便是。"对苏轼而言，"昔日的庙廊之器，一下子沦为戴罪之身"。

生活上拮据无靠，薪给微薄，朝廷时常折支或拖欠；安全上，虽然出狱，但镣铐似乎转移（或部分转移）到心里，现在又属于管制对象，政敌可以随心所欲地处置他；"平生亲友无一字见及"，又使他"社会联系"的需要落空。"然而最使他不能释怀的是这一百三十天系狱事件在人格和尊严上受到的屈辱。无罪而见谤，……而无罪还要强迫自己相信有罪，这等于把外侮外戕转化为自侮自戕，心灵的创伤就更剧烈。树木受伤会分泌液汁自我治疗，人类的语言文字也有类似树汁的作用。苏轼希望在诗中创造出一个超拔的新世界，首先是一个超拔的新我，此时他的四、五两级台阶，当处于同一平面。所以东坡初到黄州时期的诗作，一言以蔽之，无一不是出于这种修补自尊的动机。"因此，史良昭先生认为，东坡的出狱诗是"故作达语"，赴黄途中的"别来未一年，落尽骄气浮""平时种种心，次第去莫留"，才真实地表达了尊严受挫的沮丧。特别是"下马作雪诗，满地鞭箠痕"，则为愤懑的爆发，"王敦将唾壶敲打出一个个缺口，苏轼用马鞭抽击得积雪四溅"。

史良昭先生认为，"在经过纵（时间上的今昔）横（空间上的物我）两个方面的深自内省后，苏轼终于走出了感情的低谷，找到了正确的出路，即以旷放超逸的精神世界来蓄养自尊与自信，他有名的《初到黄州》就是这样的一例"。

苏轼的《答李端叔书》，便有史先生所说的心理转轨的提纲："谪居无事，默自观省，回视三十年以来所为，多其病者。足下所见皆故我，非今我也。"

苏轼初居定惠院。院持颙师长老，十分欢迎苏轼父子，特拨一间名叫"啸轩"的竹边屋给他们居住。苏轼往往"闭门却扫，收召魂魄"。《定惠院寓居月夜偶出》，诗题即标明"偶出"。其中"已惊弱柳万丝垂"，一个"惊"字写出久不出门的寥落。"醉里狂言醒可怕"，表明他杂悸未息。"闭门谢客对妻子，倒冠落佩从嘲骂"，冠佩整饬是见客之礼，现在却一反常仪，与世疏阔。《次韵前篇》中又有"忧患已空犹梦怕"之句。但苏轼毕竟是惊心而不移心、收魂而不丧魂、屈身而不屈志的，这在《卜算子·黄州定慧院寓居作》中有极为艺术的体现："缺月挂疏桐，漏断人初静。时见幽人独往来，缥缈孤鸿影。　　惊起却回头，有恨无人省。拣尽寒枝不肯栖，寂寞沙洲冷。"定慧院即定惠院。平时"无事不出门"，只有夜晚，被约束的心理才放松一些，"偶逐东风转良夜"。夜深人静，残月疏桐，冷落寂寥中，又有孤高出尘的意味。"缺月"令人想起"人有悲欢离合，月有阴晴圆缺"，是不完满的表征。"幽人"一词，含幽囚之人、幽居之人双重含义。"独往来"，更可见其惆怅彷徨、心事浩茫。"谁见"二句，借孤鸿一瞥，如镜照影，点出幽人；又两相对应：就幽人而言，似已脱离尘世，与鸿为伍；就孤鸿而言，它与幽人同在，也带上神秘色彩。"惊起"，可理解为觉人而惊，又可使人联想到它的无助不安、心有余悸，即使平常的风吹草动，也可能使其骤然惊飞。惊起回首，也合情理。回首之间，有多少有恨无人省察的离群哀怨，似令人联想起苏轼在徐州燕子楼夜梦关盼盼的惊鸿一瞥。下片纯从幽人眼中写出：孤鸿盘旋不已，似乎是拣尽了一处处寒枝，最后把寂寞而又冷清的沙洲，作为栖身之所。一个"冷"字收煞全篇，更加强了寒凉清幽的氛围。而这个普通的沙洲，也被赋予了象征意味，近似庄子笔下的藐姑射之山，远离尘俗，可望而不可即。自然界中的孤鸿，也染上幽人的感情品格。托物拟人，若即若离，使人不能加以坐实，但对词的寓意，又可心领神会。词人那种孤芳自赏，不与世俗同流的情操，宛然目前。黄庭坚盛赞此词："语意高妙，似非吃烟火食人语。非胸中有万卷书，笔下无一点尘俗气，孰能至此！"

说苏轼"胸中有万卷书"，并非过誉。这时苏轼已利用闲居时间致力于儒家经典的阐释。苏洵对《周易》一书十分重视，认为"《易》之道深矣，汩而不明者，诸儒以附会之说乱之也，去之则圣人之旨见矣"（欧阳修《苏明允墓志铭》）。他反复研究，作《易传》百余篇。书未成而卒。

临终前，命苏轼兄弟"述其志"。苏轼在《黄州上文潞公书》中，回顾自己入狱，家人"至宿州，御史符下，就家取文书。州郡望风，遣吏发卒，围船搜取，老幼几怖死。既去，妇女惹骂曰：是好著书，书成何所得，而怖我如此！悉取烧之"。而当"比事定，重复寻理，十亡其七八矣。到黄州，无所用心，辄复覃思于《易》《论语》，端居深念。若有所得，遂因先子之学作《易传》九卷，又自以意作《论语说》五卷。穷苦多难，寿命不可期。恐此书一旦复沦没不传，意欲写数本留人间。……就使无取，亦足见其穷不忘道，老而能学也。"《论语说》五卷今佚。黄州谪居著的《苏氏易传》九卷和后在岭海所作《东坡书传》二十卷今存。苏轼本人极看重这三本著作，认为"某凡百余昨，但抚视《易》《书》《论语》三书，即觉此生不虚过，如来书所谕其他何足道"（《答苏伯固》）。陆游对《苏氏易传》也十分推崇，认为"自汉以来未见此奇特"，称苏轼为古今易学的集大成者。

说苏轼"笔下无一点尘俗气"，也有所据。苏轼到安国寺，结识该寺住持继莲。从此"间一二日辄往焚香默坐，深自省察，则物我想忘，身心皆空"。他作《安国寺浴》诗中，有"岂惟忘净秽，兼以洗荣辱"之句。这种心境，笔下自然无尘。但苏轼虽欲"归诚佛僧"，却有自己的取舍。他不去追求"出生死，超三乘"的"玄悟"，认为这种"玄悟"是人人可望而不可得的"龙肉"，而将自己所能接受和理解的教义喻为"猪肉"。那些"终日说龙肉"者，"不如仆之食猪肉，实美而真饱也"。他说佛老的要义"本期于静而达"（《答毕仲举书》），又在《论修养帖寄子由》中进一步以"任性逍遥，随缘放旷，但尽凡心，别无胜解"，作为"静"与"达"的诠释。这诠释中已糅合了儒家的"居易俟命"、道家的"返真"和佛家的"随缘"，它是苏轼所铸的同艰苦险恶环境斗争的思想武器，明显地烙上苏氏印记。这颗与天地万物交感共鸣而又独立不羁的灵魂，允满了生命活力，洋溢着主体精神，有着强大的自我超越之道与特定的智能结构，不可能对哪一种宗教完全服膺，不可能为哪一种思想完全拘囿。于是，他既去安国寺坐禅，又去《安国寺寻春》："卧闻百舌呼春风，起寻花柳村村同。城南古寺修竹合，小房曲槛敧深红。看花叹老忆年少，对酒思家愁老翁。……"

苏轼寻花，有自己独特的审美角度。定惠院东小山上，杂花满眼，苏轼看中了一株海棠："江城地瘴蕃草木，只有名花苦幽独。嫣然一笑竹篱间，桃李漫山总粗俗。也知造物有深意，故遣佳人在空谷。自然富贵出天姿，不待金盘荐华屋。朱唇得酒晕生脸，翠袖卷纱红映肉。林深雾暗晓光迟，日暖风轻春睡足。雨中有泪亦凄怆，月下无人更清淑。先生食饱无一事，散步逍遥自扪腹。不问人家与僧舍，拄杖敲门看修竹。忽逢绝艳照衰朽，叹息无言揩病目。陋邦何处得此花，无乃好事移西蜀。寸根千里不易致，衔子飞来定鸿鹄。天涯流落俱可念，为饮一樽歌此曲。明朝酒醒还独来，雪落纷纷那忍触。""地瘴"句，用杜甫"江南瘴疠地，逐客无消息"意，也是实指。张耒后来贬黄州，写《齐安行》，末云："最愁三伏热如甑，北客十人九人病。百年生死向中州，千金莫作齐安游。"但这种环境正适于草木繁衍，使人联想起白居易的"住近湓江地低湿，黄芦苦竹绕宅生"。一个"苦"字，在苏诗中带出一位失意佳人的形象。这绝代佳人荆钗布裙，难掩天生丽质，反显出她自甘淡泊的高洁情操。桃李粗俗，大概正在于少了海棠那么一点操守，而总是云蒸霞蔚、如火如荼地表现吧？"深谷"句用杜甫"绝代有佳人，幽居在空谷"典。"造物"的"深意"，正是让海棠在这种环境里显示自己的坚贞，正如诗人被贬此地一样。"不待"二句云海棠有内在的高贵，绝不依靠外在装饰与环境的陪衬，用不着将它托以金盘荐于华屋。"朱唇"二句，杨万里《诚斋诗话》曰："白乐天女道士诗云'姑山半峰雪，瑶水一枝莲'，此以花比美妇人也。东坡海棠云'朱唇得酒晕生脸，翠袖卷纱红映肉'，此以美妇人比花也。"以下四句分写海棠在晓光里、日暖时、雨中、花下不同的情态。海棠宜雨，晚唐郑谷有"秾丽最宜新著雨，娇娆全在欲开时"句。但苏诗并非炫耀雨中海棠的丽色，而是表现她内心的凄楚，花上雨水如泪。而月下海棠更是苏轼独辟的诗境。南宋朱弁《风月堂诗话》载：苏轼曾经自咏海棠诗，咏到这两句，对人说："此两句乃吾向造化窟中夺将来也。""先生食饱"四句，转入作者抒慨。《南史·袁粲传》："（粲）家居负郭，每杖策逍遥。当其所得，悠然忘返。郡南一家颇有竹石，粲率尔步往，亦不通主人，直造竹所，啸咏自得。主人出，语笑款然。"苏轼的消闲方式与此相似，而心情判然不同。因袁为大官，而轼为罪臣；"无一事"指"不得签书公事"。这四句貌似闲放，实寓光阴虚掷、壮志消磨之慨。无怪乎他一见此花，即心神相交、倾盖如故了。"忽逢"两句中，拭目是不敢信花的"绝艳"，更是不敢相信花所遭的命运。"陋邦"二句进一步言黄州这个苦地方，怎么会有如此名贵的花？大概是好事之徒从四川移栽来的吧？四川素有"香海棠国"之称，晚唐吴融留诗："雪绽霞铺锦水头，占春颜色最风流。""寸根"句意思一转：千里难致（郑谷海棠诗："堪恨路长移不得，可无人与画将归。"），一定是高飞远举的天鹅从蜀地衔种而来。"燕雀安知鸿鹄之志"，衔名花种，非凡俗鸟。而"衰朽"遇"绝艳"，蜀客对蜀花，俱为"天涯流落"者。命运一无例外地把他们从西蜀故乡，千里迢迢抛掷到这异邦他乡。"明朝"二句，花落如雪（苏轼初至杭州时的太守沈立是一位花迷，他在《海棠记》里谓花"至落则若宿妆淡粉"），以花的凋落比喻自己身世的飘零，共同的遭际，使彼此认同。更何况"明朝"绝艳者不存，衰朽者独来，情何以堪！据魏庆之《诗人玉屑》（"玉屑"二字，也使人联想"雪落纷纷"）载，东坡深爱此诗，"平生喜为人写，盖人间刊石者自有五六本"。

苏轼后又写过一首《海棠》绝句："东风袅袅泛崇光，香雾空蒙月转廊。只恐夜深花睡去，故烧高烛照红妆。"前两句渲染了一种朦胧的氛围。

"泛崇光"是指花瓣向月的一面在夜色中泛现的光泽。此时周围并没有风，但这种光泽与花间暗影的交替，却幻成了"东风袅袅"的感觉。同样，海棠是没有香味的。《本草》载海棠有一种带香的，只生产在四川嘉州。沈立也早在《海棠记》中说过："嘉州色香并胜……号曰海棠香国。"此时苏轼所写的，显然不属这一名贵变种。但由于花光的明灭与月色的转移，在静夜的空气中，产生"香雾空蒙"的感觉也并不令人愕然。三、四句为奇句。尽管白居易早有牡丹诗："明朝风起应吹尽，夜惜衰红把火看。"尽管李商隐也有《花下醉》："客散酒醒深夜后，更持红烛赏残花。"但东坡这种以人拟花、惜花惜己的痴句，仍有其独到的审美价值。后人把"只恐夜深花睡去"制成花签，竟让大观园里的史湘云拈到了。

深于情而不滞于情，苏轼又是善于排遣的："海棠真一梦，梅子欲尝新。""殷勤木芍药，独自殿余春。""蜀花"虽凋，"蜀人"来邀。正当"郡中无一人旧识"，苏轼"时时策杖在江上，望云涛渺然"，有长髯者惠然见过（来访），原来是王文甫的弟弟王子辩。兄弟俩为嘉州人，现居长江南岸的武昌（今湖北鄂城）。子辩受其兄之托，请苏轼寒食节过江一聚。空谷足音，他乡故人，苏轼的感动难以言表，他"留语半日"，又"送之江上"，在微风细雨中，看小舟横江而去；再登上高丘，一直望到小船已靠鄂城埠头，才回寓所。后来，蜀人杜沂又为苏轼带来武昌酴醿花与烹茶的菩萨泉水，苏轼感而赋诗："酴醿不争春，寂寞开最晚。……凄凉吴官阙（武昌有孙权旧宫），红粉埋故苑。……余妍入此花，千载尚清婉。"对武昌，苏轼曾言："我来已百日，欲济空搔首。"如今终于遂愿："今朝横江来，一苇寄衰朽。高谈破巨浪，飞屦轻重阜。"他在王文甫家做客，文甫"杀鸡炊黍，至数日不厌"，后又多次去王家。他与杜沂共游寒溪、西山，并像磁石一样，吸附了众多新朋。在《武昌铜剑歌并引》中，提到"供奉官郑文，尝官于武昌。江岸裂，出古铜剑，文得之以遗余。冶铸精巧，非锻冶所成者"，诗中有"细看两胁生碧花，犹是西江老蛟血"之句。他不想用这把剑去侯门弹铗，而只是自吟新诗。古剑的一段情愫，是侠气所铸，而不相忘于江湖。

一日，武昌王天麟渡江来访，苏轼设宴款待。交谈中，他得知鄂州（今湖北武汉和汉川、汉阳及洪湖以东、长江以南）一带农村有极坏的风气：每家只养两个男孩、一个女孩，多了便设法弄死，特别不愿抚养女孩，于是造成这一带女子特少、鳏夫特多的状况。一些女婴被父母按进水盆，号哭多时而死。苏轼"闻之酸辛，为食不下"，马上给鄂州太守朱寿昌写信。朱寿昌是扬州人，母子不相闻五十年，他刺血写经，多方寻找，终于在蜀中找到生母，其母时已七十余岁。自王安石、苏颂、苏轼以下，士大夫多为诗赞其孝行。苏轼在长诗中，顺带刺了一下不守母孝的李定，使李定衔恨，参与制造"乌台诗案"。苏轼现在写信，则着眼于晚辈，希望朱太守尽快采取措施，纠正恶习，并以自己在密州收养弃儿之法告之。信中他还自嘲说："俗人区区，了眼前事，救过不暇，岂有余力及此度外事乎？""度外事"指职务之外的事。当时苏轼形同流放，这更显出他的热肠。后来，他发现黄州也有这种陋习，便带头捐款，还出面筹款来救护女婴："若岁（如果每年）活得百个小儿，亦闲居一乐事也。吾虽贫，亦当出十千。"这是救人活命的人道主义，也闪烁着思想家的睿智。苏轼反对破坏人类的性别平衡。溺杀女婴，既是"男尊女卑"意识的反映，也是小农经济需要有足够男劳力的结果。而苏轼之抨击杀女婴，则建立在他的"中国之地足以食中国之民有余"（《策别》九）的理论基础之上。他认为只是由于人口分布不均，才造成了这种不足。这与消极地认为人口增长必然破坏人与生产资料的平衡关系、从而被动地否定提高生产技术扩大生产的可能性，如西方十八世纪思想家提出的"土地肥力递减律"是大相径庭的，也是苏轼乐观主义的自然观、社会观的表现。

"吾虽贫"，也是苏轼的实话。在《答秦太虚书》中，他回顾说：初到黄州，薪俸已断，人口却没有减少，私下里十分犯愁；只好痛自节俭，日用不超过一百五十钱。每月初一，便取出四千五百钱，分为三十份，挂在屋梁上。天一亮就用画叉挑取一份，即藏去叉。未用完的钱，则以大竹筒别贮，用来招待客人。由此我们算出，他为救婴捐出的"十千"，是全家两个多月的生活费呵！这种慷慨乐施已达到自苦的程度。此外，他还用诗偶刺时弊，如《五禽言》，借布谷鸟之口，道出农民"不辞脱裤溪水寒，水中照见催租瘢"之苦，在后作的《鱼蛮子》中，也直呼"人间行路难，踏地出赋租"！

　　但对上面，他又不得不讲一些悔过自新的话。给副相章惇的信中，写道："轼自得罪以来，不敢复与人事，虽骨肉至亲，未肯一字往来。……追思所犯，真无义理，与病狂之人蹈河入海者无异。方其病作，不自觉知，亦穷命所迫，似有物使。及至狂定之日，但有惭耳。而公乃疑其再犯，岂有此理哉？"这里我们可以猜想到章惇来书中那种对待罪人式的居高临下的倨傲。朋友间忌不平等，更忌不理解。苏、章之间交谊的解体，似从黄州始。接下去苏轼谈道："黄州僻陋多雨，气象昏昏也。鱼稻薪炭颇贱，甚与穷者相宜，然轼平生未尝做活计，……俸入所得，随手辄尽。……恐年载间，遂有饥寒之忧，不能不少念。然俗所谓水到渠成，至时亦必自有处置，安能预为之愁煎乎？"写这封信的，不是诗人苏轼，也不是朋友苏轼，倒真像是罪臣苏轼了。

　　信中所谓"骨肉至亲未肯有一字往来"，与前文所提"平生亲友无一字见及"，恐怕也有遮护之意，以免连累他人。五月，苏辙送苏轼家眷来黄，苏轼去四十里外的巴河口迎接。后又与子由同游武昌寒溪、西山，写诗叹曰："我今漂泊等鸿雁，江南江北无常栖。幅巾不拟过城市，欲踏径路开新蹊。却忧别后不忍到，见子行迹空余悽。"六月子由离黄去筠州就任监盐酒税。还应提及一事，黄州太守陈君式不以苏轼"重罪"，"亲旧摈疏"，而"独愿交"，经常来访。不久，陈罢任回乡，苏轼抄李陵赠苏武诗以赠。陈回乡后去世，苏轼作《祭陈君式文》。徐君猷接任黄州太守，又与苏轼"一见，相待如骨肉"，时相往来。朱寿昌也差人从鄂州给苏轼送来羊、面、酒、果。单就元丰三年，除上文提及外，我们就知道苏轼与司马光、王巩、章质夫、参寥、湖州言上人、滕达道等通过信。李公择于十月访黄。妻弟王元直也从蜀地派人来探望。在复信中，苏轼说"黄州真在井底，杳不闻乡国信息"，向往"圣恩许归田里"，与亲人"往来瑞草桥，夜还何村，与君对坐庄门，吃瓜子炒豆"的日子。在给叔丈人王庆源的信中，说自己"扁舟草履放浪山水间。客至，多辞以不在，往来书疏如山，不复答也。此味甚佳，生来未尝有此适，知之免忧"，这是宽慰之词。但从"书疏如山"一句，可以看出关心苏轼的人很多，而他之所以"不复答"或"辞以不在"，也是怕别人受到株连。看到自己被不少"平生亲友"抛弃是痛苦的，更使他痛苦的是真正朋友在他落难中，哪怕仅仅表示了一点同情就受到惩处。

这种余悸时有流露。在他与陈慥讨论买田鄂城的信中，写道："又恐好事君子，便加粉饰，云擅去安置所而居于别路（黄州属淮南路，鄂城属湖北路），传闻京师，非细事也。"在给李鹰的信中，他忍不住抨击"近日士大夫皆有僭侈无涯（自估过高）之心，动辄欲人以周孔誉己，自孟轲以下者皆怃然不满也"的风气，又笔锋一转，言自己"所以得患祸者，皆由名过其实，造物者所不能堪"，仿佛将自己也包括进风气中人了，接下来的"深不愿人造作言语，务相粉饰，以益其疾"，才是实话。十月，患难相依多年的乳母任采莲去世，苏轼葬其于城北，作墓志铭，亲书之石。同月，给王巩信，言己练习书画，"寒林、墨竹已入神品，行草尤工，只是诗笔殊退也"。十一月，给宝月大师信，谓"近来颇常斋居养气，自觉神凝身轻，他日天恩放停，幅巾杖履尚可放浪于岷峨间"；给藤州（今广西藤县）太守赵昶信，称自己"安土忘怀，如一黄人"。十二月，复通禅师信，谓"禄廪既绝困，而布衣蔬食于穷苦寂淡之中，却粗有所得，未必不是晚节微福"。

从这流水账般的记录中，我们看到苏轼与外界仍有不少交往，对上则有意造成不为人作文字、事佛参禅、放浪形骸的假象。命运使这位"上可以陪玉皇大帝，下可以陪卑田院（收养所）乞儿，眼前见天下无一个不好人"的赤子，多了一层戒心。正如门户一样，既是孔道，又是关口，敞以迎宾，阖以防盗。戒心并非机心，他从不算计人，从不陷害人，对朋友总是肝胆相照。这样一颗心灵，是不会孤独的：新交源源而至，旧情与时俱增。

因家眷的到来，苏轼五月份从定惠院迁至临皋亭。在《临皋闲题》中，苏轼描绘说："亭下八十数步便是大江，其半是峨眉雪水，吾饮食沐浴皆取焉，何必归乡哉。江山风月本无常主，闲者便是主人。"《书临皋亭》曰："东坡居士酒醉饭饱，倚于几上。白云左绕，清江右洄；重门洞开，林峦坌（聚）入。当是时，若有所思而无所思，以受万物之备。惭愧惭愧（难得难得）。"给王庆源的信中也提及："寓居官亭，俯迫大江，几席之下云涛接天。"但这种"酒醉饭饱""以受万物之备"的神仙生活，毕竟"难得"。《迁居临皋亭》诗云："……全家占江驿，绝境天为破。饥贫相乘除，未见可吊贺。"后两句意思是：虽不免饥寒，但与家临胜境相抵消，那么有失有得；既未见可贺，也未见可吊。

这种心态似乎也不仅为仕途险恶所感发，而是一种世路艰难的慨叹。《记游松江》更是弥漫着对整个人生纷纷扰扰究竟有何目的、意义这个根本问题的思想迷雾。七年前同游的挚友张先、陈舜俞、刘述"皆为异物"，"而松江桥亭，今岁七月九日，海风架潮，平地丈余，荡尽无复孑遗矣，追思曩时，真一梦耳。元丰四年十二月十二日，黄州临皋亭夜坐书"。人已作古，物已不存，当年垂虹亭上置酒赏月之欢，仿佛只是一场梦境。

由于"乌台诗案"，初到黄州，苏轼确有"诗笔殊退"的情况，但却作了几篇好文章，如《方山子传》《书蒲永升画后》，稍后则有《书唐氏六家书后》等。而这些又只是"蓄势"之作，为黄州后期的赤壁词赋铺垫而已。

方山子即陈慥，因戴方山冠（汉代宗庙祭祀时，乐舞者所戴的方形古帽）而得名。这位当年"使酒好剑"、有五陵少年之风的豪侠，而今成了"庵居蔬食"的隐士，使苏轼见了恍如隔世。他借方山子的"终不遇"，寄托了自己的身世之慨。陈慥问及苏轼近况，"俯而不答，仰而笑"的举止，内涵丰富。"俯而不答"，表明陈氏陷入沉思，多少叹惋、不平之气，凝于其中。而从苏轼的遭遇中，再次体会到自己抉择的正确，于是又"仰而笑"了。方山子出身名门，"当得官，使从事于其间，今已显闻。而其家在洛阳，园宅壮丽与公侯等。河北有田，岁得帛千匹，亦足以富乐。皆弃不取，独来穷山中"，"环堵萧然，而妻子奴婢皆有自得之意"，这使苏轼"耸然异之"。但苏轼用"精悍之色犹见于眉间，而岂山中之人哉"一句，又点出陈并非不关心国事，之所以"不与世相闻"，实乃迫不得已。这是对毁弃人才的时代的控诉，不过没有明说罢了。也是借他人酒杯，浇自己块垒，而又把陈氏写得须眉皆动，如闻其声。

这种传神之笔，在《书蒲永升画后》一文中，上升到理论高度。文中谈到一些规范、呆板的"工笔"画，虽然能用细腻的线条表现出水的"波头起伏"，甚至让人产生用手摸上去会有"洼隆"的感觉，但也只是"与印板水纸争工拙于毫厘间"，仅能形似，缺少生气。而唐代名画家孙位，"画奔湍巨浪与山石曲折，随物赋形，尽水之变，号称神逸"。蜀人孙知微，"欲于大慈寺寿宁院壁作湖滩水石四堵，营度经岁，终不肯下笔。一日，仓皇入寺，索笔墨甚急，奋袂如风，须臾而成，作输泻跳蹙之势，汹汹欲崩屋也"。这段灵感突来捕捉形象的描述，使人想起苏轼写过的"作诗火急追亡逋，清景一失后难摹"。近岁成都人蒲永升，则"性与画会，始作活水"。"王公富人或以势力使之，永升辄嬉笑舍去，遇其欲画，不择贵贱，顷刻而成"。只有这样不趋炎附势，不追名逐利，才能在艺术的天地里自由驰骋，纵情遨游。他曾临摹寿宁院水，为苏轼作了二十四幅画。苏轼"每夏日挂之高堂素壁，即阴风袭人，毛发为立"，犹如置身湖心水榭。这是苏轼的画论，也可当作文论、书论。在《书唐氏六家书后》中，苏轼再次强调了人品对书品的重要影响："古之论书者兼论其平生，苟非其人，虽工不贵也。""真（真书、楷书）生行（书），行生草（书），真如立，行如行，草如走，未有未能行立而能走者也。""'心正则笔正'者，非独讽谏，理固然也。"

春天来了。苏轼的诗仿佛又恢复了活力。正月二十日，他去岐亭回访陈慥（陈慥曾多次来访），新结识的友人潘丙、郭遘、古耕道送苏轼到黄州城东十五里的女王城。潘丙字彦明，是诗人潘大临的叔叔。潘大临只以一句诗名世，然终不失为诗人。他在答友人信中说："秋来景物件件是佳句，恨为俗氛所蔽翳。昨日清卧，闻搅林风雨声，欣然起，题其壁曰：满城风雨近重阳。忽催租人至，遂败意。止此一句奉寄。"一首已完成的诗，并不一定就是一首"完整的诗"。古希腊女诗人萨福的《断章》，在我们看来是完整的。中国诗学也极为看重诗中所表现的真性情，不屑以文字作取悦讨好之事。不仅诗，论画、论书，亦有士气与匠气之分，前者神完气足，后者耸动声色。简而言之，则是"为己"与"媚俗"之分。宋诗则更不凝滞于传统模式，而崇尚精神意趣之自由。所以讲潘大临止于当所止，不失为真诗人。清代袁枚在《随园诗话》中引人言："所谓诗人者，非必其能吟诗也。果能胸境超脱，相对温雅，虽一字不识，真诗人矣。如其胸境龌龊，相对尘俗，虽终日咬文嚼字，连篇累牍，乃非诗人矣。"

苏轼一生所结识的许多草野之人，多具诗人气质。古耕道能审音，有侠气。郭遘善作挽歌，"酒酣发声，座为凄然"，又好义，苏轼因黄州人溺幼婴而办理育儿会，由郭主持其事。他们三人对罪谪中的苏轼倾力相助。苏轼在《东坡八首》之七中说："潘子久不调（中举而未成贡生），沽酒江南村。郭生本将种，卖药西市垣。古生亦好事，恐是押牙（古押牙，为唐人小说中的侠客）孙。家有十亩竹，无时容叩门。我穷交旧绝，三子独见存。"

现在我们再回到岐亭访友的苏轼。去年此时，他度春风岭，正是梅花凋谢之时，曾作《梅花二首》。忆旧感今，他写下一首七律："十日春寒不出门，不知江柳已摇村。稍闻决决流冰谷，尽放青青没烧痕。数亩荒园留我住，半瓶浊酒待君温。去年今日关山路，细雨梅花正断魂。"仅仅十天不出门，江边已是一片嫩绿。"摇"字形象，活画出春风荡漾、江柳轻拂的神态。"决决"，流水声。唐代卢纶《山店》有"决决溪泉到处闻"之句。早春溪流甚细，故曰"稍闻"。"数亩荒园"二句，指女王城东禅庄院，潘、古、郭三人在此为他饯行。一个"温"字，表现了友情的可贵，也反衬去年此时此地无人"把酒慰深幽"的凄凉。

二月，生计困难。跟随苏轼二十年的老友马正卿（后为黄州通判），向州府求得东门外"故营地"五十亩。苏轼在《东坡八首并叙》中说："地既久荒为茨棘瓦砾之场，而岁又大旱，垦辟之劳，筋力殆尽。释耒而叹，乃作是诗，自愍其勤。"如今黄冈东坡已建筑林立，人烟稠密。从基建取土看，黄土卵石层覆盖达数米之厚，可以想见苏轼当年"垦辟之劳，筋力殆尽"，并非虚语。苏轼在诗中形容说："刮毛龟背上，何时得成毡？"

过去讲归隐田园，只在口头上、笔头上，如今真开始过起躬耕自给的生活了。苏轼仰慕白居易在忠州东坡栽种花树，但处境却比当年白氏艰难十倍。"家僮烧枯草，走报暗井出。一饱未敢期，瓢饮已可必。"他永远这么乐观，哪怕一丁点儿的收效，都使他喜悦兴奋，从而增强开拓的信心。指点他垦荒的有农夫："投种未逾月，覆块已苍苍。农夫告我言，'勿使苗叶昌'。君欲富饼饵，要须纵牛羊。再拜谢苦言，得饱不敢忘。"由于麦种播得早，不满一个月，苗已长得茂盛。他还以为丰收在望呢。农人告诉他：千万不能让麦苗太旺，否则会冻死；把牛羊赶进麦地，吃掉、踏掉。开春后，苗会重发。苏轼照办，才避免了一场冻灾。

劳动的汗水使身心俱净，发酵的泥土让脚板沉醉："种稻清明前，乐事我能数。毛空暗春泽，针水闻好语。分秧及初夏，渐喜风叶举。月明看露上，一一珠垂缕。秋来霜穗重，颠倒相撑拄。但闻畦垄间，蚱蜢如风雨。新春便入甑，玉粒照筐筥。我久食官仓，红腐等泥土。行当知此味，口腹吾已许。"经历了劳动的全过程后，苏轼品尝到收获的喜悦，这是在官宦任上难以体会的。躬耕不仅是为了糊口，也是为了食力无愧，得到精神的寄托。

冬季种麦，初夏种稻。"荒田虽浪莽，高庳各有适。下隰种粳稌，东原莳枣栗。江南有蜀士（王文甫），桑果已许乞。好竹不难栽，但恐鞭横逸。"后来他还"问大冶长老乞桃花茶栽东坡"，托故乡巢元修为他寄巢菜种子。巢菜寄来后，东坡根据《金楼子》中杨梅为杨周"家果"，孔雀为孔坦"家禽"的戏言，谑称它为"巢家菜"或"元修菜"。

史良昭先生在《浪迹东坡路》中认为，陶渊明的"种豆南山下，草盛豆苗稀"，实胜过"采菊东篱下，悠然见南山"，因为"它真实得惊人。在真实中，透现出作者只问耕耘，不计成败利钝，'未必尽如人意，但求无愧我心'的人生态度。"史先生接着说，与陶渊明一样，苏轼在农作上成绩未必优良，"但像《东坡八首》这样的田园诗，却完全可以给予满分。原因就在于诗中一切表现了真：认真的态度、真诚的心愿、真实的疾苦和感受，胸襟、志趣、人品无不坦坦荡荡、堂堂正正。不像一些闭门制造的田园诗，天生患有贫血的症候；更不像元明散曲，将归隐耕田弄成如同今日出国留洋般的时髦"。

巢元修即巢谷，眉山僧人。苏轼幼时即与他相识。巢谷曾举进士，后又学习骑射。熙河名将韩存宝教其兵书。韩因事得罪，自料必死，以银数百两托巢谷交给自己妻儿。巢谷改名换姓，徒步辗转，终于将银两交到存宝之子手中，然后逃避江淮间。苏轼谪黄，巢谷远来相从，于初辟东坡出力甚多，并为苏轼二子迨、过授业。苏轼在给堂兄子安信中曾提及："巢三（谷）见在东坡安下，依旧似虎，风节愈坚，师授某两小儿极严。"巢谷在黄州住了一年多，他"空床敛败絮，破灶郁生薪。相对不言寒，哀哉知我贫"。而苏轼从巢谷处所得的"圣散子"药方，"比年时疫，合此药散之，所活不可胜数"。

无独有偶，参寥也不远数千里来黄，住东坡，"留期年"。早在《与参寥子书》中，苏轼就感叹过："到黄已半年……仆罪大责轻，谪居以来杜门念旧而已，虽平生亲识亦断往还，理固宜尔。而释老数公，反复千里致问，情义之厚有加于平日，以此知道德高风果在世外也。"

后来庐山归宗寺佛印禅师又派人前来看望。苏轼在《怪石供》中说："齐安江上往往得美石，与玉无辨，多红黄白色，其文如人指上螺，精明可爱，虽巧者以意绘画有不能及。"当地孩子在江中游泳，时常寻得，苏轼"以饼饵易之；既久，得二百九十有八枚，大者兼寸，小者如枣、栗、菱、芡……又得古铜盆一枚以盛石，挹水注之粲然"。清贫的苏轼托佛印的使者带给他，并诙谐地说："使自今以往山僧野人欲供禅师，而力不能办衣服饮食卧具者，皆得以净水注石为供，盖自苏子瞻始。"他又供参寥二百五十枚石，并两个石盘。

但"道德高风"不仅在"世外"（这些和尚其实也是性情中人），潘、古、郭三人都参加了垦辟，"从我于东坡，劳饷同一餐"，使苏轼发出"四海皆弟昆"的感叹。即如为苏轼请田的马正卿，也令人敬佩："马生本穷士，从我二十年。日夜望我贵，求分买山钱。我今反累生，借耕辍兹田。……可怜马生痴，至今夸我贤。"他与苏轼同年同月生，"是岁生者无富贵人"。直到苏轼流放儋耳，还知道马正卿仍"白首穷饿，守节如故"。

"去年东坡拾瓦砾，自种黄桑二百尺（株）。今年刈草盖雪堂，日炎风吹面如墨。"元丰五年一月，苏轼疏浚东坡暗井，又于东坡下得废园，建雪堂。因是在大雪中建的，又在四壁绘上雪景，故名。他还自书"东坡雪堂"为匾。有其人，必有其居，在纯洁的建筑景观上，苏轼的灵魂具体地呈现。堂前栽柳、红梅，侧有暗井、微泉，后有松、桑、桃、橘、茶、枣、竹、栗与元修菜等。在给李公择的信中称"有屋五间，果蔬十数畦，桑百余本，身耕妻蚕，聊以卒岁也"。在和孔平仲的诗中，他描述了这种"蓬蒿下湿迎晓未，灯火新凉催夜织"，因而"作罢得甘寝"的生活；也记叙了围土筑塘时，"四邻相率助举杵，人人知我囊无钱。明年共看决渠雨，饥饱在我宁关天"。最后一句，说明了他思想上的一次飞跃。另一首和诗中，他也指斥了祈雨的迷信："青天荡荡呼不闻，况欲稽首号泥佛。"而对那些普通的乡野之民，却充满感激之情。在寄王巩的诗中，他写道："邻里有异趣，何妨倾盖新。殊方（远方，时王巩贬广西）君莫厌，数面自成亲。"甚至在另一首诗中径呼："我虽穷苦不如人，要亦自是民之一。"

人性在他身上复归。《书雪》中言："大雪盈尺，吾方种麦东坡，得之固吾所喜。但舍外无薪米者，亦为之耿耿不寐，悲夫！"情怀颇类白乐天，但因身处寒贱，而能作此念，则更为可贵。《浣溪沙》词中又说："但令人饱我愁无。"苏轼最倾心的自然还是陶渊明，他把东坡雪堂比作陶渊明的斜川，在《江城子》词中说："梦中了了醉中醒，只渊明，是前生。走遍人间，依旧却躬耕。昨夜东坡春雨足，乌鹊喜，报新晴。　　雪堂西畔暗泉鸣，北山倾，小溪横。南望亭丘，孤秀耸曾城。都是斜川当日境，吾老矣，寄余龄。"在《哨遍》中，又将陶渊明的《归去来辞》"稍加檃括，使就声律"，"使家僮歌之，时相从于东坡，释耒而和之，扣牛角而为之节，不亦乐乎？"

但苏轼终于还是苏轼，而非陶渊明。时代不同，环境不同，气质不同，经历不同。"梦中了了醉中醒"，揭示了现实生活的反常；"孤秀耸曾城"，也隐含一股抑塞不平之气，虽然又有超逸绝尘之态。所以苏辙后来说："渊明不肯为五斗米、一束带见乡里小人，而子瞻出仕三十余年，为狱吏所折困，终不能悛，以陷于大难，乃欲以桑榆之末景自托于渊明，其谁肯信之？"

即便在黄州时期，也是如此。元丰四年十月二十二日，他过江谒王文甫，得陈慥信，闻知种谔领兵征讨大胜，"破杀西夏六万余人，获马五千匹"，"众喜忭，各饮一巨觥"，苏轼即席赋诗："闻说将军取乞闻，将军旗鼓捷如神。故知无定河边柳，得共中原雪絮春。"三、四句翻陈陶"可怜无定河边骨，犹是春闺梦里人"意，一喜一悲，情调迥异。联想苏轼出狱诗中"百日归期恰及春"，以冬作春，可知他将一己穷通，紧系国运兴衰。席上诸人，包括写信的陈慥，都未忘情世事。苏轼稍后给滕达道书中也谓："西事得其详乎？虽废弃，未忘为国家虑也。"元丰五年十一月给李公择信中，更强烈地表现了以儒家道义自任的无畏精神："吾侪虽老且穷，而道理贯心肝，忠义填骨髓，直须谈笑死生之际。……虽怀坎壈，于时遇事有可尊主泽民者便忘躯为之，祸福得丧付与造物。"

东坡只是东坡，不是斜川，也不是辋川。

正月二十日，对苏轼而言，似乎成为纪念日。元丰五年、六年此日，都留一诗。从这两首诗中，我们也可看出苏轼思想的起伏。《正月二十日，与潘、郭二生出郊寻春，忽记去年是日同至女王城作诗，乃和前韵》："东风未肯入东门，走马还寻去岁村。人似秋鸿来有信，事如春梦了无痕。江城白酒三杯酽，野老苍颜一笑温。已约年年为此会，故人不用赋《招魂》。"这次他是在春风尚未入城时，主动到郊外寻春。"人似秋鸿"实接首联，"事如春梦"反照下文，似乎把人生进取、政治抱负都看淡了。"江城"两句，苏轼《答秦少游书》中有"潘生者作酒店樊口，棹小舟径至店下，村酒亦自醇酽"，也可实指这次春游。"已约"两句是告慰故人：我在黄州过得很好，已和这里的朋友们约定每年作此寻春之游，你们不必为我的处境担忧，也不必为召我还京而操心奔走。《六年正月二十日，复出东门，仍用前韵》："乱山环合水侵门，身在淮南尽处村。五亩渐成终老计，九重新扫旧巢痕。岂惟见惯沙鸥熟，已觉来多钓石温。长与东风约今日，暗香先返玉梅魂。""九重"句，陆游曾解释道："昔祖宗以三馆（唐代弘文、集贤、史馆三馆，分责藏书、校书、修史等事）养士，储将相材。及（元丰）官制行，罢三馆。而东坡盖尝直史馆，然自谪为散官，削去史馆之职久矣，至是史馆亦废，故云'新扫旧巢痕'，其用事之严如此。"五、六句言鸥鸟已熟、钓石已温，含甘心退隐之意。"长与"句，晚唐韩偓《湖南梅花一冬再发偶题》："玉为通体依稀见，香号返魂容易回。……夭桃莫倚东风势，调鼎何曾用不材。"湖南梅花一冬两开，第二次开好比魂的返回。韩偓希望唐昭宗能再次起用他，苏轼这里也含此意，希望再度梅开时能重返朝廷。这只是暗吐心思，而在喜王巩遇赦北归诗中，则受到鼓舞，公开表示："世事饱谙思缩手，主恩未报耻归田。"

然而，他又有自己的人格操守："形容虽似丧家狗，未肯弭耳争投骨。"这就注定他今后的生活道路不仅不会平坦，而且每况愈下，直到垂老投荒。

黄州东坡与忠州东坡地名巧合，苏轼也因"出处依稀似乐天，敢将衰朽较前贤"而自号"东坡居士"。而我们认为，之所以这样自号，更主要的是由于他对黄州东坡的深情。《东坡》诗云："雨洗东坡月色清，市人行尽野人行。莫嫌荦确坡头路，自爱铿然曳杖声。""市人"为财利驱迫，只能在炎日嚣尘中奔波，只有"野人"才能享受如此清景。三、四两句，更成为人们心目中东坡先生的形象：在高低不平的人生路上，他曳杖点地，一步一铿，豪迈而怡然地前行。

赤壁词赋

大江东去——"东坡之词旷"——柔奴与朝云——"一蓑烟雨任平生"——"莫教踏碎琼瑶"——快哉亭——《洞仙歌》与杨花词——前后《赤壁赋》——"州失罪人"的虚惊——《记先夫人不残鸟雀》——承天寺夜游——"东坡老梅"——石曼卿——别黄州

"大江东去，浪淘尽、千古风流人物。故垒西边，人道是，三国周郎赤壁。乱石穿空，惊涛拍岸，卷起千堆雪。江山如画，一时多少豪杰。　　遥想公瑾当年，小乔初嫁了，雄姿英发。羽扇纶巾，谈笑间、樯橹灰飞烟灭。故国神游，多情应笑我、早生华发。人生如梦，一樽还酹江月。"

一开始就布置了一个极为悠广的时空背景：大江东去的气势、风流人物的气概、岸边词人的气魄。"乱石穿空"三句，非如此不足以表现古战场的壮色。"人道是"三字，下得极有分寸，使人想起苏轼参加科举考试时自创的"想当然耳"的典故。后人也有"赤壁何须问出处，东坡本是借山川"之说。还应提一提，"小乔初嫁了"也庶几近之（小乔其时已出嫁十年）；此句主要用来烘托周瑜的风姿潇洒，韶华似锦，年轻有为，也比照词人在"故国神游"后所自叹的蹉跎无成。同样写大江，李煜是"问君能有几多愁，恰似一江春水向东流"，只有悲哀，仿佛沉浸于苦水之中，而没有超脱。东坡则不然，他有一种放眼千秋的历史的通观，不会把小我的忧患看得那么沉重，因为有许多古今人物与他一起承担了这些盛衰兴亡的悲慨。"笑我早生华发"的周瑜，他的功业，不也一样被大江淘尽了吗？"大江东去"比之"一江春水向东流"，宣泄的力度实在大不相同。"人间如梦"句，可以前溯到徐州燕子楼词中的"古今如梦"，而它的源头似在富春江上。熙宁六年，苏轼三十八岁倅杭任上，往巡富阳、新城，放棹桐庐，作《行香子·过七里濑》，下片为"重重似画，曲曲如屏。算当年，空老严陵。君臣一梦，今古虚名。但远山长，云山乱，晓山青"。历代对严子陵其人，褒贬不一。"汉包六冈英豪，一个冥鸿惜羽毛。世祖功臣三十六，云台争似钓台高"。（范仲淹）"时人未会严陵志，不钓鲈鱼只钓名"。（韩偓）恐怕都在按自己的意愿进行塑造。苏轼也如此，评以"虚老"，连同皇帝老子刘秀，都不过"君臣一梦，今古空名"。一个"空"字，将所谓"英主""高士"、业绩功业等一抹而空。但联系苏轼一生的思想行事，"人生如梦，一樽还酹江月"，超旷之中还是寓着深深的"悲慨"。

此词一出，震动北宋词坛，开了以后豪放词的无数法门，清代徐釚在《词苑丛谈》中谓东坡词"自有横槊气概，固是英雄本色"。又据俞文豹《吹剑续录》载，东坡后来回京任翰林学士，有幕客善歌，他问：我词比柳（永）词如何？对方幽默而生动地回答："柳郎中词只合十七八女郎，执红牙板，歌杨柳岸晓风残月；学士词须关西大汉，铜琵琶，铁绰板，唱大江东去。"东坡"为之绝倒"。

但比喻总是蹩脚的，细味上词，豪放之中又有一种超逸的襟怀。所以王国维在《人间词话》中的评语——"东坡之词旷，稼轩之词豪"，是极有见地的。我们再看一首同调的中秋词："凭高眺远，见长空万里，云留无迹。桂魄飞来光射处，冷浸一天秋碧。玉宇琼楼，乘鸾来去，人在清凉国。江山如画，望中烟树历历。　　我醉拍手狂歌，举杯邀月，对影成三客。起舞徘徊风露下，今夕不知何夕。便欲乘风，翻然归去，何用骑鹏翼。水晶宫里，一声吹断横笛。"在"拍手狂歌"的豪放之中，又透出一股高旷的清气。七年前他作的中秋词里，说过"我欲乘风归去，又恐琼楼玉宇，高处不胜寒"，现在，他却"便欲乘风，翻然归去"，并要在广寒宫里，吹奏震破笛膜的响曲。身份越低，压力越大，那种"乘鸾来去"、凌云欲仙的愿望也越加强烈。在东坡的意识里，他与李白一样，都是"谪仙人"，糊里糊涂给贬到了人间。但他又清醒地知道，自己是无法"乘风归去"的，或者说内心深处的恋世情结作怪，使他终于在"乘风"前面加了"便欲"二字。

仿佛是一个怪圈，在《西江月·黄州中秋》里，东坡又回到了现实："世事一场大梦，人生几度秋凉。夜来风叶已鸣廊，看取眉头鬓上。酒贱常愁客少，月明多被云妨。中秋谁与共孤光，把盏凄然北望。"这首词既怀子由，又忧国事。"人生几度秋凉"，与他的"惆怅东栏一株雪，人生看得几清明"情怀相类。"月明多被云妨",指皇帝周围群小（吕惠卿、章惇、蔡确等）当道。他挚爱亲友,却长向别离;他忠于其君,却屡遭排斥,于是词调更为低沉,不再喻月为"婵娟",而称其"孤光"。

但即便如此,苏东坡也不放弃享受"秋凉"。《鹧鸪天》词云:"林断山明竹隐墙,乱蝉衰草小池塘。翻空白鸟时时见,照水红蕖细细香。村舍外,古城傍,杖藜徐步转斜阳。殷勤昨夜三更雨,又得浮生一日凉。"乱蝉、衰草、古城、斜阳,似乎一派凄凉。而东坡却杖藜徐步,领略野趣,看到雨后嫩晴的充满生命力的景象——"翻空白鸟时时见,照水红蕖细细香",甚至感谢"殷勤昨夜三更雨"。

这便是东坡的"旷":超旷、清旷、空旷、旷达、旷逸、旷放,使人难以截然分辨。还可以再举几首词。

《定风波·南海归,赠王定国侍儿寓娘》。词有原序:"王定国歌儿曰柔奴,姓宇文氏,眉目娟丽,善应对,家世住京师,定国南迁归,余问柔:'广南风土,应是不好?'柔对曰:'此心安处,便是吾乡。'因为缀词云。"全词为:"常羡人间琢玉郎,天教分付点酥娘。自作清歌传皓齿,风起,雪飞炎海变清凉。　　万里归来年愈少,微笑,笑时犹带岭梅香。试问岭南应不好,却道,此心安处是吾乡。"王巩因"乌台诗案"牵连,被贬往宾州,"家世居京师"的柔奴,毅然同行。元丰六年（1083）,王巩北归,来黄州看望苏轼,并唤出柔奴劝酒。"琢玉郎"指王巩,苏轼知徐州时,王巩也去看过他,苏轼便有"谁能相思琢白玉"之句,典出卢仝诗"白玉璞里琢出相思心","琢玉郎"成为多情种子的代称。"点酥娘"则用梅尧臣一首诗的典故。梅诗题记略云:"余之亲家有女子能点酥为诗并花果麟凤等物,一皆妙绝……"用现代话来说,"点酥"相当于制甜食时的裱花。这里夸赞柔奴的聪秀。傅秋爽先生在《苏轼词赏析集》中则有新解:人们常常羡慕人间的玉匠,雕出如花似月的美人,但美色如玉,尚不足以表现她的仙姿。那细润、光洁的皮肤,显然是上天交付的。在"人间"与"天上"的递进中,传达出柔奴的美质。好的诗词自有其多义性,下面也是如此。柔奴能自作清歌,传于皓齿,如风起雪飞,使炎暑之地变为清凉世界,使政治上失意的主人由郁闷烦躁变得心平气静。至此,"琢玉郎"的形象也更为完满了。苏轼在稍后的《王定国诗集叙》中说,"定国以余故而得罪,贬海上三年,一子死于贬所,一子死于家,定国亦病几死,余意其怨我甚"。不料王巩不仅不怨,反而与轼友情更笃,并请轼为其诗集作序。词的下片写柔奴从岭南归来后容光焕发,愈见年轻。"年愈少"多少带有夸张的成分,是去国怀乡的迁客,在震惊之余,对这位历尽艰苦、甘之若饴的女性的热情礼赞。迁谪的生活不仅没有压垮她,反而带给她岭南梅花特有的馨香。苏轼后来在《西江月·咏梅》中,用"玉骨那愁瘴雾,冰肌自有仙风"来赞美岭南梅花的高洁、坚贞,也比喻自己的爱妾朝云。朝云在苏轼通判杭州时,被王夫人收为侍婢,年方十二。"乌台诗案"发生,苏轼遣散婢仆,朝云独不肯去;轼在狱中,王夫人忧惧交迫,卧病多时,奶娘任采莲又年迈体弱,多亏朝云支撑。黄州时,她终被苏轼收为侍妾。后来苏轼贬谪岭南,朝云在"家中数妾四五年相继辞去"的情况下,独随苏轼南迁,逝于惠州。其经历颇似柔奴,胜似柔奴。她在苏轼仕途失意时来到苏家,与苏家相扶相持达二十二年之久。现在让我们再回到柔奴。柔奴的答语是那么使苏轼震动,没有一点自夸自饰,有的只是端庄、娴静与随缘自适的达观。苏轼以后所称"海南万里真吾乡",肯定受此启示。由此可见,苏轼高旷胸襟的形成,除了他的性格、气质、阅历,除了他浸染儒学、精研佛理、洞察老庄并以此三者合铸成"苏式"精神盾牌,还有大自然的抚慰与熏陶,以及从纯朴真诚的下层人民身上汲取了养分与力量;这中间有上章所叙的各色人等,也有柔奴这样身份的女子,朝云则更是红粉知己了。全词旷达,又更近清旷。

再看一首同调《定风波》,词前也有小序:"三月七日,沙湖道中遇雨。雨具先去,同行皆狼狈,余独不觉。已而遂晴,故作此词。"沙湖在黄州东南三十里，苏轼这次来，是准备相田卜居的。词云："莫听穿林打叶声，何妨吟啸且徐行。竹杖芒鞋轻胜马，谁怕？一蓑烟雨任平生。料峭春风吹酒醒，微冷，山头斜照却相迎。回首向来萧瑟处，归去，也无风雨也无晴。"穿、打，都是有力量的，"同行皆狼狈，余独不觉""莫听"有外物不足萦怀之意，"何妨"却带挑战色彩。这里似还用了一个典故，不过让人浑然不觉罢了。《晋书·谢安传》："尝与孙绰等泛海，风起浪涌，诸人并惧，安吟啸自若。"竹杖芒鞋为闲人所用，马则是官员或忙人的坐骑。前者不可能比后者轻便，这里的"轻"含有"无官一身轻"之意。"雨具先去"何来"蓑衣"？"一蓑烟雨任平生"，是由眼前遭际推向过去未来，由风雨一角推向整个人生，也照应下片的"归去"（退隐江湖）。这种处变不惊、安之若素的心态结构，是苏轼从多年政治风波中锤炼出来的，既不同于柳宗元的"独钓寒江雪"，也不同于陶渊明的"悠然见南山"。即便酒醒微冷，"山头斜照却相迎"，驱走了他心头的寒意。回首萧瑟来路，"也无风雨也无晴"，好像什么事也没有发生过。风雨并没有改变我，我早已"进退得丧齐之久矣"。自然界既无雨晴可言，则社会人生又何来荣辱之分？这是一种顿悟，一种醒醉全消、忧乐两忘的无差别境界，坦荡之怀，任天而动。词的上片旷放，下片旷达，又都笼着一层清气。

这清气蔓延到另一首《浣溪沙》的上片，而成旷逸："山下兰芽短浸溪，松间沙路净无泥。萧萧暮雨子规啼。"下片则近于旷放："谁道人生无再少，门前流水尚能西，休将白发唱黄鸡。"词序为："游蕲水清泉寺，寺临兰溪，溪水西流。"蕲水在今湖北浠水县。东坡另有《书清泉寺词》："……因往相田得疾。闻麻桥人庞安时（名安时）善医而聋，遂往求疗。安常虽聋而颖悟绝人，以指画字，不尽数字，辄深了人意。余戏之曰：余以手为口，君以眼为耳，皆一时异人也。病愈，与之同游清泉寺。"兰溪出箬竹山，其侧多兰，故名。"兰芽"尚短，但生气勃勃。"松间"句脱胎于白居易的"沙路润无泥",只易一"净"字。"萧萧暮雨子规啼"与词人壮志消磨、意欲求田问舍的心境相映。下片却即景取喻,一转亢奋。"花有重开日,人无再少年",这是自然规律。然而从某种意义上讲,自强不息的精神,往往可以焕发青春。我国河流由于地形特点,一般自西向东而流。人们常用流水东逝比拟岁月难再,如李煜"自是人生长恨水长东"。可东坡偏偏抓住"门前流水尚能西"这一自然界的异态,大做文章。白居易诗中有"黄鸡催晓""白日催年"句,东坡却反其意:不要因为年华老大而唱悲歌。全词充满"老骥伏枥,壮心不已"的豪情。

金代元好问说:"自东坡一出,情性之外不知有文字。"与上词差不多作于同时的《西江月》,则又是一番境界。词前小序简直是一首优美的散文诗:"春夜行蕲水中,过酒家饮酒醉,乘月至一溪桥上,解鞍曲肱少休。及觉已晓,乱山葱茏,不谓人世也。书此词桥柱上。"词云:"照野弥弥浅浪,横空暖暖微霄。障泥未解玉骢骄,我欲醉眠芳草。　可惜一溪明月,莫教踏碎琼瑶。解鞍欹枕绿杨桥,杜宇数声春晓。""曲肱"指弯臂枕头而睡,似乎也暗用《论语·述而》的典故:"子曰:饭蔬食饮水,曲肱而枕之,乐亦在其中矣。不义而富且贵,于我如浮云。""障泥"指马荐,用锦或布料做成,垂于马腹两旁,以遮尘泥。字面写"浅浪""微霄",实际却写月色,因为二者都是在月光下显现的,也只有在月光下、醉眼中,它们才显得迷人。马儿要涉水而过,词人却想就地休息,因为水中的月色太美了,实在不忍心让马蹄踏碎。于是以芳草为床、青天为帐,在这月光溶溶的世界里,坦然一觉,醒来已是清晓,"乱山葱茏",恍若仙境。

"莫教踏碎琼瑶",实际上是一种泛爱之心,使人联想东坡在《雪后到乾明寺,遂宿》诗中的"未许牛羊伤至洁",仿佛这洁白轻软的雪,一践便是死亡。也即司马迁赞美屈子时所说的:"其志洁,故其称物芳。"屈原也是有洁癖的,他将自己的名字写在水上,水便有了粽叶的香味,水便长出菖蒲的长剑,水便灌溉了中国诗人的节操。这种泛爱自然、泛爱人生的情怀，正是苏轼编管黄州、躬耕东坡、身陷苦难而生发出来的崇高的人道精神，与他收容弃儿、力戒"杀婴"的热肠一脉相通，但更为广博，更为深沉。世上一切生态，都被认为是大自然化育之恩所降的胎儿。

清人楼敬思说："东坡老人故自灵气仙才，所作小词冲口而出，无穷清新。"刘熙载在《艺概》中也说："东坡词具神仙出世之姿。"上词便是如此。冷酷的现实与东坡的泛爱必然发生抵触，而且前者往往击碎后者，所以东坡只能在心中营造仙境，正如他在湖州营造桃源一样。桃源是会"惊梦"的，仙境则无所谓醉醒，它本来便是虚无缥缈的，因此也不会带来太多的失望。我们来看看《水龙吟》："小舟横截春江，卧看翠壁红楼起。云间笑语，使君高会，佳人半醉。危柱哀弦，艳歌余响，绕云萦水。念故人老大，风流未减，独回首，烟波里。　　推枕惘然不见，但空江、月明千里。五湖闻道，扁舟归去，仍携西子。云梦南州，武昌南岸，昔游应记。料多情梦里，端来见我，也参差是。"闾丘孝终（字公显）早先知黄州，建栖霞楼，为郡中胜景。苏轼谪黄时，公显已退休，居苏州。苏轼梦见自己乘小舟"横截春江"。长江波深浪阔，而径用"横截"二字，可见词人豪迈欲仙之气。中流回望，闻"云间笑语"，想象楼上的盛会。醒后景色空旷，与梦中繁华对照，有惘然失落之感。但又忽发奇想：公显像范蠡一样，携同西子（美人）游于五湖，也应记得自己曾在这云梦之南、武昌之南的黄州游览。结尾不说自己梦故人，而想象故人"梦来见我"，精神交会。正像一切事物在超负荷中需要有超负荷的补剂，这是由异常寂寞的心境中产生的浪漫幻想，使全词有一种烟波浩渺、若醉若醒之致。

如果说这首词是梦友，《水调歌头·快哉亭赠张偓佺》则是赠友。张怀民（字梦得，又字偓佺）谪居黄州，与苏轼不仅同病相怜，且意趣相投。他在住所西南筑亭，"以览观江流之胜"，苏轼命名为"快哉亭"，并作词："落日绣帘卷，亭下水连空。知君为我新作、窗户湿青红。长记平山堂上，欹枕江南烟雨，杳杳没孤鸿。认得醉翁语，山色有无中。

一千顷，都镜净，倒碧峰。忽然浪起，掀舞一叶白头翁。堪笑兰台公子，未解庄生天籁，刚道有雌雄。一点浩然气，千里快哉风。"开首两句，境界阔大。正如苏辙在《黄州快哉亭记》中所说："江出西陵，始得平地，其流奔放肆大，南合湘沅，北合汉沔，其势益张。至于赤壁之下，波流浸灌，与海相若。……盖亭之所见，南北百里，东西一舍，涛澜汹涌，风云开阖；昼则舟楫出没于其前，夜则鱼龙悲啸于其下。变化倏忽，动心骇目，不可久视。""知君"两句，本是梦得建亭，这里反客为主，豪爽风趣，说我知道你为接待我而特意建了这个亭子，令人想起李白"为余天津桥南造酒楼"的诗句。"湿"字承上"新作"，写油漆未干、鲜润欲流之状。"长记"五句，忽然宕开，借平山堂来描写快哉亭前的景象，以虚托实，词境也变得空灵。值得一提的是，词人再次将"孤鸿"形象摄入景中。"谁见幽人独往来，缥缈孤鸿影。""孤鸿"成了一种象征。"杳杳没孤鸿"，蕴含着人生如幻的哲理，也就是"鸿飞那复计东西"。这使词境在平山堂与快哉亭、欧阳修与张怀民的联系中，显得更为空灵。下片"一千顷"三句写长江静态，"忽然"二句，异军突起，使人回想苏轼写过的"渔舟一叶从掀舞"与"更将掀舞势，把烛画风筱"，确可看到词人自己的精神风貌。"兰台公子"指宋玉。他曾侍从楚襄王游兰台（今湖北钟祥市东）之宫，故称。又：汉代称宫中藏书之处为兰台。东汉班固受诏撰史，拜兰台令，后世亦称史官为兰台。"刚道"指"硬讲"，宋玉在《风赋》中硬把风分为"大王之雄风"与"庶人之雌风"，认为前者经过园林宫室，带着花草香气，所以清凉解酒，"发明耳目，宁体便人"，后者起于穷巷之间，挟杂污秽之气，使人精神凄惨、生病发热。苏轼继承了孟子的民本思想，批评宋玉"未解庄生天籁"，风是"天籁"，大自然所奏，无所谓雌雄。末二句用《孟子·公孙丑上》典故："我善养吾浩然之气。"浩然之气，一种"至大至刚""塞乎天地之间"的正气。这里照应"掀舞一叶白头翁"，点出本词旨意：只要胸有浩然正气，那么不论风浪多大，也会无往而不适，感觉"快哉"。词人与张怀民一样，都能"不以物伤性""不以谪为患""自放山水之间"（苏辙《黄州快哉亭记》）。

今人好以"苏、辛"并提，但宋代的"雅词"派词论家却轻辛弃疾而崇苏轼。张炎《词源》指出辛词只是"豪气词，非雅词也"，而认为苏轼的《中秋词》《洞仙歌》"皆清空中有意趣"，《杨花词》《洞仙歌》等"皆清丽舒徐，高出人表"。实际上表明了，除了以"旷"为特色的苏词，苏轼还对传统的婉约词进行了"雅化"（相对柳永词而言），进行了"士大夫化"（相对晚唐、五代与本朝晏殊、欧阳修等文人词而言），所以才"高出人表"。

《洞仙歌》所写，是后蜀国王孟昶与他的宠妃花蕊夫人深夜纳凉的一段"艳事"，就题材而言，应为宫体词。但苏轼是怎么写的呢？"冰肌玉骨，自清凉无汗。水殿风来暗香满。绣帘开，一点明月窥人，人未寝，敧枕钗横鬓乱。　起来携素手，庭户无声，时见疏星渡河汉。试问夜如何？夜已三更，金波淡，玉绳低转。但屈指、西风几时来，又不道流年、暗中偷换。"词中保留的"敧枕钗横鬓乱"之语，犹可见宫体词的痕迹。但正如闻一多先生把张若虚的《春江花月夜》称作"宫体诗的自赎"，我们也可将《洞仙歌》称作"宫体词的自赎"。全词是以东坡从忘川中打捞而起的孟昶的两句词"冰肌玉骨清无汗，水殿风来暗香满"而铺写成的。词中出现的花蕊夫人，多情而又冷艳。纳凉是因为天热，词中偏说她不热："冰肌玉骨，自清凉无汗。"这便写出她非同凡尘中人，而似雪为肌肤的藐姑射仙子。她能于烦暑中自凉，隐喻她心境的贞静。风是水殿之风，香是"暗香"且"满"，更衬出佳人的高标逸致。"一点明月窥人"承"绣帘开"而来，"绣帘开"承"水殿风来"。"窥"字反衬出帘内人的羞怯意态，有一种神秘的美感。下片表现的不是"夜半无人私语时"的内容，而是佳人仰望夜空、星疏月淡、玉绳（星名）低垂，敏感"流年偷换"与珍惜年华的"慧心"。孟浩然曾有"微云淡河汉，疏雨滴梧桐"，当时一座叹为清绝。东坡所写不是秋夜之清绝，而是夏夜之清绝、烦热之中的清绝，难度似乎更大。此词与《念奴娇·赤壁怀古》作于同时，刚柔不同，而忧患则一：赤壁词偏于政治的、历史的悲感，《洞仙歌》却偏于爱情的、人生的悲感，又共同表达了词人其时恐惧于年华空逝的心态，花蕊夫人只不过是东坡情感的载体罢了。（又：周汝昌先生对这首词的末三句有独到的见解，一并转述如下："当大热之际，人为思凉，谁不渴盼秋风早到，送爽驱炎？然而于此之间，谁又遑计夏逐年消、人随秋老乎？嗟嗟，人生不易，常是在现实缺陷中追求想象中的将来的美境；美境纵来，事亦随变；如此循环，永无止息——而流光不待，即在人的想望追求中而偷偷逝尽矣！当朱氏老尼追忆幼年之事，昶、蕊早已无存，而当东坡怀思制曲之时，老尼又复安在？当后人读坡词时，坡又何处？是以东坡之意若曰：人宜把握现在。所以他写中秋词。也说'起舞弄清影，何似在人间''此事古难全，但愿人长久，千里共婵娟'……故东坡一生经历，人事种种，使之深悲，而其学识性质又使其达观乐道。"）东坡本人在此词序中所言："今四十年，朱（老尼）已死久矣。"确已带有流年暗中偷换的人生感慨。而笔者对周汝昌先生的另一段议论，则持完全的赞同态度："坡公的词，手笔的高超，情思的深婉，使人陶然心醉，使人渊然以思，爽然而又怅然，一时莫明其故安在。继而再思，始觉他于不知不觉中将一个人生的哲理问题，已然提到了你的面前，使你如梦之冉冉惊觉，如茗之永永回甘，真词家之圣手，文事之神工，他人总无此境。"又据说范成大曾希望陆游为东坡诗作注，陆游回答："坡诗用事多犹可注，其用意处则有不能尽知。"辞却了这一请求。他看到了苏诗（也包括词）的难注之处。

　　如果说《洞仙歌》是对艳情词的"士大夫化"，那么《水龙吟·次韵章质夫杨花词》则是对婉约词的"雅化"："似花还似非花，也无人惜从教坠。抛家傍路，思量却是、无情有思。萦损柔肠，困酣娇眼，欲开还闭。梦随风万里，寻郎去处，又还被莺呼起。　　不恨此花飞尽，恨西园、落红难缀。晓来雨过，遗踪何在？一池萍碎。春色三分，二分尘土，一分流水。细看来，不是杨花，点点是离人泪。"似花"在形，"似非花"在神，因为"似非花"，所以"也无人惜从教坠"，任它"抛家傍路"。这"抛家傍路"的杨花看似无情，细细想来却是"有思"，也有生命，也有知觉。不写"抛枝"而写"抛家"，而"傍"字又有感情色彩。韩愈《晚春》诗："草树知春不久归，百般红紫斗芳菲。杨花榆荚无才思，惟解漫天作雪飞。"意思说杨花（即柳花）一无才华，二不工于心计；既开不出百般红紫，又不肯争芳斗艳。表面上贬杨花，实际上暗寓自己的不事奔竞。章质夫词："轻飞乱舞，点画青林，全无才思。"把杨花写得天真无邪，形神兼备。苏轼似乎偏唱反调。大凡和韵诗词，要胜原作，总得另辟蹊径。而章词又是"曲尽杨花妙处"（《诗人玉屑》）。苏词避开章词的实写杨花，而从虚处着笔，化"无情"之花为"有思"之人。起句"似花还似非花"，《艺概·词曲概》称"可作全词评语，盖不离不即也"。人与花、物与情当在"不离不即"之间。唯其"不离"，方能使种种比兴想象切合本体，有迹可求，此词家所谓"不外于物"；唯其"不即"，方能不囿本体，神思飞越，展开想象，此词家所谓"不滞于物"。章词用无思的杨花衬托玉人的春愁，玉人本无满怀愁绪，可杨花偏不理解，又沾上春衣，落向绣床，撩起她的心事，使她盈盈泪下。苏词则说：杨花也有思，宛如思妇"萦损柔肠，困酣娇眼，欲开还闭"。这情状正是杨花欲去不去、忽张忽合的传神之笔。"梦随"三句，用唐人金昌绪《春怨》诗意，又能摄杨花之魂：随风飘舞、欲堕仍起、乍去还回，绝不亚于章词中的"傍珠帘散漫，垂垂欲下，依前被、风扶起"。下片"不恨此花飞尽"，已肯定这是花，但人们仍不怜惜她，只惋惜西园"落红难缀"。青萍满地，时届初夏，春色已归。春归何处呢？"二分尘土，一分流水。"只留得满地狼藉、一池憔悴。结拍用唐人诗意："君看陌上桃花红，尽是离人眼中血。"于是一笔点睛：上片所谓"无人惜"者，似为花，实为人。而今惜此花者，唯此离人；惜此离人者，亦唯此花。一种飘零，都无人管。此人此花，泪眼相对，情何能已！思何能已！全词总在虚实相映、似与不似之间，"盖不离不即也"，以至于王国维在《人间词话》中称苏词"和韵而似原唱"、章词"原唱而似和韵"了。唐圭璋先生在《唐宋词简释》中认为此词"咏杨花，遗貌取神，压倒古今"。但这首词还是随物赋形、写貌取神的，对南宋的咏物词有相当的影响。

以上对东坡黄州词的匆匆巡礼，也差不多是苏词精华的展览，令人目不暇接，叹为观止。在给陈慥的信中，苏轼自己也不无得意地说："近日新阕甚多，篇篇皆奇。"苏轼把士大夫文人比较宽阔的生活内容、相当深刻的思想哲理引入词中，向词的"河道"里面注入新的活水，使词从原先微波涟漪的"池塘"状态发展为波翻浪卷的"大江"状态，进一步朝着"社会化"的大海奔腾。

苏词又为词苑提供了新的风格与美感——主要是一种刚性的风格与美感。在我国源远流长的诗史上，本已存在着柔多于刚的现象，缺少《垓下歌》《易水歌》这样的绝唱，而在词史上则更呈畸形。苏词一出，大江东去、兰溪西流、渔舟掀舞、雪飞炎海……使"西北望，射天狼"的弓弦之声响彻词坛，把"天风海雨"的声势、"乘风""骑鲸"的气概带入词境……南宋风起云涌的爱国词章，由此接踵而来……

黄州词，是苏词的奇观；黄州文，又是苏文的高峰。前后《赤壁赋》则更为高峰之巅。

"壬戌（元丰五年）之秋，七月既望（旧历十六），苏子与客泛舟游于赤壁之下。清风徐来，水波不兴。举酒属客，诵明月之诗，歌窈窕之章。少焉，月出于东山之上，徘徊于斗、牛之间。白露横江，水光接天。纵一苇之所如，凌万顷之茫然。浩浩乎如冯虚御风，而不知其所止；飘飘乎如遗世独立，羽化而登仙。于是饮酒乐甚，扣舷而歌之。歌曰：'桂棹兮兰桨，击空明兮溯流光。渺渺兮予怀，望美人兮天一方。'客有吹洞箫者，倚歌而和之。其声呜呜然，如怨如慕，如泣如诉，余音袅袅，不绝如缕。舞幽壑之潜蛟，泣孤舟之嫠妇。苏子愀然，正襟危 坐，而问客曰：'何为其然也？'客曰："'月明星稀，乌鹊南飞'，此非曹孟德之诗乎？西望夏口，东望武昌，山川相缪，郁乎苍苍，此非孟德之困 于周郎乎？方其破荆州、下江陵，顺流而东也，舳舻千里，旌旗蔽空，酾 酒临江，横槊赋诗，固一世之雄也，而今安在哉？况吾与子渔樵于江渚之 上，侣鱼虾而友麋鹿。驾一叶之扁舟，举匏樽以相属。寄蜉蝣于天地，渺 沧海之一粟。哀吾生之须臾，羡长江之无穷。挟飞仙以遨游，抱明月而长 终。知不可乎骤得，托遗响于悲风。'苏子曰：'客亦知夫水与月乎？逝者如斯，而未尝往也；盈虚者如彼，而卒莫消长也。盖将自其变者而观之，则天地曾不能以一瞬；自其不变者而观之，则物与我皆无尽也，而又何羡乎？且夫天地之间物各有主，苟非吾之所有，虽一毫而莫取。惟江上之清风与山间之明月，耳得之而为声，目遇之而成色，取之无禁，用之不竭。是造物者之无尽藏也，而吾与子之所共适。'客喜而笑，洗盏更酌。肴核既尽，杯盘狼藉。相与枕藉乎舟中，不知东方之既白。"

赋的开头，以《诗经·陈风·月出》中思慕美人而暗寓理想难以实现，江景又使主客陶然忘情，仿佛列子御风而行，飘然羽化而登仙。但乐极生悲，于是长歌当哭，此歌与明月之诗、窈窕之章互为照应。客指杨世昌，四川绵竹武都山道士，从庐山来探望苏轼，教其酿蜜酒之法。他吹的洞箫，把饮酒放歌的场面，一变为满耳悲音。但苏轼的自解，颇似赤壁词，抒情对象则由周瑜变为曹操。曹操这样的"一世之雄"，尚且化为过眼烟云，而况你我这般"渔樵于江渚之上，侣鱼虾而友麋鹿"的草芥之人呢？明知"挟飞仙以遨游，抱明月而长终"是不可能的，于是把伤心千古的感情，"托遗响于悲风"。此时文笔一转，以水月为喻，探讨宇宙人生的哲理，阐述"变与不变"的见解：江水这样地流，却没有流走；月亮有圆有缺，却没有一点增减。如果从事物变化的角度观察，那天地的存在连一眨眼的工夫都没有，如果从不变的角度观察，那么万物和我们都没有穷尽的时候。这颇似《百步洪》诗中"但应此心无所住，造物虽驶如吾何"的感慨。"惟江上之清风"一段，则为千古名句。

同年，苏轼旧地重游，又写下《后赤壁赋》："是岁十月之望，步自雪堂，将归于临皋。二客从予，过黄泥之坂。霜露既降，木叶尽脱，人影在地，仰见明月，顾而乐之，行歌相答。已而叹曰：'有客无酒，有酒无肴，月白风清，如此良夜何！'客曰：'今者薄暮，举网得鱼，巨口细鳞，状似松江之鲈，顾安所得酒乎？'归而谋诸妇。妇曰：'我有斗酒，藏之久矣，以待子不时之需。'于是携酒与鱼，复游于赤壁之下。江流有声，断岸千尺。山高月小，水落石出。曾日月之几何，而江山不可复识矣！予乃摄衣而上，履巉岩，披蒙茸，踞虎豹，登虬龙，攀栖鹘之危巢，俯冯夷之幽宫。盖二客不能从焉。划然长啸，草木震动，山鸣谷应，风起水涌。予亦悄然而悲，肃然而恐，凛乎其不可留也。反而登舟，放乎中流，听其所止而休焉。时夜将半，四顾寂寥。适有孤鹤，横江东来，翅如车轮，玄裳缟衣，戛然长鸣，掠予舟而西也。须臾客去，予亦就睡，梦一道士，羽衣翩跹，过临皋之下，揖予而言曰：'赤壁之游乐乎？'问其姓名，俯而不答。'呜呼噫嘻！我知之矣，畴昔之夜，飞鸣而过我者，非子也耶？'道士顾笑，予亦惊寤。开户视之，不见其处。"

前赋字字秋色，后赋句句冬景；前赋静爽旷达，后赋寥落幽峭；前赋谈玄说理，后赋叙事写景。时间仅仅过了三个月，而江山已面目全非，也是对人世沧桑的感慨。

这里我们宕开一笔，苏轼在闻知西线捷报时，也曾作诗庆贺。但就战争大局而言，他是持保留态度的（事实证明，那只是如履薄冰般的小小胜利）。早在《代张方平谏用兵书》中，他就说过："圣人用兵皆出于不得已"，而朝廷"盛气于用武"，则召诸多落败因素：一、朝中"浅见之士方且以败为耻，力欲求胜，以称上心""使陛下受此虚名，而忽于实祸"。二、"陛下喜于一胜，必有轻视四夷、凌侮敌国之意"。三、"数年以来公私窘乏，内府累世之积扫地无余，州郡征税之储上供殆尽"。四、"近岁日蚀星变，地震山崩，水旱疬疫，连年不解，民死将半"，如果仓促开战，必然酿成"边事方深，内患复起"的局面。苏轼这些劝谏不幸而言中。宋神宗在元丰四年、五年间，发动了北宋开国以来最大的两次边疆战争。第一次"灵州之役"。元丰四年秋，调动李宪等五支大军，约三十五万人（包括运输民夫共约六十万），企图一举攻克兴、灵二州。初战获胜，但由于将帅互妒、缺乏统一指挥，围灵州十八日不能下，夏人掘黄河灌营，断粮道，军队民夫死伤不下三十万，大败而归。元丰五年六月，张舜民（号芸叟）贬郴州酒税，绕道黄州来看苏轼，告知战事。张曾随军西征，归途中作诗二绝，"灵州城下千株柳，总被官军斫作薪。他日玉关归去路，将何攀折赠行人""青铜峡里韦州（今宁夏威州）路，十去从军九不回。白骨似沙沙似雪，将军休上望乡台"，被人所奏遭贬。苏轼自然感愤，但"杜门思愆"的处境，又使他只能"托事以讽"，而曹操兵败赤壁的故事便信手拈来。苏轼所作《魏武帝论》中有"帝不用中原之长而与之争于舟楫之间，……以攻孙权，是以丧师于赤壁"，与恃强凌弱、骄纵轻敌，不善骑兵而惨遭败绩的宋军，何其相似乃尔！《后赤壁赋》在时间上则更与宋军第二次败绩吻合。元丰五年九、十月，宋神宗重用吕惠卿推荐的徐禧为边帅。徐好纸上谈兵，建议筑永乐城以控横山之险，并自吹"西北可唾手取"。横山乃西夏国门，永乐城刚筑成，即迫使西夏"倾国而至"，军马"不见其际"。当此千钧一发之际，徐又不听同僚之言，标榜"不鼓不成列"的宋襄公之仁，使西夏精锐的"铁鹞子军"赢得时间，围定永乐，切断水源，城内将士渴死者大半，"至绞马粪汁饮之"，终被攻陷，几乎全军覆没，输得更惨，于是赤壁七月的"水光接天""万顷茫然"，变为十月的"断岸千尺""水落石出"，使苏子痛心地发出"曾日月之几何，而江山不可复识矣"的感叹。

尽管如此，苏轼是不甘沉沦的，他"蹑衣而上"，披荆斩棘，登踞虎豹状的岩石，攀援虬龙形的树枝，致使同行者"不能从焉"。履险临危，大有"念天地之悠悠，独怆然而涕下"之慨。"划然长啸"几句，以异乎寻常的宣泄方式，表达内心的沉冤积愤。这"长啸"越过九百年的时光，震动着我们的耳膜。而"悄然而悲，肃然而恐，凛乎其不可留也"，又是他对时势无能为力与远害避祸的自白。于是只得重返大自然的怀抱。道士亦鹤、鹤亦道士的写法，明显受了"庄生化蝶"的影响，又照应了前赋"飘飘乎如遗世独立，羽化而登仙"之意。两赋写成后，友人傅尧俞派人来黄索求近文，苏轼将前赋亲书送之，并在文末题跋云："轼去岁作此赋，未尝轻出以示人，见者盖一二人而已。钦之（尧俞的字）有使至，求近文，遂亲书以寄。多难畏事，钦之爱我，必深藏之不出也。"（此次所书中楷《赤壁赋》，为苏轼书法的代表作。）再从赋中隐去"两客"——可能是杨世昌、李委——之名（这在苏轼创作中罕见）的做法，均反映赋中似有影射，生恐祸己累人。（或说"两客"为郭遘、石耕道。苏轼另有《李委吹笛》，诗序说："元丰五年十二月十九日，东坡生日，置酒赤壁矶下。踞高峰，俯鹊巢。酒酣，笛声起于江上。客有郭、石二生颇知音，谓坡曰：'笛声有新意，非俗工也。'使人问之，则进士李委，闻坡生日，作新曲曰《鹤南飞》以献。呼之使前，则青巾、紫裘、腰笛而已。既奏新曲，又快作数弄，嘹然有穿云裂石之声。坐客皆引满醉倒。委袖出嘉纸一幅，曰：'吾无求于公，得一绝句足矣。'坡笑而从之。"）西线惨败，而如实写出，竟遭贬谪。苏轼从张舜民身上吸取了教训。总而言之，貌似旷放的《赤壁赋》《后赤壁赋》，实为苏轼痛定思痛的大幻灭之后谱出的血泪交织的大乐章！

在写两赋之前，九月九日，黄州太守徐君猷将调湖南，宴于栖霞楼。苏轼连作数词送之。他忘不了元丰四年十二月二日，雨后微雪，徐太守携酒过访。苏轼去自己"废圃"里挑了一些"寒蔬"作下酒之菜。两人"清香细细嚼梅须",领略梅花的香气助兴,还抽取花心蕊须细嚼,互通心曲,这是任何美看所不能替代的。可以说,如果没有徐太守的理解与关照,苏轼在黄州的行动不可能那么自由,也不可能写出那么多传世佳作。

只是有一次,太守因苏轼生出一场虚惊。某晚,苏轼在游憩之所雪堂与客饮酒,归来时,见月色如洗,波平如镜,便写下《临江仙·夜归临皋》:"夜饮东坡醒复醉,归来仿佛三更。家童鼻息已雷鸣,敲门都不应,倚杖听江声。　　长恨此身非我有,何时忘却营营?夜阑风静縠纹平。小舟从此逝,江海寄余生。"在醉酒复醒、醒而复醉的长饮浇愁后,醉中仿佛三更,归家敲门不应,转而"倚杖听江声",见风露浩然,真想遁迹江海以寄余生。此词当晚与客高唱数遍,尽欢而散。第二天城中喧传苏轼"夜作此词,挂冠服江边,拿舟长啸去矣"。这可吓坏了徐太守,"以为州失罪人",他毕竟是朝廷命官,担当不起啊。于是急忙去临皋亭,而苏轼在家中犹未起床,也与昨夜的家童一样,"鼻鼾如雷"。(见叶梦得《避暑录话》)徐君猷赴湖南途中而卒,丧过黄州,苏轼不胜哀痛,写下《挽词》:"一舸南游遂不归,清江赤壁照人悲。请看行路无从涕,尽是当年不忍欺。雪后独来栽柳处,竹间行复采茶时。山城散尽樽前客,旧恨新愁只自知。"三、四句说:路人闻说徐太守之逝,都不约而同地痛哭流涕,说明徐太守平时对黎民实行惠政。"雪后"句忆自己与徐太守在栖霞楼一起种柳,"竹间"句指徐公在黄时,每岁之春皆与苏轼同游安国寺,饮酒竹间亭。"旧恨"指自己被贬,"新愁"指君猷之死。可见苏轼与徐君猷相契,不仅在于徐待己宽厚,还在于徐施民仁政。这正是苏轼最为激赏的。在晚年所作的《记先夫人不残鸟雀》中,苏轼因小见大,把这种思想发挥到了极致:

"吾昔少年时所居书室前有竹柏杂花丛生满庭,众鸟巢其上。武阳君恶杀生,儿童婢仆皆不得捕取鸟雀。数年间皆巢于低枝,其鷇可俯而窥也。又有桐花凤四五月翔集其间。此鸟羽毛至为珍异难见，而能驯拢，殊不畏人，闾里间见之，以为异事。此无他，不忮（不残忍）之诚信于异类也。有野老言：鸟雀去人太远，则其子有蛇、鼠、狐狸、鸱、鸢之忧。人既不杀，则自近人者，欲免此害也。由是观之，异时鸟雀巢不敢近人者，以人为甚于蛇、鼠之类也。'苛政猛于虎'，信哉！"

苏家庭院之所以竹翠花香，鸟鸣如新鲜的露珠，是因为被封为武阳君的母亲严禁杀生。几年下来，女主人保护生态的"仁政"有了成效，百鸟皆巢于低枝，鸟窝低得连待哺的雏鸟都能弯腰看见，院子成了小鸟天堂。作为珍禽的桐花凤也慕名而来，"殊不畏人"。又借野老之言道出：平素百鸟不是不想"近人"，以免去"蛇、鼠、狐狸、鸱、鸢之害"，而是"以人为甚于蛇、鼠之类也"，与野兽相比，会使武器的恶人更为可怕。最后借孔子之语，得出结论：百姓（百鸟）认为"苛政"（人患）猛于虎（蛇鼠）。这实在不是一篇平淡的花鸟随笔，处处跳动着一颗泛爱亲仁的心。

怀乡的题材，此时也屡见于苏轼的诗文。侄子安节来黄看他，他言自己"永夜思家在何处，残年知汝远来情"。蜀僧明操思归，他劝慰而又自慰："更厌劳生能几日，莫将归思扰衰年。片云会得无心否，南北东西只一天。"而浓烈的乡思，在给堂兄子安的信中，变得不可遏制："此书到日，相次岁猪鸣（杀年猪）矣。老兄嫂团坐火炉头，环列儿女，坟墓咫尺，亲眷满目，便是人间第一好事，更何所羡！"但自己的处境，又是"君门深九重，坟墓在万里"（《寒食雨》）：君门在九重之深，欲归朝廷而不得；坟墓有万里之远，欲返故乡而不能。因为自己是待罪谪居，这两条路都不通。但正如刘熙载在《艺概·诗概》中言苏轼："遇他人以为极艰苦之境，而能外形骸以理自胜。""外形骸"也就是不纠缠于现实，"以理自胜"，是在思想上说服自己，解脱自己。前后《赤壁赋》已为例证。且上文所述的充满爱意包容天地的广阔胸襟，早已超越了只顾桑梓的狭隘灵魂。

我们再来看看他的小品精华《记承天寺夜游》："元丰六年（1083）十月十二日夜，解衣欲睡，月色入户，欣然起行，念无与乐者，遂至承天寺寻张怀民。怀民亦未寝，相与步于中庭。庭下如积水空明，水中藻荇交横，盖竹柏影也。何夜无月，何处无竹柏，但少闲人如吾两人者耳。"满庭清景，只两人管领。全文仅八十四字，却有无尽内涵。梁代吴均《与朱元思书》有"水皆缥碧，千丈见底，游鱼细石，直视无碍"；北魏郦道元《水经注》有"绿水平潭，清洁澄深，俯视游鱼，类若乘空矣"；唐代柳宗元《至小丘西小石潭记》有"潭中鱼可百许头，皆若空游无所依。日光下彻，影布石上，怡然不动，俶尔远逝，往来翕忽，似与游者相乐"，写貌传神，十分精到。但皆为实写，鱼充当画面主角。苏记则虚写，在如水月光中，往来悠然的不是鱼，而是人。前人所记，生活原型与艺术表象一致，而苏记的生活原型明明是月光、是竹柏影、是漫步庭中的人，艺术表象却成了水、藻荇和鱼。这便是苏轼由晋人得来的"得意忘形"的思维方式。《世说新语·言语》载："简文入华林园，顾谓左右曰：'会心处不必在远，翳然林水便自有濠濮间想也，觉鸟兽禽鱼自来亲人。'"在简文帝看来，只要达到目的，不必拘泥于形式；只要能体会到鱼的自得之乐，不必一定在庄子所说的濠、濮之上。苏轼则进一步"忘形"，只要能体会到鱼的自得之乐，不必一定要在水上——月光可以看成水，松柏影可以看成藻荇，人可以看成鱼。传统的结构模式，鱼在水中，人在岸上，鱼是"乐"这一精神活动的体验者，人则是这一活动的观照者。苏记突破了这种物我为二的传统意象。人从岸上观照者的位置进入水中，与鱼合为一体。结构的变化引起内涵的变化，从"濠上观鱼"至柳记，人对鱼乐只处于"知"的阶段，他们无法解脱尘世的种种束缚，对水中鱼乐徒然生羡。苏记中，人对鱼乐则处于"得"的阶段，人不仅认识到，而且亲身感受到鱼的自得之乐。在现实生活中，苏轼明明是行动受限制的罪臣（即使贤守徐君猷也怕"州失罪人"），而在思想上，却把自己想象成自由自在的游鱼。结尾的"闲人"，既指时间上的"闲"——摆脱尘务纠缠，也可认作精神上的"闲"——摆脱思想束缚。尽管这个"闲"字也隐含自嘲意味，但本文似可看作苏轼在黄州最为超脱的一篇小品。

如果我们知道，这篇小品是在苏轼忧谗畏讥（这在上文多次提及）而又身心交瘁的情况下创作的，那实在不能不赞佩苏轼的人格力量。"乌台诗狱"后，苏轼头发多脱落，以至于金代元好问在《赤壁图》诗中称他"憔悴黄州一秃翁"。再从苏轼写此文前后的自述来看。

在给侄儿安节诗中有"心衰面改瘦峥嵘，相见惟应识旧声"句。比起密州所写《江城子》词中的"纵使相逢应不识，尘满面，鬓如霜"与徐州诗中的"犹胜相逢不相识，形容变尽语音存"更为惊心骇目。

元丰六年二月，作《日日出东门》诗，传至京师，受章惇指责。同月给程彝仲信，拒为其作亭记，"多难畏人，不复作文字，惟时作僧佛语"。在另一篇《与人》的信中，也提及："……困踬之甚，出口落笔为见憎者所笺注……意谓不如牢闭口，莫把笔，庶几免矣。"

三月久病，有"我今老病不出门""门外桃花自开落"诗句。给沈睿达信，谓"今年一春卧病，近又得时疾，逾月方安，浮念灰灭无余"。给陈朝清信，谓"自窜逐以来，不复作诗与文字"，"其中虽无所云，而好事者巧以酝酿，便生出无穷事"。

四月，给蔡景繁信，谓"劣弟久病，终未甚清快，或传已物故，故人皆有书惊问"。原来当时曾巩病逝，而苏轼又卧病家中一春不出，于是人们便误传两人于同日物化，消息传至京师，连神宗都惊疑了，召来与苏轼有远亲关系的蒲宗孟询问。蒲宗孟肯定属于苏轼所指的"亲识断绝"者，他也说听到此事，未知虚实。据说神宗"将进食，因叹息再三，曰：'才难。'遂辍饭而起，意甚不怿"。（见何薳《春渚纪闻》）消息传到许昌，范镇"举袂大恸"，令子弟具金帛，并准备派人周济苏家。子弟劝道：此系传闻，待派人探明消息，再吊恤也不晚。范镇"乃走仆以往，子瞻发书

251

大笑"。（见叶梦得《避暑录话》）这笑声，震响历史的回音壁，既是对迫害者的蔑视，也是对友人的宽慰。流言正炽时，他还在写《定风波》（常羡人间琢玉郎）呢。

五月，在临皋亭修南堂（堂为苏轼同年蔡景繁助建。蔡时为淮南转运副使。苏轼谢书云："临皋南畔，竟添却屋三间，极虚敞便夏，蒙赐不浅。"）。写《南堂五首》。其五云："扫地焚香闭阁眠，簟纹如水帐如烟。客来梦觉知何处，挂起西窗浪接天。"同月，复范镇信，谓"多患疮及赤目，杜门谢客，而传者遂云物故"。

六月，作《水调歌头·黄州快哉亭赠张偓佺》，作《东坡》诗（雨洗东坡月色清）。

七月二十七日，妾朝云生遁儿，轼作《洗儿诗》："人皆养子望聪明，我被聪明误一生。惟愿孩儿愚且鲁，无灾无难到公卿。"这首含讥带讽的小诗，骂倒古今千千万万名公巨卿，与王安石《贾生》诗中的"爵位自高言尽废，古来何啻万公卿"有异曲同工之妙。同月，给陈朝清信，谓"春夏以来，卧病几百日，今尚苦目病"。八月，给蔡景繁信，谓"近复以风毒攻右目，几至失明"。

十月十二日，作《记承天寺夜游》。十二月作《和秦太虚梅花》："西湖处士骨应槁，只有此诗君压倒。东坡先生心已灰，为爱君诗被花恼。多情立马待黄昏，残雪消迟月出早。江头千树春欲暗，竹外一枝斜更好。孤山山下醉眠处，点缀裙腰纷不扫。万里春随逐客来，十年花送佳人老。去年花开我已病，今年对花还草草。不如风雨卷春归，收拾余香还界吴。""西湖处士"指林逋。"为爱"句言我本已心如死灰，只为喜你的诗又被撩起爱花之情。"竹外一枝斜更好"为名句，不仅描写如画，而且有一种清劲的精神。"裙腰"指长着绿草的山腰。白居易《杭州春望》有"草绿裙腰一道斜"句，并自注："孤山寺路在湖洲中，草绿时望如裙腰。""纷不扫"，又可见苏轼的泛爱精神。尽管本诗收尾愤激，但苏轼因爱梅的风标而"被花恼"的情怀，却成为他黄州诗的主题。

他在雪堂前手栽红梅，据载此梅"大红千叶，一花三实"，直到明代嘉靖二十七年（1548）才枯死，生命近五百年，人称"东坡老梅"。

他还写过《红梅》三首，其一为："怕愁贪睡独开迟，自恐冰容不入时。故作小红桃杏色，尚余孤瘦雪霜姿。寒心未肯随春态，酒晕无端上玉肌。诗老不知梅格在，更看绿叶与青枝。"红桃外表似桃杏的浅红，是自惧其"冰容不入时"而"故作"的，是被迫的，但她不畏霜雪的姿质却不会改变。"诗老"指石曼卿。作者自注："石曼卿《红梅》诗云：'认桃无绿叶，辨杏有青枝。'"苏轼认为石诗不知抓住"梅格"，未免太皮相了，后来在《付过》一文中又提到曼卿这两句为"村学中语"。就这点而言，苏论是对的。但石延年（字曼卿，994—1041）无疑是仁宗时代一位有影响的诗人。

石介在《三豪诗》中，将"曼卿豪于诗"与"（欧阳）永叔豪于辞"并提。欧阳修本人在《六一诗话》中也说："石曼卿自少以诗酒豪放自得，其气貌伟然，诗格奇峭，又工于书……"还举了曼卿"莺声不逐春光老，花影长随日脚流"一联为证，以为仙语。李贺曾有"天若有情天亦老"句，人以为奇绝难对，曼卿却对以"月如无恨月长圆"，"人以为劲敌"。苏轼中秋词"不应有恨，何事长向别时圆"似从此句脱化生发。曼卿其他佳句尚有"意中流水远，愁外旧山青""平芜远更绿，斜日寒无辉""水活冰无日，枝柔树有春""折花移鸟声"等。其人傰傥不群、诡怪不羁。一次与吴安道奉命前往河东巡察，以备边事。吴"昼访夕思，所至郡县，考图籍，见守令，按视民兵刍粟、山川道路，莫不究尽利害"。而石则吟诗饮酒，若不在意。吴见状，忍不住责备了他几句。曼卿笑曰："国家大事安敢忽耶？已熟计之矣。""因条举将兵之勇怯、刍粮之多寡、山川之险易、道路之通塞，纤悉具备，如宿所经虑者。安道乃大惊服，以为天下奇才。"（见王辟之《渑水燕谈录》）又一次，骑出报慈寺，"驭者失控，马惊，曼卿堕地"。从吏皆惊，扶他上鞍，"市人聚观，意其必大诟怒。曼卿徐着一鞭，谓驭者曰：'赖我石学士也，若瓦学士，顾不破碎乎？'"（见释惠洪《冷斋夜话》）曼卿自己最得意的诗为《寄尹师鲁（洙）》："十年一梦花空委，依旧山河损桃李。雁声北去燕南飞，高楼日日春风里。眉黛石州山对起，娇波泪落妆如洗。汾河不断天南流，天色无情淡如水。"后人则最为欣赏他写金乡（在山东）金氏园亭诗中的一联："乐意相关禽对语，生香不断树交花。"陈衍在《宋诗精华录》中言此两句"能于'绿杨宜作两家春'外辟出境界"。白居易"明月好同三径夜，绿杨宜作两家春"是说如得与元稹为邻，树亦当呈献友情，将以浓荫覆盖两家，平分春色。石诗却说，那树间禽鸟好像急于把心中的乐意告诉对方，因此间关相向，软语商量；那花树也似乎有意一株一株枝叶交错，众花竞发，香风相连相续。他以有情之眼观无情之物，一派勃勃生意。这种自然的生意，衍化为他的济世之志。他《赠针师》诗有"卧龙有病君医取，心为生灵不为身"，人比之王令诗"丈夫出处诚何较，知痛苍生为泪垂"，并言："贤者设心不期而合如此，皆未行其志，惜哉！"曼卿也属早逝，且仕途不顺。谪海州（今江苏连云港）日，"使人拾桃核数斛，人迹不到处以弹弓种之，不数年桃花遍山谷中"。（见孙升《孙公谈圃》）

元丰七年（1084），朝廷量移苏轼为汝州团练副使，不得签书公事。"量移"是指酌情移至离京城较近的地方。据《邵氏闻见后录》载："苏东坡既贬黄州，神宗殊念之，尝语宰相王珪、蔡确曰：'国史至重，可命苏轼成之。'珪有难色。"又据《曲洧旧闻》载：蔡确下殿后，"谓同列曰：'此事乌可？须作死马医始得。'其后上每问及，但云臣等方商量进拟"。也就是说，王、蔡等表面上领旨，实则敷衍。尽管神宗听到东坡已死的误传，"叹息再三，曰：'才难'"，但这次改任，苏轼的"罪臣"身份并没有实质性的改变，实在令人怀疑神宗所谓"爱才"的真实性。真实的只是苏轼对在此生活了五年的黄州的感情。

在《满庭芳》词中，苏轼吟道："归去来兮，吾归何处？万里家在岷峨。百年强半，来日苦无多。坐见黄州再闰，儿童尽、楚语吴歌。山中友，鸡豚社酒，相劝老东坡。　　云何？当此去，人生底事，来往如梭？待闲看，秋风洛水清波。好在堂前细柳，应念我、莫剪柔柯。仍传语、江南父老，时与晒渔蓑。"首句虽搬用陶渊明《归去来辞》，但心境不同。陶渊明是归隐之志已得以实现，东坡是"君命"难违，仍在"待罪"之中。联系后二句，弃官归隐不成，似乎是离家太远，实际上还是身不由己，所以东坡所吟"归去来兮"，仅表达欲归不得的怅恨。"百年"二句化用韩愈"年皆过半百，来日苦无多"。韩愈写此诗时年五十三，故曰"过半"；苏轼作此词时年四十九，故曰"强半"。"坐见"句：元丰三年、六年为两个闰年，"坐"字表明白白浪费了时间，过去光阴虚度，来日又"苦无多"。"儿童"二句：自己曾在江南一带任官，孩子会唱吴地歌谣（参见苏轼倅杭任上的"万里家山一梦中，吴音渐已变儿童"），现在贬黄州，孩子又学会楚地方言。这二句极为精练地写出宦海的漂泊，有时间的跨度，又有空间的转换。下片对挽留他终老东坡的友人（"山中友"，点明了草野细民的身份），申述自己不得不去的苦衷，又叹息人生无定，来往如梭。（苏轼在《与王文甫书》中说："前蒙恩量移汝州，比欲乞依旧黄州住，细思罪大责轻，君恩至厚，不可不奔赴。……本意终老江湖，与公扁舟往来，而事与心违，何胜慨叹！"）但苏轼毕竟是苏轼，以久惯世路的旷达之怀来替代人生失意的哀愁，恢复自我感觉的平衡。一个"闲"字将忧思化开：我要去欣赏汝州附近洛水的秋风、清波。"好在"三句，希望雪堂邻里因人及物，好牛照看我手栽的堂前细柳，不要伤了柔枝。并请李仲览（杨元素的特使。杨知先生自黄移汝，派李来请东坡绕道晤面）转告江东父老，请他们也不要忘记经常晒晒我留下的渔蓑。无论是楚地还是江南，都是我生命流逝过的地方，我是要归去来，归去的不一定是岷峨家乡，而是回返田园，回到淳朴的父老乡亲中间。

这种深情，还表现在苏诗中。《别黄州》云："病疮老马不任靷，犹向君王得敝帏。桑下岂无三宿恋，樽前聊与一身归。长腰尚载撑肠米，阔领先裁盖瘿衣。投老江湖终不失，来时莫遣故人非。"靷为马络头。两句言自己虽老病不能任事，皇上还给我一官半职，领取俸禄。"桑下"句：佛家言不三宿桑下，以免发生爱恋；这里反其意，说自己对黄州有了感情。"樽前"句用唐牛僧孺《赠汝州刘中丞》诗"休论世上升沉事，且斗樽前见在身"，苏轼将赴汝州，语意贴切。"长腰米"，楚语："长腰粳米，缩项鳊鱼"，均指美食，此句说还吃着黄州的饭。"瘿"，颈瘤。汝州饮用水缺碘，多大脖子病。苏轼老师欧阳修知汝时，描写过这种病人。梅尧臣也有诗："女惭高掩襟，男大阔裁领。"此句说自己先准备宽领之衣，以备此病。"投老"句有两意：老了还要回到江湖来做平民的，与故人是不会相失（相忘）的。末句说：那时但愿故人都健在，莫使有江山依旧、人物已非之感就好了。（苏轼在倅杭时作《陌上花》有"陌上花开蝴蝶飞，江山犹是昔人非"之句。）苏轼离黄时，将东坡耕地、房舍委托潘丙照管，并曾寄书说"东坡甚烦葺治仆暂出苟禄终当作主，与诸君游如昔日也"，可证此诗。另，《过江夜行武昌山上，闻黄州鼓角》也有此意："……黄州鼓角亦多情，送我南来不辞远。江南又闻出塞曲，半杂江声作悲健。……他年一叶溯江来，还吹此曲相迎饯。"这次离黄，不像来黄时那么孤单，朋友们相送至慈湖，陈慥、参寥一直送到九江。

南宋王十朋《游东坡》七绝云："再闻黄州正坐诗，诗因迁谪更瑰奇。读公赤壁词并赋，如见周郎破贼时。"王炎则进一步说："乌林赤壁事已陈，黄州赤壁天下闻。东坡居士妙言语，赋到此翁无古人。"清代于成龙重复王炎诗意，但写得更为简练："至今传二赋，不复说三分。"近人刘熊兴（黄冈人，生平事迹不详）仿佛做了一个总结："霸业原如春梦短，文章常共大江流。""两赋声名辉北斗，三分事业付东流。"

"东坡老梅"寿近五百春，苏子文章自可照千秋。东坡泉下有知，也不必大写魏武、空羡周郎，而应无憾了。

"一柄桂桨要追上三国的舳舻／击空明，溯流光，无论怎样／那夜的月色是永不褪色的了／——前身是橄榄，有幸留仁／九百年后回味犹清甘／看时光如水荡着这仙船／在浪淘不尽的赤壁赋里／随大江东去又东去，而并未逝去／多少豪杰如沙，都淘尽了……"（余光中《橄榄核舟》）

正是"乌台诗案"后的罪谪黄州，苏东坡走向真正文学大师境界的岁月开始了，他在此以前的作品，是不能与这一时期等量齐观的。这种不幸或者幸运，经由历史的神奇安排，降临到了他的头上。

久戏风波

《题西林壁》——《石钟山记》——王安石的晚年——荆公钟山诗——当涂壁画——金陵会晤——乞居常州——泗州度岁——获准归田——政局剧变——奉诏复出　《登州海市》——重过密州

自九江登庐山，苏轼在文中说："仆初入庐山，山谷奇秀，平生所未见，殆应接不暇，遂发意不欲作诗。"庐山四月的风光，竟让一代文宗折笔。这使人想起白居易的"人间四月芳菲尽，山寺桃花始盛开。长恨春归无觅处，不知转入此中来"。但"不欲作诗"，只是未到作诗之时，诗情尚未油然而生。山中僧俗，都欣然而传："苏子瞻来矣！"人情可人，宾至如归，于是"不觉作一绝云：'芒鞋青竹杖，自挂百钱游。可怪深山里，人人识故侯。'"即便你草鞋竹杖，效前人百钱挂杖而游，也是"天下谁人不识君"。（《晋书·阮修传》：阮修字宣子，"常步行，以百钱挂杖头，至酒店，便独酣畅"。）于是一发而不可收，又作两绝："青山若无素，偃蹇不相亲。要识庐山面，他年是故人。""自昔怀清赏，神游杳蔼间。如今不是梦，真个是庐山。"

两绝含有文艺创作的真知：如果你与庐山素无往来，庐山便不会与你相亲。要写出庐山的面目，就必须过去就是庐山的老友。但诗人曾神游庐山，现在足下所踏、目中所观，"真个是庐山"，不似梦游，胜似梦游，庐山也就像故人一般了。

他边游边读借来的《庐山记》，见有李白、徐凝的诗，又作七绝："帝遣银河一派垂，古来惟有谪仙词。飞流溅沫知多少，不与徐凝洗恶诗。"李白的诗即指"日照香炉生紫烟，遥看瀑布挂前川。飞流直下三千尺，疑是银河落九天"，徐凝诗中则有"千古长如白练飞，一条界破青山色"句。平心而论，写出过"天下三分明月夜，二分无赖是扬州"名句的徐凝，他这两句诗也算不上"恶诗"。白练一条，界破青山，色彩鲜明，"界破"一词也颇为生动。苏轼因对李白诗的推崇，贬徐太甚，如果黄州《红梅》诗中对石曼卿那两句的指责还算有理的话，那么现在评徐凝的这两句却有失公允了。

苏轼后又作漱玉亭、三峡桥两诗，最后则写出千古传诵的《题西林壁》："横看成岭侧成峰，远近高低各不同。不识庐山真面目，只缘身在此山中。"身在局中以我观物，却反为局部所囿而不能通达全体，所谓当局者迷，关心者乱，小至观山，大到处世，都不宜过于执着。再将李白的庐山瀑布诗与此诗比较，可见唐诗与宋诗的区别。后者给人以静态，好像在凝神观照。看不见具体可感、瞬息万变的运动实体（瀑布、江月、海风等，李白又有"海风吹不断，江月照还空"句），一切似乎是永恒的，然而又随人们观照角度的不同，随大块滃漭的运动，显现出峰岭远近高低这样不同的外形。诗中甚至没有提供任何浮云、雾气这样的意象，一切似乎那么明晰，却又时时使人感到变幻莫测。也许正是这种运动无端无涯时时都在，反而使人难以把握。也许由于运动物体被扩大到包括观照者本身在内的整个宇宙，于是观照者反而"不识庐山真面目"了。唐诗中所不能缺少的奔放热情与那种如江海滔滔的宏大气势，在这里被稀释、哲理化了。

苏诗中不乏情感奔放、气象万千的佳作，如《游金山寺》的迷恍、《百步洪》的奔骤，但作为苏诗风格的独特体现，却依然是《饮湖上初晴后雨》和《题西林壁》等被人称道不已的绝唱。也即是《送参寥师》中的美学思想："欲令诗语妙，无厌空且静。静故了群动，空故纳万境。"也如后世比利时剧作家梅特林克所表述的："惟有在沉默中，那些依据人的心灵而不断改变形状与颜色的意外而永恒之花才能绽开一时。"再回到原诗，苏轼游庐山，此时已"南北得十五六"（游程达全山的十分之五六），眼中的山势虽然"偃蹇"（高傲）如旧，已不是未游之前的"无素"与"不相亲"了。"不识庐山真面目，只缘身在此山中"，正是识了庐山真面目之后的得道之言。苏轼可说是庐山的千古知音。

五月，苏轼去筠州与子由全家共度端午。六月，与长子迈同游湖口石钟山。苏迈将任德兴（今江西德兴）尉（主管一县治安），送父至此。《石钟山记》表现了苏轼"尽信书不如无书"、敢于探险历险、标新立异的治学精神。"大石侧立千尺，如猛兽奇鬼森然欲搏人。而山上栖鹘闻人声亦惊起，磔磔云霄间。又有若老人咳且笑于山谷中者，或曰此鹳鹤也。"这种令人毛骨悚然的描写，使人联想到《后赤壁赋》中的"攀栖鹘之危巢"云云，似有隐喻；而"余方心动欲还，而大声发于水上"与"舟人大恐"等句，又照应《后赤壁赋》中的"盖二客不能从焉，划然长啸"。但苏轼还是进行了考察，并得出与郦道元、李渤不同的结论。这种精神又颇似王安石《游褒禅山记》中的"入之愈深，其进愈难，而其见愈奇"，"夫夷以近，则游者众；险以远，则至者少。而世之奇伟、瑰怪、非常之观，常在于险远，而人之所罕至焉，故非有志者不能至也"。

王安石此刻正卜居江宁。历史将安排他与苏轼这两位巨人的最后一次晤面。《闻见近录》载：王荆公（元丰三年册封）"居钟山下，出即乘驴。……一卒牵之而行"，"若牵卒在前听牵卒，若牵卒在后即听驴矣"，"欲止即止，或坐松石之下，或憩田野耕凿之家，或入寺随行。未尝无书，或乘而诵之，或憩而诵之。仍以囊盛饼十数枚，相公食罢即遗牵卒，牵卒之余即饲驴矣。或田野间人持饭饮献者，亦为食之"。

王安石的住处，实则位于江宁东门至钟山路程恰好一半的地方，自取名半山园。在那里修几间屋，种一些花木，并凿渠取水，将洼地浚为池塘。"所居之地四无人家，其宅但蔽风雨，又不设垣墙，望之若逆旅之舍"（《东轩笔录》）。半山园不远处有一个土堆，相传为东晋谢安（字安石）故宅的遗址，叫谢公墩。王安石常去那里，摩挲石上苍苔，时作感慨。并有诗云："我名公字偶相同，我屋公墩在眼中。公去我来墩属我，不应墩姓尚随公。"安石有一老兵，常去酒店沽酒，人问荆公动止，老兵说："相公每日只在书院读书，时时以手抚床而叹，人莫测其意也。"（《研北杂志》）钟山定林寺，有一间专供王安石居住的房室。王安石也常在那里读书、著述、待客。大书家米芾即在这里结识王安石，并为其室书写"昭文斋"匾额。大画家李公麟为王安石画的一幅"神采如生"的像，也悬挂斋中。有客来，"寺僧开户，客忽见像皆惊耸，觉生气逼人"。

起初王安石还有一个"判江宁府"官衔，但他一直未去视事。第二年（熙宁十年），他连这个官衔也辞掉了。他先是乘马出游，马是神宗赠的。后来马死了，才换乘小驴。驴是自己买的，牵卒是自己雇的。有人劝他：老年人出游最好乘肩舆（轿子）。王安石不肯，且说："古之王公至不道，未尝以人代畜。"每次出游都随随便便，没有也不可能讲排场。

　　王铚《默记》载："元丰末，王荆公在蒋山（即钟山）野次，跨驴出入。时正盛暑，而提刑李茂直往候见，即于道左遇之，荆公舍蹇相就，与茂直坐于路次。荆公以兀子，而茂直坐胡床也。语甚久，日转西矣。茂直令张伞，而日光正漏在荆公身上，茂直语左右令移伞就相公，公曰：'不须。若使后世做牛，须着与他日里耕田。'"王铚《默记》还载一事：陈升之罢相后，以镇江军节度使判扬州，因父亲坟茔在润州，所以常去祭省，"旌旗舳舰，官吏锦绣，相属乎道"。一次，"请于朝，许带人从往省荆公，诏许之。舟楫衔尾，蔽江而下，街告而舟中喝道不绝"。王安石闻其来，"于芦苇间驻车以俟"。陈命就岸，"大船回旋久之，乃能泊而相见"。见荆公轻车简从，陈"大惭"，"其归也，令罢舟中喝道"。

　　这里提到王安石的"车"，叫"江州车"，他也常坐而出游，自己坐一厢，另一厢由朋友坐，如无伴侣，则由僮仆坐。而对陈升之，沈括《梦溪笔谈》也有讥讽："治第于润州，极为闳壮，池馆绵亘数百步。宅成，公已疾甚，唯肩舆一登西楼而已。人谓之三不得：居不得，修不得，卖不得。"《宋史》本传更言："升之深狡多数，善傅会以取富贵。王安石用事，患正论（即反对派议论——笔者）盈庭，引升之自助。升之心知其不可，而竭力为之用，安石德之，故使先己为相。甫得志，即求解条例司，又时为小异，阳若不与之同者。世以是讥之，谓之'筌（筌是以竹或草编制的捕鱼器具）相'。"由此可见，陈见王安石之所以"大惭"，除"惭"自己排场外，恐也有"惭"其往日作为的成分在内。

　　但他毕竟还奏请看望王安石，还会羞惭。至于往昔那些阿谀之徒，则早已不见影踪。《倦游杂录》载："有善谑者熙宁间启王介甫曰：'某所恨微躯日益安健，惟愿早就木，冀得丞相一埋铭，庶几名附雄文，不磨灭于后世。'"另《宋朝事实类苑》载："光禄卿巩申佞而好进，老为省判，趋附不已。王荆公为相，每生日，朝士献诗颂，僧道献功德疏，以为寿。舆皂走卒皆笼雀鸽就宅放之，谓之放生。申既不娴诗什，又不能诵经，于是以大笼贮雀，诣客次，摺笏开笼，且祝曰：'愿相公一百二十岁。'"所以张舜民后来在为王安石作的《挽词》中慨叹："今日江湖从学者，人人讳道是门生。"

两相对照，我们便十分欣赏朱弁的《曲洧旧闻》中的一段："东坡自黄徙汝，过金陵，荆公野服（便服）乘驴谒于舟次，东坡不冠而迎揖曰：'轼今日敢以野服见大丞相。'荆公笑曰：'礼岂为我辈设哉！'"王安石居相时，苏轼从不干谒；下台后却不计前嫌，专程拜见。这本身便显示了与世态炎凉相对立的高风亮节。

王安石在政治上改易更革的同时，在文学方面也是欧阳修诗文革新运动的闯将。他认为文章务为"有补于世""以适用为本"（《上人书》），反对华而不实的"西昆体"。在《上邵学士书》中明确表示："某尝患近世之文，辞弗顾于理，理弗顾于事，以braver积故实（堆砌典故）为有学，以雕绘语句为精新。"早期诗作《兼并》《河北民》等，抨击时政。广为传诵、自立新意的《明妃曲》末句为"君不见咫尺长门闭阿娇，人生失意无南北"，对朝廷不用贤才委婉地进行了谴责。在任地方官期间作的《葛溪驿》抒发了自己深广的忧愤："缺月昏昏漏未央，一灯明灭照秋床。病身最觉风露早，归梦不知山水长。坐感岁时歌慷慨，起看天地色凄凉。鸣蝉更乱行人耳，正抱疏桐叶半黄。"结句写秋蝉无知，以"叶半黄"的"疏桐"为乐园，自鸣得意，盲目乐观。作于差不多同期的《登飞来峰》更是抱负不凡："飞来峰上千寻塔，闻说鸡鸣见日升。不畏浮云遮望眼，自缘身在最高层。"《促织》则揭露了社会的贫富不均："金屏翠幔与秋宜，得此年年醉不知。只向贫家促机杼，几家能有一绚丝。"（首句借描写蟋蟀笼子的精致华贵来比喻官僚地主宅院的富丽堂皇。）

早期的咏物诗，更多的是抒发壮志："天下苍生待霖雨，不知龙向此中蟠"、"黄菊有至性，孤芳犯群威"、"墙角数枝梅，凌寒独自开"、"森森直干百余寻，高入青冥不附林"（咏松）、"人怜直节生来瘦，自许高材老更刚"（咏竹）。《泊姚江》也有强烈的入世思想："山如碧浪翻江去，水似青天照眼明。唤取仙人来住此，莫教辛苦上层城。"（姚江在浙江余姚。又据《水经注》："昆仑之山三级，……上曰层城，一名天庭，是谓太帝之居。"）以致叶梦得在《石林诗话》中言："王荆公少以意气自许，故诗语惟其所向，不复更为涵蓄。……皆直道其胸中事。"熙宁二年所作《夜直》表明了自己宏图得以舒展的兴奋："金炉香烬漏声残，剪剪轻风阵阵寒。春色恼人眠不得，月移花影上栏干。"宋制，翰林学士每夜轮流在学士院值班留宿。久蓄改革之志，终于有千载难逢的君臣际遇，无数往事、感慨事、紧要事一齐涌上心头。"春色恼人"即春色撩人。"春色"在此有政治含义，杜甫也有过"五夜漏声催晓箭，九重春色醉仙桃"的诗句。

更有名的七绝，便是作于熙宁八年二月的《泊船瓜洲》："京口瓜洲一水间，钟山只隔数重山。春风又绿江南岸，明月何时照我还。"当时王安石第二次拜相，奉诏进京。为一"绿"字，诗人频改，先后用过"到""过""入""满"十余字，最后定下这个精警的"绿"。前些字都是从风本身的流动着眼，粘皮带骨，描写看不见的春风，依旧显得抽象，也缺乏个性。"绿"字则拓开一层，从春风吹过以后产生的奇妙效果着想，化触觉为视觉。而"绿"字又与诗人当时的心情谐合。唐代王建有"武帝去来罗袖尽，野花黄蝶领春风"，"春风"实指皇恩。王安石希望凭借这股春风驱散政治上的寒流，开创变法的新局面。"绿"还有一重深意，反映了诗人内心的矛盾。鉴于第一次罢相前后朝廷斗争的尖锐复杂，他对这次"东山再起"已做了充分的思想准备。变法图强,是他的政治理想;退居林下,是他的生活理想。钟山之秀、山林之幽,已在向他招手。"春草年年绿,王孙归不归"(王维)。以"绿"为动词形容东风,李白、丘为等都用过。但就表现思想感情的深度而言,似不如此例,可谓青出于蓝而胜于蓝。

"胜概唯诗可收拾,不才羞作等闲来。"以二次罢相为界,王安石诗风大变,从"逋峭雄直之气"转入"深婉不迫之趣";虽然这是他所不甘愿的。新法多违他的初衷,逐渐变质,这种心情表现于《越人以幕养花,因游其下》中:"尚有残红已可悲,更忧回首只空枝。莫嗟身世浑无事,睡过春风作恶时"。一、二句已预感到新法可能全面失败,三、四句对花(也是对己)说:不要认为自己一生平安无事,那是因为在帷幕下度过了春风作恶的时期。"春风"在这首诗里的作为,不是催花,而是摧花了。另一首诗中的"不得春风花不开,花开又被风吹落",更明确地表达了自己复杂的感受。

于是我们看到王安石另一种风格的诗:"午枕花前簟欲流,日催红影上帘钩。窥人鸟唤悠扬梦,隔水山供宛转愁。""悠扬梦"一定是值得追求的情事,"宛转愁"又表现现实与梦境的巨大反差。《悟真院》也写梦:"野水纵横漱屋除,午窗残梦鸟相呼。春风日日吹香草,山北山南路欲无。"把实境也写成梦境了,所谓"梦中有梦"。宋人许颉在《彦周诗话》中说:"荆公爱看水中影,此亦性所好。如'秋水写明河,迢迢藕花底'。又《桃花》诗云:'晴沟涨春渌周遭,俯视红影移鱼舠'。皆观其影也。"也许岸上的景物总有几分太清晰,太现实,是散文的,不太契合荆公当时的心境。水中之影自有一种清莹缥缈的美感,是诗的,似乎为"悠扬梦"的另一形态。如"俯窥娇娆杏,未觉身胜影","殷勤将白发,下马照青溪。"还有一首《岁晚》诗:"月映林塘澹,风含笑语凉。俯窥怜绿净,小立伫幽香。携幼寻新的,扶衰坐野航。延缘久未已,岁晚惜流光。"这里的"俯窥",并非仅仅看水,而是入迷地欣赏着"水中影":月影、树影、花影等。而"绿"字,又使人联想到他那著名的"春风又绿江南岸",不过不在岸上,却在水中。"的"鲜明意,这里指菊花始开的新色。年老体衰,所坐又非画船游舫,既无箫管之喧,又无友朋之乐,是什么唤起老人如此游兴呢?正是这"岁晚惜流光"的深情(使人联想起李义山的"天意怜幽草,人间重晚晴")。他另有咏菊诗云"千花万卉凋零后,始见闲人把一枝",更表达自己的节操。

这类诗在荆公晚年诗中占了一定比重,如《北陂杏花》:"一陂春水绕花身,花影妖娆各占春。纵被春风吹作雪,绝胜南陌碾成尘。"更多的则是寓悲慨于闲适、融感愤于冲淡之中,与苏轼有异曲同工之妙。如《定林》:"……但留云对宿,仍值月相寻。真乐非无寄,悲虫亦好音。""真乐"一词,出于列子"无乐无知,是真乐真知"。晋张湛注:"都无所乐,都无所知,则能乐天下之乐,知天下之知,而我无心者也。""无心"是指无机巧之心。安石自问出处以道,未尝杂有机心,故息影林下,能乐天下之乐。"真乐"是无处不寄、所在皆有的,达到了这样一种思想境界,所以听到虫声悲鸣也是悦耳动听的了。

又如《江上》之"江北秋阴一半开,晚云含雨却低回。青山缭绕疑无路,忽见千帆隐映来",直接启发了陆游的"山重水复疑无路,柳暗花明又一村"。再如"春风取花去,酬我以清阴",颇类东坡的"海棠真一梦,梅子欲尝新"。而"殷勤为解丁香结,放出枝头自在春",则胜过唐代陆龟蒙的"殷勤解却丁香结,纵放繁枝散诞香"。

王安石由于摆脱了名利场中的牵绊,有较为从容的心情与时间磨诗。"放出枝头自在春"不仅在诗境,而且在遣词造句上,都达到了炉火纯青的地步。如《团扇》诗"玉斧修成宝月团,月边仍有女乘鸾。青冥风露非人世,鬓乱钗横特地寒",寄托了上层政界人士常有的"高处不胜寒"之感,近似东坡的《水调歌头》。后来他改末句的"横"为"斜",

"盖钗当横，惟乱则斜尔"（《艇斋诗话》）。"紫苋临风怯，苍苔挟雨骄"，"怯""挟""骄"三字都下得极妙。"南圃东冈二月时，物华撩我有新诗。含风鸭绿粼粼起，弄日鹅黄袅袅垂"一绝，也为人传诵。

所以《石林诗话》评曰："王荆公晚年诗律尤精严，造语用字间不容发，然意与言会，言随意遣，浑然天成。"《艇斋诗活》转引了徐俯的话："荆公绝句妙天下。"《彦周诗话》云："东坡海南诗、荆公钟山诗，超然迈伦，能追逐李、杜、陶、谢。"

当然，这只是推崇之意，上述六位的胸襟、气格等均各不相同。即以陶潜为比。《庚溪诗话》云："王荆公介甫辞相位，退居金陵，日游钟山，脱去世故，平生不以势利为务，当时少有及之者。然其诗曰：'……我亦暮年专一壑，每逢车马便惊猜。'既以丘壑存心，则外物去来任之可也，何惊猜之有？是知此老胸中尚蒂芥也。如陶渊明则不然，曰：'结庐在人境，而无车马喧。问君何能尔，心远地自偏。'……"至于王安石的散文成就，已列入"唐宋八大家"，本书不再赘述。这些不朽的诗文，该是对政治上大起大落的王安石最好的安慰与丰盛的补偿。

苏轼与王安石的捐弃前嫌，也是有其思想基础的。离黄后，他写给好友滕元发（字达道）一信，时滕将赴湖州知州任，苏约他在途中一晤，并在信中说："某欲面见一言者，盖谓吾侪新法之初辄守偏见，至有异同之论。虽此心耿耿，归于忧国，而所言差谬，少有中理者。"这说明他在贬谪期间，也看到了新法的某些可取之处，对自己过去的偏激见解有所反思。两人在金山晤别后，苏轼又有信："一别十四年，流离契阔，不谓复得见公，执手恍然，不觉涕下。风俗日恶，忠义寂寥，见公使人差增气也。"

《宋史》本传载："元发在神宗前论事如家人父子，言无文饰，洞见肝鬲。"又记："河北地大震，命元发为安抚使。时城舍多圮，吏民惧压，皆幄寝芟舍，元发独处屋下，曰：'屋摧民死，吾当以身同之。'瘗死食饥，

268

除田租，修堤障，察贪残，督盗贼，北道遂安。"这大概是他使苏轼"差增气"的原因吧。《东坡志林》还载："久在江湖间，不见伟人。前在金山，见滕元发乘小舟破巨浪来相见。出船巍然，使人神耸。"因滕与苏一样同处逆境，而仍能"使人神耸"，才引起苏轼的由衷敬佩。

而那句"风俗日恶，忠义寂寥"之叹，可能也是受了滕的言论影响，反映出苏轼本人对新法的矛盾态度。但总的来讲，他对新法及王安石的态度已渐趋客观。另外，一个"待罪"，一个投闲，情况虽不尽相同，受排斥的处境则约略相似，也使两人容易接近。

到金陵之前，苏轼船经当涂，还与一位人物郭祥正（字功甫）晤面。功甫有诗声，早年即受梅尧臣赏识，称其"天才如此，真太白后身也"。他赞成王安石"新政"，参与过章惇主持的工程，但也因"刺新法之非"，元丰末年被章惇投入监狱。此时虽尚未遭禁，已以汀州通判勒令家居，为失意之人。王安石常邀他去金陵"卧看山""伴我闲"，将他的诗写在自家屏风上。

尽管梅尧臣对他过誉（郭为当涂人，李白也在当涂而殁，传为捞月而终），但郭诗确有不少佳什，也沾了李白一些"仙"气，如《春日独酌》："桃花不解饮，向我如情亲。迎风更低昂，狂杀对酒人。桃无十日花，人无百岁身。竟须醒复醉，不负花上春。"苏轼徐州筑黄楼，他寄歌曰："君不见彭门之黄楼，楼角突兀凌山丘。云生雾暗失柱础，日升月落当帘钩。黄河西来骇奔流，顷刻十丈平城头，浑涛春撞怒鲸跃，危堞仅若杯盂浮。斯民嚣嚣坐恐化鱼鳖，刺史当分天子忧。植材筑土夜连昼，神物借力非人谋。河还故道万家喜，匪公何以全吾州。……"最有名的一首为《金山行》："金山杳在沧溟中，雪崖冰柱浮仙宫。乾坤扶持自今古，日月仿佛躔西东。我泛灵槎出尘世，搜索异境窥神功。一朝登临重叹息，四时想像何其雄。卷帘夜阁挂北斗，大鲸驾浪吹长空。舟摧岸断岂足数，往往霹雳摧蛟龙。寒蟾八月荡瑶海，秋光上下磨青铜。鸟飞不尽暮天碧，渔歌忽断芦花风。……"

苏轼此次在郭家醉吟庵壁上画竹，郭作二诗为谢，并赠两把古铜剑。苏轼感而赋诗："空肠得酒芒角出，肝肺槎牙生竹石。森然欲作不可回，吐向君家雪色壁。平生好诗仍好画，书墙涴壁长遭骂。不嗔不骂喜有余，世间谁复如君者。一双铜剑秋水光，两首新诗争剑铓。剑在床头诗在手，不知谁作蛟龙吼。"酒入空肠，灵感顿生，锋芒毕露，首二句实为奇句。三、四句言画意正盛，不可遏止，将胸中的成竹吐向你家雪白的墙壁。五、六句诙谐。末二句言剑在床头，诗在手上，似闻蛟龙吼声，究竟发自剑还是诗，已难判别。这是夸赞功甫的诗章。清代赵翼沿此思路，评这首诗本身也"爽挺如剑芒，不可逼视"。

此事在中国画史乃至美学史上都有其特殊意义，令人联想起苏轼在《跋与可纡竹》中所赞的"屈而不挠者"。《庄子》中所提的畸人，都是肢体残缺或相貌丑陋的人；还谈到过不材之木，如《人间世》中的"栎社树"。此树"其大蔽数千牛，絜（用绳量）之百围"，虽然"观者如市"，而"匠伯不顾"。为什么呢？原来此树乃"散木"："以为舟则沉，以为棺椁则速腐，以为器则速毁，以为门户则液樠，以为柱则蠹。是不材之木也，无所可用，故能若是之寿。"明显地表达了庄子的消极避世思想：百无一用的废物才能苟全性命。这与苏轼浸濡的儒学经世致用思想是大相径庭的。但苏轼却借庄子文中"丑"的观念大加发挥，成为中国美学史上的一个突破。唐代韩愈（包括孟郊）诗中也有丑的形象，但那是和滑稽与奇异相关的。苏轼则让丑独立，成为欣赏的对象。李之仪曾有《次韵东坡所画郭功甫家壁竹木怪石》："大枝凭陵力争出，小干萦纡穿瘦石。……急将两耳掩双手，河海震动雷电吼。"可知纡竹丑石之所以美，是画家表达受压抑的生命的爆发或喷发而出的力的象征。这在苏轼少年所作的第一首诗《咏怪石》中已露端倪。尽管美的品类众多，但真正的美，绝不抹杀个性的发挥，甚至可以说：真正的美，都是充实强力的，只不过表现方式不同而已。黄庭坚似乎也领会到了这一点，他的《题子瞻枯木》云"胸中元自有丘壑，故作老木蟠风霜"，邓椿《画继》言苏轼"所作枯木，枝干虬屈无端倪，石皴亦奇怪，如其胸中蟠郁也"，均可帮助我们理解这点。李斯托威尔在《近代美学史述评》中概括说："与美不同，在艺术和自然中感知到丑，所引起的是一种不安甚至痛苦的感情。这种感情立即和我们所能够得到的满足混合在一起，形成一种混合的感情，一种带有苦味的愉快。……这种丑的对象，经常表现出奇特、怪异、缺陷和任性，这些都是个性的明确无讹的标志。"

苏轼后来被贬惠州及自儋放归时，郭祥正都还给他寄诗，苏轼也有和作。郭诗中有"莫向沙边弄明月，夜深无数采珠人"，婉劝苏轼留心言行，不要被人"采"去作为罪柄，也是自戒自律。对这位被喻作"太白后身"、诗能"作蛟龙吼"的豪士，实在不能不是一个悲剧。

两位更大的悲剧人物终于在江宁会晤。他们在一起诵诗说佛，脱略形迹，相互唱和，愉快地度过了几天。时王安石已在病中，不能与苏轼同游钟山。苏轼与王胜之（即王益柔，"进奏院事件"中那位罹祸的青年）游后，诗中有"峰多巧障日，江远欲浮天"，王安石读罢，抚几赞道："老夫平生作诗无此二句。"除了艺术特色，这两句的寓意，大概也震动了王安石的心弦。而王安石的《北山》诗，更引发了苏轼的和诗。《北山》诗云："北山输绿涨横陂，直堑回塘滟滟时。细数落花因坐久，缓寻芳草得归迟。"北山将它的翠绿泉水输给山塘，涨满坡堤；无论是直的沟堑、曲的塘岸，都呈现滟滟的波光。三句化自王维的"兴阑啼鸟缓，坐久落花多"，四句化自刘长卿的"秋草独寻人去后，寒林空见日斜时"，但因加了"细数""缓寻"，便更有意味。一个曾干过轰轰烈烈事业的大政治家，竟落到"细数落花""缓寻芳草"的地步，内中有多少悲慨！"落花"的遭际、"芳草"的高洁，又增一层凄然！

北山即钟山，爱用典且善用典的王安石可能因南齐孔稚珪的《北山移文》而取诗题。孔文说：周子隐于钟山，后应诏入仕，欲再经此地，孔便作此文，假借山灵口气，不许周子再至。文中斥曰："诱我松桂，欺我云壑。虽假容于江皋，乃缨情于好爵。"又描绘："风云凄其带愤，石泉咽而下怆。望林峦而有失，顾草木而如丧。……南岳献嘲，北陇腾笑，列壑争讥，攒峰竦诮。"最后下了逐客令："岂可使芳杜厚颜，薜荔蒙耻，碧岭再辱，丹崖重滓……宜扃岫幌，掩云关，敛轻雾，藏鸣湍，截来辕于谷口，杜妄辔于郊端。于是丛条瞋胆，叠颖怒魄。或飞柯以折轮，乍低枝以扫迹，请回俗士驾，为君谢逋客。"博学的苏东坡心领神会，次韵了荆公这首《北山》诗："骑驴渺渺入荒陂，想见先生未病时。劝我试求三亩宅，从公已觉十年迟。"

王安石第二次罢相，已有八年，诗中"十年"是约言之。三、四句意为：你劝我也来这里经营三亩的田宅，彼此结邻终老，我觉得早该追陪你隐居，十年前就更好了。这并非应酬的话头。分手后，他在《上荆公书》中又说："轼始欲买田金陵，庶几得陪杖屦，老于钟山之下。既已不遂，今来仪真（今江苏仪征）又二十余日，日以求田为事，然成否未可知也。若幸而成，扁舟往来，见公不难也。"信中还向王安石推荐了秦观："今得其诗文数十首拜呈。词格高下固已无逃于左右（逃不开你的眼光），独其行义修饬，才敏过人，有志于忠义者，其请以身任（担保）之。……才难之叹古今共之，如观等辈实不易得。愿公少借齿牙，使增重于世。其他无所望也。"

秦观当时家境清苦，元丰五年赴礼部试，又未考中。苏轼船至京口（今江苏镇江），秦观曾由家乡高邮来会，时为八月。十一月，苏轼曾去秦观家中。离别时，秦观一直送到山阳（今江苏淮安），苏轼写《虞美人》以赠："波声拍枕长淮晓，隙月窥人小。无情汴水自东流，只载一船离恨向西州。　　竹溪花浦曾同醉，酒味多于泪。谁教风鉴在尘埃，酝造一场烦恼送人来。"对他们两人来说，才识抱负，只酝出无穷烦恼。词中还有一层内疚：秦观从学自己多年，至今未得一第（秦观后来考中进士，与苏轼向王安石推荐有关）。"只载"句，启李清照"只恐双溪舴艋舟，载不动、许多愁"句。

在高邮，苏轼还留下著名的《高邮陈直躬处士画雁》。陈直躬，高邮人，画颇为当时所重。诗提到："野雁见人时，未起意已改。君从何处看，得此无人态。无乃槁木形，人禽两自在。"是说人如槁木，忘记自己的存在，使雁不惊觉，仍怡然自得，才能画出雁的神态。用庄子的话说，就是由"技"而入"道"，这样便把陈直躬的画与"画工"的简单描摹区分开来。后来苏轼在汴京所写《书晁补之所藏与可画竹》中，也表达了相同的见解："与可画竹时，见竹不见人。岂独不见人，嗒然（形容神志虚寂）遗其身。其身与竹化，无穷出清新。庄周世无有，谁知此疑（一作凝）神。"这实在为艺文的最高境界。逼真临写，为浅层次（真）；满腔块垒，借竹而宣泄，以显挺拔气节、潇洒情怀，为深层次（善）；而像文同那样，"其身与竹化"，作为艺术家的人已隐然不见，他就是竹，竹就是他，已臻于化境，达到"美"的极致。

苏轼给王安石的信末说："秋气日佳，微疾想已失去。伏冀顺时候为国自重。""为国自重"，并非泛泛之谈。据《邵氏闻见录》载：苏轼"过金陵，见介甫甚欢。子瞻曰：'轼欲有言于公。'介甫色动，意子瞻辨前日事也。子瞻曰：'某言者天下事也。'介甫色定，曰：'姑言之。'子瞻曰：'大兵大狱，汉唐灭亡之兆。祖宗以仁厚治天下，正欲革此。今西方用兵，连年不解；东南数起大狱（指蔡确等人屡兴的罗织之狱），公独无一言以救之乎？'介甫举手两指示子瞻曰：'二事皆惠卿启之，某在外安敢言？'子瞻曰：'固也。然在朝则言，在外则不言，事君之常礼耳。上所以待公者非常礼，公所以事上者岂可以常礼乎？'介甫厉声曰：'某须说！'又曰：'出在安石口，入在子瞻耳。'……介甫又语子瞻曰：'人须是知行一不义、杀一不辜得天下弗为乃可。'子瞻戏曰：'今之君子争减半年磨勘［北宋官制，三年磨勘（考绩）一次，以定升迁］，虽杀人亦为之。'介甫笑而不言。"这次相见后，王安石曾对人赞扬苏轼："不知更几百年，方有如此人物。"（《西清诗话》）但从上面的对话可以看出：苏轼因自己的"罪臣"身份，不便对上奏论国是，王安石处境也好不到哪里。

《上荆公书》中"日以求田为事"，也非虚语。苏轼去汝州是很勉强的，到金陵后更加动摇。他一面北行，一面上书神宗，请求允许他辞官。在《乞常州居住表》中说："禄廪久空，衣食不继，累重道远，不免舟行。自离黄州，风涛惊恐，举家重病，一子丧亡。今虽已至泗州，而资用罄竭，去汝尚远，难于陆行，无屋可居，无田可食，二十余口不知所归，饥寒之忧近在朝夕。与其强颜忍耻干求于众人，不若归命投诚控告于君父。臣有薄田在常州宜兴县，粗给饘粥，欲望圣慈许于常州居住。"

表中所言"一子丧亡"，是指他的爱妾朝云所生的苏遁，未满周岁病夭于金陵。苏轼写了几首诗来哭他："……吾老常鲜欢，赖此一笑喜。忽然遭夺去，恶业我累尔。衣薪那免俗，变灭须臾耳。归来怀抱空，老泪如泻水。"还写朝云的悲伤："我泪犹可拭，日远当日忘。母哭不可闻，欲与汝俱亡。故衣尚悬架，涨乳已流床。感此欲忘生，一卧终日僵。……"所提"臣有薄田在常州宜兴县"，是指苏轼倅杭时在宜兴买的田。表上所述窘况与实际相差不远。苏轼全家在泗州（江苏盱眙东北）度除夕，是一个雪夜。正逢黄实（字师是）任淮东提举，也系船于此。据陶九成《说郛》载，黄曾自述："尝于除夜泊汴口，见苏子瞻植杖立对岸若有所俟者，归舟中即以扬州厨酿二尊、雍酥一奁贻之。"这雪中送"炭"（酥酒）之举，使苏轼心暖手活，连写二诗。其一云："暮雪纷纷投碎米，春流咽咽走黄沙。旧游似梦徒能说，逐客如僧岂有家。冷砚欲书先自冻，孤灯何事独成花。使君夜半分酥酒，惊起妻孥一笑哗。"

在泗州停留期间，苏轼的乐观主义精神，又如春草勃生。曾与友人刘倩叔游南山，作《浣溪沙》词云："细雨斜风作小寒，淡烟疏柳媚晴滩。入淮清洛渐漫漫。　　雪沫乳花浮午盏，蓼茸蒿笋试春盘。人间有味是清欢。"南山又名都梁山，"都梁"即兰草。《苕溪渔隐丛话》："淮北之地平夷，自京师至汴口并无山，惟隔淮方有南山，米元章（芾）名其山为第一山。"词的首句写苏轼与刘倩叔出发时的天气。六十里路下来，雨脚渐收，天色放晴。因为早春，所以才是"淡烟""疏柳"。一个"媚"字，使全句皆活。泗州正当汴河（大运河，又名"清洛"）入淮口处，给人开阔的感觉。"雪沫乳花"指茶水上漂浮的泡沫，通称"茶乳"。此次出游，距立春仅六日。晋代开始，便有立春时以青菜装盘相互馈赠的风习。唐代以春饼将韭菜、果物等置于盘中，号曰"春盘"。苏轼等在山上吃的春盘是蓼芽、蒿笋。一个"蓼"字透出野味，一个"试"字暗寓这是立春前的试做。白绿相间，色彩鲜明，不仅可口，而且悦目。最后一句，给全词带来哲理的升华。我们不禁联想到苏轼与徐君猷在寒冬"清香细细嚼梅须"的雅兴。但"人间有味是清欢"的含蕴似更深广，它不同于李白的"人生得意须尽欢"，是苏轼写西湖的"淡妆浓抹总相宜"的另一种表达。

另一次同游南山的，有泗州太守刘士彦。《挥麈后录》载有一则逸事：游山后，天已断黑，他送苏轼等过泗州长桥。东坡有词云："望长桥上，灯火闹，使君还。"刘士彦慌了（因泗州为军事重镇，晚上禁止过桥），对东坡说："知有新词。学士名满天下，京师便传。在法，泗州夜过长桥者徒二年，况知州邪？切告收起，勿以示人！"苏轼笑答："轼一生罪过，开口常是不在徒二年以下。"除乐观外，东坡总是那样诙谐。

苏轼的《乞常州居住表》，神宗处理得很快，"朝入夕报可"。诏旨下来，苏轼已到了应天府。"既至南都，蒙恩放归阳羡"。于是他回船南返，并写下《满庭芳》："归去来兮，清溪无底，上有千仞嵯峨。画楼东畔，天远夕阳多。老去君恩未报，空回首、弹铗悲歌。船头转，长风万里，归马驻平坡。　　无何。何处是，银潢尽处，天女停梭。问何事人间，久戏风波。顾谓同来稚子，应烂汝、腰下长柯。青衫破，群仙笑我，千缕挂烟蓑。""清溪"指阳羡溪，"千仞嵯峨"，指宜兴的君山。"画楼"二句，看似写景，"天远夕阳多"，语意双关，暗指自己离神宗虽远，却得到他很多恩泽；"夕阳"又使人想到"夕阳无限好，只是近黄昏"的名句：放归后，怕就不再有什么惠顾了。（此词写成不久，神宗就去世了。苏轼在《答王定国书》中说："先帝升遐，天下所共哀慕，而不肖与公蒙恩尤深。……无状罪废，众欲置之死，而先帝独哀之。而今而后，谁复出我于沟壑者？归耕没齿而已矣。"）"老去"三句，紧连上意。"船头"三句，表达归田之切。下片"无何"指"无何有之乡"，这是庄子《逍遥游》中的理想境界，但在人间是没有的。于是词人幻想自己遨游天庭，与织女对话。织女把他当仙人看待（其实是词人自己认为），问他"何事人间，久戏风波"。本书的开头，即指出苏轼对待风雨的态度是一个"戏"字。这里也是，不仅"戏"，且"久戏风波"，表达了词人的壮怀豪气。但"何事"二字，又有不值得之意。天女还望着与苏轼同来的稚子（童子）说：大概你腰下的斧柄也烂了吧？（取《述异记》事）联系上句，又有你们离开天庭不久，而在人间却已历尽沧桑，年岁久远之慨。群仙笑词人的破旧青衫，像烟雨中的蓑衣一样筋筋条条。这其实也是苏轼的自嘲。"久戏风波"，只赢得"青衫破""千缕挂烟蓑"的结局。

"烟蓑"也有归隐之意。作于同时的《渔父》词有"渔父醉，蓑衣舞，醉里却寻归路"之句。苏轼已经准备过这样的生活了。这次来回旅途上所作的诗，也大多重弹这类题旨。如"功名如幻何足计，学道有涯真可喜。……君归赴我鸡黍约，买田筑室从今始"（《送沈逵赴广南》），"月明惊鹊未安枝，一棹飘然影自随。江上秋风无限浪，枕中春梦不多时。琼林花草闻前语，罨（彩）画溪山（指阳羡）指后期。……"（《次韵蒋颖叔》），等等。

元丰八年（1085）五月一日，苏轼至扬州，在竹西寺壁上留题三首。其一为："十年归梦寄西风，此去真为田舍翁。剩觅蜀冈新井水，要携乡味过江东。"扬州有"蜀冈"井，陆羽曾评为"天下第五泉"。苏轼因井名而称"乡味"。其三为："此生已觉都无事，今岁仍逢大有（丰收）年。山寺归来闻好语，野花啼鸟亦欣然。"然而，苏轼并没有"真为田舍翁"，这第三首诗又给他埋下新的祸机。

三月五日，神宗去世，年仅十岁的哲宗继位，而由高太后（英宗皇后）权同听政。高太后一贯反对变法，她掌权后立即起用司马光为相，起用因反对新法而被贬斥的人，包括苏轼。六月，苏轼在常州奉诏，起知登州（今山东蓬莱）。

苏轼本打算"归耕没齿"，这种政局的剧变，于他是始料不及的。奉诏前，他还打算买一住宅，已托士人邵民瞻代为物色。相中后，他倾囊付之，准备待吉日入居。一个月夜，他步入村中，听见有户人家传出哭声，叩门而入一问，才知道老妇之子瞒着她卖掉了她的老屋，正是苏轼托买的那幢。轼为之怆然，立刻拿出房契，当场烧掉，请老妇之子翌日迎母重返故居，更不索还房钱。

无宅的苏轼，又开始在旅途漂泊：润州、扬州、楚州、海州、登州。饱经风波的他，态度是冷静的："吾生七往来，送老海上城。"仕途往来，已七过长江；知登州，不过是在海边送老罢了。在《书遗蔡允元》中说："仆闲居六年，复出从仕。自六月被命，今始至淮上。大风三日不得渡，故人蔡允元来船中相别。允元眷眷不忍归，而仆迟回不发，意甚愿来日复风。坐客皆云东坡赴官之意，殆似小儿迁延避学。爱其语切类，故书之以遗允元，为他日归休一笑。"

未到任，已念及"他日归休"。但他长期受压抑的心情毕竟有所弛缓，途中写了不少好诗，虽然诗中还蒙着往日"待罪"的阴影。知扬州杨康功有石状如醉道士，苏轼赋诗云："楚山固多猿，青者黠而寿。化为狂道士，山谷恣腾蹂。误入华阳洞，窃饮茅君酒。君命囚岩间，岩石为械杻。松根络其足，藤蔓缚其肘。苍苔眯其目，丛棘哽其口。三年化为石，坚瘦敌琼玖。无复号云声，空余舞杯手。……"想象奇特，谐趣横生，却又有所怜悯。在楚州作《送杨杰》，因杨杰登过华山，"重九日饮酒莲华峰上"，故诗云："天门夜上宾出日，万里红波半天赤，归来平地看跳丸，一点黄金铸秋橘。太华峰头作重九，天风吹滟黄花酒。"此段描写，瑰丽而有仙气。接着又写杨杰"下视蚊雷隐污渠"，以喻浊世。诗末则结句为"过江风急浪如山，寄语舟人好看客"，暗喻风急浪大，须小心谨慎。

《登州海市》，则由自然奇观而成诗的奇观。诗叙曰："予闻登州海市旧矣。父老云：'尝见于春夏，今岁晚不复出矣。'予到官五日而去，以不见为恨，祷于海神广德王之庙，明日见焉，乃作此诗。"时为十月底。苏轼到任五日，朝命赴京改任礼部郎中。未看到海市前，苏轼想象："东方云海空复空，群仙出没空明中。荡摇浮世生万象，岂有贝阙藏珠宫。心知所见皆幻影，敢以耳目烦神工。""心知"两句有味：海市本是一种幻影，眼下连幻影也追求不着。接下来写："岁寒水冷天地闭，为我起蛰鞭鱼龙。重楼翠阜出霜晓，异事惊倒百岁翁。"纪昀曾评："海市只是'重楼翠阜'，此正不尽形容，亦正不能形容也。"今人史良昭先生认为"也许它反映了当时海市景观昙花一现的实情"，并以下面"伸眉一笑"佐证，殊觉有理。由于海神"率然有请不我拒"，东坡从而联想"信我人厄非天穷"：我所蒙受的只是人为的灾难，而非上天的惩罚。最后写海市消失："伸眉一笑岂易得，神之报汝亦已丰。斜阳万里孤鸟没，但见碧海磨青铜。新诗绮语亦安用，相与变灭随东风。"这里用了"相与"一词：消失的不仅是海市，还有人事，在"伸眉一笑"中，自己所遭到的种种磨难，仿佛也过去了。全诗纯系借题发挥，抒发对自然与社会的感慨。政治舞台也如登州海市般变幻莫测，东坡离登赴京途中，"乌台诗案"的主谋者李定竟专门出迎宴请，"极其款洽"。但苏轼的"新诗绮语"是不会磨灭的。不会磨灭的，还有人民对他的敬爱。到海州后，苏轼取道涟水（今属江苏）、怀仁（今江苏赣榆区），重过密州。太守霍翔在超然台上为苏轼接风。苏轼赠诗回顾："昔饮雩泉别常山，天寒岁在龙蛇间（龙年蛇年之交）。山中儿童拍手笑，问我西去何当还。"整整十年过去，"重来父老喜我在，扶挈老幼相遮攀。当时褓襁皆七尺，而我安得留朱颜。……躬持躬牛酒劳行役，无复杞菊嘲寒悭。超然置酒寻旧迹，尚有诗赋镵坚顽。"一句"喜我在"，反映了父老对前太守的淳厚真情，也寄托了苏轼的多少感激！"相遮攀"的场面，又那样热烈动人！"斋厨索然，日食杞菊"的寒酸日子，已成苦中带甜的回忆。《超然台记》等已在密州刻石。诗的最后，苏轼殷殷嘱咐霍翔，利用当地水源，修渠筑坝，为民造福。因为霍翔主管过汴河的疏浚，对水利建设有一定经验。在密州与旧友重逢的留诗中，苏轼还反复提到："黄鸡催晓凄凉曲，白发惊秋见在身。一别胶西旧朋友，扁舟归钓五湖春。""江湖久放浪，朝市谁相亲。却寻泉源去，桃花逢避秦。"当然，难寻桃源，将入"朝市"，苏轼面临的，依旧是身不由己的命运。

翰林学士

太后的召见——直言谠论——与司马光之争——"一肚皮不合时宜"——对王安石的复杂态度——不安于朝，不缄其口——《西园雅集图》——"戏墨"之作——"纸上的舞蹈"——"士人画"之创——题画诗只要一接触政事，从"编管"的状态中解脱，苏轼便将归隐之念抛诸脑后。他在登州五日，即对当地海防、民政进行调查，连写两状。《登州召还议水军状》，要求加强海防，以备契丹。《乞罢登、莱榷盐状》，则为了减轻百姓负担。回京才半月，苏轼便升为起居舍人；再过三月，又迁中书舍人。不久他又升翰林学士，专门草拟诏令，此职为皇帝近臣，有"内相"之称。

　　虽然每次升迁，苏轼都诚惶诚恐，上表力辞，但还是"曾未周岁而阅三官"。联想到高太后派武士将司马光"护送"来京（怕他不就或拖延），苏轼的骤升也不足为奇了。元祐二年（1087），苏轼又擢为翰林学士兼侍读（皇帝的老师）。一天晚上，太后召他入内，起草吕大防拜相的诏令。突然问他："卿前年为何官？""臣为黄州团练副使。""今为何官？""臣今待罪翰林学士。""何以遽至此？"苏轼回答说是太皇太后、皇帝陛下（哲宗）的恩典。高太后否认。"岂大臣论荐乎？"苏轼问。太后又否认。苏轼大惊："臣虽无状，不敢自他途以进。"太后才说："此先帝（神宗）意也。先帝每诵卿文章，必叹曰：'奇才！奇才！'但未及进用卿耳。"（《宋史·苏轼传》）高太后是善于控御臣下的，这样一来，即便苏轼对神宗还有一丝怨恨，此刻也烟消云散，而必然对赵宋王朝更加效忠。

　　但苏轼的效忠方式，仍然是为国为民，直言谠论。在《乞不给散青苗钱斛状》中，他说："臣伏见熙宁以来行青苗、免役二法，至今二十余年，法日益弊，民日益贫，刑日益烦，盗日益炽，田日益贱，谷帛日益轻，……又官吏无状，于给散之际，必令酒务设鼓乐倡优，或关扑卖酒牌子，农民至有徒手而归者，但每散青苗，即酒课暴增，此臣所亲见而为流涕者也。二十年间，因欠青苗至卖田宅雇妻女投水自缢者，不可胜数。"在另一道奏章中又说："方今天下多事，饥馑盗贼，四夷之变，民劳官冗，将骄卒惰，财用匮乏之弊，不可胜数。"也就是说，仁宗朝便开始的"三冗"积弊，一样也没有解决，反而有过之而无不及。"不可胜数"一词的反复出现，正表明苏轼忧国忧民之切，直言无隐之诚。不像现代官样文章中的"少数""极少数""全局与局部""九个指头与一个指头"等数学游戏。苏轼又指出，近世以来取人之多、得官之易，没有超过本朝的。一官之缺，"率常五七人守之，争夺纷纭，廉耻道尽。中材小官阙远食贫，到官之后侵渔求取，靡所不为"，"朝廷所放恩榜几千人矣，何曾见一人能自奋励，有闻于时？而残民败官者不可胜数（又是一个'不可胜数'！）"。有些官官相护的情况，也被苏轼无情揭露。西北民族入侵，守将不力，致使万余百姓遭害。朝廷特使前去调查，回来却大事化小，说只有十余人被杀，为当地守将求情免罪。两年过去，小事化无，被杀的百姓无一领受朝廷抚恤，事情就这样不了了之。还有更为骇人听闻的事。将官童政平定"妖贼岑探"，残杀平民数千，"其害甚于岑探"，朝廷特使"畏避权势，归罪于新州官吏，又言新州官吏却有守城之功，乞以功过相除。愚弄上下有同儿戏，然卒不问"。"蔡州捕盗吏卒，亦杀平民一家五六人，皆妇女无辜，屠割形体，以为丈夫首级，欲以请赏，而守倅不按，监司不问"。这些滥杀无辜、草菅人命的惨例所喷出的血，不断溅在苏轼的奏纸上，他也忠实地、毫无保留地记录下来，使粗暴的历史真相并未涂上任何缓和的色彩，从而也未遭到损害。

对于司马光的尽废新法，要一切"皆如旧制"，苏轼也不敢苟同。司马光为陕西望族，传统的封建道德与渊博的学问，以及不热衷权位和较其他士大夫朴素的生活，给他带来了身价，但实际才干却不能与之相符。他上台后，将责任全推到王安石头上。正如清代学者王船山所言"寥寥焉无一实政之见于设施。……进一人则曰此熙丰之所退也，退一人则曰此熙丰之所进也，兴一法则曰此熙丰之所革也，革一法则曰此熙丰之所兴也"（《宋论》）。苏轼与他的分歧主要表现在废除免役法、恢复差役法之争。苏轼认为："差役、免役各有利害。"免役法之害在于聚敛民财，弄得十室九空，钱聚于上，而下有钱荒之患；差役法之害在于百姓要经常为官府服劳役，不能专力于农，而贪官污吏得以乘机敲诈勒索。二者之害，大约相等。但罢差役已二十年，一旦恢复，吏民未必习惯，恐别生诸弊。苏轼主张去免役法之弊，而不改其法。免役法在推行过程中主要有二弊：一是征收宽剩钱过多；二是移作他用，而非用来雇役。如能"尽去二弊而不变其法，则民悦而事易成"。在这点上，苏辙与其兄的看法一致。范纯仁（范仲淹之子）也对司马光说过"去其（新法）太甚者可矣"，且废去时，还应"徐徐经理，乃为得计"。

苏辙此时也已从地方召还，连连擢升，五年内成为尚书右丞，进入宰辅行列，官职超出其兄。他见司马光年事已高，求治心切，又不察下情，举措乖谬，所信非人，连上四章，指出原本附蔡确以倾王珪的蔡京，而今摇身一变，媚悦司马光，称其所知开封府属两县五日内即差百姓一千余人充役，而光不能洞察其奸，遂决意恢复差役法，并称赞蔡京："使人人奉法如君，何不可行之有？"这说明司马光也并非"退一人则曰此熙丰之所进也"，而是宽容了那些见风转舵者，这样更糟。苏辙则直斥蔡京"申请于数日之间一依旧法人数差拨了绝"，是"故欲扰民以害成法"，不但不能采纳，反应对他"特赐行遣，以戒天下挟邪坏法之人"。事实证明，苏辙的预见是正确的。后来诬陷司马光为"奸党"之首，立"元祐党人碑"，毁光祖坟，祸其子孙，并导致北宋亡国的，正是蔡京其人！

苏轼深知自己的擢迁，也与司马光的力荐有关。但他生性不会看风使舵，曲意迎合。他曾在奏章中说过，"王安石新得政，变易法度，臣若少加附会，进用可必"，但他"不忍欺天负心"，所以"具论安石所为不可施行状"。同样，"光既大用，臣亦骤迁，在于人情，岂肯异论。但以光所建差役一事，臣实以为未便，不免力争"。

这种"力争"，有时达到面红耳赤的地步。苏轼曾当面指斥司马光：你当谏官时，也同宰相韩琦争论，并不怕他不高兴；难道今天做了宰相，就不允许我苏轼把话讲完吗？回到家中，一边卸巾解带，一边还气吁吁地连骂:"司马牛!司马牛!"他对北宋官场那种投机干进、争权逐利的现象,深恶痛绝:"昔之君子惟荆(王安石)是师,今之君子惟温(司马光)是随,所随不同,其为随一也。老弟与温相知至深,始终无间,然多不随耳。"(《与杨元素》)所以他认为司马光等人"专欲变熙宁之法,不复较量利害,参用所长"。《梁溪漫志》载:一日东坡退朝,食罢扪腹徐行,问他的婢妾们:你们说我肚子里装的是什么?一位婢女说:都是文章。东坡不以为然。另一位讲:都是智巧。东坡也未以为当。最后朝云说:学士一肚皮不合时宜。东坡这才捧腹大笑。这笑其实还是杂以辛酸的。当时有人便说过:"若欲以轼为辅佐(宰相),愿以安石为戒。"简直把他当成"王安石第二"了。

苏轼任高官期间总的思想,是想"兼行二帝忠厚(仁宗)励精(神宗)之政",做到"仁厚而事不废,核实而政不苛",而避免两朝的弊端。元祐元年(1086)四月初六,王安石卒,终年六十六岁。哲宗追赠太傅。苏轼奉命拟诏。诏中说:"将有非常之大事,必生希世之异人。使其名高一时,学贯千载,智足以达其道,辩足以行其言,瑰玮之文足以藻饰万物,卓绝之行足以风动四方。用能于期岁之间,靡然变天下之俗。……方需功业之成,遽起山林之兴。浮云何有,脱屣如遗。屡争席于渔樵,不乱群于麋鹿。进退之际,雍容可观。"即便此敕系奉命而作,但也流露出苏轼对王安石道德文章和人品的敬仰之情。

同年立秋,苏轼祭西太一宫神坛,看到宫内王安石旧日题壁诗二首:"柳叶鸣蜩绿暗,荷花落日红酣。三十六陂烟水,白头想见江南。""三十年前此地,父兄持我东西。今日重来白首,欲寻陈迹都迷。"注目良久后,苏轼赞叹曰:"此老野狐精也。"就依韵和了二首,其一为:"秋早川原净丽,雨余风日清酣。从此归耕剑外,何人送我池南。"唐都长安有龙池,李白诗:"池南柳色半青青。"三、四句指待我归耕时,再没有人在京城送我了。其二为:"但有樽中若下,何须墓上征西。闻道乌衣巷口,而今烟草萋迷。"吴兴若下村产美酒，故以"若下"代指美酒。这是退一步讲，万一我回不了四川，也要去宜兴的。曹操初从军时，还没有夺取天下的奢望，只希望博取封侯，以便在墓碑上刻上"汉故征西将军曹侯之墓"；苏轼反用此典，说连这个他也不要。三、四句用刘禹锡"朱雀桥边野草花，乌衣巷口夕阳斜。旧时王谢堂前燕，飞入寻常百姓家"之诗意，大有人去楼空、世事沧桑之慨。

元丰末年，王安石重病，愈后，连半山园也捐给佛门，神宗赐名"报宁寺"。而王安石自己则租城中民居，不复造宅。司马光拜相后，当有人告诉王安石，"近有指挥，不得看《字说》"时，他受了很大刺激。据《蒙斋笔谈》载："王荆公作《字说》，用意良苦，置石莲百许枚几案上，咀啮以运其思。遇尽未及益，即啮其指，至流血不觉。"虽不无夸张，但"用意良苦"大概也是实情。接着，又闻市易、方田均税和保甲诸法皆罢。及知免役法也要废罢时，他再也禁持不住，愕然失声曰："亦罢至此乎？"停一会儿，又说："此法终不可罢！安石与先帝议之二年乃行，无不曲尽。"但也只能怅恨不已，郁郁而终，与其"用意良苦"制订的新法一起入葬。司马光以胜利者的姿态，写信给吕大防说："介甫无他，但执拗耳，赠恤之典宜厚。"

王安石早年诗云："谁似浮云知进退，才成霖雨便归山。"晚年《独归》诗却说："钟山独归雨微冥，稻畦夹冈半黄青。疲农心知水未足，看云倚木车不停。悲哉作劳亦已久，暮歌如哭难为听。而我官闲幸无事，北窗枕簟风泠泠。"欲行"霖雨"而终究"水未足"、劳未停，空赢得如哭的暮歌。这差不多是封建时代一切有为之士共同的结局。笔者曾在江西抚州（古临川）王安石纪念馆见过他的塑像，并且自己也心塑了一座：长长的头发、长长的胡须，长长的衣衫斑迹点点，不知是泼来的污水，还是残存的泪迹？笔者还联想起苏轼晚年流放海南，听士人黎子云讲过的一则逸事：城北十五里有一唐村，村中有一老人允从，年已古稀。老人问黎子云："宰相何苦以青苗钱困我？于官有益乎？"子云答：官府患民贫富不均，故以此法均之。允从笑道："贫富之不齐自古已然，虽天公不能齐也，子欲齐之乎？民之有贫富，由器用之有厚薄也。子欲磨其厚，等其薄，厚者未动而薄者先穴（穿孔）矣。"苏轼听完，感慨道："此负薪能谈论王道，正谓允从辈耶！"

而苏轼兄弟等如此殚精竭虑、勤于王事，除了屡屡树敌，也无大补益于政局，不能挽狂澜于既倒，扶大厦之将倾。当初，"君实（司马光）始怒，有逐公意"。司马光逝后，旧党一些人"因缘熙宁谤讪之说以病公，公自是不安于朝矣"（《亡兄子瞻墓志铭》）。新党虽然失势，但仍伺机东山再起。当时吕惠卿遭贬出京，蔡确、章惇等也暂时降职。但他们通过一名默默无闻的郓州（今山东东平）州学教授周穜上书，主张将王安石的灵牌安置在太庙神宗灵牌之下，共享祭祀。这是一种试探。苏轼立即给予还击，指责王安石的党徒"或首开边隙，使兵连祸结；或渔利权财，为国敛怨；或倡起大狱，以倾陷善良。其为奸恶未易悉数，而王安石实为之首"。这反映了在政治斗争上，苏轼与王安石还是形同冰炭的，对其党徒更是疾恶如仇。对方也以牙还牙。出于王安石之门的谏官赵挺之，历诋轼"学术本出《战国策》纵横揣摩之说，使轼得志，将无所不为矣"。谏官王觌则奏轼"长于辞华而暗于义理，若使久在朝廷，则必立异妄作。即宜且与一郡，稍为轻浮躁竞之戒"。

苏轼还成为旧党内对立派别的攻击目标。他们将他在扬州竹西寺题诗中的"山寺归来闻好语，野花啼鸟亦欣然"摘出，说苏轼写此二句，是对神宗之逝表示高兴，诽怨先帝，无人臣礼。苏轼只得自辩："臣于是岁三月六日，在南京闻先帝遗诏举哀挂服了当，迤逦往常州。……至五月初间，因往扬州竹西寺见百姓父老十数人，相与道旁语笑。其间一人以两手加额云：'见说好个少年官家（指哲宗）。'其言虽鄙俗不典，然臣实喜闻百姓讴歌吾君之子出于至诚。又是时臣初得请归耕常州，盖将老焉，而淮浙间所在丰熟，因作诗云。……臣若稍有不善之意，岂敢复书壁上以示人乎？又其时去先帝上仙已及两月，绝非'山寺归来'始闻之语。"

这个对立派别，主要指以理学家程颐为首的"洛（洛阳）党"。程颐为人严苛，动辄搬出古礼。苏轼认为他不近人情，常常讥诮他，使程颐对苏轼怀有极大的反感，而苏轼也报以高度的轻蔑。元祐元年九月一日，司马光去世，葬礼由程颐主持。正巧神宗灵牌要放入宋室宗祠。所有官员必须斋戒，不能祭拜司马光。待九月六日，在乐声肃穆悠扬中安放神宗灵牌后，苏轼才带百官前往司马光家中吊丧。程颐抗议，认为这不合孔子立下的规矩。《论语》说："子于是日哭则不歌。"而今天上午你们唱过挽歌，至少听了奏乐，怎么还能去吊丧哭泣呢？苏轼反诘:《论语》上并没有说"子于是日歌则不哭"，排开程颐的阻拦，率众入门。进去不见司马光的儿子出来接待，一问才知道又是程颐立的禁令。他的理由是，孝子如果真孝，应该悲痛得不见客人才对。苏轼当众挖苦程颐为乡野叔孙通（叔孙通，为汉高祖定礼仪者），引起哄堂大笑，也使程颐老羞成怒。他的几个门生为谏官，于是常常抓住苏轼奏章中的一两句话，"罗织语言以为谤讪"。苏轼自己也承认："臣又素疾程颐之奸，未尝假以色词，故颐之党人无不侧目。"他对这种无聊的党争，已经厌烦至极，也临危自省，因此一再奏请外放，"在内实无丝毫补报，而为郡粗可及民"。并说，如果过去李定、舒亶、何正臣之流诬他，尚有近似之处，即"以讽谏为诽谤"，那么现在则是"以白为黑，以西为东"，连"近似"都谈不上了。

平心而论，高太后对苏轼一直是袒护的，因此愈加使苏轼矛盾："臣欲依违苟且，雷同众人，则内愧本心，上负明主。若不改其操，知无不言，则怨仇交攻，不死即废。伏望圣慈念为臣之不易，哀臣处此之至难，始终保全，措之不争之地……"但即便"处此之至难"，他认为该讲的，哪怕对高太后本人，他还是不得不讲。如广开言路。他指出，朝廷有道，一定设法了解下情，"不许关碍"：唐太宗允许人们入宫进言，包括无官无职的百姓。他提醒太后，本朝初年，皇帝允许各路官员晋见，"其余小臣布衣，亦时特赐召问"。而现在"惟执政日得上殿外"，其余能见到陛下（实指太后）的，"不过十余人。天下之广，事物之变，绝非十余人者所能尽。若此十余人者不幸而非其人，民之利病不以实告，则陛下便谓天下太平，无事可言，岂不殆哉"。其余臣僚虽可上书言事，但表状一入宫禁，便无音讯。如果陛下不面召上书言事者，"反复诘问，何以尽利害之实"。何况天下有许多事，是不能单凭文字所能表达清楚的。我们不知道太后读到这份奏议的反应，但起码她不会心气舒畅。苏轼之所以获准出知杭州，肯定与他的耿介（或"迂阔"）性格有关。

文人如果不能独立思考，则广开言路也无济于事。这一点上，苏轼推许欧阳修而贬抑王安石。在《钱塘勤上人诗集叙》中，苏轼说："……欧阳公好士为天下第一，士有一言中于道，不远千里而求之，甚于士之求公。……而其退老于颍水之上，余往见之，则犹论士之贤者，唯恐其不闻于世也。"还特别提到，欧阳修虽然"不喜佛老"，但"佛者惠勤从公游三十余年，公常称之为聪明才智有学问者"。苏轼通判杭州，欧阳修还特地嘱咐他去西湖务必拜访惠勤。

欧阳修自己也一再说过："凡人材性不一，各有长短。用其所长，事无不举；强其所短，政必不逮。吾亦任吾所长尔。"（《本朝名人传》）

欧阳修之所以辟佛，是认为浮屠之学与儒道相悖，大量的劳动力离开田亩，进入寺院，"坐华屋，享美食"，且免除一切赋役，势必增加其他劳力者的负担，使天下财政更加拮据，因此视这种现象为身之赘疣、国之蠹虫。但对和尚本人，他并不拒绝交往。曾由石曼卿介绍，认识了惟俨与秘演，并写下《释惟俨文集序》，文中引述惟俨的话说："世所称贤材，若不笞兵走万里立功海外，则当佐天了号令赏罚于明堂。苟皆不用，则绝宠辱，遗世俗，自高而不屈，尚安能酬豢于富贵而无为哉？"也表达了作者本人对朝廷充斥着尸位素餐之徒，而贤者沉沦下僚甚至遁入空门这一现实的不满。惟俨受戒后，并非弃百事而不关心，"傲乎退偃于一室，天下之务，当世之利病，听其言终日不厌"。在《释秘演诗集序》中，欧阳修也讴歌了这位"以气节相高……隐于浮屠"的"奇男子"。

对王安石，苏轼在《答张文潜书》中认为："文字之衰未有如今日者也，其源实出于王氏。王氏之文未必不善也，而患在于好使人同己。"能生长植物是土壤的共性，但所生长的植物各不相同。而"王氏欲以其学同天下"的结果，好比那些荒凉贫瘠的盐碱地，一望无际只是枯黄的茅草与白色的芦苇。事实也是如此，欧阳修提掖了布衣屏处、未为人知的王安石、三苏、曾巩等一代风流，苏轼师承其风，有"苏门四学士"等，各以自己的独特诗文流传至今。王安石门下，以文名世者大概只有王令，而且是在安石未执权柄之时。圣人陵墓与艺术摇篮、精神的生活与生活的精神，往往是那样对立！

思乡、归田的思想，在苏轼处境艰难时再度抬头："莫教印绶系余年，去扫坟墓当有日。""我亦江海人，市朝非所安。""醉眼朦胧觅归路，松江烟雨晚疏疏。"他特别怀念黄州："……五年不踏江头路，梦逐东风泛蘋芷。江梅山杏为谁容，独笑依依临野水。"并在诗后自题："仆去黄州五周岁矣，饮食梦寐未尝忘之。"在《书王定国所藏〈烟江叠嶂图〉》中，更将这份思念表达得淋漓尽致："……君不见武昌樊口幽绝处，东坡先生留五年。春风摇江天漠漠，暮云卷雨山娟娟。丹枫翻鸦伴水宿，长松落雪惊醉眠。桃花流水在人世，武陵岂必皆神仙。江山清空我尘土，虽有去路寻无缘。还君此画三叹息，山中故人应有招我归来篇。"流放的地方，在回忆中变为可爱，简直成了武陵仙境。

既然"虽有去路寻无缘"，自己未能再回黄州，与武陵人未能再寻到桃花源一样，那么只能在书画艺术里寻找"精神的桃源"。翰苑为苏轼提供了良好的条件，天赋过人、乐群好友的他，结交了许多诗人、画家、书法家、鉴赏家（有的还往往集数家于一体），他们经常聚会，过着一种高雅的文化生活。米芾在《西园雅集图记》中，生动地描写了元祐二年六月某日，在驸马王诜西园的一次聚会，把这一天变成了中国艺术史上的一座纪念碑，真可谓前有兰亭，后有西园。文中首先评价李公麟效唐代画家李昭道（李思训之子，号"小李将军"）所画这张图："着色泉石云物、草木花竹皆绝妙动人，而人物秀发各肖其形，自有林下风味，无一点尘埃气，不为凡笔也。"图中，苏东坡头戴乌帽、身着黄袍，正"捉笔而书"。一位"幅巾青衣"的客人，"据方几而凝伫"。李之仪捉椅而视。主人王诜则身着华服坐观。后面是他的侍姬，"云鬟翠饰，侍立自然，富贵风韵"。一棵缠着凌霄花的盘郁老松，"红绿相间"，松下有一大石案，"陈设古器瑶琴，芭蕉围绕"。苏子由"道帽紫衣，右手倚石、左手执卷而观书"。黄庭坚手执蕉扇旁观。李公麟"幅巾野褐"，正在画陶渊明的《归去来辞》。其他如晁补之、张耒，或立或跪。秦观坐在多节瘤的树根上，"袖手侧听"琴曲。米芾则"昂首而题石"。园后有石桥，竹径绕溪，一位长老趺坐翠阴茂密处说无生论，有人旁听。"水石潺湲，风竹相吞，炉烟方袅，草木自馨"。作者最后叹道："人间清旷之乐不过于此。嗟乎，汹涌于名利之域而不知退者，岂易得此耶？自东坡而下，凡十有六人，以文章议论，博学辨识，英辞妙墨，好古多闻，雄豪绝俗之资、高僧羽流之杰，卓然高致，名动四夷。后之揽者，不独画图之可观，亦足仿佛其人耳。"

就绘画成就而言，苏轼也许比不上文同、李公麟、米芾。但他多样的天赋，他因清议而遭贬的经历，以及对待不幸的态度，使他实际上成为当时文坛艺苑的盟主。所以米芾文中才提到"自东坡而下"。他当时戴一种特别高的帽子，顶窄而微向前倾，竟致许多文人争戴此帽，后来这种帽子便被称作"子瞻帽"。一天，他陪哲宗游醴泉，宫中伶人演戏。一人头戴

"子瞻帽"在台上自夸：我这位文士，诸位比不了。众伶问：何以见得？那位讲：难道你们没看见我头上的帽子？演到此处，连皇帝也笑起来，看了苏东坡一眼。

苏轼的即兴之作近于速写，是其愉快天性的自发产物，他认为创作是瞬间的能量爆发。这种类型的画也许是他唯一能够驾驭的。从这点看，李公麟更像真正的艺术家，他既能精心创构，又可即兴挥毫。但苏轼的写意画与他的书法一样，以自发直率为目的，确也反映了北宋文人的某些审美特征。

中国绘画的南宗重视一气呵成、快速运笔的节奏感，与北派的工笔细描显然有别。苏轼可说是南宗画派的鼻祖之一，特别在理论上。唐代与唐以前的绘画重在再现，又主张"气韵生动"，所谓"触物留情"。当然也有出自兴会的作品，如王维的《袁安卧雪图》，画雪里芭蕉，和桃杏、莲花、芙蓉等四时之物为一景，已有象征意味。但写意传心的倾向，是到宋代才自觉起来并风靡画坛的。苏轼的"戏墨"之作，又在八大山人那里得到了继承与发展。当然，对于朱耷而言，"戏墨"背后更淋漓着强烈的悲剧意识。余秋雨先生在《文化苦旅·青云谱随想》中说到朱耷："他具体的遭遇没有徐渭那样惨，但作为已亡的大明皇室的后裔，他的悲剧性感悟却比徐渭多了一个更寥廓的层面。他的天地全部沉沦，只能在纸幅上拼接一些枯枝、残叶、怪石来张罗出一个个地老天荒般的残山剩水，让一些孤独的鸟、怪异的鱼暂时躲避。这些鸟鱼完全挣脱了秀美的美学范畴，而是夸张地袒露其丑，以丑直锲人心，以丑傲视甜媚（这一点似也承传了苏轼——笔者）。它们是秃陋的，畏缩的，不想惹人，也不想发出任何音响的，但它们却都有一副让整个天地都为之一寒的白眼，冷冷地看着，而且把这冷冷地看当作了自身存在的目的。它们似乎又是木讷的，老态的，但从整个姿势看又隐含着一种极度的敏感。它们会飞动，会游弋，会不声不响地突然消失。"

这样，中国的绘画，便经历了从描摹故事以存鉴戒，到增减形迹以求传神，再到驱遣物象以为心画的历程。

苏轼的绘画理论，前面已有零星阐述。元祐期间，他又来一个总结："论画以形似，见与儿童邻。赋诗必此诗，定非知诗人。"这是为王主簿（生平不可考）"所画折枝"而作的诗（《书鄢陵王主簿所画折枝二首》）。折枝是花卉画的一种表现手法，不画全株，只画连枝折下来的部分。关于这首诗，曾引起后世不少歧义，甚至说苏轼主张"画牛作马"。其实，苏轼是在写诗，而非作科学论文。"论画以形似"指的是把形似当作论画的唯一标准；"赋诗必此诗"，指的是只有形似、死于句下的诗。苏轼为此画的题诗共有两首。第二首中有"低昂枝上雀，摇荡花间雨。双翎决将起，众叶纷自举。可怜采花蜂，清蜜寄两股"，既为传神之笔，又不失细腻，竟可辨出蜂儿股上的"清蜜"，说明苏轼并非全盘否定形似。总观画面，不过一丛竹、数枝花、两头雀、一只蜂，却带来了盎然春意，也就是第一首诗中所言的"一点红""寄无边春"的艺术功夫。王主簿没有在纤毫毕肖上着力，却善于捕捉事物的神韵，因此以少胜多，更深刻地表现了题旨。

苏轼的文章，更能消除对此诗的误解。在《书戴嵩画牛》中说：四川杜处士藏有唐代名画家戴嵩的《斗牛图》，一日拿出晾晒，正逢牧童经过，笑道：斗牛时力气全在角上，尾巴是夹在屁股当中的，哪有摇着尾巴相斗的？轼为此叹道："耕当问奴，织当问婢。"他还批评五代后蜀画家黄筌画的飞鸟"颈足皆展"，违离实际，因为飞鸟"缩颈则展足，缩足则展颈"；黄筌之误在"观物不审"。在《评诗人写物》中，他又言："诗人有写物之功，'桑之未落，其叶沃若'，他木殆不可以当此。林逋《梅花》诗云'疏影横斜水清浅，暗香浮动月黄昏'，绝非桃李诗。及日休《白莲花》诗云'无情有恨何人见，月晓风清欲堕时'，绝非红梅诗。"表达得最为全面的则为《书吴道子画后》："道子画人物，如以灯取影，逆来顺受，旁见侧出。横邪平直，各相乘除，得自然之数，不差毫末。出新意于法度之中，寄妙理于豪放之外。"后来在《答谢民师书》中，苏轼又提出"求物之妙，如系风捕影"，发展了"以灯取影"说。"系风捕影"比"点睛"更难，这里显然加上了禅宗"顿悟说"的影响。苏轼有诗："暂借好诗消永夜，每逢佳处辄参禅。愁侵砚滴初含冻，喜入灯花欲斗妍。""佳处"即"妙处"，"愁"指未悟时，"喜"指顿悟后。明代画家王绂，大概综观了苏轼诗文，在评"论画以形似，见与儿童邻"时说："东坡此诗盖言学者不当刻舟求剑、胶柱而鼓瑟也。然必神游象外，方能意到圜中。今人或寥寥数笔，自矜高简，或重床叠屋，一味颠顸，动曰不求形似，岂知古人所云不求形似者，不似之似也。""不似之似"便成了写意画的审美标准。近人齐白石进一步解释："作画妙在似与不似之间，太似为媚俗，不似为欺世。"这桩公案大概可以了结了。

如果说苏轼的画还当不上北宋大家，那么他的书法与蔡襄、黄庭坚、米芾，可并列为北宋四大家。早在汉代扬雄的《法言》中，就提出"言，心声也；书，心画也"的见解。唐代张怀瓘在《书议》中写道："或寄以骋纵横之志，或托以散郁结之怀。"并评王羲之书法曰："了然知公平生志气若与面焉。"古代的文人墨客，用中国特有的文字，进行这种点画腾挪、情萦意绕的"纸上舞蹈"，表现自己丰富的情感与独特的风貌。

美国的苏珊·朗格认为艺术是"生命的形式"，"你愈是深入地研究艺术品的结构，你就会愈加清楚地发现艺术结构与生命结构的相似之处"。所以今人李泽厚抒情地说："书法艺术所表现所传达的，正是这种人与自然、情绪与感受、内在心理秩序结构与外在宇宙（包括社会）秩序结构直接相碰撞、相斗争、相调节、相协奏的伟大生命之歌。"今人高尔泰也讲过，"如果可以说一切西方艺术都可以归本音乐的话，那么我们不妨说，一切中国绘画都可以归本为书法"，"绘画，是另一种形式的书法"。我们还可以加上一句：书法是抽象的绘画。苏轼的楷书、行书、草书，都独具面目，自成一家，结体俊爽，点画凝练，气味醇雅。他曾说过："我书意造本无法。"又说："吾书虽不甚佳，然出自新意，不践古人，是一快也。"这只能理解为他在熟习古人书法的基础上，透彻领悟，"自出新意"。有人告诉他：章惇每天临《兰亭帖》一次，他笑道："工摹临者非自得，……终不高尔！"他的诗文书画精品，往往是在他醉后或兴致高时，一挥而就的。他曾说："吾酒后乘兴作数十字，觉酒气拂拂从十指上出去也。"

元祐三年（1088），苏轼任主考官，与李公麟、黄庭坚、张耒等入闱近两个月，阅卷完毕前，不能与外界接触。空闲时，李公麟以画马自娱，黄庭坚则写阴气惨惨的鬼诗，或彼此讲些神异怪事。黄庭坚记述苏轼："东坡居士极不惜书，然不可乞，有乞书者，正色诘责之，或终不与一字。元祐中锁试礼部，每来见过案上纸，不择精粗，书遍乃已。性喜酒，然不能四五龠（龠为十分之一升）已烂醉，不辞谢而就卧，鼻鼾如雷。少焉苏醒，落笔如风雨，虽谑弄皆有义味，真神仙中人，此岂与今世翰墨之士争衡哉！"东坡兴致来时，还常用阅卷的朱笔画竹，自成妙理，为后世所神往。

苏、黄两人还常常切磋书艺。《独醒杂志》载："东坡曰：'鲁直近字虽清劲，而笔势有时太瘦，几如树梢挂蛇。'山谷曰：'公之字固不敢轻议，然间觉褊浅，亦甚似石压虾蟆。'二公大笑，以为深中其病。"读之令人解颐。黄庭坚讲苏轼"极不惜书，然不可乞"，也是有依据的。一天，他告诉东坡：人称王羲之的字为"换鹅书"，你现在的书倒可称作"换羊书"了。这是怎么一回事呢？原来一位名叫韩宗儒的同僚，每次得到东坡的字，便去别人处换十余斤羊肉。东坡大笑。后来韩宗儒"日作数简以图报书，使人立庭卜督索甚急。公笑谓曰：'传语本官今日断屠！'"（见赵令畤《侯鲭录》）他认为作书是高雅之事，沾不得羊臊俗气。黄庭坚还说过：

"东坡先生晚年书尤豪壮，挟海上风涛之气，尤非他人所到也。"

苏轼在《书朱象先画后》，说朱"能文而不求举，善画而不求售"，并引了画家本人的观点："文以达吾心，画以适吾意而已。"这实际上也是苏轼自己的看法。中国士大夫文人的诗文书画基本上不是为了谋生，也未必想到教育别人，他们所标榜的吟咏性情其实就是宣泄，其心理状态基本上囿于"独善其身"的范围。不是中华大地无阳刚壮美的景观，也不是中国人缺少雄健的心理素质，而是文人们将自己心里的阳刚之气用于治国平天下的行动，把阴柔之气倾诉在陶冶性情的笔墨之中，加之他们在仕途往往困顿多舛，这种倾向便更为明显，以求得心态的平衡。

苏轼所书的《赤壁赋》，于稳健而流丽的墨迹中，寄寓着一种超然物外、与天地同化的情趣。与他未贬前所撰《表忠观碑》的气宇轩昂、方整俊伟，有着不小的差别：由热烈而趋淡泊。这在苏东坡一生中可说是反复出现的生命乐章，豪放与细柔、抗争与慎静、乐天与忧患，构成了他恒常的心理情绪结构。

以上着重讲了书画同源，而诗画合一也是在北宋，特别在苏轼的艺论中摆到了显要的位置。他在一则题跋中评价王维："味摩诘之诗，诗中有画；观摩诘之画，画中有诗。"又对杜甫题韩幹马图诗说过："少陵翰墨无形画，韩幹丹青不语诗。"黄庭坚也这样描写过李公麟的《憩寂图》："李侯有句不肯吐，淡墨写作无声诗。"李公麟也以类似的方式看待自己的艺术："吾为画如骚人赋诗，吟咏情性而已。"画本状物，诗方写心，但当绘画也要吟咏情性时，画中也就有诗了。他们以自己的理论与实践，将诗、书、画联合运用，开创了士人画（即文人画）的历史，对后世绘画产生了深远的影响。

当然，这种"联合运用"只是表象。苏轼在《跋宋汉杰画》中说："观士人画如阅天下马，取其意气所到。乃若画工，往往只取鞭策皮毛、槽枥刍秣，无一点俊发。看数尺许便倦。"看来"意气所到"（神态气质）

与"俊发"之气，才是士人画的真髓。

苏轼的题画诗，是画面的再现、画意的补充，甚至是画境的再创造。如《惠崇春江晚景》："竹外桃花三两枝，春江水暖鸭先知。蒌蒿满地芦芽短，正是河豚欲上时。"一、三句为再现，二、四句为补充，传达了春天清新的气息，表达了对蓬勃生命的礼赞。特别是最后一句，恰如张志和的"桃花流水鳜鱼肥"一样，由春天的"风物"联想到"风味"，倍添情趣。又如《书李世南所画秋景》："野水参差落涨痕，疏林敧倒出霜根。扁舟一棹归何处，家在江南黄叶村。"三、四句发挥想象，给画面以无尽的秋意、悠长的回味。再如《戏书李伯时画御马好头赤》："山西战马饥无肉，夜嚼长秸如嚼竹。蹄间三丈是徐行，不信天山有坑谷。岂如厩马好头赤，立仗归来卧斜日。……"站了仪仗，就回来休息的御马，与骁勇无比、待遇极差的战马，形成鲜明的对照。纪昀评此诗"寓刺太直"，正说明其现实意义，也是画境的再创造。

苏轼另一首题唐代名画《虢国夫人夜游图》的诗，则将矛头直指封建帝王："佳人自鞚玉花骢，翩如惊燕踏飞龙。金鞭争道宝钗落，何人先入光明宫。宫中羯鼓催花柳，玉奴弦索花奴手。坐中八姨真贵人，走马来看不动尘。明眸皓齿谁复见，只有丹青余泪痕。人间俯仰成今古，吴公台下雷塘路。当时亦笑张丽华，不知门外韩擒虎。"虢国夫人是杨贵妃三姐的封号。她自己驾驭玉花骢马，身段轻盈，仿佛惊燕。马驰宫道，宛若游龙。三、四句写为抢先进入明光宫，杨家豪奴居然挥动金鞭与公主争道，致使公主惊而落马，宝钗堕地。据史载：某年正月望日，杨家数宅夜游，与广平公主争道西市门，公主受惊落马。诗中所写，正是画意所在。入宫后，宫中正作"羯鼓催花"之戏。贵妃（玉奴）亲自弹拨琵琶，汝阳王李琎（花奴）在敲羯鼓。秦国夫人（杨贵妃八姐）已先期艳装就座，虢国夫人缓辔徐行，惊尘不动，素妆淡雅，入宫后步子显然放慢了。这绝代佳人，如今又在何处呢？她那明眸皓齿，似乎只在今天的丹青上留下点点泪痕罢了。末四句警世：隋炀帝当年也曾嘲笑陈后主及其宠妃张丽华一味淫乐，不恤国事，不知韩擒虎已带隋兵迫近宫门。可隋炀帝后来也重蹈覆辙，俯仰之间，身丧国亡。言外之意，唐玄宗、杨贵妃、虢国夫人等，又步了隋炀帝的后尘。"吴公台下雷塘路"，埋葬了隋家风流天子；"马嵬坡前泥土中"，也不仅仅留下杨玉环的墓冢，她的三姐也一起遭杀。昙花一现的恩宠，换来的只是血污的游魂、画上的泪迹。人们不难从诗中想见宋仁宗晚年的荒逸，以及北宋王朝今后的命运。甚至批评过苏轼"寓刺太直"的纪昀，也不得不承认此诗："收得澹宕，妙于不粘唐事，弥见千古一辙之慨。"

从各类书、画、诗中，我们可以看到一位"说不尽的苏髯"，正如人们形容多须的莎士比亚一样。而在一切学识为我所用这点上，东坡居士又近似歌德笔下的浮士德博士。另一方面，我们也应看到，北宋士大夫在艺术领域里创造的元祐繁荣，正是他们在政治领域里被摈斥的结果。

苏堤春晓

不见跳珠十五年——沈括——赈灾——创立病坊——抨击官僚机构——浚河疏井——治湖筑堤——未酬的壮志——声播异域——画扇判案——折简追才——刘景文——赌输玉带——无往而不可的禅心——神妙的结合——《八声甘州》——还朝的忧虑

"到处相逢是偶然，梦中相对各华颠。还来一醉西湖雨，不见跳珠十五年。"元祐四年（1089）三月，苏轼获准以龙图阁学士出知杭州，七月到任，这首诗当在莅杭不久所写。他与友人"雨中饮湖上"，两人相对如梦，头发皆白。末句用苏轼任杭州通判时所写的"白雨跳珠乱入船"，兴奋之情还是溢于言表，正用得上他在《杭州谢上表》中的"江山故国，所至如归"了。

上回倅杭前，文同有诗告诫。这次离京，文彦博又再三劝他："愿君至杭少作诗，恐为不相喜者诬谤。"临上马，苏轼才笑答：我若再写，许多人正准备为我的诗作笺注呢。因为这时刚刚发生吴处厚将蔡确的诗笺释上告之事（即"车盖亭诗案"）。尽管蔡确是苏轼的政敌，但饱受"乌台诗案"之苦的苏轼，天性不喜这种卑鄙的伎俩。他曾经密上《论行遣蔡确札子》，首先声明"臣与确元非知旧，实自恶其为人"，也表示不能"薄确之罪"，但又以为："若深罪之，则议者亦或以谓太皇太后陛下圣量宽大，与天地等，而不能容受一小人谤怨之言，亦于仁政不为无累。"苏轼南下经过润州，沈括"迎谒甚恭"。沈括曾是王安石变法集团的要员。说起来，"乌台诗案"的引发，与沈括也不无关系。沈括与苏轼曾同在馆阁，察访两浙农田水利时，"与轼论旧，求手录近诗一通，归则签贴以进，云词皆讪怼。……其后李定、舒亶论轼诗置狱实本于括云"（见《元祐补录》）。苏轼似乎也未让沈括下不了台。因为随着王安石的罢相，沈括也一再遭贬。此时卜居润州梦溪园。他在园中八年，潜心著述，写成学术价值极高的《梦溪笔谈》，于天文地质、气象物理、数学化学、冶金工艺、生物医学、动植物学等无所不窥，被现代英国的中国科技史专家李约瑟博士誉为"十一世纪的科学坐标"，在欧洲中世纪长夜的背景上，放射光芒。当今2027号水行星即以"沈括"命名。离开污浊的官场，"春心无意与花争"（沈括诗），反倒是沈括的大幸。

苏轼不会忘记，他身陷图圄时，杭人为他作了几个月的解厄斋场；不会忘记，"得罪日"，他的《超然》《黄楼》二集皆为家人所焚，而杭州主簿陈师中却冒着风险，为他保存了这二书的刻印本……他在《书林逋诗后》高度赞许："吴侬生长湖山曲，呼吸湖光饮山绿。不论世外隐君子，佣儿贩妇皆冰玉。"但苏轼到任时，这些"冰玉"子民正遭旱灾。"民之艰食无甚今岁"。熙宁八年这里已经闹过一次灾荒，"人死大半，至今城市寂寥"。为了防止惨祸重来，苏轼请求朝廷缓交本路部分上供米。苏轼上次倅杭，官署已成危房；这次知杭，有的地方已塌，死伤多人。苏轼已请得朝廷赐度牒二百道来修葺太守官署，但见灾情严重，便将这笔钱移来买米赈济，"先济饥殍之民，后完久坏屋宇"。所谓"近水"救"近火"也。度牒为僧尼所持的官方文凭，可免赋役。元丰年间规定，每道度牒抵一百三十千钱。由于苏轼的反复请求，"远水"也来：朝廷决定拨本路上供米二十万石救灾，又宽减元祐四年上供米三分之一，并赐度牒三百道以助赈饥。结果杭州与浙西米价渐落，元祐五年（1090）春天没有饿死一人。

但一些专事媚上的地方官吏，见没有死人，就上报朝廷，声称本年丰收，别无流民，要求朝廷收回度牒钱粮。苏轼愤而上书，加以反驳："去岁灾伤之甚行路备知，便使（即使）今年秋谷大稔，犹恐未补疮痍，而况春夏之交稻秧未了，未委（不知）逐路提、转（提刑转运官）如何见得今年秋熟，便申丰稔？"并进一步发挥："诸路监司多是于三、四月间，先奏雨水匀调、苗稼丰茂。及至灾伤，须待饿殍流亡，然后奏知。此有司之常态、古今之通患也。"事实证明，苏轼的多虑绝非多余。五、六月间，浙西数郡大雨不止，太湖泛滥，庄稼遭淹。六、七月份米价再涨。去年之灾，如人初病；今年之灾，如病复发。即使病情差不多，但因元气早伤，更难支持。加之春夏之交，风调雨顺，家家典卖欠债以事田作，想夺丰收，如今将熟的农作物摧残殆尽，农家的希望化为泡影，"民之穷苦实倍去岁"。即便如此，一些地方官仍讳言灾情。秀州嘉兴县官吏，因不接受灾伤词状，以致踩死四十余人。苏轼四上奏折，要求宽减本路上供米，并以高价购米，以备来年出粜赈饥。他深信一分预防胜过十分救济。

饥荒往往与时疫并作，苏轼特邀蕲水名医庞安常（庞精通《伤寒论》）来杭，自己捐金五十两，加上公费两千缗，设立了病坊。苏轼早年从巢谷处得知"圣散子"药方的制法，曾向江水盟誓，不得传与他人。但为了救人活命，早在黄州就破誓了，这回再次破誓。他常派医生带着稀饭、药剂出巡，三年中治愈千余病者。杭人将此病坊称作"安乐坊"，这大概也是杭州最早的国家医疗机构。顺便说一句，苏轼也很懂医学与养生之道，不仅为自己却病延年，也造福世人。《四库全书提要》关于"苏沈良方"条载："盖方药之事，术家能习其技，而不能知其所以然。儒者能明其理，而又往往未经实验。此书以经效之方，而集于博通物理者之手，故宜非他方所能及矣。"这真应了一句老话："不作良相，便为良医。"

苏轼总结这次救灾经验时说："事豫则立，不豫则废。"熙宁八年之灾，杭州地区饿死五十余万人，苏州地区饿死三十余万人，"城郭萧条，田野丘墟"。这都是"不先事处置之过"。这次旱涝不亚于熙宁八年，但由于仓廪有备，米价没有暴涨，救济医病及时，人免流殍，而朝廷所费钱粮只有熙宁八年的六分之一。这便是"先事处置之力"。但这种作风大悖于官僚阶层的习惯，若干驻此的朝廷特使便显得像"饭桶"，苏轼自然招嫉遇阻。在给好友孔平仲的信中，他叹道："谁肯少助我者乎？"尽管如此，他表示："纵被诛谴，终贤于有灾无备，坐视人死而不能救也。"

这里，苏轼重申了他的"吏治"重于"法治"的反变法观点。王安石变法中一些旨在限制豪强的措施，在推行过程中往往变成了榨取人民的门径，民间很多生财自养之道都收归于朝。哲宗继位、高太后执政，为收买人心，曾下诏减免一些欠债。但各级官员，"以刻为忠"，用各种借口不予减免，一些赃官滑吏继续利用积欠敲诈百姓。各地有所谓"黄纸放（皇帝下令减免），白纸收（地方官照收不误）"，用今天的话说，就是上有政策，下有对策。苏轼认为，结果必然是"朝廷德泽十不行一"。以盐铁积欠为例，杭州有四百四十五户下等贫户应予减免，但从元祐元年九月下诏以来，五年过去，仅免了二十三户。因此他主张雷厉风行，坚决减免。如果说此议事关全国，难以奏效，那么在杭州太守职权范围内，苏轼确实做到了雷厉风行，立竿见影，成为他一生中政绩的高峰。除赈灾外，他还为地方办了三件大事。

一是疏浚茅山河、盐桥河。盐桥河（今名中河）横贯市区南北，是京杭大运河沟通钱塘江的重要河道。钱塘江潮挟带大量泥沙，常淤此河。五代吴越王时，在茅山河口筑龙山、浙江两闸，以阻泥沙；又建清河闸，控制西湖水，使湖水对盐桥河进行调节。北宋天禧年间，杭州知府王钦若贪图船只往来方便，毁坏江闸，加之西湖久未疏浚，日益湮浅，两河水源不得不取于江潮，日益淤积。暴雨一来，宣泄不及，居民房舍皆浸水中。苏轼二度莅杭，访于民间。父老们说，两河三五年就得疏浚一次，而且每次疏浚，不但军民劳苦，贪官恶吏又乘机勒索，扬言要在屋前堆放挖起的淤泥，居民无奈，被迫行贿。疏浚完毕，房屋被践踏得不成样子。园圃空地，污泥成山，雨水冲刷，又流入河中淤积，循环反复，受害无穷。苏轼与精通水利的主簿苏坚（字伯固）商议，决定先疏河，后治湖。元祐四年十月开工，发动厢军千余人，日夜开挖，历时半年，将两河河床加深八尺。杭州父老言："自三十年来，开河未有若此深快者也。"还在两河南边交汇处建闸，上潮时关闭，让潮水经茅山河十余里后，再入盐桥河。疏浚西湖后，又重引湖水由涌金门入盐桥河。使市区此河，下纳江潮之清流，上受西湖之碧波，城区恢复了"万家掩映翠微间，处处水潺潺"的秀丽景致。细心的太守还根据父老建议，将侵占河岸搭设的民舍杂屋一并拆除，免使纤夫与夜行人失足落水。

二是疏浚钱塘六井。西湖原为浅海湾，后来形成湖泊。除山泉外，地下水咸苦难饮。唐德宗时，李泌受权相常衮排挤，出任杭州刺史，凿六井，埋竹管以引西湖水源，不汲地下水。时间一久，竹管破裂。白居易做刺史时，浚理一次。宋嘉祐年间，沈遘知杭，又开大井（"沈公井"）。十多年前，苏轼协助知州陈述古整治六井，颇见成效。但由于当时还是以竹管引水，容易废坏。这次来杭，沈公井已涸，远处居民常以八九钱买一斛水。苏轼寻访上次参与治井、年逾古稀的老僧子珪。子珪提出以瓦筒代替竹管，筒外再盛以石槽，"底盖坚厚，锢捍周密，水既足用，永无坏理"。并将六井之水引至以前不能到达的仁和门外的军营，以报偿厢军治河疏井的劳绩。再开凿二井，使"西湖甘水殆遍一城，军民相庆"。

三是疏浚西湖。上次通判杭州，西湖已淤塞十之二三。这次知杭，淤塞过半。"葑合平湖久芜漫，人经丰岁尚凋疏。"苏轼经父老请求，向朝廷上《杭州乞度牒开西湖状》，认为倘不紧急措置，"更二十年无西湖矣"。全湖将为水草掩塞，杭民将失去淡水来源。提出"西湖有不可废者"的五条理由。并形象地说："杭州之有西湖，如人之有眉目也。……使杭州而无西湖，如人去其眉目，岂复为人乎？"尽管有人攻击他这项动议是"志事游观，公私无利"，朝廷还是予以批准拨款。试想，如果不是苏轼的努力，杭州怎么会有人间天堂的美称？即便是"志事游观"，又何罪之有？不仅当时，今天的游客也应当感谢东坡的遗泽。

苏轼以工代赈，趁黄梅雨后，葑草浮动之时，在元祐五年四月二十八日，动用民夫二十万工，历时半年，将茫茫葑草、沉沉淤泥打捞干净。聪明的太守又把无处安放的草、泥筑成长堤，为湖沿三十里横穿了一条捷径。还命人在堤上间植杨柳，并建映波、锁澜、望山、压堤、东浦、跨虹六座石拱桥。他后来有诗云："我在钱塘拓湖渌，大堤士女争昌丰。六桥横绝天汉上，北山始与南屏通。"人们为了纪念他，将这条长堤命名为"苏公堤"，而"苏堤春晓"也被列为西湖十景之一。

为了防止西湖再淤，苏轼又制定了一整套专人分段管理的奖惩方案。

还招人在湖荡种菱，一则以抵葑草（菱角要每年芟除旧株才能下种，这便杜绝了葑草封合的可能），二则收入可供每年浚湖之费。据说筑堤时，苏轼每天亲临现场。一天肚饥，而饭菜未到，"遂于堤上取筑堤人饭器，满贮其陈仓米一器尽之。大抵平生简率类如此"。又传浚湖功成，百姓抬猪担酒来苏府拜贺，苏轼收下猪肉，叫人切成方块，亲授以法，烧得红酥酥的，分给参与浚湖的民工，众人给这种肉起名"东坡肉"。"东坡肉"以后成了杭州的名菜。

苏轼还上过《乞开石门河状》。钱塘江入杭州湾的江口，有一小岛。"潮自海门东来，势若雷霆，而浮山峙于江中，与鱼浦诸山相望，犬牙错入，以乱潮水，洄洑激射，其怒自倍，沙碛转移，状如鬼神，往往于渊潭中涌出陵阜十数里，旦夕之间又复失去，虽舟师、没人不能前知其深浅"，以致人们"坐视覆溺，无如之何，老弱叫号，求救于湍沙之间，声未及终，已为潮水卷去，行路为之流涕而已"。苏轼建议在浙江上流的石门，凿一新河，以避浮山之险，又不碍舟行之便。他"躬往按视"，闽、浙百姓闻说此事，"万口同声，以为莫大无穷之利"，因为杭州是海上行旅辐辏云集的港口。苏轼自己也赋诗明志："我凿西湖还旧观，一眼已尽西南碧。又将回夺浮山险，千艘夜下无南北。"这项工程，由于政敌的阻挠与苏轼的还朝，未能实现，正应了苏轼在这份奏状上的一句话："臣观古今之事，非知之难，言之亦易，难在成之而已。"苏轼还与精通水利的宜兴进士单锷商研过吴中水利，回朝后专门写了洋洋洒洒的《进单锷〈吴中水利书〉状》，提出了根治太湖、淞江水患的规划。联想到后来的特大洪灾，不能不令人怅然深思。当年"知之""言之"的苏轼，壮志难酬。九百多年来，不乏苏轼、单锷这样的有识之士，而终于"难在成之而已"。

《宋史》本传载："轼二十年间再莅杭，有德于民，家有画像，饮食必祝，又作生祠以报。"祠在苏堤上，后为吕惠卿所毁。又有俗子认为："堤音低，颇为语忌。未几子瞻迁谪。"但百姓心中的"生祠"，是毁不了的。

而"苏堤春晓",又在大雾弥天的精神长夜,为一切正直善良的人们,带来一缕曙色,几许温馨!

即便在当时,苏轼的名声,已远播中土之外。苏轼在翰林时,辽国一位使臣来朝,逞才示傲,提了一个上联:"三光日月星。"宋朝的陪臣对不出下联,请教苏轼。苏轼告以"四诗风雅颂"。《诗经》包括风、雅、颂三部分,其中雅诗又分大雅、小雅,故曰"四诗"。陪臣依此去对,辽使大为骇服,挫了威风。苏轼知杭,苏辙留朝,曾奉命出使契丹,苏轼寄诗,希望子由"要使天骄识凤麟",并叮嘱:"单于若问君家世,莫道中朝第一人。"要子由表明中原人才众多,以维护宋朝声威。苏辙在辽国寄苏轼诗云:"谁将家集过幽都,逢见胡人问大苏。莫把文章动蛮貊,恐妨谈笑卧江湖。"是谁把苏家的文集带到了辽都?我常常遇见辽人问到你的情况。请你不要把文章写得太好,使异族也为之轰动。这样会妨碍你将来辞官归隐,过自由自在的生活的。诗写得委婉而又风趣。苏轼在和诗中自注:"予与子由入京时,北使已问所在;后予馆伴(陪伴北使),北使屡诵三苏文。"王辟之《渑水燕谈录》也载:"张芸叟(舜民)奉使大辽,宿州馆中,有题子瞻《老人行》于壁者。闻范阳书肆亦刻子瞻诗数十篇,谓《大苏小集》。子瞻才名重当代,远方外国亦爱服如此。"

苏东坡在杭州的逸事很多。他不常留官衙,而去湖边办公。一般在葛岭下面寿星院里"纷纷苍雪落夏簟,冉冉绿雾沾人衣"的"寒碧轩"或院中的"雨奇堂"(以"山色空蒙雨亦奇"而名),或者更远。《梁溪漫志》载,他泛舟而出,"徜徉灵隐天竺间,以吏牍自随。至冷泉亭,则据案剖决,落笔如风雨,分争辩讼,谈笑而办。已乃与僚吏剧饮。薄晚则乘马以归。夹道灯火,纵观太守"。一次一位卖扇的商人,被人控告欠绫绢钱二万不还。东坡传来那位商人。商人说:不是小人存心赖账,实因连雨天寒,扇子难以售出。东坡命商人取来二十把团扇,提起公案上的朱笔,随意在扇上画一些枯木竹石，题几行行草，吩咐道：将这些扇子卖掉偿债吧。商人刚出门，便有许多市民围上，争着以一千钱一把的高价购买，片刻之间一销而空。后来者因没有买到，不胜懊恼。杭扇中折扇的出现，也与苏东坡有关。高丽国太子曾来中国，贡物中有一种白松扇，展开一尺多广，折合只有两个指头的宽度，轻巧雅致。东坡得到一柄，十分喜爱，在上面题了两句诗："雨叶风枝晓自匀，绿阴青子静无尘。"知杭时命当地的工匠仿制一批，自己题上诗画，分赠亲朋好友。于是杭州便成为折扇的发祥地，许多名人雅士在扇上题诗作画，蔚成风气。炎夏一柄在手，帅然打开，不仅清风徐来，香临四座，扇面的字画，更令人赏心悦目。

这里再谈一则逸事。毛滂曾在东坡手下任法曹橡（地方司法机构的属官），他与一位杭妓相恋。任期届满时，毛滂以《惜分飞》词相赠。后来太守宴客，这位歌妓便在席上唱了这首词："泪湿阑干花着露，愁到眉峰碧聚。此恨平分取，更无言语空相觑。　　断雨残云无意绪，寂寞朝朝暮暮。今夜山深处，断魂分付潮回去。"末二句设想恋人归杭，自己则滞留此地，深山阻隔，只有将自己的断魂付与江潮，流回伊人身边。这也预示着，由离情所派生出来，并由日后两地阻隔所日益强化的相思之情，必将如一波又一波的潮水，冲击着自己的心窝，永难平息！东坡大赞此词，并问是谁写的。当他知道为毛法曹所写，对客人叹道：我手下有这样的词人，而我竟不知道，这是我的罪过。第二天，他马上"折简邀回，款洽数月"。后来，毛滂终于成为一个有名的词人。所以《珊瑚钩诗话》中说："东坡先生，人有尺寸之长、琐屑之文，虽非其徒，骤加奖借。……观其措意，盖将揽天下之英才，提拂诱掖，教载成就之耳。"但苏轼后来在给毛滂的信中，却真诚而谦虚地认为：文章的好坏，"盖付之众口，绝非一夫所能抑扬"。尽管他最先发现了黄庭坚、张耒等，但人们初读他们的诗文，有信的，也有疑的，久而久之，才一致称赞。"轼岂能为之轻重哉？"

苏东坡与刘景文更是知交。刘景文是大将刘平（与西夏交战时殉国）之子，时任两浙兵马都监，又博学能诗，被东坡誉为"慷慨奇士"，曾协助苏轼治湖筑堤。苏轼守杭时写得最好的一首诗，便是赠给刘景文的："荷尽已无擎雨盖，菊残犹有傲霜枝。一年好景君须记，最是橙黄橘绿时。"

我国的传统观念，多以阳春三月为佳，"杂花生树，群莺乱飞"，苏轼却认为"一年好景"是在经过烈日秋霜之后的初冬，他赞美傲霜的菊枝，欣慰"橙黄橘绿"的硕果，这也正像他生命中的成熟阶段。屈原在《橘颂》中叹咏橘树的"苏世独立，横而不流"。张九龄在《感遇》诗中也写下了："江南有丹橘，经冬犹绿林。岂伊地气暖，自有岁寒心。"联想到苏轼和刘景文的一首诗，我们更能看到他们两人以节操相励的友情："牡丹松桧一时栽，付与春风自在开。试问壁间题字客，几人不为看花来。"末句化用刘禹锡"无人不道看花回"句意。人们欣赏的是艳丽的牡丹，却很少理会劲挺的松桧。由于苏轼的推荐，刘景文后来知隰州（今山西隰县），不幸逝于任所。"死之日，家无一钱，但有书三万轴、画数百幅耳"（苏轼《记刘景文诗》）。

在杭州，苏东坡依然同不少方外人士交游。与仲殊雪中游西湖诗中有："秀语出寒饿，身穷诗乃亨。"从前他也写过："诗人例穷蹇，秀句出寒饿。"元祐时期，苏轼积极从政，急于事功，锐于报国，但政务繁杂、饮酬缠绊、党派纷争等困扰了他的诗思，磨钝了心中感受新鲜印象的灵敏性，他一再感到自己诗才的衰退："我诗如病骥，悲鸣向衰草"，"我老诗坛仆鼓旗"。王文诰说过："公凡西湖诗，皆加意出色，变尽方法，然皆在《钱塘集》中。其后帅杭，劳心灾赈，已无复此种杰构（指《饮湖上初晴后雨》），但云'不见跳珠十五年'而已。"即便为人称道的"云山已作歌眉浅，山下碧流清似眼"，纪昀也认为伤于软弱浮艳。这次守杭，苏轼也没有十五年前那种俳偕怒骂的政治讽喻诗了。但上述苏轼论诗，证明他还是意识到自己的不足的。仲殊喜甜食，东坡称其为"蜜殊"。陆游的《老学庵笔记》说他"所食皆蜜也,豆腐、面筋、牛乳之类皆渍蜜食之,客多不能下箸,惟东坡性亦酷嗜蜜,能与之共饱"。东坡自己也研制过"东坡酒"(蜜酒),类似今天的甜酒。参寥此时也赶来杭州,住孤山智果寺,东坡治湖后,他作诗以贺:"天上列星当亦喜,月明时下浴金波。"

苏东坡还去上天竺拜访高僧辩才。辩才十岁出家,能文,名气很大。于苏东坡而言,还有一层特别的情分。上次来杭,苏轼便有《赠上天竺辩才师》,诗中提到他的次子苏迨:"四岁不知行,抱负烦背腹。师来为摩顶,起走趁奔鹿。"原来苏迨生时即患有脚疾,四岁还不会走路,亏得辩才法师的"特异功能",妙手回春。这次两人重逢,谈诗说禅,十分欢洽。辩才说:窗前两松,昨为风折一枝,老衲写了两句诗"龙枝已逐风雷变,减却虚窗半日凉",再也续不下去了。苏东坡续曰:"天爱禅心圆且洁,故添明月伴清光。"辩才为之心折。苏东坡却推崇依旧:辩才"平生不学作诗,如风吹水自成文理者,而参寥与吾辈诗乃如巧人织绣耳"。

最有名的,是苏东坡离京赴杭途经金山寺,与佛印长老以禅机交锋的逸事。苏东坡刚刚走进佛印的房间,佛印便笑道:"内翰何来?此间无坐处。"东坡以禅语回答:"暂借和尚四大用作禅床。"佛印见他班门弄斧,便说:"山僧有一转语,内翰言下即答,当从所请;如稍涉拟议,则所系玉带,愿留以镇山门。"东坡欣然同意,"便解带置几上"。佛印问:"山僧四大(地大、水大、火大、风大)本空,五蕴(色蕴、受蕴、想蕴、行蕴、识蕴)非有,内翰欲于何处坐?"东坡正想着怎么对答,佛印急呼人拿走玉带,并取出一幅衲裙相报。这根玉带现在还供在金山寺内。当时东坡还写过两首诗,其一为:"病骨难堪玉带围,钝根仍落箭锋机。欲教乞食歌姬院,故与云山旧衲衣。"第三句用唐代裴休披粗衲,持钵乞食歌姬院事。第二首诗中有"此带阅人如传舍,流传到我亦悠哉"句,用《汉书》"富贵无常,忽则易人,此如传舍,所阅多矣"语。

苏东坡并未披上这件衲衣去乞食,但却从禅宗汲取了丰富的精神营养。禅宗认为以山林田园求平静，还是向外做功夫，所谓"时时勤拂拭，莫使惹尘埃"（神秀语），而主张本心为主，即"佛性常清净，何处有尘埃"（惠能语）。东坡也寄情山水，也借酒浇愁，但主要从中体会禅意。"人生到处知何似，应似飞鸿踏雪泥。泥上偶然留指爪，鸿飞那复计东西"，传达的便是带有某种禅意玄思的人生感喟（与"此带阅人如传舍"意近）。"水光潋滟晴方好，山色空蒙雨亦奇。欲把西湖比西子，淡妆浓抹总相宜。"只要有一颗无往而不可的禅心，淡妆、浓抹、山林、庙堂、酒肉、粗食……总是相宜的（与"也无风雨也无晴"意近）。"人生如梦，一樽还酹江月""古今如梦，何曾梦觉，但有旧欢新怨""休言万事转头空，未转头时皆梦"，把现实的痛苦看成梦来缓解这种痛苦。所以李泽厚先生在《美的历程》中说："苏一生并未退隐，也从未真正'归田'，但他通过诗文所表达出来的那种人生空漠之感，却比前人任何口头上或事实上的'退隐''归田''遁世'要更深刻更沉重。……苏东坡生得太早，他没法做封建社会的否定者，但他的这种美学理想和审美趣味，却对从元画、元曲到明中叶以来的浪漫主义思潮，起了重要的先驱作用。直到《红楼梦》中的'悲凉之雾，遍被华林'，更是这一因素在新时代条件下的成果……"

但综观苏轼的事业文章，一方面是深刻而沉重的"人生空漠之感"，另一方面，却又不流于颓废疏怠，这两方面神妙的结合，构成了苏东坡特有的人格魅力。他以旷达的襟怀、不屈的个性，来与命运周旋，把所到之处，当成自己的第二故乡。杭州《寄蔡子华》诗云："故人送我东来时，手栽荔子待吾归。荔子已丹吾发白，犹作江南未归客。"却又云："江南春尽水如天，肠断西湖春水船。"是不是"乐不思蜀"了呢？"想见青衣江畔路，白鱼紫笋不论钱。"由此回环往复，表达了真诚而复杂的情感。这种难以摧毁的乐观精神，这种对现世的挚爱，使他在人生的每一阶段，既构筑自己的人格（美丽的灵魂），又建立周围的"文明环境"（杭州疏湖开堤便为力证）。作于此时的《临江仙·送钱穆父》便可看到上述"神妙的结合"：

"一别都门三改火，天涯踏尽红尘。依然一笑作春温。无波真古井，有节是秋筠。　　惆怅孤舟连夜发，送行淡月微云。尊前不用翠眉颦。人生如逆旅，我亦是行人。"

钱穆父为官刚廉，曾与苏轼同为翰林学士，后因不见容于宗室、贵戚而出守越州（今浙江绍兴）；不久，苏轼也南下知杭。两人杭越唱酬，往来不断。元祐六年，穆父罢越守，北徙瀛州（今河北河间市），途经杭州，苏轼作此词相送。上片似乎全谈自己。我国有清明节前一日禁火寒食的习俗，清明再起新火，称"改火"。首句言两人汴京相别，已届三载。二句看似平淡，却含多少辛酸。三句言自己并无愁苦之态，而是面带笑容，如春日之和煦。四、五句化用白居易"无波古井水，有节秋竹竿"诗意，既自勉，也喻友。因穆父此次是远行，所以下片开头悒郁寡欢。"尊前"句又变得豪迈不羁。末二句则从哲理的高度，把为友送行这一寻常之举，放在整个人生的范畴来看待：在无尽的时间长河与混茫的宇宙中，人生只如供人暂宿的旅舍，每个人都是匆匆来去的过客。我是在客中送客，也是"行人"，"行"与"留"又有什么区别呢？作此词不久，苏轼本人也于同年任满返京。"神妙的结合"在《八声甘州·寄参寥子》一词中，臻于极致："有情风、万里卷潮来，无情送潮归。问钱塘江上，西兴浦口，几度斜晖？不用思量今古，俯仰昔人非。谁似东坡老，白首忘机。　　记取西湖西畔，正暮山好处，空翠烟霏。算诗人相得，如我与君稀。约他年、东还海道，愿谢公、雅志莫相违。西州路，不应回首，为我沾衣。"

开首两句，有"登高望远，举首高歌"之概。北宋初年潘阆在《酒泉子》中，就写过观看钱塘江潮的名句："来疑沧海尽成空，万面鼓声中。"苏轼倅杭时，也有诗云："寄语重门休上钥，夜潮留向月中看。"白天观潮还不尽兴，还要到月下观潮。在潮的"有情"与"无情"、"潮来"与"潮归"之间，实在隐含了无限的感慨苍凉，暗寓了人世间的许多盛衰离合。"西兴"，在钱塘江南、杭州对岸。"斜晖"在我国古典诗词中，常常成为与离情相结合的意象。如"过尽千帆皆不是，斜晖脉脉水悠悠，肠断白蘋洲"（温庭筠），"渐霜风凄紧，关河冷落，残照当楼"（柳永）。"不用"二句，才从自然而转入人事：不必说今古变化，就是在宋朝党争之中，有多少人起来又有多少人倒下了。"谁似"二句，说谁像我东坡一样，阅尽兴废，年岁老大，早已没有机巧之心，将一切荣辱升沉都置之度外了。下片一转，是不是我将一切都看得虚无缥缈呢？没有。我现在难以忘怀的是与你在西湖的游踪，秀丽的春山，最美处在它空蒙的晴翠与霏霏的烟霭了。能有你这样一位能诗的知音，也算是千古遇合了。词尾用《晋书·谢安传》典故。谢安虽为大臣，"然东山之志（退隐会稽东山的'雅志'）始末不渝，每形于言色。及镇新城，尽室而行，造泛海之装，欲须经略粗定，自江道还东。雅志未就，遂遇疾笃"。病危还京，过西州门时，"自以本志不遂，深自慨失"。逝后，他外甥羊昙一次醉中过西州门，回忆往事，"悲感不已，以马策（鞭）扣扉，诵曹子建诗曰：'生存华屋处，零落归山丘。'恸哭而去"。词中"约他年"三句，"愿……莫相违"，则于期望之中，流露忧恐之意，一则对应召还朝不免有忧谗畏讥之心，再则对年命无常也不免有生死离别之慨。末三句说希望我不要死在那边，以免将来你经过西州路时，为我泪湿衣衫。

郑文焯《手批东坡乐府》评此词曰："突兀雪山，卷地而来，真似钱塘江上看潮时，添得此老胸中数万甲兵，是何气象雄且杰！妙在无一字豪宕，无一字险怪，又出以闲逸感喟之情，所谓骨重神寒，不食人间烟火气者。词境至此，观止矣！"

近人夏敬观曾将苏词分为两类，谓"东坡词如春花散空，不着迹象，使柳枝歌之，正如天风海涛之曲，中多幽咽怨断之音，此其上乘也。若夫激昂排宕、不可一世之概，陈无己所谓'如教坊雷大使之舞，虽极天下之工，要非本色'，乃其第二乘也"。不论这种评价公允如何，此词确为"上乘"。叶嘉莹女士在《灵溪词说》与《唐宋词十七讲》中，对"天风海涛之曲，中多幽咽怨断之音"曾有专章评析。她认为苏轼天性中原禀有"欲以天下为己任"的"用世之志意"，无论在朝在野，都未曾放弃系心国事，关怀民瘼；对己对人，都做着"与人为善"的努力，如知密州祈雨，知徐州抗洪，拯民于水深火热之中。同时，苏轼又有"不为外物得失荣辱所累"的超然之襟怀。像《八声甘州》，虽以超旷为其主调，却也时时隐现一种志意未成的挫伤的悲慨。至于词中的西湖美景，"暮山好处"，则又何等韶秀，真有"春花散空"之态。

苏轼的忧虑、悲慨，在《杭州召还乞郡状》中表达得再为明白不过了。他表示，对哲宗、太后的恩典，自己"惟有独立不倚，知无不言，可以少报万一"。但奸人"聚蚊成雷，积羽沉舟"，"臣若守其初心，始终不变，则群小侧目，必无安理"，自己"岂敢以衰病之余，复犯其锋"，以致"愈为身灾"。直接请求："若朝廷不以臣不才，犹欲驱使，或除一重难边郡，臣不敢辞避，报国之心，死而后已。惟不愿在禁近，使党人猜疑，别加阴中也。"

但君命难违，只得离杭赴京。留诗的题目很长，说明心中的不舍与烦乱：《予去杭十六年而复来，留二年而去，平日自觉出处老少粗似乐天，虽才名相远，而安分寡求亦庶几焉。三月六日，来别南北山诸道人，而下天竺僧惠净师以丑石赠行，作三绝句》。"老少"指年龄。"丑石"言石老苍、古拙，仿佛吸聚了浓浓的山色，实为苏轼审美观照下的美石（白居易离杭时也带去山石，有诗云："三年为刺史，饮冰复食檗。惟向天竺山，取得两片石"）。第一首诗很悲伤："当年衫鬓两青青，强说重临慰别情。衰发只今无可白，故应相对话来生。"一、二句回忆首次离杭情景。三、四句则提到了"来生"。但既然在黄州就不可能"小舟从此逝，江海寄余

313

生"，只在家中酣睡不起（或者梦游），总之是逃不脱人世这个天罗地网，那么又只好借助一颗无往而不适的禅心了。所以第三首诗结句为："还将天竺一峰去，欲把云根到处栽。"禅，与其说是一种宗教，不如说是一种生活哲学。

宦海浮沉

"词"判——泛颍——放生与勉人——水利行家——拯救饥寒——罢"万花会"与请免积欠——沙门岛——韩愈庙碑——仇池——又遭弹劾——不悦于哲宗——王夫人与高太后之逝——朝政骤变——出知定州——雍丘书话——修增边备——一落千丈——才媛的赞叹——《雪浪石》——李白画像赞

东坡被召还京，途经镇江，还留下一件可与来杭时输玉带相媲美的风流逸闻。当时林希（字子中）为守，替东坡接风洗尘，宴席上，官妓郑容、高莹请求脱籍。林希让东坡裁判。东坡吩咐拿笔墨，当即在席上写下《减字木兰花》一词："郑庄好客，容我尊前先堕帻。落笔生风，籍籍声名不负公。　　高山白早，莹骨冰肌那解老？从此南徐，良夜清风月满湖。"表面上是感谢太守的盛情款待。然后用朱笔在每句开头的那个字打圈，便成判词："郑容落籍，高莹从良。"一时传为佳话。

东坡守杭时，便与林希有诗信寄酬，也曾有卜居镇江蒜山松林之念。留诗云："蒜山小隐虽为客，江水西来也带岷。"林希年纪较大，东坡将之比为东汉奇才博闻，但不得朝廷重用的冯衍，为他吹嘘，后来林希终于被授中书舍人。

回朝后，苏轼重任翰林学士，他多次上疏辞免，也继续要求赈济江浙灾民。对于前者，他声称其弟苏辙已任尚书右丞，"兄居禁林，弟为执政，在公朝既合回避，于私门实惧满盈"。这是实情，虽然他官位不及苏辙，但才高名重，且"翰墨之林，号称内相"，对政敌们威胁更大。于是贾易们翻出苏轼留题扬州竹西寺的诗，进行诬谤。对于后者（为民请赈），贾易等又说他"眩惑朝廷"，以致苏轼愤而反驳，说贾易等"但务快其私忿，苟可以倾臣，即不顾一方生灵坠其沟壑"。但这道奏疏却名为"乞外补以回避贾易札子"，他实在被朝廷党争弄得心灰意懒，只想躲开。于是回朝不到半年，又于元祐六年八月出知颍州。接到诏令后，他写信给好友王巩："自公去后，事尤可骇。平生亲友言语往还之间，动成坑阱，极纷纷也，……得颍藏拙，余年之幸也，自是刳心钳口矣。"

欧阳修曾知颍州，晚年辞官后，又家居于此，直到逝世。东坡到任后，有人调侃说："内翰只消游湖中，便可以了郡事。"秦观（一说秦观之弟）也寄诗："十里荷花菡萏初，我公所至有西湖。欲将公事湖中了，见说官闲事亦无。"

真的官闲无事吗？一方面，政简刑轻（不去敲扑百姓，不去搜刮民财）在当时已属循吏；另一方面，朝中的互相倾轧，已使苏轼无可作为，但求洁身自好，以泛颖自娱。所以他在《谢表》中说："览几席之溪湖，杂簿书于鱼鸟。"又有诗云："我性喜临水，得颍意甚奇。到官十来日，九日河之湄。吏民喜相语，使君老而痴。"到任十日来，竟有九天在河上游乐。以至于"吏民"笑他，敢于笑他，也说明他与下属、子民关系的融洽。于他来说，也坦然将此事以诗道出。所谓"游乐"的"乐"，不在于荣华富贵、声色货利，所以他又说"声色与臭味，颠倒眩小儿"，世人被这些东西弄得七颠八倒。东坡之乐，在于《赤壁赋》中所说的"苟非吾之所有，虽一毫而莫取。惟江上之清风与山间之明月，耳得之而为声，目遇之而成色，取之不尽，用之不竭，是造物者之无尽藏也，而吾与子之所共适"。诗中，他还具体描写了这种"乐"："画船俯明镜，笑问'汝为谁'。忽然生鳞甲，乱我须与眉。散为百东坡，顷刻复在兹。此岂水薄相，与我相娱嬉。"他对着水中的影子问：你是谁？微风一起，波摇影动，扰乱诗人须眉，打散诗人倒影，便"散为百东坡"了。风停波静，影子又"复在兹"了。达到了"其身与竹化，无穷出清新"的境界，不仅写下真相，还写了变相。于是，设想水是在与自己"薄相"（游戏，即今沪语中的"白相"）。虽然那些"声色与臭味"也如水之游戏一样，稍纵即逝，但水却是"磨而不磷，涅而不缁"（《论语》）的。所以东坡慨叹："等是儿戏物，水中少磷缁。"水与清风明月一样，是"不用一钱买"、取不伤廉的。他的喜水、泛颖，用以自适，也表现了自己的淡泊之性。

同游的还有颍州签判赵令畤（宋宗室成员）、颍州教授陈师道（字无己），欧阳修的儿子欧阳棐、欧阳辩。东坡在结束《泛颖》诗时，还带上四句："赵陈两欧阳，同参天人师。观妙各有得，其赋泛颖诗。"说他们"观妙各有得"，自有风格不同的诗。一个东坡，都可以"散为百东坡"，那么，对别人，则更不能强求一律了。

颍州西湖使东坡更加怀念吴越山水，当刘景文来颍看他时，他表示："平生所乐在吴会，老死欲葬杭与苏。"但东坡的可爱可贵之处，正在于能把这一份怀念，化为对本土的眷恋："春风如系马，未动意先骋。西湖忽破碎，鸟落鱼动镜。……飘然不系舟，乘此无尽兴。醉翁行乐处，草木皆可敬。"他在杭州通判任上，曾有放生之举："放生鱼鳖逐人来，无主荷花到处开。"鱼鳖被放生后，偏逐人来；荷花无人管束，四处盛开；这中间有多少自由生命的喜悦！在颍州，他也访行，并作诗记之：《西湖秋涸，东池鱼窘甚，因会客呼网师迁之西池，为一笑之乐。夜归，被酒不能寐，戏作放鱼一首》。

虽然"谤焰已熄"，王巩仍十分消沉，苏轼在信中劝他："然所云百念灰灭，万事懒作，则亦过矣！丈夫功名在晚节者甚多，定国岂愧古人哉！某未尝求事，但事来即不以大小为之。在杭所施亦何足道，但无所愧怍而已，过蒙示谕，惭汗。"最后勉励王巩："静以待之，勿令中途龃龉，自然获济。如国手棋，不需大段用意，终局便须赢也。"这封《答王定国书》是理解苏轼一生行事的重要钥匙。在写给密友的信中，苏轼才会和盘托出自己的真实思想（这种书信，不仅披露了写信人的肝胆，往往也能映衬收信人的性格）。正因为"未尝求事，但事来即不以大小为之"，所以他在颍州也疏浚日渐干涸的西湖，曾奏请朝廷从整治黄河的役夫中，留下一万人来治理颍州境内沟渠，并以余力浚湖。后因改任扬州，未能亲见竣工。听说在赵令畤等努力下，西湖已治，他兴奋地写诗庆贺："（颍州）西湖虽小亦西子，萦流作态清而丰。"

苏轼虽然爱在各地兴修水利，但反对只会劳民而不能惠民的工程。汴京一带多水患，有人将陂泽之水引入惠民河，结果惠民河满溢，又造成陈州一带的水患。于是有人主张开凿邓艾沟，以与颍河通，并凿黄堆引陈州之水入淮。苏轼在颍派人测量，发现淮河水位很高，若凿黄堆，淮水就会倒流，非但不能解除陈州水患，还会贻害颍州。他上《奏论八丈沟不能开状》，指出："若淮水不涨，则一颍河泄之足矣。若淮不免涨，则虽旁开百沟，亦须下入于淮。淮水一涨，百沟皆壅，无益于事，而况一八丈沟乎？"还指出，那些主张开沟的官员，只不过骑着高头大马巡视一番，就准备动用民工十八万、三十七万贯石开工。而他则是派人用水平"仔细打量"，每隔二十五步立一竹竿，共立五千八百一十一根竹竿，所以地面高下、沟身深浅、淮河涨水高低、沟之出口有无壅阻，都弄得一清二楚，最后才得出这个结论的。朝廷采纳了他的建议，避免了一场劳民伤财、遗患不绝的浩大工程。这说明苏轼是真正的水利行家，又肯实地勘察，比起那些"臆度利害，口争胜负，久而不决"的高谈阔论之辈，不知道高明多少。

知颍期间，这一带天灾也很严重，百姓以榆树叶、马齿苋度日，流民充斥州治，有些人往往铤而走险。苏轼一方面派人捕"盗"，一方面组织赈灾。据赵令畤回忆，某日天色未明，苏轼就召他议事，说颍州久雪人饥，他一夜未睡，想出百余千钱造饼，救民之饥，还问他有什么妙策。赵认为这些人最急需的是柴米。于是苏轼决定以义仓之谷数千石、作院之炭数千秤、酒务之柴数十万秤，依原价卖给中民，并无偿配给贫户，解决他们的"食与火"问题。这表明苏轼遇事不决时，也善于找人商议，以觅良方。

这些，只能一时救急。苏轼又上书朝廷，说淮南恐有大饥，浙西灾情也重，明年春夏流民北来，颍州将首被其害。"万一扶老携幼，坌集境内，理难斥遣。若饥毙道路，臭秽薰蒸，民同被灾疫之害。弱者即转沟壑，则强者必聚为寇盗。"他要求朝廷特赐度牒一百道，用这笔钱以备来年救灾。

"澹月倾云晓角哀，小风吹水碧鳞开。此生定向江湖老，默数淮中十往来。"这首《淮上早发》的小诗，为元祐七年（1092），苏轼改调扬州知州，三月过淮时所作，内中有多少感慨！

但本着"事来即不以大小为之"的精神，苏轼到扬不久，便罢"万花会"。"万花会"始于洛阳，每年牡丹盛开，太守即于宴集之所，"以花为屏帐，至于梁栋柱栱，悉以竹筒贮水，簪花钉挂，举目皆花也"，用来粉饰太平，成为民害。钱惟演守洛时，还设驿站把牡丹驰送宫廷。苏轼对这种行径十分反感，说："有识（之士）鄙之，此宫妾爱君之意也。"蔡京守扬，也以扬州的芍药为"万花会"，用花十多万枝，苏轼认为这种做法"既困诸邑，吏缘为奸"，所以"予首罢之"。杭守林希寄诗有"芍药春"之句，苏轼在次韵中诙谐地说："为报年来杀风景，连江梦雨不知春。"并于诗中再次自注："扬州近岁率为此会（芍药会），……吏缘为奸，民极病之，故罢此会。"苏轼一生喜好风流游赏，"收得玉堂挥翰手，却为淮月弄舟人"，但对劳民病民之事，却宁可"杀风景"，可见他追求的是"水中少磷缁"的游赏。

　　苏轼知杭时，就曾请求免去民间积欠。此次来扬，又不避"天威"，研磨一腔热血，重奏此事。他认为，哲宗继位已八年，帑廪日困，农民日贫，商贾不行，水旱相继，原因就在于民"为积欠所苦，如负千钧而行"。又说："臣顷知杭州，又知颍州，今知扬州，亲见两浙、京西、淮南三路之民皆为积欠所压，日就穷蹙，死亡过半。……以此推之，天下大率皆然矣。臣自颍移扬州，过濠、寿、楚、泗等州，所至麻麦如云。臣每屏去吏卒，亲入村落，访问父老，皆有忧色。云：'丰年不如凶年。天灾流行，民虽乏食，缩衣节口，犹可以生。若丰年举催积欠，胥徒在门，枷棒在身，则人户求死不得。'言讫泪下，臣亦不觉流涕。又所至城多有流民，官吏皆云：'以夏麦既熟，举催积欠，故流民不敢归乡。'臣闻之孔子曰：'苛政猛于虎。'昔常不信其言，以今观之，殆有甚者。水旱杀人百倍于虎，而人畏催欠乃甚于水旱。臣窃度之，每州催欠吏卒不下五百人，以天下言之，是常有二十余万虎狼散在民间，百姓何由安生，朝廷仁政何由得成乎？"就这样，苏轼用火笔给他那个时代的额头上烫下了永难磨灭的烙印，以致当我们今天看到，那印痕依旧鲜红可怖，仿佛是刚刚才烙的一样。尽管元祐七年二月，苏轼奏请暂停催欠的各点皆由朝廷批准，但只是"暂停"而已，且也只在有限的地区，"使久困之民稍知一饱之乐"。"稍知""一饱"，苏轼用笔是谨慎的。"与天下疲民一洗疮痏，则犹可望太平于数年之后也"，苏轼的想法又过于天真了。北宋王朝不仅没有，也不可能实现"太平"，反而逐步走向深渊，直到灭亡。

神宗朝所立仓法规定，亏损百钱要判刑，满十贯便刺配登州海上沙门岛。沙门岛在当时，是令人闻而色变的地方。《宋史·马默传》记载：岛上关了许多囚犯，而官府只发给三百份口粮。多余的犯人，便被抛进大海。寨主李庆在两年之内，就这样断送了七百条性命。马默知登州，责备李庆：你为什么不把缺乏粮食的情况上报？"人命至重，恩既贷其生，又从而杀之，不若即时死乡里也。"并欲治李庆之罪，李庆畏罪自缢。马默奏请更订《配岛法》二十条。超过定额而不再犯过的年老囚徒移往登州，自是多全活者。苏轼知登州日，父老迎于途，问他："公为政爱民，得如马使君乎？"也许是受了马默的影响，苏轼现在又激烈地反对仓法，认为是"天下之所骇，古今之所无，圣代之猛政"。虽然哲宗朝已经放宽此法，但一直未彻底废除，苏轼知扬，又令其执行。在上书中，苏轼重申他吏治为重的一贯主张："若监司得人，胥吏谁敢作过？若不得人，虽行军令，作过愈甚。今执政不留意于拣择监司而独行仓法，是谓此法可恃以为治也耶？"又进一步说："朝廷每闻一事辄立一法，法出奸生，有损无益。"

苏轼声称他只想"无过亦无功"，但看他在扬州的行事，并不如此。"兼济天下"的志意，借《潮州韩文公庙碑》一文，得到充分的表露。元祐七年，潮州知州王涤重建韩愈庙后，将庙图寄给苏轼，不久苏轼便手书碑样寄往潮州。韩愈与柳宗元一起，共同倡导了唐代古文运动，继承发扬先秦散文的优良传统，建立了　种内容充实、语言新颖、文气流畅的散体"古文"，一扫六朝骈文的形式主义和浮丽藻饰的文风。但宋初，骈文重占上风，"西昆派"统治文坛达三十余年。欧阳修领导了宋代新的古文运动，苏轼继欧阳修之后成为北宋文坛的盟主，他的散文艺术成就，标志着唐代开始的古文运动的胜利完成。从此，散体古文的地位得以确立，直至清末白话文起。

文中，苏轼高度评价了韩愈"文起八代之衰，而道济天下之溺"。黄震在《三苏文范》中又评此文："非东坡不能为此，非韩公不足以当此，千古奇观也。"的确，由古文运动的完成者来评写古文运动的开山鼻祖，是再合适不过的了。

但苏轼在此文中，似乎更多地强调"道济天下之溺"。全文开头两句，即已点题："匹夫而为百世师，一言而为天下法。"身为普通人，而其行动可为百代师法，他所讲的话也可以作天下人的准则。接着引申孟子"我善养吾浩然之气"，强调"是气也，寓于寻常之中，而塞乎天地之间。……不依形而立，不恃力而行，不待生而存，不随死而亡者矣！故在天为星辰，在地为河岳，幽则为鬼神，而明则复为人。"后面似乎借韩愈来抒发自己的郁愤。韩愈的精诚能感天动地，让衡山的阴云散开，却不能让唐宪宗不受佛教的蛊惑；能使残暴的鳄鱼驯服，却不能使自己免受群小的谗言；"能信于南海之民，庙食百世，而不能使其身一日安于朝廷之上：盖公之所能者天也，所不能者人也"。但起自"布衣"的韩愈，因为有这种浩然之气，依旧能"忠犯人主之怒，而勇夺三军之帅"，"不随死而亡者矣"。"公之神在天下者，如水之在地中，无所往而不在也。……譬如凿井得泉，而曰水专在是，岂理也哉！"而那些"力可以得天下"者，毕竟不能"得匹夫匹妇之心"。

有人就文论文，认为此碑对韩愈褒扬过分，其实，苏轼是借此为契机，写下了北宋的《正气歌》（文天祥《正气歌》中"天地有正气，杂然赋流形。下则为河岳，上则为日星。于人曰浩然，沛乎塞苍冥"明显受此文影响）。这便是他将韩愈理想化的原因。在另一篇文章里，他批评过："韩愈之于圣人之道，盖亦知好其名矣，而未能乐其实。"而就此碑文而言，除有所寄托、兴会淋漓外，他的创作态度还是严谨的，在《与吴子野书》中言："然谓（潮州）瓦屋始于文公者，则恐不然，……传莫若实，故碑中不欲书此也。"《唐宋八家文读本》是看到这一点的，所以才说："文亦以浩然之气行之，……合以神，不必合以迹也。"

然而，我们也看到，正是在扬州，苏轼开始了"和陶诗"的创作，写下《和陶饮酒》二十首。在诗叙中说："吾饮酒至少，常以把盏为乐。往往颓然坐睡，人见其醉，而吾中了然，盖莫能名其为醉为醒也。在扬州时，饮酒过午辄罢。客去，解衣盘礴终日，欢不足而适有余。"诗中一再强调"我不如陶生，世事缠绵之"，"江左风流人，醉中亦求名。渊明独清真，谈笑得此生"。"江左"两句指南朝（六朝）名士风流自赏，而实矫饰好名。

《双石》诗也作于扬州。叙中云："至扬州，获二石，其一绿色，冈峦迤逦，有穴达于背；其一玉白可鉴。渍以盆水，置几案间。忽忆在颍州日，梦人请住一官府，榜曰'仇池'，觉而诵杜子美诗曰：'万古仇池穴，潜通小有天。'乃戏作小诗，为僚友一笑。"诗为七律："……但见玉峰横太白，便从鸟道绝峨眉。秋风与作烟云意，晓日令涵草木姿。一点空明是何处，老人真欲住仇池。"

"仇池"确有其地，又名瞿堆、百顷山。在甘肃成县西。《宋书·氐胡传》云：汉陇右豪族杨驹居仇池，"地方百顷，因以百顷为号。四面斗绝，高平方二十余里，羊肠蟠道三十六回"。《水经注》也载，仇池上"上有平田百顷，煮土成盐，因此百顷为号。"但苏轼以"仇池"命名，只不过借用了"仇池"之称，更近乎杜甫诗中的"小有天"（即山西的王屋洞，为道家十六洞天之一）。诗中"玉峰"指雪山，它横亘太白山上，这句描写"玉白可鉴"的那一枚石。"绝"作横渡意，这句描写"绿色"的那一枚石。两句化用李白《蜀道难》中"西当太白有鸟道，可以横绝峨眉巅"句意。"秋风"两句想象秋风吹来，晓日照射，使这两座"山峦"烟云缭绕、草木葱郁。苏轼"欲住仇池"而不可得，便于石上的"一点空明"处寄托了自己的理想，后来又把自己的笔记命名为《仇池笔记》。

苏轼向来主张"寓意于物"而反对"留意于物"，即将物作为愉悦自己情性的工具，不计较物的贵贱优劣，反对将物的占有作为目的，但对仇池石却是例外。他另有仇池石诗："盛以高丽盆，藉以文登玉。"句下自注："仆以高丽所饷大铜盆贮之，又以登州海石如碎玉者附其足。"元祐七年八月，他以兵部尚书召还朝廷，接着又兼皇帝侍读，不久改为礼部尚书。在汴京，老友王诜向他借观仇池石，他以为"意在于夺"，预先声明不想送人。不料反而激起了王驸马的占有欲。苏轼的朋友钱勰、王钦臣主张不给，蒋之奇主张给，但蒋亲见此石后，又翻悔了。苏轼提出用王诜珍藏的韩幹二马图换，王又不肯。蒋提出"焚画碎石"，了却这一段公案。一时间，风波难息，众人为仇池石写了不少诗，很是热闹了一番。结果，石没有碎，也没有送人，苏轼流放岭南时，还带着这"希代之宝"。路过湖口，见李正臣蓄异石九峰，便"欲与百金买之，与仇池石为偶"。事虽因时间紧迫而罢，但他还是将这九峰异石比作"壶中九华"（九华山在今安徽青阳县），并以诗记之："清溪电转失云峰，梦里犹惊翠扫空。五岭莫愁千嶂外，九华今在一壶中。天池水落层层见，玉女窗虚处处通。念我仇池太孤绝，百金归买碧玲珑。""天池"两句是指异石"玲珑宛转，若窗棂然"（见诗叙）。这样神异之石，只配"与仇池石为偶"，说明苏轼对仇池石的宝爱，已不是什么"留意于物"，而是"醉翁之意不在酒"了。自念孤绝，反说"念我仇池太孤绝"，人、石已浑然一体，苏轼在石上找到了自己的精神寄托。

所以在扬州得到兵部尚书的任命时，苏轼沿途就上章辞免，要求"除臣一郡"。在朝中新受任命时，又再次上疏："闻命悸恐，不知所措。臣本以宠禄过分，衰病有加，故求外补，实欲自便。而荣名骤进，两职荐加，不独于臣有非据之羞，亦恐朝廷无以待有劳之士。岂徒内愧，必致人言。"并再三请求出守"重难边郡"。如果讲这可能是门面话，他给弟弟的诗，应无须矫饰吧。"归老江湖无岁月，未填沟壑犹朝请。"他要不断地"朝请"，以"归老江湖"，免"填沟壑"。身居高位，反而没有"编管黄州"时"遥想公瑾当年"的豪情壮采，这不能不表明苏轼对北宋政治的失望。"老人真欲住仇池"，则与苏轼早年"致君尧舜"的理想完全背道而驰了。

政敌们却不管苏轼思想的变化，只看到他权势日重，感到苏轼兄弟联手的威胁，频频发起攻击。苏轼回朝不久，即遭到台官黄庆基的抨击。苏轼自登州召还后草拟贬逐吕惠卿的诏令中，有"先皇帝（神宗）求贤若不及，从善如转圜。始以帝尧之心，姑试伯鲧；终然孔子之圣，不信宰予"。鲧号崇伯，奉尧之命治水，用筑堤堵水之法，失败，被舜处死。宰予为孔子门生，善辩。孔子因他昼寝，骂他"朽木不可雕"，并说"始吾于人也，听其言而信其行；今吾于人也，听其言而观其行"。黄庆基据此弹劾苏轼"因行制诰，公然指斥先帝时事"。苏轼反驳说，所述吕惠卿罪状，都是奉旨节录谏官之言，"非臣私意所敢增损"。而且他考虑到事涉神宗，"不无所忌"，以"鲧为尧之大臣，而不害尧之仁；宰予为孔子高弟，而不害孔子之圣"，来证明神宗虽曾"姑试"吕惠卿，也"非先朝至德之累"；并感叹道："似此罗织人言，则天下之人更不敢开口动笔矣。"

苏轼的不安于朝，还有更深的原因。他与哲宗的关系，似乎并不融洽。哲宗继位时仅十岁，现已十七八岁，成人了。苏轼当小皇帝的侍读时，要求比较严格，曾对哲宗说："臣等幼时，父兄驱率读书，初甚苦之；渐知好学，则自知趣向；既久，则中心乐之；既有乐好之意，则自进不已。古人所谓知之者不如好之者，好之者不如乐之者。陛下上圣，固与中人不同，然必欲进学，亦须自好乐中有所怙入。"（见李廌《帅友谈记》）本意是希望哲宗好学上进，但这种老师对学生的口吻，无疑会使少年天子不悦。而苏轼那些直言无隐的表章，必然令哲宗更为恼火。他向皇帝提出六事：一曰慈，"好生恶杀，不喜兵刑"；二曰俭，"约己省费，不伤民财"；三曰勤，"躬亲庶政，不迩（近）声色"；四曰慎，"畏天法祖，不轻人言"：五曰诚，"推心待下，不用智数"；六曰明，"专信君子，不杂小人"。实际上等于描绘了已成年的哲宗身上有这六种毛病的画像。再参读苏轼同期所写的《乞校正陆贽奏议上进札子》，更可看出对哲宗的规诫："（唐）德宗以苛刻为能，而（陆）贽谏之以忠厚；德宗以猜疑为术，而贽劝之以推诚；德宗好用兵，而贽以消兵为先；德宗好聚财，而贽以散财为急。"他希望哲宗将陆贽奏议"置之坐隅，如见贽面；反复熟读，如与贽言"。事实证明，苏轼的这番苦口婆心，不仅未能奏效，反而替自己招来长达七年之久的岭海流放生涯。

元祐八年（1093）下半年，是苏轼又一次厄运的开始。八月一日，他的继室王闰之卒于京师。王是一位十分贤惠的妻子，她对堂姐王弗所生的苏迈与自己所生的苏迨、苏过一样疼爱，"三子如一，爱出于天"。丈夫辗转迁徙，儿辈蹉跎长大，她却流年暗中偷换。苏轼想必回忆起元祐七年正月，他俩在颍州知府厅堂前观月赏梅花的往事。那一夜，王夫人见月色鲜霁，对他说："春月色胜如秋月，秋月色令人凄惨，春月色令人和悦，何如召赵德麟（赵令畤字德麟）辈来饮此花下？"苏轼听了，惊喜地说：我还不知道夫人能吟诗呢？王夫人说：我怎么会吟诗呢？苏轼当真地说：夫人刚才说的话，便是一首好诗呢（在并不鼓励女子成才的年代，王夫人的话，自是一种生命的体验、心灵的直觉）。言罢，即命人请赵令畤与欧阳修的两个儿子俱来，摆开便宴，赏月观花。苏轼乘兴又将夫人刚才"吟"的诗改写成词："春庭月午，影摇荡春醪光欲舞。步转回廊，半落梅花婉娩香。　　轻风薄雾，都是少年行乐处。不似秋光，只与离人照断肠。"（见赵令畤《侯鲭录》）谁知一词成谶，王闰之逝于八月，正在秋月照临之下，年方四十有六。女人的一生，往往是一种牺牲。苏轼怎能不哀恸欲绝！他本来还想携妻同归故里的。"我曰归哉，行返丘园。曾不少须，弃我而先。孰迎我门？孰馈我田？已矣奈何，泪尽目干！"

同年九月，主持元祐更化的宣仁高太后去世，哲宗亲政。本来，随着哲宗的长大，帝党与后党之间的矛盾已日趋尖锐。哲宗对元祐旧臣凡事请太后定夺，并不以他为意，早就怀恨于心。太后也觉察到这点，她病重时曾对吕大防、范纯仁等执政大臣说，她去后，必定有很多人调唆官家（指皇帝），不宜听信；你们也应早退，让官家别用一番人。言罢，凄然地说：明年今日，莫忘老身。又据《铁围山丛谈》载：太后病危时曾对诸大臣说：她久病，恐不起，"为之奈何"？一向"恭默不言"的哲宗突然说："自有故事（惯例）！"群臣不敢答言，退朝后面面相觑，皆曰："我辈其获罪乎？"

太后一死，熙丰旧臣乘机造作语言，谓元祐大臣诬诋神宗，尽变神宗法度，离间哲宗的父子之情；而哲宗也念念不忘亲政前元祐大臣对他徒具君臣之礼，而朝政由太后专擅的私愤，自然倾向于太后听政时被冷落的熙丰旧臣。这时又跳出来一个名叫杨畏的人物，他哪一方面的人都不是。初尊王安石之学，元祐初又吹捧司马光，司马光死后又说他"于政事未尽"；后又助吕大防攻击刘挚；挚去后苏颂、范纯仁拜相，畏又交相攻击。原以为苏辙与他同乡，欲助苏辙为相以自利，苏辙未相，又诋苏辙不可大用，反复如此，人称"杨三变"。他伺机上疏："神宗更法立制以垂万世，乞赐讲求，以成继述（继承祖述）之道。"疏入，哲宗立刻召见，问先朝旧臣谁可重用。杨畏荐章惇、吕惠卿等，且建议以章惇为相，"帝深纳之"。

苏轼出知"重难边郡"的请求，很快批下了，知定州。作为哲宗的侍读、朝廷的要员，出守边远重镇，理应陛辞，哲宗的答复却毫无王者气度，以"本任阙官，迎接人众"为借口，拒绝苏轼上殿面辞。苏轼十分感恸："臣备位讲读，日侍帷幄，前后五年，可谓亲近。方当戍边，不得一见而行。况疏远小臣，欲求自通，亦难矣。……臣不得上殿，于臣之私，别无利害，而于听政之始，天下属目之际，所损圣德不小。"

他永远是这样，犯颜直谏，不避利害。在这道《朝辞赴定州论事状》中，他深感"国是将变"，进一步又以"操舟者常患不见水道之曲折，而水滨之立观者常见之"与"弈棋者胜负之形，虽国工有所不尽，而袖手旁观者常尽之"为例，希望哲宗"处晦而观明，处静而观动""不过数年，自然知利害之真，识邪正之实，然后应物而作，故作无不成"。这也是将他的"不识庐山真面目，只缘身在此山中"的哲思，用于议政。可惜对于虽然庙号带一个"哲"字的哲宗，却是枉然！

离京前，苏轼在别子由的诗中，带着沉重而又无奈的自解："今年中山去，白首归无期。客去莫叹息，主人亦是客。对床定悠悠，夜雨空萧瑟。"途中，雍丘（今河南杞县）县令米芾设宴相款。苏轼进屋，见里面已对设了两张长案，案上放着精笔、佳墨和一大摞纸，侧面才摆酒菜。苏轼心领神会地大笑。两人就座后，喝酒一巡，即铺纸作字，两位小吏专门磨墨，都供不过来；直到傍晚，酒醉纸尽，方始罢休。他们互换了所写的字。两人在这一天均发挥了各自的最高水平，"俱自以为平日书莫及也"（见叶梦得《避暑录话》），传为艺林佳话。

书法确实是一种沟通不可名状情感的艺术方式。韩愈说过："往时张旭善草书，不治他技。喜怒、窘穷、忧悲、愉佚、怨恨、思慕、酣醉、无聊、不平，有动于心，必于草书焉发之。"米芾当时也是怀抱难伸的人士。他职微位卑，却希望利用手中仅有的一点权力为社会出力，落得的只是"白简逐出"，"仕数困踬"的结果，于是玩忽公事、沉浸到书法中做他的"逍遥游"了。"自少至老，笔未尝停。有以纸饷之者，不问多寡，入手即书，至尽乃已。"

不同的是，苏轼只要被赋予权力，就绝不玩忽公事。按宋制，文官往往担任军职，而以武将为副手。定州是北邻契丹的军事重镇，但禁军兵饷过低、衣食俱差、军营破旧，特别是腐败盛行，军纪松弛，官兵沉溺于酗酒赌博。苏轼到任后,严惩克扣军饷、放债取息的官吏,又派人修补营房,"岂可身居大厦,而使士卒终年处于偷地破屋之中,上漏下湿,不安其家"?同时大力整饬军纪,在不到一年的时间内,"庶(差不多)革此风"。在身着戎装,进行检阅时,他一定想到了在密州所写的"归来红叶满征衣"之句,陷入诗意的激动之中。

苏轼还认为,即便经过整训,一旦有事,也不能确保无虞。自"澶渊之盟"后,边地人民为了自卫,组织了"弓箭社",不论家业厚薄,每户出一人,"带弓而锄,佩剑而樵",自立赏罚,严于官府,公推武艺高强者为首。遇有情况,击鼓相召,顷刻可致千人,"人自为战,敌甚畏之"。变法期间,因推行保甲法,无形中削弱了这种民间自卫组织。苏轼上书朝廷,主张加强,"弓箭社实为边防要用,其势决不可废",并请朝廷"立法少赐优异,明设赏罚"。在苏轼的努力下,仅定、保二州便有五百八十八村组织了六百五十一个弓箭社,总计三万一千四百十一人,比当时禁军还多出六千余人。他还想进行整编与扩充,并颇有信心地认为:这样下去,"决可使外贼望风知畏",不敢犯境侵边了。

正当苏轼修增边备时,绍圣元年(1094)四月,在定州太守任上,他以"讥斥先朝"的罪名,被罢免了端明殿学士、翰林学士,接着追一官(取消定州太守之职),依前左朝奉郎知英州军州事,随即又降为左承议郎。同年六月,苏轼赴英州途经安徽当涂,又接朝命,贬为宁远军节度副使,惠州安置。

这是时代的悲剧,一位忠心报国、立志御边的能吏干才,被当朝"自毁长城"!笔者不禁想起《姑溪集》作者李之仪的一段回忆。李在苏轼贬谪黄州时,曾与之通信。他那首《卜算子》,也为后世传诵:"我住长江头,君住长江尾。日日思君不见君,共饮长江水。 此水几时休,此恨何时已。只愿君心似我心,定不负相思意。"幸运的是,他有一位出身书宦人家的贤妻胡文柔。文柔博学多才，喜好佛经，又练达世故，但评点人物多不客气。苏轼知定州，曾请李之仪掌机宜。一次访李府，谈笑从容之时，忽有公事至前，他便马上办理，判清曲直。文柔在屏后窥见，叹息说："我尝谓苏子瞻末能脱书生谈士空文游说之弊，今见其所临不苟，信一代豪杰也！"苏轼也十分赏识她，因她好佛，戏呼她为"法喜上人"。此次苏轼遭贬，文柔这位"性高严，喜风节"、自许甚高的大家闺秀，竟亲手裁衣以赠，并说："我一女子，受此等人知，复何憾耶？"这是对一代英才的崇拜，是对英才的价值与意义怀着的强烈激情的流露。

今天，当我们重读苏轼在定州所作的《雪浪石》诗，也禁不住一阵阵悲哀袭来。关于这块雪浪石，苏轼曾说："予于中山后圃得黑石，白脉如蜀孙位、孙知微所画石间奔流，尽水之变。"诗的前半段，气势很大："太行西来万马屯，势与岱岳争雄尊。飞狐上党天下脊，半掩落日先黄昏。削成山东二百郡，气压代北三家村。千峰右卷蠹牙帐，崩崖凿断开土门。揭来城下作飞石，一炮惊落天骄魂。"这种千峰参天，牙帐蠹立的伟观，这种石炮轰响、天骄魂丧的想象，不正表达了苏轼报国守边的雄心壮志？然而，"承平百年烽燧冷，此物僵卧枯榆根"，而一州之守，只落得"老翁儿戏作飞雨，把酒坐看珠跳盆"！

倔强的苏轼，却从不向命运低头、权贵折腰。同样作于定州的一首题李白画像（画为一位姚姓道士所藏）诗，也借以抒发了自己胸中的傲岸之气："……开元有道为少留，縻之不可矧肯求。西望太白横峨岷，眼高四海空无人。……平生不识高将军，手污吾足乃敢瞋。"李白因开元年间政治清明，才肯在朝中少留片刻；朝廷想羁縻他尚且不能，他自己还会乞求吗？高力士曾先后被封为右监门卫将军、骠骑大将军。"平生"二句说：平生不认识什么高力士将军，他的手弄脏了我的脚（指脱靴事），居然还敢发怒、中伤。这首不长的诗，充分表现了"并庄、屈为心，合儒、仙、侠为气"（龚自珍语）的李白精神。苏轼一直将李白引为自己的同乡、同调（谪仙人），"戏万乘若僚友，视俦列如草芥"（《李太白碑阴记》）。他将带着这种超迈之气（包括雪浪石）、隐逸之气（包括仇池石），去对抗岭南的瘴气。

垂老投荒

借"瘴"杀人——林希——南迁——《秧马歌》——游仙诗——又见梅花——荔枝赞——"吏民相待甚厚"——《书东皋子传后》——程正辅——济世之心，老而不衰——《荔枝叹》——桃源之妄——《记游松风亭》——白鹤峰新居——永生的朝云——再贬儋州杨畏提出的"绍述",有率依旧章无违祖制之意,哲宗欣纳,改元"绍圣",任命章惇为相。由于太后听政时期,章惇被逐,且一度监禁。如今,刻骨的仇恨,像毒蛇啮咬在心,一场大规模的政治迫害开始了。蔡确曾散布过太后欲用亲生儿子取代哲宗的流言,因而被贬致死。现在流言复炽,且死无对证。元祐大臣们,本来已被扣上破坏先王(神宗)之政的罪名,而今雪上加霜,又很容易被诬为与太后密谋篡夺帝位。不明不哲的哲宗自然怒火中烧,罢黜、贬谪的圣旨一道接一道。苏辙也难逃厄运,离朝改知汝州,两个月后,又降三官改知袁州(今江西宜春)。行至彭泽,再度降职,编管筠州。

尽管苏轼曾为章惇好友,尽管他在元祐时期与司马光廷争,反对尽废新法,他还是成为哲宗改元后被贬岭南的第一批罪臣。当年章惇单身过深渊上的独木桥,苏轼曾预言他会杀人。此话应验了,所不同的,章惇用的是借"瘴"杀人之法。他的姓也与"瘴"同音。

那位曾受苏轼援拔的林希,在代拟圣旨时,也极尽诋毁之能事。"轼罪恶甚众,论法当死,先皇帝赦而不诛,于轼恩德厚矣。朕初即位,政出权臣,引轼兄弟以为己助,自谓得计,罔有悛心。……若讥朕过失,何所不容。乃代予言,诬诋圣考,乖父子之恩,害君臣之义。在于行路,犹不戴天;顾视士民,复何面目。以至交通阉寺,矜诧幸恩,市井不为,缙绅共耻。……虽轼辩足以饰非,言足以惑众,然而自绝君亲,又将谁憝?"据说林希草完此词,掷笔而叹:此举坏了我一生的名节。但希图干进之心,又使他在代拟苏辙贬词时写下:"父子兄弟挟机权变诈,惊愚惑众。"苏辙捧读,为之泣下:我们兄弟固然无话可说,但先君又何罪之有?而苏轼读到自己的谪词,只是轻蔑地说了一句:林希这老家伙还很会做文章呢。

在《临城道中作》诗叙中,苏轼说:"予初赴中山,连日风埃,未尝了了见太行也。今将适岭表，颇以是为恨，过临城内丘（今河北县名，在临城南），天气忽清彻，西望太行，草木可数，冈峦北走，崖谷秀杰。忽悟而叹曰：'吾南迁其速返乎？退之《衡山》之祥也。'……"韩愈在贬官北归途中，正逢秋雨阴晦，他潜心默祷，天色忽然转晴，得见衡山。苏轼南迁重见太行山，"天气忽清彻"，想起韩愈，心情平适了些，认为是个吉兆，相信此生还会被赦归的。

与诗人晁说之别于汴上，酒酣，苏轼自歌古《阳关曲》，淋漓悲壮。后人说："世言东坡不能歌，故所作乐府词多不协"，但此事可证东坡"非不能歌，但豪放不喜裁剪以就声律耳"。（见陆游《老学庵笔记》）

行至九江，他在杭州任上的部下苏坚在此相送，并作《归朝欢》词。苏轼和词云："我梦扁舟浮震泽（太湖），雪浪摇空千顷白。觉来满眼是庐山，倚天无数开青壁。……明日西风还挂席，唱我新词泪沾臆。灵均去后楚山空，澧阳兰芷无颜色。……"扁舟归隐，已成一梦；追踪屈子，兰芷无色！在当涂接到编管惠州的消息时，他已遣次子迨并家室皆归宜兴苏迈处，只让小儿子苏过与爱妾朝云与自己同行。此时分别不久，无数悲慨，皆在词中！

从定州到英州、惠州，有四五千里。当时苏轼已经五十九岁，加之体弱多病，"两目昏障，仅分道路；左手不仁，右臂缓弱"，又因"素来不善治生（计），禄赐所得，随手耗尽"。英州来接的人尚未赶到，定州送行的人却已不肯前行。苏轼已是"道尽途穷"，只得上《赴英州乞舟行状》，请求朝廷允许他水路赴任。因为"雇人买马之资无所从出"，而且再这样下去，"犯三伏之毒暑，陆走炎荒，四千余里，则僵仆中途，死于逆旅之下，理在不疑"。

由于舟行，苏轼可以较为从容，并留下不少诗章。如《慈湖夹阻风》："卧看落月横千丈，起唤清风得半帆。且并水村欹侧过，人间何处不巉岩。"这是愤慨。"此生归路愈茫然，无数青山水拍天。犹有小船来卖饼，喜闻墟落在山前。"这是生趣。"捍索桅竿立啸空,篙师酣寝浪花中。故应菅蒯(菅、蒯皆为草绳,用以编缆)知心腹,弱缆能争万里风。"这是亢奋。在《南康望湖亭》诗中,他喊出了"许国心犹在,康时术已虚"的不平之声。对祖国河山的热爱,使他又发出"江西山水真吾邦,白沙翠竹石底江"的感叹。特别可贵的是,他路过庐陵时,看到曾安止所作的《禾谱》,"文既温雅,事亦详实,惜其有所缺,不谱农器也",情不自禁地想起他与子由十四年前游历武昌时所见的秧马来。这种秧马"以榆枣为腹,欲其滑;以楸桐为背,欲其轻",就像浮在水中的一只小船,"马"头盛稻秧,农人可以坐在上面插秧,用腿当桨划动,既可减少劳累,又能加快进度。他就凭回忆写了一首《秧马歌》,附在《禾谱》背后,以期这种新式农具能得到推广。

刘弇为庐陵名士,"少以才学自负,擢高第,中词科,意气自得,下视同辈"。回乡游一禅寺,适逢苏轼,两人不识,互问籍贯姓氏。刘弇昂然自报:"庐陵刘弇。"苏轼徐缓回答:"罪人苏轼。"刘大惊,改容致礼说:想不到遇见我平日所敬畏的人。苏也很嘉许他的才气,两人畅谈一番而别。(见曾敏行《独醒杂志》)

从江西万安到赣州的赣江水段,有十八处险滩,内中以惶恐滩最为险恶。苏轼过此,写下七律:"七千里外二毛人,十八滩头一叶身。山忆喜欢劳远梦,地名惶恐泣孤臣。长风送客添帆腹,积雨浮舟减石鳞。便合与官充水手,此生何止略知津。""七千"形容贬逐路长。"二毛"指黑发杂有白发。"山忆"句作者自注:"蜀道有'错喜欢铺',在大散关上。"石鳞指石上的水纹。末二句说:我很可以给官们充当水手,这一生的经历岂止略懂一点津途!言外之意是,我已经看多了仕途的风波。文天祥后来也有"惶恐滩头说惶恐"之句。

在虔州,苏轼游了廉泉,留诗云:"……掲来廉泉上,捋须看鬓眉。好在水中人,到处相娱嬉。"仿佛又回到了旧日泛颍的时光。在《天竺寺》

诗引中，他回忆："予年十二，先君自虔州归，谓予言：'近城山中天竺寺有乐天亲书诗云：一山门作两山门，两寺元从一寺分。东涧水流西涧水，南山云起北山云。前台花发后台见，上界钟清下界闻。遥想吾师行道处，天香桂子落纷纷。笔势奇逸，墨迹如新。'今四十七年矣。予来访之，则诗已亡，有刻石存耳。感涕不已，而作是诗。"颇有当年"老僧已死成新塔，坏壁无由见旧题"的雪泥鸿爪之慨。所以诗中说："四十七年真一梦，天涯流落泪横斜。"在登虔州尘外亭时，苏轼还想起了一段往事。熙宁十年，他离密州时，孔宗翰出示《虔州八境图》（孔曾知虔），请他为图配诗。他写了八首七绝，并有引言："苏子曰：此南康之一境也，何从而八乎？所自观之者异也。且子不见乎日乎？其旦如盘，其中如珠，其夕如破璧，此岂三日也哉？苟知夫境之为八也，则凡寒暑、朝夕、雨旸、晦冥之异，坐作、行立、哀乐、喜怒之变，接于吾目而感于吾心者，有不可胜数者矣，岂特八乎？"这本身便是一段十分精辟生动的创作评论。今赣州八境台还有八首诗并诗引的石刻。

也许是因为离贬所越来越近，苏轼在《尘外亭》诗中发出了"散策尘外游，麾手谢此世"的低音。过大庾岭时，又有"今日岭上行，身世永相忘。仙人拊我顶，结发受长生"。后两句纯用李白流放夜郎所作《赠韦太守》诗全语。的确，一过此岭，便是岭外了。在禅宗六祖惠能开坛讲道的曹溪南华寺（惠能的漆纻真身也葬于此寺寺塔），苏轼留诗云："我本修行人，三世积精炼。中间一念失，受此百年谴。"在英州碧落洞留诗："我行畏人知，恐为仙者迎。小语辄响答，空山自雷惊。"

在清远县峡山寺留诗："云碓水自舂，松门风为关。石泉解娱客，琴筑鸣空山。"几乎每寺必至，每洞必游，处处触发着他的禅心道念。特别是周遭三百余里的罗浮山，相传为东晋葛洪炼丹之所。葛洪著有《抱朴子》一书。所以苏轼在诗中说："东坡之师抱朴老，真契早已交前生。玉堂金马久流落，寸田尺宅今归耕。"苏轼在翰林院，曾拜受皇帝赏赐的对衣、金带及马。道家谓心为寸田，面为尺宅。此处指本心。每念及此，他就"杖藜欲趁飞猱轻"了。这种视"玉堂金马"为敝屣、以"寸田尺宅"为真归的精神，也不应全看作消极退堕的表现。

同样在清远县，创造过峡山寺那一种道家仙境，苏轼遇见了一位姓顾的秀才，"极谈惠州风物之美"，又使他产生了浓烈的入世之念："江云漠漠桂花湿，梅雨翛翛荔子然（同燃）。闻道黄柑常抵鹊，不容朱橘更论钱。"第三句典出《盐铁论》："昆山之旁以璞玉抵（掷）乌鹊。"形容昆山玉多，这里指惠州黄柑之多。《发广州》诗曰："朝市日已远，此身良自如。三杯软饱后，一枕黑甜余。……天涯未觉远，处处各樵渔。""三杯"句作者自注："浙人谓饮酒为软饱。""一枕"句作者自注："俗谓睡为黑甜。""天涯"两句，表明苏轼与百姓为伍的愿望。

毋庸讳言，这次贬谪的打击之重，生活境遇变化之大，思想痛苦矛盾之深，都超过待罪黄州的那一次。"吾今年已六十，名位破败，兄弟隔绝，父子离散，身居蛮夷，北归无日，区区世味亦可知矣。"（《龙虎铅汞论》）他又说过，自己本有出世之志，"而终无成者，亦以世间事未败故也，今日真败矣"（《志林·乐天烧丹》）。对现实世界越是绝望，道家那种昂首天外、鄙弃浊世的精神，那种超凡出尘、飞升遐举的幻想，对他越有吸引力。"自失官后，便觉三山跬步，云汉咫尺。"（《答陈季常书》）南迁途中，他遍游"神仙之窟宅"；抵惠后，岭南的山川名胜、人情风土、奇花异果，在他的笔下，都笼上了一层仙气，似乎有意驳斥一些中原士大夫被岭南瘴气所遮蔽的传统偏见。他的热情分外高扬，想象特别活跃。这些诗作，完全不同于灰暗消沉的厌世之作。

绍圣元年十月抵惠，苏轼寓居城东合江楼，有诗云："海山葱昽气佳哉，二江合处朱楼开。蓬莱方丈应不远，肯为苏子浮江来。"后迁居嘉祐寺，又有《十一月二十六日松风亭下梅花盛开》诗："春风岭上淮南村，昔年梅花曾断魂。岂知流落复相见，蛮风蜑雨愁黄昏。长条半落荔枝浦，卧树独秀桃榔园。岂惟幽光留夜色,直恐冷艳排冬温。松风亭下荆棘里,两株玉蕊明朝暾。海南仙云娇堕砌,月下缟衣来扣门。酒醒梦觉起绕树,妙意有在终无言。先生独饮勿叹息,幸有落月窥清樽。"

当年贬黄过春风岭,作者见到"的皪梅花草棘间",现又邂逅"松风亭下荆棘里,两株玉蕊明朝暾",更有天涯流落、如睹故人之感。惠州梅花,如南天的仙云降在阶砌,月下则化作缟衣仙子来叩门户,比黄州梅花多了一圈仙幻色彩。"幸有落月窥清樽",又令人回想起"幸有清溪三百曲,不辞相送到黄州"。东坡每每在梅花中注入自己的命运,让花影缩合着人影。

再看《四月十一日初食荔枝》诗:"……海山仙人绛罗襦,红纱中单(内衣)白玉肤。不须更待妃子笑,风骨自是倾城姝。不知天公有意无,遣此尤物生海隅。云山得伴松桧老,霜雪自困楂梨粗。先生浇盏酌桂醑(酒),冰盘荐此赪虬珠(红色龙珠)。似闻江鳐斫玉柱,更洗河豚烹腹腴。我生涉世本为口,一官久已轻莼鲈。人间何者非梦幻,南来万里真良图。"江鳐,即江瑶,蛤蜊类。壳内有柱,美如珧玉。江邻几《杂志》:"四明海物,江鳐柱第一。"《本草纲目·河豚》:"彼人春月甚珍贵之,尤重其腹腴,呼为西施乳。"其实四月初出的荔枝并不好吃,晚熟的品种才可口。苏轼在《与循守周文之》中也说:"今岁荔子不熟,土产早者既酸且少。"但在这首诗里,他把荔枝美化到"失实"的地步。甚至在另一首七绝里,发出这样的感叹:"罗浮山下四时春,卢橘杨梅次第新。日啖荔枝三百颗,不辞长作岭南人。"当然,此诗作于绍圣三年(1096),所指的荔枝,属"今岁大熟"者。"三百颗"化自韦应物《答郑骑曹青橘绝句》:"怜君卧病思新橘,试摘犹酸亦未黄。书后欲题三百颗,洞庭须待满林霜。"清王文诰在《苏海识余》中说"灵均之贬,全以怨立言;公(苏轼)之贬,全以乐易为意",是有一定根据的。

这种"乐易",有时借助环境。屈原有"举世皆浊我独清,众人皆醉

339

我独醒"之叹，苏轼则没有。惊鳞折翼之时，初到惠州，迎接他的是什么场景呢？"仿佛曾游岂梦中，欣然鸡犬识新丰。吏民惊怪坐何事，父老相携迎此翁。……岭南万户皆春色，会有幽人客寓公。""欣然"句用了《西京杂记》中的一个典故：刘邦之父居长安，思念故乡，刘邦为了取悦他，"作新丰，并移旧社、衢巷栋宇，物色惟旧，士女老幼相携路首，各知其室，放犬羊鸡鸭于通途，亦竟识其家"。如果说开头二句还表达了苏轼宾至如归的随遇而安态度，那么"吏民"二句，则反映了当地人民对他的同情与爱戴。他们不理解朝廷为什么要把他们心中敬重的大臣放逐于此，纷纷相携出迎。深受感动的苏轼于是发出了"岭南万户皆春色"的赞叹，这与"众昏独醒"的态度是有别的。

在《和陶归园田居》诗中，苏轼又高度评价了当地居民："东家著孔丘，西家著颜渊。市为不二价，农为不争田。……门生馈薪米，救我厨无烟。"这里不仅山清水秀，而且民风淳朴，到处居住着像孔丘、颜渊这样的圣贤。能把普通老百姓比作圣贤，这在封建社会里是十分罕见的。一次苏轼游白水山佛迹岩回来，路过荔枝浦，一位八十五岁的老人，指着"累累如芡实"的荔枝约他：等荔枝熟时，"君来坐树下，饱食携其余。归舍遗儿子，怀抱不可虚"，并取酒出来款待："有酒持饮我，不问钱有无。"这一切，都使苏轼将谪惠比作"穷猿既投林，疲马初解鞍"，要"以彼无尽景，寓我有限年"，对当地父老"愿同荔枝社，长作鸡黍局"。

惠守詹范，对苏轼也甚为照拂。《惠州西湖志》载："苏轼谪惠，詹范同僚畏章惇势力莫敢顾，独范待之甚厚，时携具相就唱和。"又苏轼《答徐得之书》云："詹使君仁厚君子也，极蒙他照管，仍不辍携具来相就。"在一首诗中，苏轼将詹范比作王弘，而以陶潜自喻，其推重可知。《续晋阳秋》："陶潜九月九日无酒，于宅边菊丛中摘盈把，坐其侧，遥望见白衣人"，乃江州刺史王弘派来送酒的使者。有次，苏轼钓到一条鲈鱼，就带着鱼和白酒去詹家共享，甚至对太守以"老詹"呼之，可见他们之间的不拘形迹。广州知州章质夫，东坡过去和过他的杨花词，算得上是故交了。他每月派人送来六壶好酒，有时酒未到，东坡只得"空烦左手持蟹螯，漫绕东篱嗅落英"。后来王古接任，仍待东坡友善。邻近诸州太守也大率如此。

有一位道士吴复古（字子野，一字远游），在苏轼南迁入岭南境时，两人相遇。过去他们见过几次，也时有书信。东坡在《答吴子野》中说过："黄州风物可乐，供家之物也易致。所居江上，俯临断岸；几席之下，即是风涛掀天。对岸即武昌诸山，时时扁舟独往。"如今吴道士便伴东坡来惠。他与苏轼交往二十年，不以时异，不以境迁，从未有所求，只是以道行相砥。现又自愿往返于筠州、惠州间，传递着苏轼兄弟的信息。

常州钱世雄（字济明）、杭州僧人参寥，也不断派人送礼品药物信件。东坡在《答参寥书》中说，收到他的信，"数日喜慰忘味也"；又说，"某到贬所半年，凡百粗遣，更不能细说。大略只似灵隐、天竺和尚，退院后却在一个小村院子，折足铛中，罨（焖）糙米饭吃，便过一生也得。其余瘴疠病人，北方何尝不病？是病皆死得人，何必瘴气？但苦无医药。京师国医手里死汉尤多。"后两句，自是牢骚与愤懑语。东坡认为，瘴气并不足惧，可怕的是时弊。在《薏苡》诗中，他更写道："伏波饭薏苡，御瘴传神良。能除五溪毒，不救谗言伤。……"薏苡是南方特产。《后汉书》载："（马）援在交趾常饵薏苡实，用能轻身省欲，以胜瘴气。"北归时，他载了一车，想作为种子引种，不料却招来"明珠之谤"。一些朝臣在马援逝后联名上书，诬他载回一车珍珠，却不献给皇上，犯有欺君大罪。苏轼在同诗中相信："谗言风雨过，瘴疠久亦亡。"

这种见解，也与当年同欧阳修一起知贡举，识拔苏轼兄弟的梅挚所作的《五瘴说》相类。梅挚于景祐初年出知广西昭州，作此文："仕有五瘴，避之犹未能也。急催暴敛，剥下奉上，此租赋之瘴也；深文以逼，良恶不白，此刑狱之瘴也；昏晨酣宴，弛废王事，此饮食之瘴也；侵牟民利，以实私储，此货财之瘴也；盛陈姬妾，以娱声色，此帷薄之瘴也。有一于此，民怨神怒；安者必疾，疾者必殒；虽在縠下，亦不可免，何但远方而已！仕者或不自知，乃归咎于土瘴，不亦谬乎？”

陈慥想来看望，东坡以信劝阻：“到惠将半年，风土食物不恶，吏民相待甚厚。孔子云：‘虽蛮貊之邦行矣’，岂欺我哉？……老劣不烦过虑，……亦莫遣人来。彼此须鬓如戟，莫作儿女态也。”

特别应该提一下苏州定惠寺僧卓契顺。他侍奉苏轼的方外之交钦长老，又因家在扬州，曾受苏轼知扬时的减免积欠之惠，心存感念，见苏迈等十分挂记老父，慨然说：“惠州不在天上，行即到耳！”涉江度岭，徒行露宿，穿过瘴雾地区不时昏迷在地，终于“黧面茧足”地到达惠州。东坡戏问他：带了什么土特产来？他摊开双手。东坡说：可惜数千里空手而来。但东坡深知，他转达了家人的问候，又将捎回自己平安的消息，这是比什么礼物都贵重的。所以当契顺“得书径还”时，东坡问他有什么要求。契顺说：贫僧唯无所求，才来惠州；若有所求，不是到这里，而是走京都了。东坡过意不去，“苦问不已”，契顺才说：贫僧区区万里之勤，可得大人几个字否？东坡“欣然许之”，书陶渊明《归去来辞》以赠。后来又作文以记此事，希望“契顺托此文以不朽也”。

东坡之所以于患难之中，备受一切善良正直的人们的关怀，首先在于他本身的品格胸襟，这表现于他作于惠州的《书东皋子传后》。东皋子是唐初诗人王绩的号，又被人称为“斗酒学士”。文曰：“予饮酒终日，不过五合（半升），天下之不能饮无在予下者。然喜人饮酒，见客举杯徐引，则予胸中为之浩浩焉、落落（舒坦）焉，醺适之味乃过于客。闲居未尝一日无客，客至未尝不置酒，天下之好饮亦无在予上者。常以谓人之至乐，莫若身无病而心无忧，我则无是二者矣。然人之有是者接于予前，则予安得全其乐乎？（这二句意为：但是别人有病有忧，不断出现在我的面前，我自己也不能得全其乐。）故所至常蓄善药，有求者则与之，而尤喜酿酒以饮客。或曰：'子无病而多蓄药，不饮而多酿酒，劳己以为人，何也？'予笑曰：'病者得药，吾为之体轻；饮者困于酒，吾为之酣适，盖专以自为也。'"接下去又谈到，"今岭南法不禁酒，予既得自酿，月用米一斛，得酒六斗，而南雄、广、惠、循、梅五太守间复以酒遗予"，除了自己日饮五合，"乃日有二升五合入野人、道士腹中矣"。做了有利于人的事，并不以为是"为人"，而是"自为"，这种"劳己以为人"的精神，千载之下，令人感泣！如果说范仲淹的"先天下之忧而忧，后天下之乐而乐"是偏重于用世的话，那么《书东皋子传后》则是一篇偏重于待人的《岳阳楼记》。

这种精神，甚至能化仇为亲（当然这里的"仇"，是指天良未泯者）。苏洵因女儿八娘之死，与程家交恶，两家四十余年不相来往。章惇打探到这段亲家怨隙，故意派苏轼的姐夫程之才（正辅）为广东提刑，想借刀杀人，加重对苏轼的迫害。关于程正辅的为人，除苏八娘的悲剧外，朱熹《晦庵题跋》曾载：元丰间，任师中守泸州，疆吏与西南少数民族发生冲突，师中以恩抚柔之。而程正辅坏其约以邀功，致使冲突再起。宋军屡败，天子震怒，将吏皆伏诛。但程这次来惠，似乎颇为史书所称许。大概由于两家交恶时，程还年轻，后有所愧疚；也许他乡遇故人，总会亲近一些，人情一些；且来时还有一桩私愿，因慕苏轼之名，或念通家旧谊，想请苏轼为其祖上作记。苏轼也欣然命笔，书写《外曾祖程公逸事》。这样一来，两人倒成了好友，一同出游，时相唱酬。程对苏轼不仅多方关照，而且也应苏轼之请，利用他的权力，为地方上做了一些好事。

一次，苏轼与程正辅、博罗县令林汴同游香积寺，看见路旁"麦禾甚茂"，想到丰收在望，兴奋地写下了"谁言万里出无友，见此二美喜欲狂"的诗句。又因寺下哗哗的流水，念及可用水力碓磨，"若筑塘百步，闸而落之，可转两轮举四杵也"，就怂恿林汴督成其事。又据费衮的《梁溪漫志》："东坡谪居中勇于为义。陆宣公（贽）谪忠州，杜门谢客，惟集药方。盖出而与人交，动作语言之际，皆足以招谤，故公谨之。后人得罪迁谪者，多以此为法。至东坡则不然，其在惠州也，程正辅为广中提刑，东坡与之中外（为表兄弟），凡惠州官事悉以告之。"这些事，大部分是苏轼"倚仗"他与程的关系，自己出面去打交道的。

为减轻漕运，当时收税要钱不要米。而岭南是岁正值大熟，"东坡以岭南钱荒，乞令人户纳钱与米并从其便"。此事通过他写信给程正辅，由程上书而解决。

惠州驻军缺乏营房，散居市井，骚扰百姓。"坡欲令作营屋三百间"，成之。

广州近海，居民饮水咸苦。东坡写信给广州太守王古。我们这里不得不多费一些篇幅，抄录这些信："罗浮山道士邓守安，字道立，山野拙讷，然道行过人，广、惠间敬爱之。好为勤身济物之事，尝与某言：广州一城人好（只好）饮碱苦水，春夏疾疫时所损多矣！惟官员及有力（权势）者，得饮刘王山井水，贫下何由得？惟蒲涧山有滴水岩，水所从来，高可引入城，盖二十里以下耳。若于岩下作大石槽，以五管大竹，续（连接）处以麻缠之漆涂之。随地高下，直入城中。又为一大石槽以受之。又以五管分引，散流城中；为小石槽，以便汲者。不过用大竹万余竿。及二十里间，用葵茅苫盖，大约不过费数百千可成。然须于循州（今广东龙川县西南）置少良田，令岁可得租课五七千者。令岁买大筋竹万竿，作竹筏下广州，以备不住抽换。又须于广州城中置的少房钱，可以日掠二百，以备抽换之费。专差兵匠数人巡觑修葺，则一城贫富同饮甘凉，其利便不在言也。自有广州以来以此为患，若人户知有此作，其欣愿可知，喜舍之心料非复塔庙之比矣！"信末还再三叮嘱："慎勿令人知出于不肖也！"另一封信说："闻遂作管引蒲涧水，甚善。每竿上须钻一小眼如绿豆大，以小竹针窒（堵）之，以验通塞。道远日久，无不塞之理。若无以验之，则一竿之塞辄累百竿矣。仍愿公擘画少钱，令岁入五十余竿竹，不住抽换，永不废。僭言必不讶也。"这项工程，可称是我国最早的"自来水"公司。东坡对工程的设计、建造，到使用、维修，以及资金筹集、经营管理，都考虑得十分详尽周密，又推荐了得力的人选邓守安。虽然工程造福广州全城，"料非复塔庙可比"，但东坡出于自己的"罪官"身份，却叮嘱"慎勿令人知出于不肖也"。自救尚且不及之时，还能顾念生民，且非泛泛之谈，怎不令人可敬可佩！热心的王太守后来却以"妄赈饥民"的罪名遭贬。

惠州城东江合流处原有桥，但大多废坏，百姓靠小舟摆渡，十分不便，且常溺毙。罗浮山道士邓守安主张用四十只船为浮桥，设铁锁石碇以固，随水涨落，是谓东新桥。惠州西有丰湖，又名西湖（东坡一生到过三处西湖，所以南宋杨万里诗云："东坡原是西湖长。"）。西湖原有长桥，屡造屡坏。栖禅院高僧希固用"白蚁不敢跻"的石盐木建桥，"坚若铁石"。为修这东西两桥，东坡捐了自己的一根犀带，弟媳史夫人也以过去入官所得的赏金数千用来"助施"。西新桥竣工后，东坡参加庆典，写诗道："父老喜云集，箪壶无空携。三日饮不散，杀尽西村鸡。"

东坡还建议惠守詹范将无主野坟暴露的骸骨建一大冢合葬，希望那些阴魂和睦相处如一家庭，并以诗赞美詹范："江干白骨已衔恩。"

他还推广新式农具秧马。"林（汴）君甚喜，躬率田署制作阅试"，"今惠州民皆已施用，甚便之"。他又"念浙中稻米几半天下，独未知为此；而仆又有薄田在阳羡，意欲以教之"。正逢衢州进士梁琯过惠，东坡就"口授其详"，"备言范式尺寸及乘驭之状"，托他"传之吴人，因以教阳羡儿子，尤幸也"（均见《题〈秧马歌〉后》）。

费衮在《梁溪漫志》中叹道："谪居尚尔，则立朝之际，其可以死生祸福动之哉？"一位"不得签书公事"的"罪官"，还冒着因僭越而加罪的危险，想方设法、迂回曲折地假他人之手以求济世、实施惠政。这位尝尽"人间巇岩"，而今"飘零朔野"的赤子，比那些盗名窃利于朝、横征暴敛于野的权贵，不啻有天渊之别。即便那些苏轼推崇的前朝名臣（如陆贽），在他面前，也显得相形失色了。在母性的土地上，东坡永远有浪游的本性，又有建设的癖好。当我们于不幸中仰望他时，他总颔首给我们喜悦与抚慰。但他本人的历史却是一部殉道传说。即使敌人不从外部反对他，即使他不为自己苦难的同胞而苦恼，他也要为自己超越凡俗的生存方式，为周围的卑贱、庸俗而不快。

对于邀宠残民的可耻行径，苏轼永远是不会原谅的，这种批判的锋芒，集中表现在《荔枝叹》中："十里一置飞尘灰，五里一堠兵火催。颠坑仆谷相枕藉，知是荔枝龙眼来。飞车跨山鹘横海，风枝露叶如新采。宫中美人一破颜，惊尘溅血流千载。永元荔枝来交州，天宝岁贡取之涪。至今欲食林甫肉，无人举觞酹伯游。我愿天公怜赤子，莫生尤物为疮痏。雨顺风调百谷登，民不饥寒为上瑞。君不见武夷溪边粟粒芽，前丁后蔡相笼加。争新买宠各出意，今年斗品充官茶。吾君所乏岂此物，致养口体何陋耶。洛阳相君忠孝家，可怜亦进姚黄花。"荔枝很难保鲜，"若离本枝，一日而色变，二日而香变，三日而味变，四五日外色香味尽变去矣"（白居易《荔枝图序》）。开首八句，描写了汉唐进贡荔枝的场景，仿佛千载之后，惊尘未息，溅血仍流。永元是汉和帝刘肇的年号。交州指今两广一带。天宝是唐玄宗李隆基的年号。涪指涪州，今重庆涪陵区。林甫指李林甫，唐玄宗时的宰相，口蜜腹剑，惯于媚上取宠。伯游是唐羌的字，为临武（今属湖南）县令，他曾上书汉和帝，请取消进贡荔枝、龙眼，以解民困："伏见交趾七郡献生龙眼等，鸟惊风发。南州土地恶虫猛兽不绝于路，至于触犯死亡之害。死者不可复生，来者犹可救也。此二物升殿，未必延年益寿。"终于使和帝罢免此役。这两句是说，今天人们痛恨以贡荔邀宠的李林甫，却无人以杯酒追念劝和帝取消贡荔的唐羌；言外之意是：敢于效法直臣挺身而出的人实在太少了。《武夷山记》："山产茶如粟粒者，初春芽茶也，品最贵。""前丁后蔡"，丁指宋真宗时宰相丁谓，封晋国公，曾排挤名相寇准以代。蔡指蔡襄，字君谟，仁宗大臣，宋代书法家。作者于此自注："大小龙茶始于丁晋公，而成于蔡君谟。欧阳永叔闻君谟进小龙团，惊叹曰：'君谟士人也，何至作此事！'"笼加指以笼包装。"今年"句，指官吏们将赛茶选出的名品即"斗品"献给皇室。"吾君"二句，直指"致养口体"的哲宗。"洛阳相君"指钱惟演，其父吴越王钱俶对宋不战而降，死后宋太宗称其"以忠孝而保社稷"。"姚黄花"，牡丹名品。作者自注："洛阳贡花自钱惟演始。"

汪师韩评此诗曰："诗本为荔枝发叹，忽说到茶，又说到牡丹，其胸中郁勃有不可以已者，惟不可以已而言，斯至言至文也。"此作的确是诗家的大手笔。苏轼曾那样夸赞过荔枝，现在却发出"我劝天公怜赤子，莫生尤物为疮痏（祸害）"的呼喊！并在诗中自注："今年闽中监司乞进斗茶，许之。"汉和帝终于采纳唐羌的建议，而宋哲宗则对"斗茶"进贡"许之"。这种大无畏的批判精神，是宋一代许多诗人都望尘莫及的，它在昔时、当代与后世的君王与幸臣身上，都留下了诗歌的刺，使对方颇感不适；它使苏轼无愧于时代，也无愧于后人。不久，花石纲之役又如汉唐进贡荔枝的历史一样重演了，终成导致北宋灭亡（距苏轼逝世才二十六年）的一个原因。

与作为"尤物"的荔枝一样，同样为奇石，"花石纲"不仅使人玩物丧志，甚至丧国。仇池石对于苏轼来讲，却是玩物寓志，托物养气。这块怪石，本是他的表弟程德孺从岭南带回给他的。如今他人在岭南，仿佛寄身在一个放大的"仇池"之中。《和陶桃花源》的引文中说："世传桃源事多过其实。考渊明所记，止言先世避秦乱来此，则渔人所见似是其子孙，非秦人不死者也。又云杀鸡作食，岂有仙而杀者乎？……尝意天壤间若此者甚众，不独桃源。予在颍州，梦至一官府，人物与俗间无异，而山川清远有足乐者。顾视堂上，榜曰仇池。"引中剥去了蒙在桃源上的神异色彩，指出它并非"仙境"，桃源中人也并非神仙；又一针见血地指出："使武陵太守得而至焉，则已化为争夺之场久矣。"所以这首诗开首便是结论性的："凡圣无异居，清浊共此世。"他认为人不可能遗世独立，只能是凡圣同居、清浊共处，关键在于保持心灵的平静豁达："瘴乡风土不问可知，少年或可久居，老者殊畏之，惟绝嗜欲、节饮食可以不死"（《答钱济明》）。而以达观处世，又不单为保全自己，更非苟且偷生，"但能随事及物，中无所愧，即为达也"（《与傅维岩秘校》）。这使人联想到他知颍时给王定国信中的"在杭所施亦何足道，但无愧作而已"，几乎是重复了，但在更为艰难的境遇中依然故我，这种仰不愧于天、俯不怍于人的气度，不能不令人敬佩。再对照《和陶桃花源》，实际上是对桃源幻想的一种打破，一种超越。也许桃源的翻案文章，就是从此时做起的，一直做到今天。当代台湾作家张晓风写了《武陵人》，写那位武陵渔人得遂其愿，享尽了桃花源的幸福，使他原籍武陵的痛苦更为凸显。于是，他便毅然返回了，因为："武陵不是天国，但在武陵的痛苦中，我会想起天国，但在这里，我只会遗忘，忘记了身家，忘记了天国，这里的幸福取消了我思索的权利。"对于东坡，我们也可以说，他不想放弃自己在尘寰随事及物的济世权利。

早在《贾谊论》中，东坡就认为贾谊虽有王佐之才，但缺乏忍辱负重的精神，遭受一点挫折，就悲伤欲绝，不能复振。"是亦不善处穷者也。夫谋之一不见用，安知终不复用也？不知默默以待其变，而自残至此。"在惠州筑白鹤峰新居时，他"凿井四十尺遇磐石，石尽乃得泉"，不禁写道："我生类如此，何适不艰难。"在一首和陶诗中，他说自己"有如千丈松，常苦弱蔓缠。养我岁寒枝，会有解脱年"。所以胡仔在《苕溪渔隐丛话》中说："凡人能处忧患，盖在其平日胸中所养。韩退之，唐之文士也。正色立朝，抗疏谏佛骨，疑若杀身成仁者。一经窜谪，则忧愁无聊，概见于诗词。由此论之，则东坡所养过退之远矣。"

这种"所养"，除了上述节操，对于个人，则是安之若素的人生态度。《记游松风亭》便是最好的阐述:"余尝寓居惠州嘉祐寺,纵步松风亭下。足力疲乏,思欲就林止息。望亭宇尚在木末(指高处林梢),意谓是如何得到?良久忽曰:'此间有甚么歇不得处?'由是如挂钩之鱼忽得解脱。若人悟此,虽兵阵相接,鼓声如雷霆,进则死敌,退则死法(军法),当甚么时也不妨熟歇(着实地歇)。"这也体现了禅宗的顿悟思想。一个短于一瞬的震动,一个长于一生的探讨。当时佛印曾致书东坡云:"子瞻中大科,登金门,上玉堂,远放寂寞之滨,权臣忌子瞻为宰相耳。人生一世间,如白驹之过隙,三二十年功名富贵,转眄成空。何不一笔勾断,寻取自家本来面目?……昔有问师:'佛法在甚处?'师曰:'在行住坐卧处、着衣吃饭处、屙屎撒尿处、没理没会处、死活不得处。'……子瞻若能脚下承当,把三二十年富贵功名贱如泥土,努力向前。珍重珍重。"

苏轼绍圣元年十月二日抵惠,由于詹范的殊礼,得以住条件较好的官驿合江楼。可能由于那些畏惧或逢迎章惇势力的人的作梗,苏轼于同月十八日迁往嘉祐寺,绍圣二年(1095)三月十九日复迁于合江楼,这大概得助于广州提刑程正辅。苏轼的态度则很坦然:"寓于嘉祐寺松风亭,杖履所及,鸡犬相识。明年迁于合江之行馆,得江楼豁彻之观,忘幽谷窈窕之趣,未见其所休戚。"

在嘉祐寺,苏轼有《撷菜》诗。引曰:"吾借王参军地种菜,不及半亩,而吾与过子终年饱菜。夜半饮醉,无以解酒,辄撷菜煮之。味含土膏,气饱风露,虽粱肉不能及也。人生须底物(何物)而更贪耶?"小引就如一首优美的田园诗。诗云:"秋来霜露满东园,芦菔生儿芥有孙。我与何曾同一饱,不知何苦食鸡豚。"《晋书》言何曾"性奢豪,务在华侈,……厨膳滋味过于王者,……食日万钱,犹曰无下箸处"。又有《雨后行菜圃》诗:"梦回闻雨声,喜我菜甲长。平明江路湿,并岸飞两桨。天公真富有,膏乳泻黄壤。霜根一蕃滋,风叶渐俯仰。未任筐筥载,已作杯盘想。艰难生理窄,一味敢专飨。小摘饭山僧,清安寄真赏。芥蓝如菌蕈，脆美牙颊响。白菘类羔豚，冒土出蹯掌。谁能视火候，小灶当自养。"把清苦的谪居生活写得如此有味，充满了自食其力的乐趣。

绍圣二年，朝廷下诏赦免降责官员，独不赦元祐党人，苏轼闻讯，写信给程正辅说："某睹近事，已绝北归之望，然中心甚安之，未话妙理达观，但譬如元是惠州秀才，累举不第，有何不可！"最可贵的是，他同时还请表兄奏改岭南纳役，钱米各半。

北归既无望，苏轼决心在城东筑室卜居："已买白鹤峰，规作终老计。"表示"吾生本无待，俯仰了此世。……下观生物息，相吹等蚊蚋"。化用庄子《逍遥游》中的"生物之以息相吹也"。这使人想起他过去《送杨杰》诗中的"下视蚊雷隐污渠"。他决心超然尘外，不理会下界芸芸众生的无端扰攘。"故人日夜望我归，相迎欲到长风沙。岂知乘槎天女侧，独倚云机看织纱。""曳杖不知岩谷深，穿云但觉衣裘重。……解衣浴此无垢（请注意'无垢'二字）人，身轻可试云间凤。"但即使在他最消沉或最忘世的时候，现实生活的魅力，仍大于出世思想对他的吸引，可谓尘缘深了。"流年又喜经重九，可意黄花是处开。"（《秋晚客兴》）"花曾识面香仍好，鸟不知名声自呼。"（《惠州城郊数小山类蜀道……》）"菊花开时乃重阳，凉天佳月即中秋。"（《江月五首·引》）对于他早已"识面"并识"心"的竹，他在《记岭南竹》时说："岭南人当有愧于竹：食者竹笋，庇者竹瓦，载者竹筏，爨者竹薪，衣者竹皮，书者竹纸，履者竹鞋。真可谓一日不可无此君也耶！"在《荔枝龙眼说》中又言："闽越人高荔子而下龙眼。吾为评之：荔子如食蝤蛑大蟹，斫雪流膏，一啖可饱；龙眼如食彭越（小蟹名）石蟹，嚼啮久之，了无所得；然酒阑口爽，餍饱之余，则嗢啜之味，石蟹有时胜蝤蛑也。戏书此纸，为饮流（嗜酒之辈）一笑。"

苏轼与新居的邻居林行婆（居家奉佛的老妇称行婆）、翟秀才时相往来。林行婆是一位卖酒老媪，常常赊酒给东坡。东坡住嘉祐寺时，即与她相识。在一首诗题中记述："正月二十六日，偶与数客野步嘉祐僧舍东南，野人家杂花盛开，扣门求观，主人林氏媪出应，白发青裙，少寡独居三十年矣。"诗有"主人白发青裙袂，子美诗中黄四娘"之句，这是很高的评价。东坡曾有《书子美诗》："子美诗云：'黄四娘家花满蹊，千朵万朵压枝低。留连戏蝶时时舞，自在娇莺恰恰啼。'此诗虽不甚佳，可以见子美清狂野逸之态，故仆喜书之。昔齐鲁有大臣，史失其名。黄四娘独何人哉，而托此书以不朽，可以使览者一笑。"虽然说的是"史失其名"的大臣，其实即使史有其名的大臣，又有几个比得上黄四娘这样流传在人们的口头上呢？林行婆也靠东坡，得以"不朽"。在另一首诗中，东坡写道："林行婆家初闭户，翟夫子舍尚留关。连娟缺月黄昏后，缥缈新居紫翠间。系闷岂无罗带水，割愁还有剑铓山。中原北望无归日，邻火村春自往还。"关于五、六句，作者自注："韩退之云：'水作青罗带，山如碧玉簪。'柳子厚云：'海山尖锋若剑铓，秋来处处割愁肠。'皆岭南诗也。""割愁"与"割愁肠"，勾去一字，意思就反过来了。清代赵翼曾评七、八句云："觉千载下犹有深情！"的确，东坡已决心与"齐鲁大臣"们告别，而与"不朽"的匹夫匹妇（包括上文所提的契顺）常相往来。

新居成后，长子迈授韶州仁化（今广东县名）令，"挈携诸孙，万里远至"，全家"笑语纷如"，充满天伦之乐。但有一个人却在这之前染病谢世，便是朝云。朝云幼入苏家，原不识字，后"粗有楷法"，又随苏轼学佛，"亦略闻大义"。杭州、密州、黄州、常州、颍州、扬州、定州……她跟着苏轼不断流徙。苏轼远谪岭南，她年方三十二岁，苏轼劝她离去，她反认为这是"卑我"，微含薄怒，生苏轼的气。来惠后因不适应岭南水土，加之怀念遁儿，丰盈的、母性的气质渐渐消失，她经常生病，不是念佛就是熬药。所以苏轼在《朝云诗》中言她："经卷药炉新活计，舞衫歌扇旧因缘。"

苏轼对朝云之逝是十分伤恸的："此会我虽健，狂风卷朝霞。使我如霜月，孤光挂天涯。"并为之作《西江月·梅花》："玉骨那愁瘴雾，冰肌自有仙风。海仙时遣探芳丛，倒挂绿毛么凤。　　素面常嫌粉涴，洗妆不褪唇红。高情已逐晓云空，不与梨花同梦。"

　　岭南无霜雪，只有瘴雾，开首二句写出了岭南梅花的风骨。她的仙姿艳态，引起了海仙的爱慕，时时派遣使者到花丛中来探望。这个使者便是"倒挂绿毛么凤"，岭南俗名"倒挂子"。东坡曾有诗："蓬莱宫中花鸟使，绿衣倒挂扶桑暾。"并自注云："岭南珍禽有倒挂子，绿毛红喙，如鹦鹉而小，自海东来，非尘埃中物也。""素面"句化用张祜诗中虢国夫人"却嫌脂粉污颜色，淡扫蛾眉朝至尊"意。"洗妆"句是说此花又非全白，花唇（边）上还染有晕红，即使洗妆也不会褪掉。惠洪《冷斋夜话》载：岭南梅花与中原有别，"其花几类桃花之色"，且香气袭人，梅叶四沿皆红色，花谢而叶红不褪。本词既写梅，又不全写梅，妙在似与不似之间，花耶，人耶，难以分辨。王昌龄有《梅诗》云："落落寞寞路不分，梦中唤作梨花云。"东坡末二句是说：爱梅的高尚情操已随晓云（朝云）而成空无，不再梦见梅花，类似王昌龄的"梨花云"之梦了。一个"空"字，将对朝云的深情，写到极致。明人杨慎说："今古梅词以坡仙绿毛么凤为第一。"岭南梅花在这首仅仅五十字的小令之中，被赋予了永久的生命，朝云也随之获得永生。她是白发诗人的永远年轻的美神。

　　与朝云有关的，还有苏轼另一首《蝶恋花》词："花褪残红青杏小，燕子飞时，绿水人家绕。枝上柳绵吹又少，天涯何处无芳草。　　墙里秋千墙外道，墙外行人，墙里佳人笑。笑渐不闻声渐悄，多情却被无情恼。"首句便点明了暮春景色。"枝上柳绵"句，委婉地流露出惜春之意。"天涯"句，化自《离骚》中灵氛对屈原的开导："何所独无芳草兮，尔何怀乎故宇？"刘熙载在《艺概》中曾提到东坡词的"悬崖撒手处"，他人"莫能追蹑"，即指苏轼之用情，有一种倏忽超解的意境，写儿女之情，用情而不欲为情所累，入而能出。"枝上柳绵吹又少"一跃而为"天涯何处无芳草"，即为力证。下片的墙里、墙外、行人、佳人、多情、无情，寄寓着作者多少感慨。"墙外行人"，可能暗寓自己是仕途的失意过客；而"墙里佳人"在一无所知的情况下，也只能是"无情"可言的。这是一层无法打破的隔膜。吴梅在《词学通论》中评曰："朝市身世之荣枯，且于是乎觇之焉。"

据说，苏轼在惠日，见霜风初至，落木萧萧，凄然有悲秋之意，曾请朝云唱这首词。朝云歌喉将啭，却已泪满衣襟。苏轼问故，她说：奴所不能歌者，是"枝上柳绵吹又少，天涯何处无芳草"二句。苏轼大笑曰："吾正悲秋而汝又伤春矣。"不久，朝云便染时疫，那一双曾经蓄满春水、盈溢春情的眼睛，依然温柔，只是蒙上了忧郁，像一缕斜晖透过幽暗的密林。她"日诵'枝上柳绵'二句，为之流泪，病极犹不释口"。朝云逝后，"子瞻终身不复听此词"。（以上见《林下偶谈》《冷斋夜话》）朝云从"所不能歌者"，到"犹不释口"，正因为她是东坡"一肚皮不合时宜"的知音，由此而联想到苦苦恋于朝廷而不能自解的屈原（"尔何怀乎故宇"）。她遇见苏轼，便一直分担着他的厄运，但又自认作为一个弱女子，难以给东坡有力的安慰。这两句词触动了她的身世之感，自然"泪满衣襟"了。

朝云逝后半年，苏轼正想着"新居成，庶几其少安"时，一个更大的打击又降临了。苏轼在新居，曾写过几首反映自己闲适生活的诗，如"南岭过云开紫翠，北江飞雨送凄凉。酒醒梦回春尽日，闭门隐几坐烧香。""门外橘花犹的皪，墙头荔子已斓斑。树暗草深人静处，卷帘欹枕卧看山。"特别是《纵笔》一首："白头萧散满霜风，小阁藤床寄病容。报道先生春睡美，道人轻打五更钟。"此诗传至京师，章惇冷笑道："苏子尚尔快活耶？"于是将苏轼再贬儋州，时为绍圣四年（1097）四月。

苏轼一生被政敌纠缠于"诗案"。谪惠前，"子由及诸相识皆有书痛戒作诗"，他也以为"其言切甚，不可不遵"，表示"蔬饭藜床破衲衣，扫除习气不吟诗"，"袖手焚笔砚"。但与历史上许多伟大诗人一样，他是与诗歌同生命、共呼吸的，且生性不羁、感情丰沛；对他来说，除了诗（当然也包括词与散文），他无法倾吐自己的喜怒哀乐，无法支撑自己的人生信念。就像拜伦认为：诗"是一种想象的熔岩，它的爆发避免了地震"；歌德也表示"当他每次用诗抒发自己的激情时，他就常常感到更加平静，就像久病初愈一样"。同在惠州，同是写给程正辅的信，苏轼一方面表示自己决心"焚砚弃笔"，一方面又说："见劝作诗，本亦无固必，自懒作尔。如此候虫时鸣，自鸣而已，何所损益，不必作，不必不作也。"所谓"候虫时鸣"，就是指作诗是一种由内心发出的自然之音，是不能强其发，也不能强其不发的。所谓"何所损益"，是说既然不能不鸣，那就只管写去，有什么损、什么益，包括政治上的利害得失，都是不必顾及的。直到北归时，在给朱行中的信中，他还说："老拙百念灰寂，独一觞一咏，亦不能忘。"给孙志康的信中，他则坚信"文字庶几不与草木同腐"。

在政治高压下，苏轼只想做到"新诗勿纵笔"，可又往往迈过这个界限。于是再次面临"枝上柳绵吹又少"的处地，去迎接"天涯何处无芳草"的新境。

天涯芳草

落难兄弟——鬼门关——孤岛——张中——桄榔庵——生计艰难——患难之交——"超然自得，不改其度"——东坡小品——"劳己以为人"——巢谷——和陶诗——《儋耳山》——遇赦北归——"九死南荒吾不恨，兹游奇绝冠平生"

绍圣四年四月，朝廷重议苏轼"草制讪谤"之罪，再贬其为琼州（今海南海口市）别驾（知州的佐官），昌化军（今海南儋州、昌江等地）安置，不得签书公事。苏辙也由筠州再贬化州别驾，雷州安置。当时有一个传闻，章惇因苏轼字子瞻，故贬其儋州；因苏辙字子由，故贬其雷州，皆取他们字的偏旁，以游戏人命。但落难的元祐大臣中，只有苏轼一人渡海，却是事实。苏迈也丢了官职，来送别父亲。苏过则将家室留在惠州，随父同行。

　　为去海南，苏轼必须上溯西江至梧州，再南下到雷州半岛渡海。在梧州，他听说子由刚经此地去贬所，便追向藤州，要与弟弟再见上一面。他当时六十二岁，对生还已不抱希望。临行曾写信给广州太守王古："某垂老投荒，无复生还之望。昨与长子迈决，已处置后事矣。今到海南，首当作棺，次便作墓。仍留手疏与诸子，……死即葬于海外，生不挈棺，死不扶枢，此亦东坡之家风也。"但对即将到来的相逢，还是兴奋的，赋诗道："……莫嫌琼雷隔云海，圣恩尚许遥相望。平生学道真实意，岂与穷达俱存亡。天其以我为箕子，要使此意留要荒。他年谁作舆地志，海南万里真吾乡。""莫嫌"二句，义含反讽。"平生"一句言：平生所学的忠于家国的道理，岂能随着顺逆的不同处境而保持或丧失操守。"天其"二句言：上天定然是把我当作箕子（殷贤臣。殷亡，周武王封箕子于朝鲜），要将我这种意志放于边荒之地来经受考验。"他年"二句言：将来有谁编纂舆地志，应把万里之遥的海南写作我真正的故乡。

　　兄弟两人，五月十一日终于在藤州相遇，同起卧于山程水驿之间，两旬有余。途中到一家小铺子吃饭，苏辙实在咽不下粗恶的汤饼，只好"置箸而叹"。苏轼则将自己面前的那份风卷残云般吃了个精光，笑着对弟弟说：你现在还想品尝滋味不成？秦观听讲这件事，评道："此先生饮酒但饮湿而已。""饮酒但饮湿"是苏轼在黄州写的一句诗，意谓只要是称得上酒的液体，不问优劣甜酸，都可用来取饮得醉。更早一些，我们还可以从

《超然台记》中找到"铺糟啜醨，皆可以醉"的看法。

秦观的话只反映了苏轼生活中随便的一面，但汤饼故事更体现了东坡对逆境不屈不挠，甘之若饴。离开定州南下，他写过《过汤阴市得豌豆大麦粥示三儿子》，将豆少麦多的杂粮粥当成"时珍"。年轻时准备试制科，他"日享三白，食之甚美，不复信人间有八珍"。所谓"三白"，便是"一撮盐，一碟生萝卜，一碗饭"（《曲洧旧闻》）。

宋儒吕本中，在杂著中写过一句话："人常咬得菜根，则百事可做。"黄庭坚也留下"不可使士大夫不知此味，不可使天下民有此色"的格言，东坡也有一联诗："无钱种菜为家业，有病安心是药方。"

雷州知州张逢，仰慕苏轼兄弟道德文章，率本州官吏到衙门口迎接，次日又具宴相邀，并安排他们馆于官舍，甚为礼遇，佯不知二人为逐客。兄弟俩得以在雷州同住近半个月，方始分手。临别那夜，是在船上度过的。苏轼痔疮复发，呻吟不已，"子由亦终夕不寐，因诵渊明诗劝余止酒"。苏轼和韵，表示"从今东坡室，不立杜康祀"。天明，子由送至海滨，谁也没有当真料到，这次分手，便为兄弟俩的永诀！

来路上，他们曾经过鬼门关（今广西北流市）。鬼门关多瘴疠，旧谚云："若度鬼门关，十去九不回。"唐相李德裕在《贬崖州》诗中说："崖州在何处，生度鬼门关。"但苏轼兄弟过来了。"谁言瘴雾中，乃有相逢喜"（苏辙）。东坡在《到昌化军谢表》中却不那么乐观："并鬼门而东鹜，浮瘴海以南迁"，"子孙恸哭于江边，已为死别；魑魅逢迎于海外，宁许生还"。但兄弟俩后来遇赦北归，又活着过了鬼门关。阻碍他们再见一面的，是北宋王朝这座真正的"鬼门关"！使后人禁不住要依仿梅挚的《五瘴说》，写了一篇《鬼门说》！

渡海后，遇风雨，初至卟峁的雨声追到赵官家最南的荒驿，产生了本书开卷时提到的那首豪迈的浪漫主义诗篇。但一至实地，前途未卜，生命莫测，无可奈何的孤独感便随之围来。这是空间距离所造成的巨大心理压力。面对远去的大潮，常会有搁浅的被遗弃的伤痛。苏轼后来追忆说："吾始至南海，环视天水无际，凄然伤之曰：'何时得出此岛耶？'已而思之，天地在积水中，九州在大瀛海中，中国在少海中，有生孰不在岛者？覆盆水于地，芥浮于水，蚁附于芥，茫焉不知所济。少焉水涸，蚁即径去，见其类出涕曰：'几不复与子相见！'岂知俯仰之间，有方轨八达之路乎？念此可以一笑。"方轨：两车并行，此处言道路宽敞。《史记·孟子荀卿列传》："中国名曰赤县神州，赤县神州内自有九州，禹之序九州是也，不得为州数。中国外如赤县神州者九，乃所谓九州也。于是有裨海环之，人民禽兽莫能相通者，如一区中者，乃为一州。如此者九，乃有大瀛海环其外。"此段话即为苏轼所本。苏文中"九州"的"州"，相当于现在所说的亚洲、非洲、大洋洲的"洲"。"大瀛海"，相当于现在所说的太平洋、印度洋的"洋"。"少海"，也即《史记》中所言的"裨海"，相当于现在所说的黄海、东海、南海的"海"。正因为"有生孰不在岛者"的顿悟，使苏轼摆脱了心理上的空漠遥远之感，而笑蚁之"出涕"与浅见。蚂蚁因为囿于俯仰之间，尺寸之地，所以才不知道世上有"方轨八达之路"，环境稍有改变，就惊慌失措、惶惶不可终日。

生活现实是不能回避的。秋天霖雨不止，一切物件无不发霉，苏轼从他的帏帐里挖出一升多死白蚁，皆已腐烂。他感叹不已，认真考虑起养身之道。过去他研试过不少养生术，但并未照搬，而是因地制宜："岭南天气卑陋，地气蒸溽，而海南尤甚。夏秋之交，物无不腐坏者。人非金石，其何以能久？然儋耳颇有老人年百有余岁，往往皆是，八九十岁者不论也。乃知寿夭无定，习而安之，则冰蚕火鼠皆可以生。吾当湛然无思，寓此觉于物表（外）。使折胶之寒无可施其冽，流金之暑无所措其毒。百余岁何足道哉！彼愚（没有学道，凡愚）老人初不知此，特如蚕鼠生于其中，兀然（痴钝地）受之而已。一呼之温，一吸之凉，相续亡有间断，虽

358

长生可也。"《拾遗记》:"员峤山……有冰蚕,长七寸,黑色,有角,有鳞。以霜雪覆之,然后作茧,长一尺,其色五彩。"《神异经》:"南荒之外有火山……火中有鼠,重百斤,毛长二尺余,细如丝,可以作布。……以水逐而沃之乃死。取其毛缉织以为布。"就是说,只要"湛然(安静地)无思""习而安之",那么,冷得使胶硬化而折的严寒,也无法施展它的凛冽;热得使金属熔化的酷热,也无法施展它的毒威。

巴尔扎克在《驴皮记》中认为,人每天都在戕害自己:"欲望燃烧我们,权力毁灭我们。"似可成为东坡"湛然无思""习而安之"的法国式的注脚。

初至贬所不久,又遇上一位好官,也姓张,即昌化军使张中。张中虽为武人,却十分崇拜东坡,先让他暂住行衙,后又派军士修葺伦江驿供他居住,并与苏过成了棋友。两人常常下棋,棋艺不佳的东坡便在一旁观战,"隔坐竟日,不以为厌也"。东坡还向张中要了一点官地耕种,深深体会到:"不缘耕樵得,饱食殊少味。"可是好景不长,雷州长官张逢礼遇苏轼兄弟之事为人告发,章惇派酷吏、湖南提举常平官董必察访岭南。张逢被勒停职,苏辙移循州安置。董必还想渡海到儋耳,但副手彭子明对他说:别忘记你也有子孙。董必遂罢此行,派下吏去儋。结果东坡被赶出官舍,张中也遭罢黜(后致死)。临行前,东坡出于感激,连写三诗以赠。其中一首诗说:"使君本学武,少诵十三篇。颇能口击贼,戈戟亦森然。才智谁不如,功名叹无缘。"可见张中也是一位怀才不遇之士。另一首诗则怀念他们相处的日子:"……久安儋耳陋,日与雕题(在额上雕刻花纹,用丹青涂之,曰雕题。这是当时儋耳一带少数民族的习俗)亲。海国(海岛)此奇士,官居我东邻。卯酒(晨酒)无虚日,夜棋有达晨。小瓮多自酿,一瓢时见分。……恐无再见日,笑谈来生因。空吟清诗送,不救归装贫。"费衮在《梁溪漫志》中也载录:"元祐党祸烈于炽火,小人交扇其焰,傍观之君子深畏其酷,惟恐党人之尘点污之也。而东坡之在儋,儋守张中事之甚至，且日从叔党（苏过的字）棋，以娱东坡。"正因为东坡"日与雕题亲"，所以被逐出官舍后，当地百姓便帮助他建造新屋，其中有黎子云兄弟与符林。东坡早在一首和陶诗的诗题中写过："儋人黎子云兄弟居城东南，躬农圃之劳，偶与军使张中同访之。居临大池，水木幽茂，坐客欲为醵钱（凑钱）作屋，予亦欣然许之，名其屋曰'载酒堂'。"诗中想象"临池作虚堂，雨急瓦声新。客来有美载，果熟多幽欣。丹荔破玉肤，黄柑溢芳津"，并表示"借我三亩地，结茅为子邻。欶舌倘可学，化为黎母民"。末二句言，少数民族的语言如果能够学会，我愿意变为黎母（海南岛山名）的子民。苏辙后来在《亡兄子瞻墓志铭》中说："初僦官屋以庇风雨，有司犹谓不可。则买地筑室，昌化士人畚土运甓以助之，为屋三间。"东坡在诗中提及"邦君（张中）助畚锸，邻里通有无"；给友人郑靖老的信中，也谈到新屋在南污池侧、桃榔林下，形似龟头，并特别提起一名客居儋耳的王介石"躬其劳辱甚于家隶，然无丝发之求也"。建屋时，"物器或不给，邻里咸致所有"，真是"坎坷识天意，淹留见人情"。屋成，东坡用桃榔叶编织了"苏东坡"三字挂于门上，命新居为"桃榔庵"，还摘叶书写《桃榔庵铭》，表示"生谓之宅，死为之墟"。他还在《新居》一诗中，充满深情地描写："朝阳入北林，竹树散疏影。短篱寻丈间，寄我无穷境。"

毋庸讳言，生计的艰难，是难以想象的。在给程德孺（程正辅六弟）的信中说："此间食无肉，病无药，居无室，出无友，冬无炭，夏无寒泉，然亦未易悉数，大率皆无尔。惟有一幸，无甚瘴也。近与儿子结茅屋数椽居之，仅庇风雨，然劳费已不赀（不可计量）矣。赖十数学生助工作、躬泥水之役，愧之不可言也。尚有此身，付与造物，听其运转。流行坎止，无不可者。故人知之免忧。"诉苦再以达观自解，这便是东坡。在《闻子由瘦》一诗中，先述"五日一见花猪肉，十日一遇黄鸡粥"，再言"土人顿顿食薯芋（即山药、芋头），荐以薰鼠烧蝙蝠"，意思说自己比起当地居民，还算好的了。然而入境随俗："旧闻蜜唧尝呕吐，稍近虾蟆缘习俗。"《朝野佥载》："岭南獠民好为蜜唧，即鼠胎未瞬（未开眼）、通身赤蠕者，饲之以蜜，钉之筵上，嗫嗫而行，以箸挟取，啖之唧唧作声，故曰蜜唧。"在回忆了"十年京国厌肥狸（出生五个月的羊羔），日日烝花压红玉"后，又自宽道："人言天下无正味"，蜈蚣食蛇未必较麋鹿食蒿草更为甘美。

海南当时不产大米，要靠外地运来。"北船不到米如珠，醉饱萧条半月无。明日东家当祭灶（旧俗腊月二十四日祭灶神），只鸡斗酒定膰吾。"即便不逢年节，吃不上米，他也欣然于"过子忽出新意，以山芋（芋头）作玉糁羹，色香味皆奇绝。天上酥酏则不可知，人间决无此味也"。儋州滨海，蚝（牡蛎）甚多，肉味鲜美，他食之，又诙谐地著文："每戒过子慎勿说，恐北方君子闻之，争欲为东坡所为，求谪海南，分我此美也。"这时，他脸上肯定滑过了我们所熟悉的东坡式微笑。

但在这种"迩来尤解安贫贱，不为公卿强陪面"（《老人行》）的达观后面，又有多少辛酸！东坡三年未领到俸钱，又因在惠州修桥、建白鹤新居等，经济已十分困难。渡海后的窘况，不难想见，已到了"尽卖酒器以供衣食"的地步，只剩下一只"工制美妙"的"荷叶杯"，"留以自娱"。今天我们读他当时写的杂记《学龟息法》，忍不住泣下："洛下有洞穴，深不可测。有人坠其中不能出，饥甚，见龟蛇无数，每日辄引首东望，吸初日光咽之。其人亦随其所向效之不已，遂不复饥，身轻力强，后卒还家，不食，不知其所终。此晋武帝时事。……儋耳米贵，吾方有绝粮之忧，欲与过子共行此法。故书以授之。"

父子俩到底试过没有？不得而知。但文中所表达的强烈的求生欲望，应该赋以积极的意义，它甚至变为向政敌斗争的一种手段：你要我不舒服，我偏想办法过得快活；你想弄得我活不下去，我偏不死，教你的阴谋落空！

在这种环境下，只要无愧地活着，便是斗争，便是反抗，便是胜利！

东坡晚年的"仙气"，既不同于范蠡的泛游五湖，也不同于李白的啸傲王侯，而是以"出世之姿"去入世，以"与世无争"去抗争。虽无金刚怒目，也无奴颜媚骨。

当然，靠着郑靖老、程德孺等患难之交，东坡常常收到他们托海船馈致的酒米药物和传递的家信。长子苏迈带两房家室居住惠州，也有了依托。郑靖老还借海舶为东坡捎来许多书籍，东坡信中也提及："此中枯寂殆非人世，然居之甚安。况诸史满前，甚可与语者也。"利用这些书，他坚持完成了《易传》《书传》《论语说》，还留下著名的笔记《东坡志林》，可惜未能写完。这种与书"对语"、著述自娱，也是一种对困苦环境的"转移"，有着维持心理平衡、保障心理健康的功效。

还有一种寄希望于未来、寄希望于青年的"传代意识"。在给侄孙元老的信中，他写道："侄孙近来为学何如？想不免趋时。然亦须多读史，务令文字华实相副，期于适用乃佳。勿令得一第后，所学便为弃物也。海外亦粗有书籍，六郎（指苏过）亦不废学，虽不解对义，然作文极峻壮，有家法。……侄孙宜熟看前后汉史及韩、柳文。有便寄近文一两首来，慰海外老人意也。"可见，宗族子弟的长进，也是东坡重要的精神慰藉（至于设帐施教黎胞，后文将会涉及）。朝夕相伴的苏过，有志有才，使东坡兴奋地吟出："过子诗似翁，我唱而辄酬。未知陶彭泽，颇有此乐不？"还写信告诉友人："幼子过文益奇，在海外孤寂无聊，过时出一篇见娱，则为数日喜，寝食有味。"《宋史》有苏过传，言其对父"凡生理、昼夜、寒暑所须者，一身百为，不知其难"。晁说之在为苏过所作的墓志铭中称："翁板，则儿筑之；翁樵，则儿薪之；翁赋诗著书，则儿更端起拜之，为能须臾乐乎先生者也。"

《与侄孙元老书》中，东坡还提到："……不知余年复得相见否？循、惠不得书久矣，旅况牢落，不言可知。又海南连岁不熟，饮食百物艰难。

又泉广海舶绝不至，药物酱酢等皆无，厄穷至此，委命而已。老人与过子相对如两苦行僧耳，然胸中亦超然自得，不改其度。知之免忧。"同时，像在黄州一样，又出现了东坡去世的流言。"今谤我者，或云死，或云仙。"也许此时，东坡自己正在城北放生呢——"儋耳渔者渔于城南之陂，得鲫二十一尾，求售于东坡居士。坐客皆欣然欲买放之"，于是以木桶养鱼，抬到城北沦江浣纱石下放之。东坡居士，确实做到"超然自得，不改其度"。"不改其度"，也就是守志如一，绝不卑躬屈膝，同流合污。

"半醒半醉问诸黎，竹刺藤梢步步迷。但寻牛矢觅归路，家在牛栏西复西。"牛矢即牛屎。纪昀批："'牛矢'字俚甚。"王文诰则指出《史记·廉颇传》有"一饭三遗矢"句，古人据事直书，未尝以矢字为秽，记事诗也应如此。

"总角黎家三四童，口吹葱叶送迎翁。莫作天涯万里意，溪边自有舞雩风。"舞雩是春秋时祭天祈雨的舞蹈之所。"浴乎沂，风乎舞雩，咏而归"是孔子向往的理想生活模式。这里是指海南自有清新之风，不必非要回到中原，也表现了当地儿童的习文识礼。

"寂寂东坡一病翁，白头萧散满霜风。少儿误喜朱颜在，一笑那知是酒红。"作者因惠州所写《纵笔》诗获罪，此处再用"白头萧散满霜风"成句，可见其倔强。

"瘴雾三年恬不怪，反畏北风生体疥。朝来缩颈似寒鸦，焰火生薪聊一快。红波翻屋春风起，先生默坐春风里。浮空眼缬散云霞，无数心花发桃李。倏然独觉午窗明，欲觉犹闻醉鼾声。回首向来萧瑟处，也无风雨也无晴。"自然的冬天与心里的春天交错幻生，醒与睡浑成一境，创造出一种亦冬亦春、微睡微醒的惝恍迷离的诗境。末二句用黄州所作《定风波》词成句。

这种"超然自得"的生活情趣，集中表现在"谪居三适"中。《旦起理发》云："……老栉从我久，齿疏含清风。一洗耳目明，习习万窍通。

少年苦嗜睡，朝谒常匆匆。爬搔未云足，已困冠巾重。何异服辕马，沙尘满风鬃。雕鞍响珂月，实与杻械同。……"年轻时，嗜睡而忙于朝谒，痒未搔足就要衣冠楚楚地去晋见上司，拜会同僚，有如服辕之马杻械加身。《午窗坐睡》云："蒲团蟠两膝，竹几阁双肘。此间道路熟，径到无何有。身心两不见，匆匆安且久。……"《夜卧濯脚》云："长安大雪年，束薪抱衾裯。云安市无井，斗水宽百忧。"长安柴贵，云安（今四川云阳县北）水贵，儋州虽然米贵，但柴水不缺，可以任意"濯足"。以上"三适"，都是在官场上享受不到，也体会不到的。所以东坡调侃地说："谁能书此乐，献与腰金公（腰悬金印的大官）？"

一次去黎子云兄弟家喝酒，归途遇雨，东坡便从一户农家借得斗笠木屐，因为穿戴未惯，走得很不自然，惹得一些小孩子随行拍手调笑，连家养的狗也跟着叫了起来。后人据此作《坡翁笠屐图》，至今还刻在儋州市东坡书院的墙上。《侯鲭录》也载："东坡老人在昌化，尝负大瓢行歌于田间，所歌者盖《哨遍》也。"有一位七十老妇对他说："内翰昔富贵，一场春梦！"东坡深以为然。当地人便称这位老妇为"春梦婆"。东坡还常常醉插茉莉花，口嚼槟榔，戏书诗，为自己写照。

这种生活情趣，在东坡小品中有诸多记叙。东坡本人并不太重视这些短章，随写随丢。正因为这样，所以写起来非常随便、自然，有感而发，坦白直率，反而更为后人喜爱，也更具有一种生活印象与心灵状态的鲜活性与可靠性，如黄州所作的《记承天寺夜游》等。明代袁宏道说过："东坡之可爱者多其小文小说，使尽去之而独存其高文大册，岂复有坡公哉？"我们在这里再举几则——

"己卯（元符二年，1099）上元，余在儋耳，有老书生数人来过。曰：'良月佳夜，先生能一出乎？'予欣然从之。步城西，入僧舍，历小巷，民夷（民指汉族，夷指少数民族）杂揉，屠酤纷然。归舍已三鼓矣。舍中掩关熟寝，已再鼾矣。放杖而笑，孰为得失？问先生何笑，盖自笑也；然亦笑韩退之钓鱼无得，更欲远去，不知钓者未必得大鱼也。"韩愈《赠侯喜》："君欲钓鱼须远去，大鱼岂肯居沮洳（浅水处）。"

黄州的"何夜无月？何处无竹柏？但少闲人如吾两人者耳"，尚有一些怨艾；此时的"放杖而笑，孰为得失？问先生何笑，盖自笑也"，已臻化境。但末句还是语婉而讽：韩退之哪里知道，跑到水深地方的人，也未必能钓到大鱼啊。

"己卯腊月二十二日夜，墨灶火大发，几焚屋，救灭遂罢作墨。得佳墨大小五百丸，入漆者（黑亮能与漆相比的墨）几百丸，足以了一世。……余松明一车，留以照夜。"制墨几乎酿成火灾，却为得到许多好墨而高兴，一位嗜墨如命的书法家画像。

"菊，黄中之色，香味和正，花叶根实皆长生药也。北方随秋之早晚，大略至菊有黄花乃开，独岭南不然，至冬乃盛发。岭南地暖，百卉造化无时，而菊独后开。考其理，菊性介烈，不与百卉并盛衰，须霜降乃发，而岭南常以冬至微霜故也。其天姿高洁如此，宜其通仙灵也。吾在海南艺菊九畹（三十步为畹），以十一月望与客泛菊，作《重九》，书此为记。"

"刘伯伦（伶）常以锸自随，曰：'死即埋我。'苏子曰：'伯伦非达者也。棺椁衣衾，不害为达；苟为不然，死则死矣，何必更埋！'"

能这样勘破生死，自然无往而不适，已经升华到半人半仙的境界。但本着"为人"也即"自为"的精神，东坡又常常"劳己以为人"。海南岛有屠杀耕牛祭神治病的陋习，所杀之牛，多用沉香等珍奇特产从彼岸的汉商那里换来。"一牛博香一担"（范成大《桂海虞衡志》），往往落得牛死人亡、人财两空。东坡为之书写了柳宗元的《牛赋》进行劝说宣传。亲友捎来的药，他还匀出一些济治他人。在《与程全父推官书》中说："彼土出药否？有易致者，不拘名物，为寄少许。此间举无，有得者即为稀奇也。间或有粗药以授病者，入口如神，盖未尝识耳。"他还研究过当地物产，亲尝百草，制成药剂，为百姓免费行医。他看到"海南多荒田，俗以贸香为业，所产粳稌不足于食，乃以薯芋杂米作粥糜以取饱"，而思"劝农"，使黎族同胞改变"不麦不稷"的状况，改变"朝射夜逐"的单纯狩猎的劳动方式。为了开导黎民莫饮咸滩腐水，他还带土霄等掘井以作示范。这口井，至今甘甜清冽，四时不竭，人称"东坡井"。它结束了当地不育的荒凉，滋润着人们日趋沙化的感情世界。

岛上黎族居多。据《琼州府志》载："其地有黎母山，诸蛮环居其下。黎分生、熟。生黎居深山，性犷悍，不服王化""熟黎，性亦犷横，不问亲疏，一语不合，即持刀弓相向""前此黎人屡叛""亦古今之通患也"。东坡却认为海南"风土极善，人情不恶"，并尖锐地指出："贪夫污吏鹰鸷狼食"，使当地黎民倍受欺凌盘剥，才引起反叛的，从而喊出了"欺谩莫诉，曲自我人"的正义之声！

有一次，东坡遇到一位黎族樵夫："黎山有幽子，形槁神独完。负薪入城市，笑我儒衣冠。生不闻诗书，岂知有孔颜。翛然独往来，荣辱未易关。日暮鸟兽散，家在孤云端。问答了不通，叹息指屡弹。似言君贵人，草莽栖龙鸾。遗我吉贝布，海风今岁寒。"这位住在深山的老翁，虽然形体枯槁，但灵魂高洁。他不读诗书，也不知孔子、颜回为何许人，却能怡然自得，不为功名荣辱所累。老人笑东坡穿的儒服衣冠不适用，远不及黎民用木棉纺织的吉贝布。看见东坡像是一位落难的贵人，就将吉贝布慷慨以赠，让东坡制衣御寒。《儋县志》载："盖地极炎热，而海风甚寒。"这"寒"不仅指温度，也含强度；夏天是海南拔木飞瓦的飓风季节，也就是本书开头提到过的"行琼儋间，……觉而遇清风急雨……"的季节；苏过也曾作过《飓风赋》。另唐代许浑早有"红云带日秋偏热，海雨随风夏却寒"的诗句（见《琼州府志》卷二）。于是我们看到，东坡抛弃了儒服，穿上了黎装，与当地土著打成一片："咨尔汉黎，均是一民""华夷两樽合，醉笑一欢同"。这位黎山樵者，也成为我国文学史上第一位光彩照人的黎胞形象。

苏过在《夜猎行》序中提到："海南多鹿豨，土人捕取……余寓城南，户外即山林，夜闻猎声，且有馈肉者。"我们仿佛想见，一清早，苏轼父子便会被一阵重重的捶门声惊醒，开门一看，只见门前一大堆淌血的鹿肉；馈赠者也不打个照面，只在雾气中留下一个渐渐消失的背影……

　　东坡慨叹"馔阙徒散"，决定亲自设帐讲学。本地贫困士子黎子云、符林、王霄等也经常登门求教；还有数百里外琼州的姜唐佐，专门相随从学。"儿声自圆美，谁家两青衿？……可以侑我醉，琅然如玉琴。"东坡简直又为边地儿童嫩嫩的读书声所陶醉，诗句中含有多少爱悦与期望。离儋时，姜唐佐乞诗，他借其手中扇，大书其上曰："沧海何曾断地脉，白袍端合破天荒。"并勉励道："异日登科，当为子成此篇。"后又托人带去自己所用的端砚相赠。三年后，姜唐佐不负先生的期待，成为海南第一名举人。可惜东坡已经物故。苏辙代其兄为唐佐续诗曰："锦衣他日千人看，始信东坡眼目长。"再过六年，儋州人符确又率先成为海南第一名进士。有宋一代，海南中进士者十二人，中举人者十三人。时至明代，海南文化进入鼎盛时期，中进士六十二人，中举人五百九十三人。海南因之有"海滨邹鲁"之誉。所以王国宪在《重修儋县志叙》中说，"儋耳为汉武帝元鼎六年置郡，阅汉魏六朝至唐及五代，文化未开。北宋苏文忠公来琼，居儋四年，以诗书礼乐之教转移其风俗，变化其人心"，使该地书声琅琅，"弦歌四起"。

　　不是流放，而是拓荒。笔者读东坡，也仿佛厕身于他的学生之间，聆受教诲，如清风拂面，心旌摇荡。

　　据葛立方《韵语阳秋》载：丹阳葛延之自江阴担簦万里，过海求学，东坡兴奋之余，授以文法：儋州数百家之聚，平日所须取之于市，然不可徒得，必有一物以摄之，钱也。作文亦然。天下之事散在经子史集中，不可徒使，必得一物以摄之，然后为己用。所谓一物者，意也。"不得钱，不可以取物；不得意，不可以用事。此作文之要也。"（而没有内在支柱的才能，像一个艺伎，可以向任何人献媚，这一点我们已经见得够多了。）延之为感谢这番教诲，以亲制的龟冠为献，祝师长寿，卜师逢凶化吉。传东坡又尝教延之学书云："世人写字，能大不能小，能小不能大。我则不然。胸中有个天来大字，世间纵有极大字，焉能过此。从吾胸中天大字流出，则或大或小，惟吾所用。若能了此，便会作字也。"（见费衮《梁溪漫志》）学书即养气，苏过曾谈到他父亲说："吾先君子，岂以书自名哉？特以其至大至刚之气，发于胸中而应之于手，故不见其刻画妩媚之态……"，可作为"胸中有个天来大字"的诠释。

尽管东坡给友人的信中提到海南"惟有一幸，无甚瘴也"，可能还是带有宽慰对方之意。据《儋县志》载："盖地极炎热，而海风甚寒，山中多雨多雾，林木阴翳，燥湿之气郁不能达，蒸而为云，渟而在水，莫不有毒"，"风之寒者侵入肌窍，气之浊者吸入口鼻，水之毒者灌于胸腹肠胃肺腑，其不病而死者几稀矣"。东坡自己也承认居所"海氛瘴雾，吞吐吸呼；蝮蛇魑魅，出怒入娱"，但他以超凡的毅力，挺过来了。寂寞又时时来袭。"海州穷独，见人即喜"，东坡常常"静看月窗盘蜥蝪，卧闻风幔落伊威（一种土虫）"，或伫视"孤云俙鸟空来往"。在《倦夜》中，他写道："倦枕厌长夜，小窗终未明。孤村一犬吠，残月几人行。衰鬓久已白，旅怀空自清。荒园有络纬，虚织竟何成！"还有著名的《汲江煎茶》："活水还须活火烹，自临钓石取深清。大瓢贮月归春瓮，小杓分江入夜瓶。雪乳已翻煎处脚，松风忽作泻时声。枯肠未易禁三碗，坐听荒城长短更。"贮月分江句，化实为虚，化大为小，广为传诵。巨型的事物，可以用一瓢一杓使其变形，让自己随意驱遣。这种哲理的产生，是在"自临钓石取深清"的清空静寂的环境中悟出的，诗人面对着宇宙空间，"坐听荒城长短更"。五、六句倒装，即：煎处已翻雪乳脚，泻（沸）时忽作松风声。另一首《纵笔》诗也很有名："父老争看乌角巾（古代隐士或退闲官吏的头服），应缘曾现宰官身（此句言做官不过是偶然因缘而已）。溪边古路三又口，独立斜阳数过人。"他仿佛一尊富于生命的塑像，站立在人生歧路的岔口，领悟着万有的终始……

然而，一朵"孤云"却飘海而来。当吴复古突然出现在东坡面前，真使他有恍若隔世之感。友人赵梦得自澄迈来访，也大大鼓舞了东坡。参寥来信，欲自杭州前来探视，东坡感慨万千，只得作书劝阻；并言自己只是"粗为知'道'者，但道心屡起，数为世乐所移夺"，接着自嘲说："恐是诸佛知其难化，故以万里之行相调伏耳。"刘沔编录东坡诗文二十卷，致书寄上。东坡在回信中说："轼平生以言语文字见知于世，亦以此取疾于人，得失相补，不如不作之安也。以此常欲焚弃笔砚，为暗默人，然而习气宿业未能尽去。亦谓随手云散鸟没矣，不知足下默随其后，掇拾编缀，略无遗者。览之惭汗，可为多言之戒。"颇多愤激之语，但在信末又说："轼穷困本坐（因）文字，盖愿刳（剖）形去智而不可得者。"虽然自己以文字"取疾于人"，但东坡却赏识苏过学文，并喜其"粲然可观"。在一首诗中说："我似老牛鞭不动，雨滑泥深四蹄重。"鼓励后辈："春秋古史乃家法，诗笔《离骚》亦时用。但令文字还照世，粪土腐余安足梦！"孔子以"春秋笔法"写历史事件，一字褒贬，微言大义；屈原写长诗《离骚》，疾恶如仇，忧国忧民。只要文字照世，功名富贵只如粪土！《世说新语·文学》："人有问殷中军（浩）：'何以将得位而梦棺器，将得财而梦矢秽？'殷曰：'官本是臭腐，所以将得而梦棺尸；财本是粪土，所以将得而梦秽污。'"

特别应该提一下的是，元符二年，七十三岁的巢谷，自四川眉山徒步万里，来看望苏轼兄弟。苏辙在《巢谷传》中说，当时"士大夫皆讳与予兄弟游，平生亲友无复相闻者"，巢谷此举，"闻者皆笑其狂"。到达梅州，巢谷写信给苏辙："我万里步行见公，不意自全，今至梅矣。不旬日必见，死无恨矣。"苏辙大为感动："此非今世人，古之人也。"两人既见，"握手相泣，已而道平生，逾月不厌"。苏辙见巢谷"瘦瘠多病"，劝他不要再去海南了："君意则善，然自此至儋数千里，复当渡海，非老人事也。"巢谷回答："我自视未即死也，公无止我。"苏辙"留之不可"，见他囊中羞涩，而自己当时也"乏困"，但还是"强资遣之"，给了他一些盘缠。谁知船至新会，巢谷中途所雇的"蛮隶"偷了他的行囊逃走，在新州被抓获。巢谷赶往新州，在那里病死。东坡闻此噩耗，大恸失声，"使人呼蒙来迎丧，颇助其路费"。巢谷这种"轻生死，重然诺"的高贵品格，给苏轼兄弟以巨大的精神慰藉。

对东坡而言，无论在惠州还是儋州，陶渊明都是他最亲密的精神伴侣。早在通判杭州所写的《远楼》诗中，他就有"不独江天解空阔，地偏心远似陶潜"之句。贬谪黄州，则更加欣赏渊明。离黄赴汝时说："渊明吾所师。"元祐间知杭，又说："早晚渊明赋归去，浩歌长啸老斜川。"知扬时，开始追和陶诗。知定州，与李之仪等论陶诗，为"种豆南山下，草盛豆苗稀。晨兴理荒秽，带月荷锄归"的生活而相与叹息。总之，政治上失意，"一生凡九迁"的生活遭遇，使东坡对陶诗产生了深刻的共鸣。南迁时，他随身只带了陶渊明与柳宗元的文集，目为"南行二友"。绍圣二年三月四日，他游惠州白水山佛迹岩，沐浴汤泉之中，晞发悬瀑之下，浩歌而归，在荔浦邂逅那位邀他待荔枝熟时载酒来游的老人，一切都十分惬意。回家睡了一觉醒来，听见儿子苏过正在读《归园田居》，因此起意和陶，一发而不可收，"今复为此，要当尽和其诗乃已耳"。

这种思想的发展、审美情趣的变化，并不是直线的。早些时候，在《书黄子思集后》里，他一方面崇尚魏晋的"高风绝尘"，另一方面又认为"李太白、杜子美以英玮绝世之姿凌跨百代，古今诗人尽废"。所谓魏晋的"高风绝尘"，即在于"诗缘情"理论的倡导，文学重在个人心灵的抒发，于山水田园的描绘中创造出某种情感氛围，风格平淡自然、含蓄隽永，其最高代表便为陶诗。编管黄州，东坡在诗词中屡屡提及，并在《书渊明羲农去我久诗》中说："余闻江州东林寺有陶渊明诗集，方欲遣人求之，而李江州忽送一部遗予。字大纸厚，甚可喜也。每体中不佳，辄取读，不过一篇，惟恐读尽后无以自遣耳。"但同样在黄州，他在《王定国诗集叙》中又说："若夫发于情，止于忠孝者，其诗岂可同日而语哉！古今诗人众矣，而杜子美为首，岂非以其流落饥寒，终身不用，而一饭未尝忘君也欤？"然当东坡将岭南化为一个大的"仇池"（与庄子的无何有之乡、陶潜的桃花源一样，成为中国士大夫憧憬的故乡，只有在他们精神王国的地图上才能找到）时，苏轼淡化了"致君尧舜"的儒家色彩，降格了"忠君"的杜甫，大谈陶潜，大和陶诗，嗜陶成癖。在儋州，他终于实现了"尽和乃已"的志愿，不仅每篇皆和，还有一篇和两次（两和《东方有一士》《连雨独饮》）乃至三次（三和《归去来辞》）的。他将自己所作《和陶诗》一百零九篇汇编成册，请子由为之作序，并在信中说："吾于诗人无所甚好，独好渊明之诗。渊明作诗不多，然其诗质而实绮，癯而实腴，自曹、刘、鲍、谢、李、杜诸人皆莫及也。……然吾于渊明岂独好其诗也，如其为人，实有感焉。渊明临终，疏告俨（陶渊明之子）等：'吾少而穷苦，每以家弊，东西游走。性刚才拙，与物多忤，自量为己，必贻俗患，黾勉辞世，使汝等幼而饥寒。'渊明此语，盖实录也。吾真有此病，而不早自知，平生出仕，以犯世患，此所以深愧渊明，欲以晚节师范其万一也。"在《书渊明东方有一士诗后》，东坡甚至说："我即渊明，渊明即我也。"

由此可见，东坡是由仰慕陶渊明的为人，进而爱好陶诗的。渊明"少而穷苦，每以家弊，东西游走"，东坡出身寒门，出仕后也是"身行万里半天下"。渊明生活在政治动乱的东晋时代，"性刚才拙，与物多忤"。鲁迅先生指出：陶潜"除论客所佩服的'悠然见南山'之外，也还有'精卫衔微木，将以填沧海。刑天舞干戚，猛志固常在'之类的'金刚怒目'式"。早在《朱子语类》中即已提及："陶渊明诗，人皆说是平淡，据某看他自豪放，但豪放得来不觉耳。其露出本相者是《咏荆轲》一篇，平淡底人如何说得这样言语出来。"清人龚自珍则以诗论之："陶潜酷似卧龙豪，万古浔阳松菊高。莫言诗人竟平澹，二分梁甫一分骚。"东坡终生卷进北宋变法与反变法的政治斗争旋涡之中，直言敢谏，"一肚皮不合时宜""以犯世患"，屡遭贬谪。渊明不肯为五斗粟、一束带见乡里小儿（其实这只是一个借口），解印归田，东坡出仕三十余年，为狱吏所折困，终不悔改。所不同的，是渊明"密网裁而鱼骇，宏罗制而鸟惊；彼达人之善觉，乃逃禄而归耕"（《感士不遇赋》），而东坡始终未能如渊明见势而返，从官场抽身引退，所以他"深服渊明，欲以晚节师范其万一"。渊明归田后，"悠然见南山"的一面上升为主导地位，而东坡那种"见义勇于敢为而不顾害，用此数困于世，然终不以为恨"（苏辙语）的精神，却正是东坡之为东坡之所在。

　　总之，东坡除了从现实中，更从历史亡灵中寻找精神支柱，并从中汲取力量以同所处的恶劣环境相对抗。因而与陶渊明其人其诗心领神会，恍如身居陶世，目睹其事，两心相契于千载。陶诗在东坡之前，地位并不太显，当时文坛领袖颜延之与陶为好友，但只是"美其志节，不及文词"。钟嵘《诗品》将陶列为"中品"。萧统在渊明逝世百年后作《陶渊明集序》，方始称赞其道德文章。唐人李白一方面评价说"陶令去彭泽，茫然太古心。大音自成曲，但奏无弦琴"，堪称知音；一方面又认为陶的退隐缺乏建功立业的壮志"龌龊东篱下，渊明不足群"。杜甫最早把陶与居于上品的谢灵运并列（"安得思如陶谢手"），但在《遣兴》中又说："陶潜避俗翁，未必能达道。观其著诗集，颇亦恨枯槁。"白居易惋惜"以渊明之高古，偏放于田园"，有时又认为陶潜"篇篇劝我饮……且效醉昏昏"。历史上学陶者，有学其"遗世之想"者，有学其"造玄入妙"者，但往往陷入消极的泥沼，东坡学陶，则贵在其内在品格的"真"："陶渊明欲仕则仕，不以求之为嫌；欲隐则隐，不以去之为高。饥则扣门而乞食，饱则鸡黍以延客。古今贤之，贵其真也。"这其实正是东坡的夫子自道，但确实也探近陶之真髓。《蔡宽夫诗话》云："子厚之贬，其忧悲憔悴之欲发于诗者特为酸楚……卒以愤死，未为达理也。乐天既遇闲，放浪物外，若真能脱屣轩冕者。然荣辱得失之际，铢铢较量而自矜其达，每诗未尝不着此意，是岂真能忘之者哉？亦能胜之耳。惟渊明则不然。观其《贫士》《责子》与其他所作，当忧则忧，遇喜则喜，忽然忧乐两忘，则随所遇而皆适，未尝有择于其间，所谓超世遗物者，要当如是而后可也。"

相应"贵其真也"的人品，东坡提出了他的"枯澹说"："柳子厚诗在陶渊明下、韦苏州上，退之豪放奇险则过之，而温丽靖深不及也。所贵乎枯澹者，谓其外枯而中膏，似澹而实美，渊明、子厚之流是也。"还在另一处提到韦、柳诗"发纤秾于简古，寄至味于澹泊"。晚年教诲后辈时，又强调："大凡为文，当使气象峥嵘、五色绚烂，渐老渐熟，乃造平澹。"

这种"至味"，主要指陶、柳、韦诗中所表现出来的不合流俗、崇尚真朴、恬澹自适的人生趣味。有如苦茗之于醇酒，梅花之于牡丹，墨画之于着色画。澹，并非稀释，乃是与浓相对的一种情调、色彩，自浓中提炼而出；绚烂至极，归于平澹也。

历史上某些作家、作品在后世的兴衰隆替，折射出那些时代审美观念的变化。东坡又有画诗曰："缥缈营丘水墨仙，浮空出没有无间。迩来一变风流尽，谁见将军著色山？"营丘指北宋画家李成。刘道醇《圣朝名画评》云："李成，营丘人，……能画山水林木，当时称为第一。"将军指唐代李思训，系唐宗室，官至左武卫大将军。《画鉴》言"李思训画著色山水，用金碧辉煌，为一家法"。苏轼认为，以李成为代表的"淡墨如梦雾中"（米芾《画史》）的水墨山水画大盛后，在唐代占尽风流的李思训的青绿山水画便不为人们所看重了。

代表唐代普遍审美趣味的，是吴道子热烈奔放的绘画风格与"格品高奇，山水绝妙"的李思训气派。但苏轼却最欣赏王维。王维的画，在唐人眼中，远不及后人心目中的地位。朱景玄《唐朝名画录》将画家分为神、妙、能、逸四品，每品又分上、中、下三等。吴道子、李思训皆列入神品，而王维只居妙品（上）。王维是在宋以后才被推为文人画的开山鼻祖的。

同样，在《题王逸少帖》中，苏轼又戏谑地说："颠张醉素两秃翁，追逐世好称书工。何曾梦见王与钟，妄自粉饰欺盲聋。"在润秀、潇洒、俊逸的晋宋风格前，"颠张醉素"的草书显得过于盛气炫丽了。

现在回到渊明来。东坡谈过自己的感受："观陶彭泽诗，初若散缓不收，反复不已，乃识其奇趣。"渊明诗与王维画一样，对于向往边塞、立功异域的唐人来说，是显得太清淡、太"枯槁"了，葡萄美酒、琵琶羌笛才能陪伴凉州的壮士。唐人较少以沉思冥想来损害形象，喜爱的是树上的花，而不是树下的根，其作品始终有一种光的闪耀，有一种羽翼的震颤。而宋诗已逐步求向内心世界的平衡。自从东坡发现了陶诗在极平淡朴质的形象意境中所传达出来的美，那乡居与酒杯所晕染的菊的秀色，并把它看作人生的真谛、艺术的极峰，陶诗的地位才巩固下来了。所以张戒在《岁寒堂诗话》中说："陆宣公（贽）之议论，陶渊明、柳子厚之诗，得东坡而后发明。"还可补一句：王摩诘之画，得东坡而后显赫。

确立陶诗的价值，是东坡一大功绩。但对东坡的和陶诗，历来褒贬不一。金人王若虚批评苏轼，"集中次韵者几三之一，虽穷极技巧，倾动一时，而害于天全多矣"。纪昀认为东坡和陶是"敛才就陶"，施补华发现"东坡与陶气质不类"，以坡公之气质，和陶无异于削足适履。今人谢桃坊先生在《苏轼诗研究》中认为："苏轼岭、海时期的诗作最有成就的不是其风格平淡的诗篇，仍然是那些最能表现他艺术个性、最能体现苏诗本色的豪放风格的诗篇。"就艺术得失而言，笔者是倾向于这些贬论的。陶渊明说过："常著文章自娱，……酬觞赋诗以乐其志。"（《五柳先生传》）东坡说过："某平生无快意事，惟作文章，意之所到，则笔力曲折，无不尽意，自谓世间乐事无逾此者。"两人都把写作当成内在生命冲动之最充分的满足。渊明自有一分永久的寂寞，但他"蓄无弦琴一张"，又有不求知音、但求自适之意："知音苟不存，已矣何所悲。"东坡自有一分难解的忧患，于是说："发于心而冲于口，吐之则逆人，茹之则逆余。以为宁逆人也，故卒吐之。"饱经宦海风波的东坡与急流勇退的渊明在政治上的体验不同，才情旷逸雄放的东坡，对世态的激愤态度也与渊明的冲淡思想相异。所以金代元好问说得好："东坡和陶，气象只是东坡。"

这气象因囿于和陶，又不纯为东坡气象，但毕竟从中流露了东坡的某些气质、个性，特别是思想。东坡自己承认："我不如陶生，世事缠绵之。"渊明是"纵浪大化中，不喜亦不惧"，东坡却是"纵浪大化中，正为化所缠"。

对待生死，渊明有这样的达语："从古皆有没，念之中心焦。何以称我情，浊酒且自陶。千载非所知，聊以永今朝。"东坡则更看重一个人活着的意义，也即生命的价值。他在和诗的序里说："……胡广饮菊潭而寿，然《李固传·赞》云：其视胡广，犹粪土也。"在议立汉祀的斗争中，胡广慑于大将军梁冀的淫威，不敢正言，终获长寿。李固直言不惧，受酷刑而死。和诗借菊以颂人励己："黄花与我期，草中实后凋。香余白露干，色映青松高……夕英幸可掇，继此木兰朝。"能像屈原那样，做到"朝饮木兰之坠露兮，夕餐秋菊之落英"，生命可说是无憾了。

对待穷达，陶诗《咏贫士》七首歌颂了忧道不忧贫、贫而有德、贫而能乐者，"何以慰吾怀，赖古多此贤"，表达了君子"固穷守节"的思想，但偏于个人范围。东坡《咏贫士》却有相当深广的忧愤："遥怜退朝人，糗酒出大官。岂知江海上，落英亦可餐。"渊明《乞食》诗中说："感子漂母惠，愧我非韩才。"东坡《乞食》诗却说："呜呼天下士，死生寄一杯。　幸有余薪米，养此老不才。"可见他在穷饿无聊之时，也要发发牢骚，绝不像渊明那样平心静气，不动声色。他也能以旷达为怀，但并不认为合理。谪居儋耳，还在《和陶拟古九首》其六中，揭露地方官朱初平、刘谊给皇上购买沉香，作歌舞照明之用，巧取豪夺，民多破产。而这一切，是陶渊明所做不到或不愿做的。

东坡的几首和陶咏史诗，更闪耀着民主思想与批判锋芒。对荆轲，从司马迁写《刺客列传》起，就持肯定与颂扬态度。渊明也予以激赏："惜哉剑术疏，奇功遂不成。其人虽已没，千载有余情。"东坡和诗，却认为将一国大事付托给荆轲这样一个"狂生"是轻率的，彻底否定了冒险行为。"灭身会有时，徐观可安行。"秦的灭亡，将由秦本身的罪恶所促成，甚至不必施加外力，就可以坐待它由自身的暴虐与荼毒所导致的自我毁灭的结局。东坡还认为："亡秦只三户，况我数十城。"真正对抗暴秦、消灭暴秦的力量是人民！在惠州所作的《次韵定慧钦长老见寄》之六（并非和陶诗）中，东坡写自己散药为百姓治病时说："闲居蓄百毒，救彼跛与盲。……区区效一溉，岂能济含生。力恶不己出，时哉非汝争。"在当时的历史条件下，他已看出这种经济上暂时的、部分的救济活动，只能稍缓人民的痛苦，不能从根本上解决人民的悲惨境遇。这种认识也是不简单的。

生活阅历的加深，使东坡不仅与早于他六百多年的陶渊明的见解相左，也不断地否定自己过去的观点。这表现在他寓惠所作的《和陶咏三良》中。秦穆公死时，用了一百七十七人殉葬，包括子车氏的三个儿子奄息、仲行、针虎。当时人们为了哀念他们三人的"临其穴惴惴其栗"，赋了《黄鸟》诗。陶渊明《咏三良》，强调的是忠君与报恩："一朝长逝后，愿言同此归。厚恩固难忘，君命安可违。临穴罔惟疑，投义志攸希。"把三良的殉死说成是心甘情愿的义举。当然，这也不是渊明一人的"翻空立论"。如王粲也写过这个题材："妻子当门泣，兄弟哭路垂。临穴呼苍天，涕下如绠縻。人生各有志，终不为此移。"甚至还赞扬三良"生为百夫雄，死为壮士规"。就连东坡早年在凤翔所作的《秦穆公墓》中，也认为秦穆公是著名的贤君，一贯珍惜人才，不可能遗命用三良殉葬："昔公生不诛孟明，岂有死之日而忍用其良。"三良之死，完全是他们自愿报恩："古人感一饭，尚能杀其身。今人不复见此等，乃以所见疑古人。"倒是苏辙在同题诗中说得干脆："三良殉秦穆，要自不得已。"（弟弟与哥哥唱反调，这是仅有的一回。）东坡晚年，终于彻悟道："此生太山重，忽作鸿毛遗。三子死一言，所死良已微。贤哉晏平仲，事君不以私。我岂犬马哉，从君求盖帷。杀身固有道，大节要不亏。君为社稷死，我则同其归。顾命有治乱，臣子得从违。……"《史记正义》引应劭云："秦穆公与群臣饮，酒酣，公曰：'生共此乐，死共此哀。'于是奄息、仲行、针虎许诺。及公薨，皆从死。"苏轼认为做臣子的人，应像晏婴一样，"事君不以私"，不以个人感情为重。只有在君王是为国家社稷而死的大关节上，才有必要同其死。臣民可以根据时政的"治乱"，选择自己的"从违"。我难道是条狗，是匹马，死了向皇帝老儿讨个破车盖、旧帝子掩盖尸体吗？（而在《别黄州》诗中却有"犹向君王得敝帏"之句。）东坡一生悲剧的深刻性就在于他始终要将"忠君"与"爱民"结合起来。愈忠君便愈爱民，愈爱民便愈排斥时政，为君王不喜。而此诗将忠君与忧国区分开来，摆脱了忧国必忠君的腐儒之见。甚至南宋胡仔都评价这首诗："晚年所见益高。"实际上，孟子早就提出过"民为贵，社稷次之，君为轻"，但在历史长河中，不断有人把水搅浑，好像皇族利益就一定代表民族利益似的。当然，我们所要的更是这样一种爱国主义，它能使人的心胸变得温暖，变得开阔，通过对祖国的爱去拥抱人类文明的世界。

王文诰说"公之和陶，但以陶自托耳。至于其诗，极有区别。有作意效之，与陶一色者；有本不求合，适与陶相似者；有借韵为诗，置陶不问者；有毫不经意，信口改一韵者"，打破了前人刻舟求剑，"辄以此句似陶，彼句非陶"的"牢不可破之说"。和陶诗中的成功之作，往往是"本不求合"或"毫不经意"者。如："穷猿既投林，疲马初解鞍。心空饱新得，境熟梦余想。江鸥渐驯集，蜑叟已还往。南池绿钱生，北岭紫笋长。提壶岂解饮，好语时见广。春江有佳句，我醉堕渺莽。"纪昀以为"淡宕竟佳好"，特别结句"是东坡独造"。又如："稍喜海南州，自古无战场。奇峰望黎母，何异嵩与邙。飞泉泻万仞，舞鹤双低昂。分流未入海，膏泽弥此方。芋魁尚可饱，无肉亦奚伤。"除结句浅直外，全诗有苏式的旷放。再如："……如今破茅屋，一夕或三迁。风雨睡不知，黄叶满枕前。宁当出怨句，惨惨如孤烟。"正因为直抒胸臆，怨气如烟而出，反见本色。再如："……渊明独清真，谈笑得此生。身如受风竹，掩冉众叶惊。俯仰各有态，得酒诗自成。"渊明有酒，诗便自然而成，仿佛竹子受风，众叶轻摆，摇曳多姿。这与其说是渊明诗境，不如说是东坡诗境。和陶诗的议论，就此打住。

参禅学道，抑或和陶，实际上都是为我所用。"说静故知犹有动，无闲底处更求忙。"东坡曾批评过禅宗"废学而徒思"，从而产生的"无心""无言""无为"的结果。晚年又认为："善恶同而无思，则土木也。"的确，自由思想是一切精神生活首要的和不可缺少的基本因素，也可能是其他因素被剥夺之后，仍然属于我们自己的唯一领地。从内心深处而言，东坡并不相信净土宗说得天花乱坠的西方乐土，也不相信道家鼓吹的虚无缥缈的仙山琼阁："莫从老君言，亦莫用佛语。仙山与佛国，终恐无是处。甚欲随陶翁，移家酒中住。"他认为陶翁是一个真正透彻了悟之人，了悟自性即可成佛，至于事佛与否，无关紧要。他最推崇渊明一个"悟"字："但恨不早悟，犹推渊明贤。"在儋耳所作《安期生》诗中，他更认为道者应有经世之志，不是区区以求不死。安期生，"世知其为仙者也"，然曾与蒯通干谒项羽，羽不能用其策，而欲封官，两人辞去。诗中还提到鲁仲连。仲连却千金赏，辞齐爵，曰："吾与（其）富贵而诎（屈）于人，宁贫贱而轻世肆志焉。"还提到虞卿。虞卿弃赵相而亡走，晚年著书，欲以救世。东坡认为这些人"皆得道者","岂比山泽臞，忍饥啖柏松。纵使偶不死，正堪为仆僮"。这类惟念一己长生，在山中打发岁月，在古树下盘腿趺坐的求仙者，只配做有高蹈之行的安期生等的僮仆。同样，他也敬重庄子家贫而不仕，织履于穷巷之中；渊明抱饥而归耕，执耒于园田之上。这种识见，有助于我们理解五绝《儋耳山》："突兀隘空虚，他山总不如。君看道旁石，尽是补天余。"才高堪与补天，而空怀报国之志，终成落荒之物。东坡不仅喻己，也不仅念及当时的元祐党人，而是将一个千古同慨的重大命题，铸进这短短的二十个字内。内涵之丰、感情之烈，罕有其匹。近人高步瀛视之为东坡五绝的代表作。

　　东坡之可贵，正在于不平则鸣，或托事以讽，这种习气，到老也未能改除。王进叔时任岭南监司，东坡北归过南海时，王出所藏画请题。《徐熙杏花》云："江左风流王谢家，尽携书画到天涯。却因梅雨丹青暗，洗出徐熙落墨花。"徐熙是南唐花鸟画家，一生未仕，沈括称其为"江南布衣"，他不像黄筌在西蜀皇家画院，绘奇花怪石、珍禽瑞鸟，而是"多状江湖所有，汀花野竹，水鸟渊鱼"。宋初人们便有"黄家富贵，徐熙野逸"之评。徐熙突破当时支配画坛的"勾勒重彩"画法，创立了"落墨以写其枝叶蕊萼，然后傅色"的新路，重墨轻彩，力求神似，这是切合东坡的审美情趣的，"落墨花"也变成美术专用名词。纪昀评此诗为"自寓"之作。《赵昌四季·芍药》云："倚竹佳人翠袖长，天寒犹着薄罗裳。扬州近日红千叶，自是风流时世妆。"《赵昌四季·山茶》云："游蜂掠尽粉丝黄，落蕊犹收蜜露香。待得春风几枝在，年来杀菽有飞霜。"赵昌为宋代著名花卉画家。前诗言佳人冷落，权贵争宠。后诗以山茶喻君子，花粉被游蜂掠尽，名花被飞霜摧残。当春风来时，已所剩无几了。

　　元符二年（1100）正月，哲宗病死，年二十七岁。其弟赵佶即位，是为徽宗。即位之初，神宗皇后向氏摄政，大赦元祐党人，有的还委以要

379

职，时号"小元祐"。吴复古再次渡海报信，东坡闻讯后，作《儋耳》诗："霹雳收威暮雨开，独凭栏槛倚崔嵬。垂天雌霓云端下，快意雄风海上来。野老已歌丰岁语，除书欲放逐臣回。残年饱饭东坡老，一壑能专万事灰。"陆云《逸民赋序》："古之逸民，或轻天下，细万物，而欲专一丘之欢，擅一壑之美，岂不以身胜于宇宙，而心恬于纷华者哉？"王安石也有"我亦暮年专一壑"的诗句。末二句意为：贬逐残生，吃到饱饭，我已年老无用，只求渔樵于一丘一壑之间，于愿已足。古人认为虹有雌雄之分。霓为雌虹。雌霓下坠喻章惇等被罢黜。章惇因反对立端王赵佶为帝，认为其轻佻，而把宝押在申王赵似身上，以致遭贬，终身废弃不用。恰巧，他也贬到雷州。苏轼贬此时，因被赶出官舍，就去租了一家民屋。章惇又以"强夺民居"为由，下令本州追究，并逼户主吴国鉴为证。吴不忍做此伤天害理之事，出示赁券，此事方才作罢。这次章惇竟也到吴家乞求赁屋，吴旧恨未消，更不愿怜悯这种恶人，便一口回绝："前苏公来，为章丞相，几破我家，今不可也。"（毕沅《续资治通鉴》卷八七）联想到东坡在《书东皋子传后》中的利人即是自利精神，我们对章惇也可以说：害人无异害己。《诗话总龟》也载有一则逸事：章惇贬谪，途经南山寺。寺有老僧，名奉忠，自眉山来，欲渡海见东坡，因病滞留此寺。章惇邀饮，奉忠欣然从之。章劝他吃蒸蛇，他也举箸，略不踌躇。章惇问：你是出家人，也吃蒸蛇吗？奉忠曰："相公爱人以德，何必见诮？"说完便倚栏看云。章惇说："'夏云多奇峰'，真善比类。"奉忠答："曾记《夏云》诗甚奇：如峰如火复如绵，飞过微阴落槛前。大地生灵干欲死，不成霖雨漫遮天。"最有趣的是《冷斋夜话》：东坡北归过南昌，太守对他说，世传您已仙去，怎么今天还在人间游戏呢？东坡答，我本欲归阴，途中遇见章惇，想想还是折返了。

五月，东坡奉诏，内迁廉州（今广西合浦），离开了谪居整整三年的儋州，同行的除苏过、吴复古外，还有那条"昼驯识宾客，夜悍为门户，知我当北归，掉尾喜欲舞"的乌嘴犬。途经海南岛北面的澄迈县驿，他登上通潮阁，眺望碧海，心神飞越，作诗二首。其二为："余生欲老海南村，帝遣巫阳招我魂。杳杳天低鹘没处，青山一发是中原。""帝遣"句用《楚辞·招魂》典故。这里隐以屈原自况。"杳杳"二句用东坡《伏波将军庙碑》词："南望连山，若有若无，杳杳一发耳。"施补华在《岘佣说诗》中言："东坡七绝亦可爱，然趣多致多，而神韵却少。'水枕能令山俯仰，风船解与月徘徊'，致也。'小儿误喜朱颜在，一笑那知是酒红'，趣也。"但对这首七绝，施补华认为"气韵两到，语带沉雄，不可及也"。末句令人回味不尽：青山在天际时隐时现，宛如发丝若有若无，牵动着诗人思乡的情愫，引发着他执着的期待。

六月二十日夜渡海去廉州，东坡又留下一首有名的七律："参横斗转欲三更，苦雨终风也解晴。云散月明谁点缀，天容海色本澄清。空余鲁叟乘桴意，粗识轩辕奏乐声。九死南荒吾不恨，兹游奇绝冠平生。""云散月明"，"天容"是"澄清"的；风恬雨霁，"海色"也是"澄清"的。三、四句还用了一个典故。《晋书·谢重传》：谢重陪王道子夜坐，"于时月夜明净，道子叹以为佳。重率尔曰：'意谓乃不如微云点缀。'道子因戏重曰：'卿居心不净，乃复强欲滓秽太清耶？'"王文诰评这两句：上句"问章惇也"，下句"公自谓也"。"问章惇"可理解为：你们这些"居心不净"的小人掌权，弄得"苦雨终风"，天下怨愤；如今"云散月明"，还有谁"点缀"呢？"公自谓"可理解为："点缀"太空的"微云"既已散尽，天下终于"澄清"，强加于我的诬词也一扫而空，还我"澄清"的本来面目。"鲁叟"指孔子，陶渊明《饮酒诗》有"汲汲鲁中叟"之句。孔子说过："道不行，乘桴浮于海。"又曾欲居九夷，人言那里鄙陋，孔子说："君子居之，何陋之有？"东坡这句意为：在内陆，我与孔子同样是"道不行"，孔子想去海外行道，没有去成；我虽然去了，又有什么"行道"的实绩呢？"乘桴"又切合东坡正在渡海的情景。"轩辕"指黄帝。《庄子·天运》："北门成问于黄帝曰：'帝张咸池之乐于洞庭之野，吾始闻之惧，复闻之怠，卒闻之而惑，荡荡默默，乃不自得。'"这里形容大海的涛声。但说"粗识"，又令人联想起东坡的一生遭际，代表中原文化的"轩辕奏乐声"，是不是也使他"始闻之惧，复闻之怠，卒闻之而惑"呢？"粗识"实为"熟识"呵！但儋州蔚蓝而咸涩的大海，确实使由四川盆地走出来的苏轼，摆脱心灵的羁绊，敞开自己的胸襟，领略海疆的壮阔无垠，体验自由的欣悦无边（从这方面讲，又可称为"初识"）。于是引出了末二句。"九死"用《离骚》意："亦余心之所善兮，虽九死其犹未悔！""兹游"也并不实指这次渡海，而是指在儋州的全部经历，而且也绝不仅指他饱赏了奇异风光，更概括了他在海南的交游、功业与种种感受。一生最落难的阶段，一生最艰苦的环境，造就他"奇绝冠平生"的收获与风采！

曾经沧海，看轻了天下的江河湖泊。

"我本儋耳民，寄生西蜀州。"这种随遇而安，与民息息相通的精神，在古代逐臣中，是无与伦比的。

钟声永恒

秦观——苏坚——度大庾岭——"雨已倾盆落，诗仍翻水成"——"吾生如寄耳"与抵抗哲学——刘安世——《刚说》——《书〈孟德传〉后》——民本思想——鹤梦——决计居常——金山寺——"吾生不恶，死必不坠"——哀弦与清钟苏轼是在元符三年五月接旨的：以琼州别驾，廉州（今广西合浦）安置，不得签书公事。六月二十日渡海，二十一日抵达雷州半岛最南端的徐闻，并与同月得到赦令的秦观相会。两人结伴至雷州。劫后余生，敏感的秦观仿佛知道大限将临，把自己预写的一篇挽词给苏轼看。序曰："昔鲍照、陶潜自作哀挽，其词哀。读予此章，乃知前作之未哀也。"胡仔在《苕溪渔隐丛话·后集》中评道："渊明自作挽辞，秦太虚亦效之。余谓渊明之辞了达，太虚之辞哀怨。渊明三首，今录其一，云：'有生必有死，早终非命促。昨暮同为人，今旦在鬼录。魂气散何之，枯形寄空木。娇儿索父啼，良友抚我哭。得失不复知，是非安能觉。千秋万岁后，谁知荣与辱。但恨在世时，饮酒不得足！'太虚云：'婴衅徙穷荒，茹哀与世辞。官来录我橐，吏来验我尸。藤束木皮棺，槁葬路傍陂。家乡在万里，妻子天一涯。孤魂不敢归，惴惴犹在兹。……殡宫生苍藓，纸钱挂空枝。无人设薄奠，谁与饭黄缁。亦无挽歌者，空有挽歌辞。'"他哀伤自己死后像罪犯一样，要被验尸，然后槁葬异乡，连魂魄都不敢东归与亲人会面；坟上无人祭奠，亦无人作挽歌，所以自己便预先写下了。这岂止是"哀怨"，简直是惨痛了。苏轼只得安慰他，言其"齐死生，了物我，戏出此语"。最后两人"相与啸咏而别"。

　　因连日大雨，河水暴涨，桥梁尽坏，东坡只得复乘海舶，傍海岸而行。六月的最后一天，"无月，碇宿大海中。天水相接，星河满天"。星星不像在北方那样，亮晶晶地嵌在天上，而像是松松地悬在空中；空气吸起来有一种浓郁的重量。渡海时，"云散月明"的情景（更是心景）不复再见，他不禁感叹自己为什么老困于险厄。但看到"稚子过在旁鼾睡，呼不应"，而获得心理的平静，特别是庆幸自己所撰的《书传》《易传》《论语说》，"皆以自随，而世未有别本。抚之而叹曰：'天未欲使从是也，吾辈必济。'"（以上均见于苏轼《记过合浦》）终于在七月四日抵达廉州。他一生颠沛，却名播海内，这种充实的成就感，转化为生命航船上的压舱石。

这种成就感，在给终身崇拜他的李之仪的信中，再次得到印证："某年六十五矣，体力毛发正与年相称。或得复与公相见，亦未可知也。前者皆梦已，后者独复梦乎？置之不足道也。所喜者，在海南了得《易》《书》《论语》传数十卷，似有益于骨朽后人耳目也。"

写这封信时，东坡已得到秦观八月卒于藤州的噩耗，他"两日为之食不下"，并在此信中提到："哀哉！痛哉！世岂复有斯人乎？"在给其他友人的信中也反复提及："天下惜此人物"，"真为冀北之空也，徒存仆辈何用"。的确，"苏子瞻于四学士中最善少游，故他文未尝不极口称善，岂特乐府"（叶梦得《避暑录话》）。苏轼自己也承认："秦观自少年从臣学文，词采绚发，议论锋起，臣实爱重其人。"（《辨贾易弹奏待罪札子》）

秦观（1049—1100），学者称淮海先生，又称淮海居士。《宋史》本传言其"少豪隽，慷慨溢于文词，举进士不中；强志盛气，好大而见奇，读兵家书，与己意合"。年轻时曾撰《郭子仪单骑见虏赋》，对郭氏的"匹马雄趋，方传呼而免胄；诸羌骇瞩，俄下拜以投兵"的声威勋业，无比仰慕。明人张绹在《淮海集序》中，也认为秦观早期策论，"灼见一代之利害"，可"与贾谊、陆贽争长"（这一点与苏轼相似），又言其"少年慷慨论事，尝有系笞二虏回幽夏故墟之志"。又常客游汴京、扬州等地，结交文友、豪杰，醉心于浩歌剧饮的生活。但他天性多情善感，困踬场屋后，便以其锐敏的心灵毫无假借地去承受现实的打击，作《掩关铭》，表示要"退居高邮，杜门却扫，以诗书自娱"。然又贫病交迫，"自娱"不起来，在给参寥的信中说："仆自去年还家，人事扰扰……但杜门块处而已，甚无佳兴。至秋得伤寒病甚重，食不下咽者七日，汗后月余食粥畏风如见俗人。事事俱废皆缘此也。"当然，对于贬谪黄州的苏轼，秦观敬之若师（这种敬重贯穿于他的终身），并屡屡致书相慰。苏轼由黄移汝，曾向王安石推荐过秦观，除激赏秦之才华外，还称其"行义修饬，才敏过人，有志于忠义"。王安石在答简中，也褒扬秦诗"清新妩丽，与鲍、谢似之"。王安石能这样对待追随苏轼、与自己政见不同的秦观，是因为他当时已经退位，处事也变得冷静而客观一些了。

苏轼的延誉，王安石的重视，给秦观注入新的活力，他于元丰八年考中进士，又于元祐三年除太学博士，三年后擢为秘书省正字。未几，贾易等弹劾秦观"刻薄无行，不可污辱文馆"。原先推荐秦观的御史中丞赵君锡自责荐举不实。事未公布，时任尚书右丞的苏辙得知消息，告诉其兄。苏轼鉴于洛党攻讦，意劝秦观上表辞职。秦闻讯大为愤慨，连夜晋见赵君锡，请赵弹劾贾易。结果赵、贾联奏苏辙泄露机密，骂辙"厚貌深情，险于山川；诐言殄行，甚于蛇豕"。又劾苏轼在神宗死后作诗有"山寺归来闻好语"之句，无人臣礼。双方（以苏轼、吕陶为首的"蜀党"与以程颐为首的"洛党"）交章相击，事态越闹越大。秦观被免，苏轼亦再次离朝。元祐八年秦观复职，参与《神宗实录》的编修。董敦逸、黄庆基又进状劾苏轼兄弟"援引党与，分布权要"，事涉张耒、晁补之、秦观。哲宗亲政，旧党再度失势，秦观最先被改任馆阁校勘，出为杭州通判。未几，御史刘拯言秦观与黄庭坚等重修《神宗实录》，窜易增减，诬毁先烈。秦观被贬为监处州（今浙江丽水）酒税。

率真而不谙政事的才子秦观，由于结识苏轼而展开人生，也由于追随苏轼而饱经沧桑。

在处州，秦观写下《千秋岁》词："水边沙外，城郭春寒退。花影乱，莺声碎。飘零疏酒盏，离别宽衣带。人不见，碧云暮合空相对。　忆昔西池会，鹓鹭同飞盖。携手处，今谁在？日边清梦断，镜里朱颜改。春去也，飞红万点愁如海。"这是游府治南园时作的。南宋范成大爱"花影乱，莺声碎"句，在其地筑"莺花亭"。但当时的丞相曾布读到词的末句，就惊说："秦七必不久于世，岂有'愁如海'而可存乎？"下片"西池"指金明池，在开封城西，实忆西园雅集。"鹓鹭"，两种鸟，因飞行有序，被用来比喻百官朝见时秩序井然。《隋书·音乐志》中有"怀黄绾白，鹓鹭成行"句。也专指文官。《北齐书·文苑传序》："于是辞人才子，波骇云属，振鹓鹭之羽仪，纵雕龙之符采。""飞盖"指奔驰中的朝官伞盖，也借用曹植"清夜游西园，飞盖相追随"诗句。"日边"用《宋书·符瑞志》所载"伊挚将应汤命，梦乘船过日月之傍"的故实，李白也有诗："闲来垂钓碧溪上，忽复乘舟梦日边。"都是暗喻仕宦之理想。全词确实过于悲怆。浙江丽水，风物佳丽，又值春暖。但今日美景当前，却成了对昔日良辰不再的悲哀反衬，而秦观所追悼的昔日良辰，还不仅是一般的文僚欢会，而是渗入了他当年与友人们得志于朝时的许多用世之志。"日边清梦断"已确指这一志向的破灭，何况更继以"镜里朱颜改"，岁月无情，年华无多。这种悲慨，以"海"为喻，极见其深重之无可度量。以致曾布会得出那样的结论，似是对词调《千秋岁》的一个反讽。

苏轼、黄庭坚等，当时同遭贬斥，甚至贬到比秦观更为荒远的地方，却坚强、豁达得多。苏轼抵惠后，与友人"游大口寺，野饮松下，仍设松黄汤"，作《浣溪沙》词："罗袜空飞洛浦尘，锦袍不见谪仙人。携壶藉草亦天真。　　玉粉轻黄千岁蕊，雪花浮动万家春。醉归江路野梅新。"黄庭坚贬到黔中，写《定风波》词："万里黔中一漏天，屋居终日似乘船。及至重阳天也霁，催醉，鬼门关外蜀江前。　　莫笑老翁犹气岸，君看，几人黄菊上华颠？戏马台南追两谢，驰射，风流犹拍古人肩。"天漏浸屋，到了重阳节，终于放晴。词人以酒相庆。鬼门关即石门关，在今重庆奉节县东。蜀江，指流经黔州（今重庆彭水）的乌江。下片声口全似醉态。"气岸"是气度傲岸之义，是"泊然不以迁谪介意"（《宋史》本传）。黄菊插在花白的头上，这老年风流的形象固然绘出难得的惬意，恐怕更表露出"黄花白发相牵挽，付与时人冷眼看"（《鹧鸪天》）的狷介。"几人"分明有些傲然，是醉语？是醒语？"戏马台"两句，台在徐州，传为项羽所筑。东晋末年，刘裕北征过此，于重阳节登台大宴群僚，赋诗遣兴，谢瞻、谢灵运并有所作。"驰射"由"戏马"字来，未必实事。末句气度超迈，不让古人，不减当年。人评此词曰："两川云烟，三峡怒涛，郁勃汹涌笔下"。如果说苏轼对待患难是"一蓑烟雨任平生"的旷达，黄庭坚则是"付与时人冷眼看"的傲岸。这些，都是秦观难以企及的。

但秦观的词名，不仅超过了"苏门四学士"中的黄、晁、张三人，而且欲胜其师。冯煦在《蒿庵论词》中评他"后主而后一人而已"，又说："他人之词，词才也；少游，词心也。得之于内，不可以传。虽子瞻之明隽，耆卿之幽秀，犹若有瞠乎后者，况其下邪？"陈廷焯在《白雨斋词话》中也论道："后人动称秦、柳，柳之视秦，为之奴隶而不足者，何可相提并论哉！"的确，秦观利用小令词的文雅来纠正柳永慢词的俚俗，又利用小令词的含蓄来弥补柳永慢词的发露。如那首有名的《浣溪沙》："漠漠轻寒上小楼，晓阴无赖似穷秋。澹烟流水画屏幽。　自在飞花轻似梦，无边丝雨细如愁。宝帘闲挂小银钩。"寒是"轻寒"，阴是"晓阴"，画屏上是"澹烟流水"，窗外风也不大，雨也不大，花片在空中轻舞，无边纤细的雨丝，像是词中抒情主人公那无所不在又不易捉摸的哀愁。这是一颗多情而纤弱的"词心"，又有含羞草一样敏感的语言。反映在秦观诗中，则是被金代元好问称为"女郎诗"的"一夕轻雷落万丝，霁光浮瓦碧参差。有情芍药含春泪，无力蔷薇卧晓枝"。一夜轻雷细雨，娇嫩的花草已经感到承受不了。一"含"一"卧"，传出了它们的愁绪。诗人的惜花之情，也包含其中了。和风细雨尚且如此，狂风骤雨又将如何呢？这是写春日的。另一首写秋日："月团新碾瀹花瓷，饮罢呼儿课楚词。风定小轩无落叶，青虫相对吐秋丝。"小轩风定，树梢连一片枯叶也不见掉落。青虫这种微小的生物，得以从容地相对吐丝。事件的纤维拉到最细，韵文的织品纺得最薄。秦观一生追求的是"风定池莲自在香"（《纳凉》）的境界，他太敏感了，在旁人只是擦破一点皮的事，却使他流血不止。现实生活却极少给予他这一份自在。一入仕途，风雨泥泞，更没有什么品茗纳凉的兴味了。

　　苏轼看到了这一点。所以叶梦得《避暑录话》载：子瞻对秦观文词虽然"极口称善"，"然犹以气格为病，故常戏云：'山抹微云秦学士，露花倒影柳屯田。''露花倒影'，柳永《破阵子》语也。"秦观自己也承认作品"以华弱为愧"。但另一方面，正因为秦观不违本心，才得以自成一家。他的词作，是用常春藤一般缠绵的情绪织就的。仿佛越是放浪，写出的诗词越是雅致和妩媚动人。所以况周颐在《蕙风词话》中精当地评析："有宋熙、丰间，词学称极盛。苏长公提倡风雅，为一代山斗。黄山谷、秦少游、晁无咎，皆长公之客也。山谷、无咎皆工倚声，体格于长公为近。惟少游自辟蹊径，卓然名家。盖其天分高，故能抽秘骋妍于寻常攛染之外，而其所以契合长公者独深。"这真是"有心栽花花不发，无心插柳柳成荫"。在当时词坛上，苏词之旷放、秦词之清婉，是各领风骚的（尽管晏几道也同为"婉约派"名家）。

　　冯煦在《宋六十一家词选例言》中称："淮海、小山，古之伤心人也。"但小晏的"伤心"，主要在个人的贫困和爱情的悲剧，秦观则除此之外更遭到政治上党争的打击。周济谓秦观"将身世之感，打并入艳情"，看得深了一层。在漂泊生涯中，秦观常与当地歌妓与豪门声妓往来，将自己的失意与那些女子的不幸命运联系起来。试举秦观《鹊桥仙》为例："纤云弄巧，飞星传恨，银汉迢迢暗度。金风玉露一相逢，便胜却人间无数。　　柔情似水，佳期如梦，忍顾鹊桥归路。两情若是久长时，又岂在朝朝暮暮。"以往论者都认为这首词歌颂了专一、真挚的爱情，这是不错的。今人陈祖美先生在《淮海词》前言中却提出新解："'金风玉露一相逢，便胜却人间无数'二句，与其说是在歌唱天上牛女之爱，毋宁说是在表达'人间'之恨。这二句是化用李郢（一作赵璜）《七夕诗》的'莫嫌天上稀相见，犹胜人间去不回'之意。简直是在说'天上'牛郎织女一年一度的相会，要比自己几经贬谪，抛妻舍子，有'去不回'，欲爱不能的遭遇强多了。可惜作者的这种潜词，长久未被发现，笔者也曾把秦词的'金风'二句理解成'在这样的时刻有一夕之会，要比人间朝夕厮守的夫妻强多了'。这显然是一种误解，从而把作者那种深沉愤懑的感情稀释淡化了。"

在处州，秦观也想学佛以自遣。曾作七绝："竹柏萧森溪水南，道人为作小圆庵。市区收罢鱼豚税，来与弥陀共一龛。"又有《题法海平阇黎》："寒食山州百色喧，春风花雨暗川原。因循移病依香火，写得弥陀七万言。"他忘记了，四堵梵墙并不能挡住外界的风雨。那些承风希旨的小人，时时在"候伺过失，既而无所得，则以谒告写佛书为罪，削秩徙郴州"（《宋史》本传）。"谒告"本是宋代官吏因事或因病告假的别称。病中写写佛书，也成罪状！这对秦观无疑又是一次沉重打击。在去郴州（今属湖南）途中，他留下七绝："哀歌巫女隔祠丛，饥鼠相追坏壁中。北客念家浑不睡，荒山一夜雨吹风。"充满了年命不保的惊恐。贬到郴州的第二年春天，他写了著名的《踏莎行》："雾失楼台，月迷津渡，桃源望断无寻处。可堪孤馆闭春寒，杜鹃声里斜阳暮。　　驿寄梅花，鱼传尺素，砌成此恨无重数。郴江幸自绕郴山，为谁流下潇湘去？"

叶嘉莹女士在《唐宋词十七讲》中认为该词开首二句有象征意味。楼台是一种崇高的建筑，是秦观少年豪隽有大志、喜读兵家书时心目中的理想。经过这么多的挫伤，这个楼台被云雾遮去了，再也看不见了。津渡是一个出路，一个出口，夜月迷蒙之下，也找不到了。郴州在湖南，陶渊明所写《桃花源记》："晋太元中，武陵人捕鱼为业，……"武陵也在湖南。秦观的联想是自然的。陶渊明创造了理想中的"桃源"。但他的悲哀不止于此。渔人虽在归途中做了记号，可是再去时，却找不到了。后来，"南阳刘子骥，高尚士也，闻之，欣然规往。未果，寻病终。后遂无问津者"。当初还有人想要追寻这么一个美好的世界，后来连想要追寻、抱着这种理想追寻的人也没有了。桃源就是这样一个出现过的理想而终于幻灭了的象征。对秦观而言，"高楼"之希望既"失"，"津渡"之引济亦"迷"，"桃源"在人世之根本"无寻"，而现实则是，我怎能忍受这凄凉的滋味：孤馆闭锁在春寒料峭之中，听了一天杜鹃的啼声——不如归去，不如归去！有人认为"斜阳暮"语意反复，其实正是这种反复，才强化了情感的浓度，也真切地表达了作者对渐次加深的黄昏阴影的心理感受。下片"驿寄"二句，连用两则友人投寄书信的典故，极写怀旧思乡之情。少游是贬谪之人，北归无望，亲友的来书与馈赠，对他非但带不来慰藉，反而徒增他的别恨离愁，所以才"砌成此恨无重数"。一个"砌"字，下得何等沉重，何等坚不可破！这种心胸，与苏轼是截然相反的。苏轼贬儋时，收到秦观捎来的书信，对儿子苏过说："二人（指秦观、张耒）皆尝与予游，同升而并黜。有自雷州来者，递至少游所惠书诗累幅。近居蛮夷，得此，如在齐闻韶也。"但苏轼又是秦观真正的知音，曾将这首《踏莎行》末二句自书扇面，叹息说："少游已矣，虽万人何赎！"清人王国维在《人间词话》中也称美此词，但最欣赏上片末二句，而认为苏轼推许下片末二句是"皮相"之见。叶嘉莹女士认为王国维之所以持有这种看法，"正由于在这首词中，实在只有'可堪孤馆闭春寒'两句，是从现实之景物，正面叙写其贬谪之情境，而其他诸句则多为象喻或用典之语，这与王氏平时所主张的'以自然之眼观物，以自然之舌言情'的欣赏标准，当然不甚相合。何况此词末二句，又写得如此隐曲而无理，因之王氏对于苏轼之欣赏此两句词的心情，乃不能完全理解，所以乃谓之为'皮相'。而苏轼之欣赏此两句词，则很可能是因为苏轼也是一个亲身经历了远贬迁谪的人，所以尽管此二句词写得隐曲而且无理，苏轼读之却自然引起了一种直觉的感动。"的确，这两句词问得无理。郴江发源于郴山，下游自然是流向潇湘的。但秦观却说：郴江从郴山发源，就应该永远留在郴山，为什么要流向潇湘呢？但这"无理之词"，却是"至情之辞"。为什么不能挽回水流呢？为什么不能使美好的东西永远留驻下来呢？也可用杜甫"在山泉水清，出山泉水浊"（《佳人》）诗意引申出这样的理解：你本好好在家乡安居，却为何偏要跑到浑浊不堪的宦海中去自寻痛苦呢？在这一点上，王国维既不懂得苏东坡，也未能体会出秦少游真正的悲哀。

元符元年（1098），秦观又由郴州编管横州。"编管"是一种很重的处罚。宋代官吏获罪，轻者曰送某州居住，稍重曰安置，又重曰编管，实际上已被剥夺了人身自由。元符二年又自横州徙雷州。元符三年在雷州自作挽词。当年五月得赦令，八月在藤州，"因醉卧光化亭，忽索水饮，家人以一盂注水进，先生笑视之（水盂）而卒。实八月十二日也"。秦观曾记梦作《好事近》词："春路雨添花，花动一山春色。行到小溪深处，有黄鹂千百。　飞云当面化龙蛇，夭矫转空碧。醉卧古藤阴下，了不知南北。"人称末二句为秦观逝于藤州之谶。这自是附会之谈。但却引发了好友们的哀悼之情。黄庭坚跋此词曰："少游醉卧古藤下，谁与愁眉唱一杯。解作江南断肠句，只今惟有贺方回。"贺方回即贺铸，他那首有名的《青玉案》，为秦观生前所爱："凌波不过横塘路，但目送、芳尘去。锦瑟年华谁与度？月台花榭，琐窗朱户，惟有春知处。　碧云冉冉蘅皋暮，彩笔新题断肠句。试问闲愁都几许？一川烟草，满城风絮，梅子黄时雨。"黄诗中的"江南断肠句"，正是化用贺词成句，切吊念秦观之意。

苏轼抵达廉州贬所后，梅尧臣的门生欧阳晦夫前来相见，拿出老师当年的送行诗请苏轼题字，并赠接䍦（白帽）、琴枕。苏轼感慨万千，作诗谢曰："携儿过岭今七年，晚途更着黎衣冠。白头穿林要藤帽，赤脚渡水须花缦（黎人衣饰）。不愁故人惊绝倒，但使俚俗相恬安。见君合浦如梦寐，挽须握手俱汍澜。……"以诙谐的口吻，说明自己已习惯于黎族打扮。虽然也不无辛酸："尔来前辈皆鬼录，我亦带脱巾敧宽。"当时他还不知道晚辈秦观也入"鬼录"。同年八月，奉旨改舒州团练副使，永州安置。途中闻秦观讣闻，赶往藤州。抵藤，秦观女婿范温已扶柩而去。轼大为伤恸。但他天性不会沉溺于此。当邵道士来见时，他赠诗中有"峤南瘴疬地，有此江月寒。乃知天壤间，何人不清安"之句。由梧州前往广州，得知迈、迨二子及全家俱在广州等他，他又有诗曰："皇天遣出家，临老乃学道。北归为儿子，破戒堪一笑。披云见天眼，回首失海潦。蛮唱与黎歌，余音犹杳杳。……纷纷何时定，所至皆可老。"

全家羊城团聚不久，又乘船赴永州。十一月途经英州得旨，复朝奉郎，提举成都玉局观，在永州军任便居住。英州太守何智甫派人求见，请苏轼为刚刚建成的英州大石桥题诗留念。江上原有木桥，常被冲坏。何智甫到任后，身先士卒，建成此桥。苏轼对来人说："轼未到桥所，难以想像落笔。""难以想像落笔"，并非一句托词。早在《书子美云安县诗》中，苏轼就说过："'两边山木合，终日子规啼。'此老杜云安县诗也。非亲到其处，不知此诗之工。"在《自记吴兴诗》中又言："仆游吴兴，有《游飞英寺诗》云：'微雨止还作，小窗幽更妍。盆山不见日，草木自苍然。'非至吴越，不见此景也。"在细节的观察与描绘上，苏轼是不主张向壁虚构、曲传失真的。

何太守"即命具食，拉坡偕往"。两人同乘一车，街上百姓"欢呼填道"，车被堵塞而不能前行，有人甚至抱住车驾的马足。桥两侧"百贾所栖"，店铺罗列。苏轼十分感动，写下《何公桥诗》，强调"公以身先，民以悦使。老壮负石，如负其子"。此诗作于他逝世前半年，表达了他终身为民造福的志向。

在英州，苏轼与郑侠重逢。而他的老部下苏坚已在南华寺等候。南迁，苏坚在九江送他。北归，又特来岭南迎接。苏坚与黄庭坚也有深谊。山谷后来谪死宜州。到大观年间，苏坚在岭外，不辞艰难险阻，护送山谷棺枢归乡。苏坚博学能诗，又练达吏事，更有这种高风亮节，颇类巢谷。这里，我们又应提到吴复古了。他与东坡在雷州分手，仿佛有一种预感，于是又追至清远，与坡同游广庆寺。染病，不服药而逝。坡大恸，作文祭之，成为他一生极少写的祭文之一。

岭南度岁后，建中靖国（徽宗接位后，有意调停"元祐"与"绍圣"两派矛盾，定年号为"建中靖国"）元年（1101）正月初四，苏轼全家过大庾岭，在一个村店里小憩。有一老人问苏轼从者："官为谁？"从者答："苏尚书。"老人惊问："是苏子瞻欤？"当得到肯定的答复后，老人上前，向苏轼作了一揖："我闻人害公者百端，今日北归，是天佑善人也！"苏轼感而赋诗题壁："鹤骨霜髯心已灰，青松合抱手亲栽。问翁大庾岭头住，曾见南迁几个回！"如果参照他在《与苏伯固（坚）书》中所提及的"同贬死去大半"与"某全躯得还，非天幸而何？但益痛少游无穷已也"，便更能理解这首小诗的深慨。

过岭时，苏轼另写了两首诗，兹录其二："七年来往我何堪，又试曹溪一勺甘。梦里似曾迁海外，醉中不觉到江南。波生濯足鸣空涧，雾绕征衣滴翠岚。谁遣山鸡忽惊起，半岩花雨落毵毵。""江南"，这里指即将抵达的虔州。一个久谪远荒的人，这样下词，是完全可以理解的。抵虔州后，旧友江晦叔适任知州，两人相见，欢洽唱和。苏轼在《次韵江晦叔》（其二）中，再次使用了"江南"这个词："钟鼓江南岸，归来梦自惊。浮云世事改，孤月此心明。雨已倾盆落，诗仍翻水成。二江争送客，木杪看桥横。"他回到了长江南岸（长江的上游便是他的家乡），听到了令人怀恋的钟鼓之声。钟鼓声惊破了他的"似曾迁海外"的梦。世事如乱云一般包围着他的人生，变化万千，可他那孤月般的心灵却始终澄澈透明。这里再次化用渡海时的"云散月明谁点缀，天容海色本澄清"一联，而更加精粹。所以南宋王应麟评"浮云"一联道："坡公晚年所造深矣。"五、六句讲在倾盆大雨中，他一直诗笔挥洒，如水翻腾；化用韩愈的"文如翻水成，初不用意为"。也可参看苏轼自己的《文说》："吾文如万斛泉源不择地而出，在平地滔滔汩汩，虽一日千里无难，及其与山石曲折，随物赋形，而不可知也。所可知者，常行于所当行，常止于不可不止，如是而已矣。"笔者还由此联想到苏轼在通判杭州时所作的《有美堂暴雨》，以及"倒倾鲛室泻琼瑰"的结句。"雨已倾盆落，诗仍翻水成"，可说是东坡一生的高度概括。日本学者吉川幸次郎在《中国诗史》中，把这首诗称为苏轼"对一直同波动的环境进行着对抗的主体的称赞"，是有见地的。

　　苏轼在重过虔州郁孤台时，留诗曰："吾生如寄耳，岭外亦闲游。"吉川先生对此作了探索性的发挥——

　　早在离京倅杭，与苏辙在颍州分手时，苏轼就在一首五古中写道："近别不改容，远别涕沾胸。咫尺不相见，实与千里同。人生无离别，谁知恩爱重。……离合既循环，忧喜迭相攻。语此长太息，我生如飞蓬。多忧发早白，不见六一翁。"这是兄弟俩第一次远别，离别的距离哪怕只有咫尺，和千里之别一样也是不能见面的。但人生如果没有离别，怎么能体会到恩爱的贵重呢？吉川先生认为："别离除含有消极的悲哀的要素之外，不也具有这种积极的意义吗？所以别离也是一种喜悦，至少是喜悦的种子。应该说这是'齐物'哲学最大胆的运用。这种看待别离的观点，在苏轼之前，我还没有看到过。"如果离合是循环的话，那么忧喜也是交错的。虽然"我生如飞蓬"，但不必过于忧伤，多忧，会早生华发，请看老师"六一翁"（欧阳修）皤然的白头。

　　吉川先生接着说："齐物"哲学来源于庄子，"循环"哲学来源于《周易》。虽然这些理论并非苏轼的独创，但苏轼却有自己独到的见解。"儒家的理想主义，容易使人幻想一个完善的社会，一个因此没有悲哀的人生。可以认为《诗经》诗人的悲愤，就是这种幻想被打破了的悲愤，甚至唐代的杜甫也是这样。但苏轼却不是这样，也许第一个不是这样。他认为，悲哀，或者悲哀的原因不幸，作为人生的必然内容，在人生中是普遍存在的。他洞察到：既然希望与命运、个人与社会之间经常存在着矛盾，那么悲哀也就是人生的必然内容。"（《宋元明诗概说》）

罢徐州时，苏轼又写了一首五古寄给子由："吏民莫扳援，歌管莫凄咽。吾生如寄耳，宁独为此别。别离随处有，悲恼缘爱结。而我本无恩，此涕谁为设。纷纷等儿戏，鞭鞚遭割截。道边双石人，几见太守发。有知当解笑，抚掌冠缨绝。"我的一生，不过寄宿一般，在时间之流上随波漂荡，岂止是这一次分别呢？悲哀是普遍存在的，别离到处都有，如果每次都像这次一样因眷恋而生悲恼，不能自拔的话，那怎么受得了吗？七、八句以下，故意说得这么冷淡，也是再次表明悲哀的普遍以及从中解脱出来的必要。你们割断我的马鞭马鞚以留阻，不是如孩子们为了小小的好恶或喜或吵一样吗？站在道旁的两尊石人，见过多少太守由此上路。它们如果知道人们老干这样的傻事，也许会鼓掌大笑，以致把系于颔下的冠带也绷断了。

"吾生如寄"一词，古已有之。汉代无名氏古诗中有"人生忽如寄，寿无金石固"，曹操有"人生如寄，多忧何为"，唐代白居易有"人生讵几何，在世犹如寄"等，都是感叹人生短促的。苏轼这首诗里，"吾生如寄耳"，却包含着把人生看作漫长的时间流程的意识，否则不会有下一句"宁独为此别"——将来还会经常离别。过去与未来便作为回忆和预感进入他当前的生存之中。谪黄途中《过淮》诗，又有"吾生如寄耳，初不择所适"。在黄州作五古《迁居临皋亭》，先写道："我生天地间，一蚁寄大磨。区区欲右行，不救风轮左。虽云走仁义，未免违寒饿。"我的一生，寄于天地之间，仿佛一只附在大磨盘上的蚂蚁，虽然匆匆要向右行进。无奈大磨般的风轮（象征世界运动的佛语）却朝左而转。因此，尽管自觉地选择了"仁"（爱）、"义"（正义）二途，我还是难以摆脱"寒饿"。但这种流放生活也未必就是不幸，"幸兹废弃余，疲马解鞍驮。"于是心理又平衡了："饥贫相乘除，未见可吊贺。"回京任翰林学士后，他又写道："吾生如寄耳，何者为祸福。"谪居儋州，和陶诗中说："吾生如寄耳，何者为我庐。"因为人生是漫长的，十磨九难、无家可归的，所以才以哲学的恬静听任自己成为一个四海为家的人。北归所作的"吾生如寄耳，岭外亦闲游"，也是把七年远谪看作漫长人生中的一次旅游、一个插曲而已。

确实，对于从"平生生死梦"中走出来的东坡，是寄居还是远游，已无纠缠的必要；穷通顺逆，也不必强分优劣。吉川先生由此得出结论："苏轼使用了同样的表现手法，却置换了它的内容。不单是内容的不同，而且还是人生观的重大转变。不用说，把人生看作是一个漫长的时间过程的态度，比起把人生看作是一个短暂的时间过程的态度来，会产生较少的悲哀与绝望，而产生较多的希望。"

这便是苏轼扬弃悲哀的宏观哲学。吉川先生甚至认为："委身于波动，这也是主体所作的抵抗。"当然，他也举了苏轼由惠贬儋时给子由的五古："我少即多难，邅回（行路艰难状）一生中。百年不易满，寸寸弯强弓。……"漫长而多难的人生，"犹如一寸一寸地弯强弓一般，这是最为明确的抵抗哲学"。

吉川先生最后说："这不仅是苏轼个人对悲哀的扬弃，而且也是诗歌历史的转折点。过去的诗歌所习惯的对悲哀的执着，被苏轼中断了，而把方向改变为更多地对人生抱以希望。"

苏轼这些阐述哲理的作品，多为五古，缺少文采，对大多数读者的胃口来说，它们属于粗粝的食物。但哲理，确是这些作品中的盐分，使它们不致腐坏。

因为章、贡二江水涸，苏轼全家在虔州逗留了两个多月。在给苏坚的信中，他谈到当地瘟疫流行，"到此长少卧病，幸而皆愈。仆卒死者六人，可骇"。从渡海以来，他处处受到欢迎，人们把他当成凯旋的传奇人物，新朋旧友与崇拜者包围着他，引他游览，请他题字。他是胜利者而无人因此受害，他是征服者而从不掠夺别人，只是给人惠赐，给人快乐。滞留虔州的日子，他常常携药囊游城及山寮野市，人们为了得到他的墨宝，等候在路旁，预置纸墨，"堆积案间，拱立以俟"。他见了，只是笑笑，然后"略无所问，纵笔挥染，随纸付人"，皆大欢喜。（《春渚纪闻》）

贬谪岭外而生还者中，至少有一人，比苏轼更为坚强。这便是刘安世（字器之）。他在梅州遇赦，与苏轼相会于虔。安世之父刘航曾去四川为官，过栈道时，"天雨新霁，磴滑危甚，忽石陨马蹶"，正在怀孕的夫人坠落崖下，"众皆惊泣，无复生望"。刘航使人下瞰，见崖腹有一大树，"葛藟萦结蟠屈如盖，落叶委藉，夫人安坐于上。呼之即应，乃缒而上，了无所伤"。到任所不久，便生下刘安世。（见张邦基《墨庄漫录》）司马光复出后，荐刘安世入馆职，问刘曰：你知道我为什么举荐你吗？刘答：因为我有幸从学于你。司马光说：不是这个原因。我闲居洛阳，你时时问讯不绝；而过去我在朝廷，你却连一封信也不来，这便是我推荐你的缘故。《宋史》本传也有一段记载："安世仪状魁硕，音吐如钟。初除谏官，未拜命，入白母曰：'朝廷不以安世不肖，使在言路。倘居其官，须明目张胆，以身触忤，脱有任责，祸谴立至。主上方以孝治天下，若以老母辞，当可免。'母曰：'不然，吾闻谏官为天子诤臣，汝父平生欲为之而弗得，汝幸居此地，当捐身以报国恩。正得罪流放，无问远近，吾当从汝所之。'于是受命。在职累岁，正色立朝，扶持公道。其面折廷争，或帝盛怒，则执简却立，伺怒稍解，复前抗辞。旁侍者远观，蓄缩悚汗，目之曰'殿上虎'，一时无不敬慑。"我们会由此联想到苏轼少年时母亲对他的激励。

章惇因强买昆山民田，止受罚金。刘安世上奏指斥章惇等为"四凶"，说章"别籍异财，绝灭义理，止从薄罚，何以示惩"？另一次，刘安世想为其嫂雇一奶妈，一个月都没有找到。一问，才知道有十个奶妈已被宫廷总管雇去了。刘大惊：皇帝（哲宗）还未娶后，要奶妈干吗？于是上奏说：民间盛传宫中求乳媪，"陛下富于春秋，未纳后而亲女色"，"臣初闻之不以为信，数月以来传者益多。……言之所起必有其端"。当时高太后还在，她托人传话给刘安世：你上的表章用意至善，只是不了解内情。皇上并不需要奶妈，是几位小公主还要吃奶。皇上一直与我在一起，这种谣言，毫无根据。刘安世还是对传话的大臣说：这与圣德有关，我怎能闭口不言呢？

哲宗亲政，重用章惇等人后，刘安世的境遇，是可想而知的。他一再遭贬，"奉老母以行，途人皆怜之"。一日行山中，扶母憩树下，"有大蛇冉冉而至，草木皆披靡，担夫惊走，器之不动也。蛇若相向者，久之乃去。村民罗拜器之，曰：'官异人也！蛇吾山之神也，见官喜相迎耳，官远行无恙矣。'"（《邵氏闻见录》）这自然带有荒诞色彩。但《宋史》本传与洪迈《夷坚志》又记述了一则大同小异的逸事。刘贬梅州（一说英州），章惇、蔡卞擢一士人（一说土豪）为转运判官，令其前去诛杀安世。州官"遣客来劝安世自为计。安世色不动，对客饮酒谈笑，徐书数纸付其仆曰：'我即死，依此行之。'顾客曰：'死不难矣。'客密从仆所视，皆经纪（纪录）同贬当死者之家事甚悉"。他住在一个近郊山寺，寺里有一个道人，也从州衙孔目处得到消息，认为"公必不免"，垂泣相告，"执手大恸"。刘反而"咄之曰：'人之生死前定，何用惧？汝出家学道，见识乃尔！'""刘好食鸡粥，率以二更食，然后睡。至是谓之曰：'吾当即就寝，安神定志以俟之。汝为吾作粥。'俄顷鼻息栩栩然。道人泣不止，泪落粥中，忽闻钟声，急撼刘觉。鸡犹未熟，强尽一器。明烛作家书，已而寂无所闻，……危坐待旦。"似乎什么事也没有发生。原来凶手潜入寺内，慌忙中被门槛绊倒，仆地而死。夜半钟声，"乃无常所击云"。

《宋稗类钞》载："人言'春循梅新，与死为邻；高窦雷化，说着也怕。'八州恶地，安世历遍七州，所以当时有铁汉之称。""铁汉"是源于苏轼的话。他说过："器之，铁石人也。"《宋史》本传又载：安世"家居未尝有惰容，久坐身不倾倚，作字不草书，不好声色货利。……年既老，群贤凋丧略尽，岿然独存，而名望益重。"权臣巨奸梁师成为借重刘安世的名望，曾派门吏持其书见安世，许以大用。门吏劝他为子孙计，也该应命。"安世笑谢曰：'吾若为子孙计，不至是矣。吾欲为元祐全人，见司马光于地下。'还其书不答。"

在虔时，孙觌之弟孙勣自感化县来见，苏轼怀念他们的父亲孙立节，感慨不已，写下《刚说》勉励孙觌兄弟，实际上也是夫子自道，当然，也许还有刘安世对他的影响。文中赞扬孙立节的刚正性格，斥责巧言令色的鄙俗。同时也阐明，刚正不阿，是由于宅心仁厚（也就是人们常说的"无欲则刚"，无欲近仁。孟子也说过"仁者无敌"）："所好夫刚者，非好其刚也，好其仁也。所恶夫佞者，非恶其佞也，恶其不仁也。吾平生多难，常以身试之，凡免吾于厄者，皆平日可畏人也；挤我于险者，皆异时可喜人也。"文中举了一个例子：元丰五年，桂州（今广西桂林）对南方少数民族作战，州守战死。朝廷派谢麟处理此事。孙立节时为桂州节度判官，谢麟将"吏士有罪者"十二人交付于孙，令全部斩首。孙立节以为不可："狱当论情，吏当从法。逗挠不进，诸将罪也，既伏其辜矣，余人可尽戮乎？"作战不力的主要罪将已经处决，其他人怎么可以全部诛杀、一概而论呢？谢麟上奏皇帝，告孙立节抗命。孙立节也上奏，告谢麟非法干预司法部门行事。后来刑部采纳了孙立节的意见，十二人得以全活，有的改为别官。文中最后说：提出"太刚则折"论点的，是"鄙夫患失者也"。"鄙夫"典出《论语·阳货》："子曰：'鄙夫可与事君也欤哉？'其未得之也，患（不）得之；既得之，患失之。苟患失之，无所不至矣。"鄙陋庸俗的小人，常担心当不到官；一旦当上了，又常担心丢官。为怕丢官，什么事都干得出来。苏轼在这里批判了官场的保身哲学，它使人不坚持品节，随俗俯仰。

这种对气节得以充实挺立的"气"的礼赞，从"一点浩然气，千里快哉风"（《水调歌头》）到"是气也，寓于寻常之中，而塞乎天地之间"

（《潮州韩文公庙碑》），至《书〈孟德传〉后》，是一脉相承、一以贯之的，正如苏辙言其兄晚年诗"精深华妙，不见老人衰惫之气"，或如黄庭坚所论"东坡岭外文字，读之使人耳目聪明，如清风自外来"。《书〈孟德传〉后》，是写在苏辙的《孟德传》之后的，理应涉及人物，却是一篇虎绘文章："曩余闻忠（忠州，今重庆忠县）、万（万州，今重庆市万州区）、云安（云安军，今四川云阳县北云安镇）多虎。有妇人昼日置二小儿沙上而浣衣于水者。虎自山上驰来，妇人仓皇沉水避之。二小儿戏沙自若。虎熟视久之，至以首觝触，庶几（指望）其一惧，而儿痴，竟不知怪，虎亦卒去。意虎之食人，先被（加）之于威，而不惧之人，威无所施欤？有言虎不食醉人，必坐守之，以俟其醒；非俟其醒，俟其惧也。有人夜自外归，见有物蹲其门，以为猪狗类也，以杖击之，即逸去。至山下月明处，则虎也。是人非有以胜虎，而气已盖之矣。使人之不惧皆如婴儿、醉人与其未及知之时，则虎畏之，无足怪者。"此文又名《虎畏不惧己者》，虽然广采游心骇目之事，未必是实，却大有深意，以虎喻那些专权施威者，意在鼓励人们不畏强暴，近似刘安世负母而不惧大蛇。因此有人曾评此文："此正养气之说，了此，天下无难矣。"

苏辙的《孟德传》，说的是一位名叫孟德的神武营禁军中的逃亡士兵，出妻弃子，隐藏华山。他自认："吾禁军也，今至此，擒亦死，无食亦死，遇虎狼毒蛇亦死。此三死者，吾不复恤也。"这完全是被残酷的兵役制度逼出来的。使我们懂得何以北宋养了百万禁军，有范仲淹、韩琦等贤臣为帅，狄青、种世衡等名将戍边，而非小小西夏的对手，必须贿以重金求和。因为这样的军队是没有战斗力的。

孟德之所以"遇猛兽者数矣，亦辄不死"，是因为"凡猛兽类能识人气"，嗅到此气后，"辄伏而号"；而他"以不顾死，未尝为动"，也就是存了必死之心，反而无所顾忌了，这是苏辙对"无思无为则亦何以通天下之故"的具体描绘，也是老子"民不畏死，奈何以死惧之"宣言的生动表述。但与大苏之文相比，还是有差异的。孟德只是消极对抗，"未尝为动"，而大苏文中的二小儿，则"戏沙自若"，夜归醉人则"以杖击之"，突出了"是人非有以胜虎，而气已盖之矣"的论点。

文如其人，信不妄哉！

苏轼一生阅历丰富，思想复杂，他的进取与思退，对佛老的疑信，给人以扑朔迷离的印象。但不管是时济还是运蹇，在各种思想中，有一条线索却是贯彻始终、鲜明凸显的："民者天下之本"（《策别二十一》）。他主张轻徭薄赋，认为民裕才能国富，反对以"国用不足"为由，"广求利之门"，这是他反对新法的主因。在为民请命的众多奏章中，危言峻词，急切淋漓；在为民造福的众多事例中，殚精竭虑，身先士卒。孟子虽然提出过"民为贵，社稷次之，君为轻"，但又继承孔子的贱民观点："麒麟之于走兽，凤凰之于飞鸟，泰山之于丘垤，河海之于行潦，类也。圣之于民，亦类也。"苏轼则在一定程度上突破了孔孟之道的纲纪。

从平民走向仕宦，从瓦屋迈入宫殿，无疑是苏轼攀登的结果。最难攀登也是最值得攀登的，却是由官僚返回平民，由玉堂归于草堂。他必须为自己精神上的成长付出代价，从他世俗的幸福中作出一个又一个的牺牲。

早在徐州参加谢雨社祭，他并不是作为一州太守的例行公事，而是怀着与民同乐的深情，在《浣溪沙》末首中甚至吟道："使君元是此中人。"《到常州谢表》又云："（黄州）废弃六年，已忘形于田野。……耕田凿井，得渐齿于平民。"《答李端叔书》则更为生动："得罪以来，深自闭塞，扁舟草履放浪山水间，与渔樵杂处，往往为醉人所推骂，辄自喜渐不为人识。"为"醉人所推骂"，不识得他是官员，他认为是可喜之事。《与章子厚书》说："仆居东坡，作陂种稻，有田五十亩，身耕妻蚕，聊以卒岁。昨日一牛病几死，牛医不识其状，而老妻识之，曰：'此牛发豆斑疮也！法当以青蒿粥啖之。'用其言而效。"又据后人载，治好病牛后，"子瞻大喜曰：'汝乃能作牛医耶，吾真堪为老农矣！'""每旦起，不招客相与语，则必出而访客。所与游者亦不尽择，各随其人高下，谈谐放荡，不复为畛畦。有不能谈者，则强之说鬼。或辞无有，则曰'姑妄言之'，于是闻者无不绝倒，皆尽欢而后去。设一日无客，则歉然若有疾。"（见叶梦得《避暑录话》）所以黄庭坚在《山谷题跋》中说：观东坡诗，"想见风骨魁岩，而接人仁气粹温也"。苏轼逝后，参寥作《东坡先生挽词》："峨冠正笏立谈丛，凛凛群惊国士风。却戴葛巾从杖履，直将和气接儿童。"参寥与王安石也友善。曾作《细雨》诗："细怜池上见，清爱竹间闻。"安石改"怜"作"宜"。两人曾在钟山定林寺散步，后参寥有《过定林谒荆公画像》："古林苍藤一径缠，我公畴昔屡回旋。萧萧屋底瞻遗像，杰气英姿尚凛然。"这是对同代两位堪可比肩的巨人的生动写照。两人中，苏轼的生平似更为坎坷，常常"以蝼蚁之命，试雷霆之威"，"大则身首异处……小则削籍投荒"（《上神宗皇帝书》），与百姓的关系也更为亲切。在中国文学史上，还没有哪一位作家，身后留下那么多的逸闻故事，在民间广为流传，一代又一代，如插地而生的柳枝，如循季而开的花朵，如此起彼应的歌谣，如年年发青的草色。

笔者曾在公元 1988 年冬，与友乘小舟前往江西永修县吴城观鹤，顺便也想寻一寻苏轼北归途中所经的顺济龙王庙遗址。然而遍寻不得，夜宿小镇，无电灯，只得摸黑早睡。梦中见东坡先生。醒后，铺衍出一篇"故事新编"，作为本书的一个并非可缺的插曲。

宋徽宗建中靖国元年暮春。

风力渐紧，鄱阳湖的白浪拍打着船舷。船家回头对一位文官模样的人说：

"客官，前面便是建昌（今江西永修一带）吴城山了。那里有座龙王庙。过往舟船，都要到庙里祈祷平安。客官是不是也去敬一炷香火？"

403

被问的人大约六十余岁，身材匀长，疏眉秀目，天庭饱满；只是因为瘦削，原先较为突出的颧骨就更显凸了。颔下一部美髯也大半花白。高桶帽下的一双眼睛，却依然又大又黑又亮。

对风浪一直神色泰然的他，听到"建昌"二字，表情突然激动起来，喃喃地说：

"要去的！要去的！"

午时未到，湖面已是一片晦暝。吴城山仿佛裹在雾霭里。

所谓山，其实是一座四面环水的孤岛，汉代属海昏县所辖。自从海昏县沉入湖底，商业南迁，吴城才有了人间烟火。做盐米、木材生意的商贾四方云集，所以民间有"沉掉海昏县，漂起吴城来"的俗谚。

船悄悄拢岸，在桅林中毫不惹眼。

踏上坚实的土地，他深情地环顾青绿的草滩，饶有兴趣地看着踽踽独行的牛车，看着伫息在舟筏上的鱼鹰。

建昌，是自己的好友李公择的故乡。这里的千秋之原，有他的故茔。

公择逝后，秦观为其作了墓记，而自己又为墓记写了跋语。

如今，为公择作墓记的秦观，比自己年幼的秦观，也已谢世。

真想大哭一场。

"老爷，龙王庙到了。"仆从悄声提醒。

这座庙，又名顺济祠，传说是为祭祀斩蛟的许真君所建，果然香火鼎盛。

他徐步入祠，焚香祷祝。

与其说是祈求自己前程风平浪静，不如说是为友人的亡灵默祷安宁。也许是因为祈祷，也许是因为四月的天气像谜一样变幻不定，从庙里出来，天色渐渐开朗。东坡随仆从在青麻条石铺砌的街巷漫步，穿过繁华的市面和几处青楼茶肆，在一家酒店前停步。店额上写有"醉仙楼"三个大字。那"仙"字倒写，别有情致。于是入店拣几副座头坐下，点了一些酒菜，细斟慢酌。听店主讲，此处尚有一座望湖亭，系当年周瑜阅兵台的旧址，东坡不禁游兴大发。

登完亭阶，已是气喘吁吁。小憩片刻，凭栏而眺，但见河港湖汊遍布，耀着镜子似的银光。草洲湖滩，恰似碧玉镶嵌其间。

最为壮观的是，右边是微黄的赣江，左边是澄清的修水。两河交汇，形成一个巨大的"人"字，融入烟波浩渺的鄱湖，遗下一片三角形的草滩。

站久了，江风猎猎，吹得身上有些寒意。

但也醒了酒意。

眼前的壮景，似乎带有某种启示。

衰迈的老年，不正应该是这样吗？时光如水，从青年而至壮年，奔腾不息。在花丛中歌吟，在峡谷中呐喊，漂着落花，映着星月，千回百转；一串长长的前尘旧梦，如水中倒影，时而清晰，时而模糊……到了老年的入湖口了，渐趋平缓，却由湖面翻出更高一层境界：博大，精深，无际无涯……

寥廓的视野里，有三两白点掠过。问身边游人，据说是白鹤。

这时节怎么会有鹤？大概是什么水鸟吧。但他已浮想联翩了。

自己曾写过《鹤叹》一诗，有"三尺长胫□瘦躯"之句。请人试填，凡下数字，皆不如意。这时才徐出诗稿，乃一"阁（搁）"字。人赞曰："此字一出，俨然见病鹤矣！"

他曾经对鹤发出"难进易退我不如"的感叹，意为：像鹤这样不轻于求进而易于隐退，我深感不如。在徐州任上所作的《放鹤亭记》，又赞鹤："清远闲放，超然于尘垢之外。"然而这种秉性与乐趣，只属于"山林遁世"的"隐德之士"，历史上的卫懿公却因好鹤而亡国丧身。

此景此情，又使他身心俱醉。多么亲切的形象！多么光洁的生命！它们时而高飞，时而滑翔，时而长唳。

最优美的随心所欲的舒展，最和谐的无所不能的变化。

它们的心永不老迈，正如自己方才对人生入湖口的感悟。

天色更晴，亭上的风似乎更劲了。东坡听从随员的劝告，下了亭阶，却依然呆坐，久久不愿离去。

询问当地居民，有关周瑜在此的事迹，已无从考实。又有说阅兵台在附近的松门山，但他已没有精力前去查证了。

当年自己把黄州赤壁当作周瑜指挥赤壁之战的赤壁，也不过是借题发挥而已，所以在词中说："人道是，三国周郎赤壁。"

其实，把黄州赤壁当作三国赤壁写入诗篇的，首推晚唐杜牧。杜牧任黄州刺史期间写的《齐安郡晚秋》中，有"可怜赤壁争雄渡，惟有蓑翁坐钓鱼"之句。杜牧早年有大志，"平生五色线，愿补舜衣裳"，又很注重研究"治乱兴亡之迹，财赋甲兵之事，地形之险易远近，古人之长短得失"，不会没读过陈寿的《三国志》，也不会没读过他祖父杜佑所写的肯定赤壁之战在蒲圻赤壁的《通典》。杜牧这样写，也是将异地引为此地，抒发在黄州郁郁不得志的感慨而已。尤其是他在黄州还留下那首脍炙人口的七绝《赤壁》："折戟沉沙铁未销，自将磨洗认前朝。东风不与周郎便，铜雀春深锁二乔。"

唉，要是能在吴城山捡拾到一枚残戟断矢多妙。他的幽默劲儿又上来了。

随即打消了这个可笑的念头。起身拍栏，低吟起自己在黄州所写的《念奴娇·赤壁怀古》。

著名的《赤壁赋》《后赤壁赋》也是在黄州写的。

他博学多闻，才华超群，于荀、墨、申、韩，乃至老庄、释氏、纵横家之说，无所不窥，但占主导的，仍然是儒家积极用世的人生态度，追慕周瑜、诸葛亮式的英雄，向往事功。

他何尝明白，一旦认真地按儒家学说去行事，往往会碰得头破血流。"乌台诗案"出狱后，待罪黄州，连签署公文的权力都没有。

理论往往只是一个幌子。

当"致君尧舜"的理想破灭之际，释道之学使他免于内心的崩溃。

《后赤壁赋》结尾有一段描写：

"时夜将半，四顾寂寥，适有孤鹤横江东来，翅如车轮，玄裳缟衣，戛然长鸣，掠予舟而西也。"

赋中点明孤鹤为道士羽化的象征。

但他不会出家，不会将宁静推向苦寂。

赤壁双赋，短短的篇幅，没有疆域的身心与没有疆域的艺术对应互融，水天一色，星月交辉。悠悠无极的天地，匆匆有情的人间，没有人比他写得更精辟传神了，达到了一种似乎"无执"的境界。层层剥除自己身上的障碍，以精赤的单纯开创出一个内心的无限，松松爽爽地投入逍遥游，让空澄的心灵与浩渺的宇宙契合交会，同时又是那样更深地折射出精神上的苦闷与思想上的矛盾。

这种"无执"既飘逸又凝重。

也像吴城山这四月如谜的天气。

…………

后来发生的事，载于苏轼所写的《顺济庙石砮记》里：

"……轼自儋耳北归，舣舟吴城山顺济龙王祠下。既进谒而还，逍遥江上，得古箭镞。椠锋而剑脊，其廉可刿，而其质则石也。……传观左右，失手坠于江中。乃祷于神，愿复得之，当藏之庙中，为往来者骇心动目诡异之观。既祷，则使没人求之，一探而获。……轼不敢私有，而留之庙中，与好古博雅君子共之，以昭示王之神圣英烈不可不敬者如此。"

把这枚"自春秋以来莫识矣"的稀世之宝供于庙中，是否也受了李公择九千卷书籍"不藏于家"、与人共观的影响？

写毕此文，伏案昏昏睡去。

一只白鹤，引颈长唳，在寥廓长天翩然飞翔。一枚远古的石矢追来，射中了它。

血羽纷飞。

醒来一看，船已行出老远，吴城山成为一个黑点。

光猛，竟感觉有些晕眩。

两肩披满晚霞，像刚才梦中的血羽。

四月十六日，船抵湖口，过李正臣家。作诗《予昔作〈壶中九华〉诗，其后八年复过湖口，则石已为好事者取去，乃和前韵以自解云》："江边阵马走千峰，问讯方知冀北空。尤物已随清梦断，真形犹在画图中。归来晚岁同元亮，却扫何人伴敬通。赖有铜盆修石供，仇池玉色自璁珑。"首句言江上看山，如见群马奔驰，也是化用他早年的诗："船上看山如走马，倏忽过去数百群。"二句化用韩愈文："伯乐一过冀北之野，而马群遂空。……解之者曰：'吾所谓空，非无马也，无良马也。'"借指九华石一去，如冀北之无良马。两句连起来看，当年苏轼从故乡沿江而下赴京的豪情壮概，已不复存在。所以才会有第三句（令人联想到秦观《千秋岁》词中的"日边清梦断"）。第四句作者自注："道藏有五岳真形图。"五句"元亮"指陶渊明。六句"敬通"指东汉冯衍（字敬通），化用江淹《恨赋》："敬通见诋，罢归田里。闭关却扫，塞门不仕。""却扫"，不复扫除门径。这里是苏轼自喻。七、八句作者自注："家有铜盆贮仇池石，正绿色，有洞，水达背。"仇池石虽然无恙，仇池梦却始终未能实现。全诗纯是自解，已无北归渡海时的兴奋情绪。

过当涂，又有《次韵郭功父（甫）观予画雪雀有感二首》。其一为："早知臭腐即神奇，海北天南总是归。九万里风安税驾，云鹏今悔不卑飞。"首句化用《庄子·知北游》："故万物一也。是其所美者为神奇，其所恶者为臭腐。臭腐复化为神奇，神奇复化为臭腐。"是说自己早已知道事物变化不定。三句"九万里"化用《庄子·逍遥游》："鹏……抟扶摇而上者九万里。""安"，如何；"税驾"，息驾，休息下来。四句"卑飞"指低飞。大抵理想越高超、感情越真切、感觉越敏锐的人，困惑感也就越深沉，失落感也就越强烈。第二首为："可怜倦鸟不知时，空羡骑鲸得所归。玉局西南天一角，万人沙苑看孤飞。"首句自悟亦叹人（如章惇等）。二句"骑鲸"指李白。苏轼说自己也与郭功父一样，仰慕李白为人，但只是"空羡"而已。三句"玉局"指玉局观，苏轼当时提举成都玉局观。四句接首句"倦鸟"说。"沙苑"在长安西，此处用徐佐卿化鹤典故。《太平广记》卷三十六引《广德神异录》：天宝十三载重阳日，唐玄宗猎于沙苑，射中孤鹤。鹤将坠，又带箭向西南飞去。当日益州城西道观，有自称青城道士徐佐卿者来，言其为飞矢所中，并留箭挂壁上，对观中人说：后年箭主到此，即宜付之。安史之乱，玄宗避难至蜀，见壁上挂箭，即当年沙苑射鹤所用也。苏轼为蜀人，自喻伤鹤，也暗合他在1101年的吴城埠头解缆后的梦境。

这种幻灭感的产生，不仅仅由于苏轼饱经沧桑，还因为当时政局的变化。到达虔州后，他准备住在常州、舒州或真州（今江苏仪征）。在《答苏伯固书》中说："住处非舒则常，老病惟退为上策。"又托钱济明为他在常州买房："此行决往常州居住，不知郡中有屋可得以典买者否？如无可居，即欲往舒州、真州皆可。"但在抵达豫章（今江西南昌）后，接苏辙信，劝其同居颍昌（今河南许昌）。苏辙复官后，提举凤翔府上清太平官，外州军任便居住。虽无实任，却获得了居住自由。苏轼读到信中的"桑榆末景，忍复离别"时，决定去颍昌，"某本欲居常，得舍弟书，促归许下甚力。今已决计溯汴至陈留（今河南开封境内），陆行归许矣"（《与胡郎仁修书》）。但在五月到达真州后，他又改变了主意，在《与子由书》中，详叙了原因："行计南北凡几变矣，遭值如此，可叹可笑。兄已决计从弟之言向居颍昌，行有日矣。适值程德孺过金山，往会之，并二亲故皆在坐，颇闻北方事，有决不可往颍昌近地居者。事皆可信，人所报大抵相忌安排攻击者，北行渐近，决不静尔。今已决计居常州。借得一孙家宅极佳。浙人相喜，决不失所也。更留真州十数日，便渡江往常。逾年行役，且此休息，恨不得老境兄弟相聚，此天也。吾其如天何！亦不知天果于兄弟终不相聚乎？士君子作事，但只于省力处行，此行不遂相聚非本意，甚省力避害也。"信中还提到："林子中（希）病伤寒，十余日便卒。所获几何？遗恨无穷，哀哉！"

信中提到"颇闻北方事，有决不可往颍昌近地居者"，所言非虚。在向太后听政与在世的短时间内，拜韩琦之子韩忠彦为左相，又纳忠彦议："广仁恩，开言路，去疑似，戒用兵。"哲宗朝被斥的士大夫稍稍收用，但实权还是操纵在右相曾布手里。他为了巩固相位，对元祐老臣采取两面派手法："进则必论元祐人于帝前，退则尽排元祐者于要路。"向太后一死，他又打起变法派旗号，向徽宗建言绍述父兄（续承神宗、哲宗）。结果忠彦遭斥，蔡京复用，又一次掀起迫害元祐旧臣的浊浪。苏轼写信时，"朝廷命令莫不是元丰而非元祐"，住在靠近京畿的地方，自然不免有许多麻烦，所以才有"省力避害"之说。信中的"天"，不过是朝廷的代词而已。

信中还用鄙夷的口吻提到林希。赵翼在《瓯北诗话》中曾说过："东坡襟怀浩落，中无他肠，凡一言之合、一技之长，辄握手言欢，倾盖如故，而不察其人之心术，故邪正不分，而其后往往反为所累。如李公择、王定国、王晋卿、孙莘老、黄鲁直……固终始无间，甚至有为坡遭贬谪，亦甘之如饴者。其他则一时倾心写意，其后背而陷之者甚多。如坡过寿州，李定出饯，坡有诗赠之，颇称莫逆；而元丰中以诗语劾坡者，即李定为首。坡守密、徐二州时，与王邦直唱和甚多，谓邦直诗'如醇酒盎然，能起我病'，并比之清庙圭璋。然邦直后与邓温伯、章惇等锐意绍述，贬窜正人；东坡七年瘴海，推原祸始，实自邦直发之。坡以章惇尤厚善，集中《送章七出守湖州》有诗云：'早岁归休心共在，他年相见话偏长。'……后惇与司马温公同相，惇以戏侮困温公，尚赖坡解纷。则坡之

410

于惇，可称密友。后惇贬逐元祐正人，各以其名字定配地；子瞻贬儋、子由贬雷，皆惇所为也。"赵翼还点了林希、叶涛、唐坰、邓润甫等人负恩于苏轼。从严重的罗织罪名到无耻的背信弃义，以及轻率的反目成仇，对于这些，我们只能半调侃地说：上当的人时常比永不上当的人更聪明。

但苏轼起码宽恕了上述诸人中的重要一员，这人便是章惇。他在京口时，章惇的长子章援写信给他："传闻车马之音，当欢欣鼓舞，迎劳行色。"并赞扬他"数岁以来险艰备至，殆昔人之所未尝，非天将降大任者，岂易堪此？"这不尽是虚誉，章援似乎认为苏轼有复出的可能，委婉地希望苏轼以后若有机会，援拔自己父亲一下，或至少不打击报复。他表示，自己整治行囊，暂经此地，准备"旦暮远行"，去探望父亲："南海之滨，下潦上雾，毒气薰蒸，执事者亲所经，于今回想，必当可畏，况以益高之年，齿发尤衰，涉乎此境，岂不惴惴？"

元祐时期，苏轼任主考官时，曾以第一名录取了章援，现在看见门生来信，十分高兴，并回信说："某自仪真得暑毒，困卧如昏醉中。到京口，自太守以下皆不能见，茫然不知致平（章援的字）在此，辱书乃渐醒悟。伏读来教，感叹不已。某与丞相定交四十余年，虽中间出处稍异，交情固无增损。闻其高年寄迹海隅，此怀可知；但以往者更说何益，惟论其未然者而已。"又劝慰说："海康风土不甚恶，寒热皆适中，舶到时四方物多有。……某在海外，曾作《续养生论》一首，甚愿写寄，病因未能，到毗陵（常州）定叠检获，当录呈也。"

这封信，表现了东坡的气度胸襟，但林语堂先生在《苏东坡传》中，将此信与苏轼在黄州给朱寿昌反对杀婴恶俗的那一封信，还有他元祐七年给皇太后上书请求宽免贫民积欠的那一封信，并列为"苏东坡写的三大人道精神的文献"，笔者是不敢苟同的。从章惇、李定到林希之流，是一种繁殖力特别强的种族，加之适当的土壤与气候，就更显得可怕。他们对人，从不讲什么"人道"，而只有"兽道""鬼道"。我们不能指望杜绝这个"种族"，起码也不应宽纵。苏东坡及其同时代人的遭遇，难道还不足以让后世引以为戒吗？何况后世无数善良人的遭遇，也在不断印证这一点，甚至有过之而无不及。

这个种族像一笔罪孽深重的遗产，一代一代利上加利地承传下来，用自己配制的毒药，十拿九稳地获得成功。以致当笔者每遇到一位似曾相识者，就不禁心中惴惴：这一剂毒药，又该轮到谁喝呢？

如果需要补足这三大文献的话，笔者宁可投《书东皋子传后》一票。

京口，留下了东坡的众多行踪逸闻。他曾写《游金山寺》，他曾输玉带给佛印长老。有一次，他去访佛印，言语酬答，不觉坐久，忽感腹胀，拔脚便去厕所。一行者见状，便送些茅纸给他。东坡喜其会事，次日以度牒一本相赠。不久东坡又访佛印，再去厕所，众行者喧哄相争，各将茅纸进前。东坡见状大笑，说："行者们自去腹上增修字（以腹字代福字），不可专靠那厕屎处。"（苏轼《问答录》，《宝颜堂秘笈》普集二）嘲笑了那些拍马、捧臀者。东坡在多景楼上与友人相会所作的《采桑子》也是脍炙人口的："多情多感仍多病，多景楼中，樽酒相逢，乐事回头一笑空。

停杯且听琵琶语，细捻轻拢，醉脸春融，斜照江天一抹红。"又据《铁围山丛谈》载：歌手袁绚曾回忆说："东坡公昔与客游金山，适中秋夕，天宇四垂，一碧无际，加江流涌漫，俄月色如昼。遂共登金山山顶之妙高台，命绚歌其《水调歌头》曰：'明月几时有？把酒问青天。'歌罢，坡为起舞，而顾问曰：'此便是神仙矣！'"

这次，东坡又与程德孺、钱济明会于金山，登妙高台，"颇闻北方事"，又看见大画家李公麟为自己画像的石刻，慨叹万千，题石刻云："心似已灰之木，身如不系之舟。问汝平生功业，黄州惠州儋州。"一生最遭难、最无用世机会的三处贬所，成为他的"功业"所在。是自挽，而以谐语道出？是实情，而显倔强之性？各人自可有不同的理解。

苏轼对李公麟的艺术造诣是激赏的，曾作《书李伯时山庄图后》："或曰：龙眠居士作《山庄图》，使后来入山者信足而行，自得道路，如见所梦，如悟前世，见山中泉石草木，不问而知其名，遇山中渔樵隐逸，不名而识其人，此岂强记不忘者乎？"苏轼以文人画的标准，否定了这种说法，认为这是"天机之所合，不强而自记也。居士之在山也，不留于一物，故其神与万物交，其智与百工通"，而且"道"与"艺"又能配合无间之故。倘若"有道而不艺，则物虽形于心，不形于手"，强调了"艺"的作用。他也正是这样实践的，即以"通感"为例，唐人已达到了诗歌、绘画、音乐相通的境界；如白居易《琵琶行》、韩愈《听颖师弹琴》，打通了文字与音乐的壁障，王维做到思维符号（文字）与颜色线条（绘画）的奇妙交替（"荆溪白石出，天寒红叶稀。山路元无雨，空翠湿人衣"等）。宋代宋祁"红杏枝头春意闹"以耳代眼；东坡"君看此花枝，中有风露香"，是以眼嗅，"西风迫吹帽，金菊乱如沸"，是以眼听。东坡还从理论上说明五官通用的道理，如"诗画本一律"，"虚明中有色，清净自生香"。古今诗人所津津乐道的"炼字"，也首先由东坡概括为"诗眼"（"天工忽向背，诗眼巧增损"）。再以"拟人"为例，手法也颇新颖："庭下已生书带草，使君疑是郑康成。"，"魏花非老伴，卢橘是乡人。"《酒子赋》中，用人成长的阶段来形容酿造过程中的酒："吾观稚酒之初泫兮，若婴儿之未孩；及其溢流而走空兮，又若时女之方笄。"苏轼的用喻，素为人称道，钱锺书先生在《宋诗选注》中言：他在风格上的大特色是比喻的丰富、新鲜和贴切，并强调了苏轼的"博喻"，"或者西洋人所称道的莎士比亚式的比喻"。单独的比喻难免跛足，众多的比喻却能互为倚伏，弥补行走的缺陷。笔者也很欣赏苏轼描绘动态的比喻，《后赤壁赋》形容鹤翅如车轮，给人以迅疾眩目之感。《却鼠刀铭》写猫"走赴如雾"，使人想起美国现代诗人桑德堡的名诗："雾来了／缩着小猫的脚爪／撑着沉默的腰／它坐望着／海港和城／而又向前移进。"吴曾祺在《涵芬楼文谈·修辞》中，引用苏轼的话说："吾心不能知其所以然，必不能达；吾心能知其所以然，而入吾文者不能如吾心之所欲出，犹之不能达也。是皆不善修辞之过也。"

苏轼在给章援的信中谈道："某自仪真得暑毒，困卧如昏醉中。"的确，这次北归，前后有近一年时间在舟中度过，深受湿热。六月一日，他与米芾相遇于真州东园，并夜话舟中。"两日来疾有增无减，虽迁闸外，风气稍清，但虚乏不能食，口殆不能言也。""某昨日啖冷过度，夜暴下，旦复疲甚。""某食则胀，不食则羸甚。昨夜通旦不交睫，端坐饱蚊子耳。"（皆见《与米元章书》）他曾食黄蓍粥止泻，一度稍适。但多年潜伏在体内的瘴毒，一旦发作，遂有不可收拾之势。他已预感到不久于人世，强为作书，请苏辙为自己写墓志铭。

六月十五日，舟赴常州。苏轼体气稍复，着小冠，袒露半臂，坐于舱中。运河两岸，千万人围观而随，争相一睹东坡风采。东坡对同舟者笑曰："莫看杀轼否？"很难想象有比这更大的满足与欣慰了。

抵常后，住钱济明为他安排的孙氏馆中。上表请求辞去官职，获准养老。重病中，他对钱济明说："吾年逾耳顺，此事久相待，何所怖？独念吾与子由少时读书山中，如形与影。自奔驰宦海，不能频会。念故山风雨联床，何可复得？犹欲早谢世缘，欢怡晚节。不意名与祸会，垂老投窜。幸今日北归中原，而踪迹相左，至于老死，不及不见；濒海相逢，遂成长别，此实割肠也。"沉默了许久，又对钱说："某前在海外，了得《易》《书》《论语》三书，今尽以付子，愿勿以示人，三十年后会有知者。"请钱济明代为保存三书。

又据钱回忆，轼住孙氏馆后，他"日往造见，见必移时，（轼）慨然追论往事，且及人；间出岭海诗文相示，时发一笑。觉眉宇间秀爽之气，照映坐人。七月十二日，疾少间，曰：'今日有意喜近笔砚，试为济明戏书数纸。'遂书惠州江月五诗。明日，又得跋《桂酒颂》。自尔疾稍增"

（见何薳《春渚纪闻》）。

病中，苏轼最大的乐趣是玩赏书法刻印，只有优美的艺术才使他心清气顺。"卧阅四印奇古，失病所在。"难能可贵的是，他在临终之前，还不遗余力地奖掖他人。儿子读米芾的《宝月观赋》后，他写信给米芾："老夫卧听之，未半，蹶然而起，恨二十年相从，知元章不尽。若此赋当过古人，不论今世也。天下岂常如我辈聩聩耶？公不久当自有大名，不劳我辈说也。"这是以笔墨为媒介的生命之间的强力吸引，也是东坡终生献身于艺术，并相信自己能借此融入永恒的自白。

七月十五日，热毒转甚。"一夜发热不可言，齿间出血如蚯蚓者无数，迨晓乃止，殆甚。细察疾状，专是热毒，根源不浅。"（《与钱济明书》）

七月十八日，他召三个儿子来到床前，对他们说："吾生无恶，死必不坠。"令人想起他在《潮州韩文公庙碑》中的名句："不依形而立，不恃力而行，不待生而存，不随死而亡者矣。"

几天后，稍有起色，似为回光返照。至二十五日，病已无救。径山长老维琳前来。坡曰："岭南万里不能死，而归宿田野，遂有不起之忧，岂非命也夫？然死生亦细故耳。"将死称作"细故"，与他在海南诗中的"平生万事足，所欠惟一死"，一样有豪迈之气。

七月二十八日，听觉衰微。家人按照"属纩"的风俗，将一团新棉花放在他的鼻底，好看清他是否还有呼吸。维琳在他耳边说：现在，不要忘记来生！东坡轻声语：来生或许有，但空想前往，着不得力，又有何用？钱济明在侧劝道：最好还是作如是想。东坡答：勉强想就不对了（而我们知道，中外许多思想家都在临终的病床上皈依了宗教）。语毕而终，时为公元一一〇一年八月二十四日，享年六十六岁（欧阳修、王安石也恰巧是这个寿数）。

他一生便是这样，不自欺，不做作，始终葆有一颗赤子之心。

笔者想起了法国诗人艾吕雅的话："诗人永远是一个婴儿，哪怕他白发苍苍，血管硬化。"

苏辙根据遗嘱，写下《亡兄子瞻墓志铭》。并于次年将苏轼与嫂嫂王闰之（这之前殡于京城道观）的灵柩合葬于汝州郏城县钓台乡上瑞里嵩阳小峨眉山（今河南郏县三苏坟）。

《墓志铭》载：苏轼逝后，"毗陵吴越之民相与哭于市，其君子相吊于家，讣闻四方，无贤愚（不分贤愚）皆咨嗟出涕"。

在汴京，数百名太学生冒着风险，"相率饭僧惠林佛舍"。

在荆州，黄庭坚悲痛万分，难以挪步。"士人往吊之，鲁直两手抱一膝起行独步"。

在颍州，张耒"为举哀行服，出俸钱于荐福禅寺修供，以致师尊之哀"，为之而谪房州别驾，黄州安置。从此事可以看出，朝廷对东坡之死不仅保持了冷酷的沉默，而且还怯懦地干下了一些勾当。谁要是在对手的肉身已逝之际，还遏制不住自己的仇恨，那他一定是被伤到了致命的痛处。执政者的表现越是疯狂，逝者的荣名便越是传扬。

又据《墨庄漫录》载：东坡后谪惠州，"雪浪之名废而不问"。元符中，"张芸叟守中山，……重安盆石。方欲作诗寄公，九月闻公之薨，乃作哀词，有云：'我守中山，乃公旧国。雪浪萧斋，于焉食宿。俯察履綦，仰看梁木。思贤阅古，皆经贬逐。玉井芙蓉，一切牵复。'云云。其词曰'石与人俱贬，人亡石尚存。却怜坚重质，不减浪花痕。满酌山中酒，重添丈八盆。公兮不归北，万里一招魂。'"

"苏门六君子"之一李廌作的祭文传诵一时，像一幅巨大而肃穆的挽幛，悬在天地之间："道大不容，才高为累。皇天后土，鉴平生忠义之心；名山大川，还千古英灵之气。识与不识，谁不尽伤？闻所未闻，吾将安放！"

临终前几天，苏轼做了一个梦，梦见自己写了一首诗给广州知州朱服（字行中）。梦醒后，他支撑着写下这首《梦中作寄朱行中》。这是他的绝笔诗，借古人为例，托梦讽劝好友朱行中的。诗末二句为："至今不贪宝，凛然照尘寰。"意思说正因为廉洁不贪，品质反而像宝玉一样难被蒙蔽，光照尘寰。这难道不是苏轼为自己所作的最后鉴定吗？

　　崇宁（徽宗崇尚熙宁新政，故改此号）元年（1102）五月二十日，黄庭坚系舟湖口，李正臣持东坡北归过湖口所作诗来，"石既不可复见，东坡亦下世矣"。黄庭坚感叹之余，次韵东坡诗："有人夜半持山去，顿觉浮岚暖翠空。试问安排华屋处，何如零落乱云中。能回赵璧人安在，已入南柯梦不通。赖有霜钟难席卷，袖椎来听响玲珑。"首句用《庄子·大宗师》典："藏舟于壑，藏山于泽，谓之固矣，然而夜半有力者负之而走，昧者不知也。"比喻异石为好事者取去，也暗喻怀瑾握瑜的东坡，在颠沛流离中离开了人间。二句言异石已失，哲人已萎，昔日的"浮岚暖翠"也消失无踪，一个"空"字，寄托多少伤感。三、四句化用曹植"生存华屋处，零落归山丘"，言与其把"壶中九华"陈列于华屋，供人赏玩，还不如任其零落在云山之中，随遇而安吧。实际上也是哀叹东坡才华横溢，少年得志，任学士，充侍读，也曾"安排华屋"，但在官场的风波中、党争的夹缝里，一再贬逐，最后也不免"零落乱云"，死于常州。"试问""何如"两虚词，使句意曲折跌宕，表达了诗人对变幻无常的政局的看法。潜台词是：即便东坡不死，恢复高位，也未见得是件好事。五、六句连用两典，以异石已失，还璧无人，喻东坡已逝，百身莫赎。这一切，无非都是南柯一梦而已。东坡诗中，曾以"尤物已随清梦断，真形犹在画图中"，来宽慰自己。两人都以梦幻来喻世事得失，以旷达来解嘲，不是太上忘情，而是长歌当哭。七、八句意为：奇石不可得见，幸而东坡生前喜爱的石钟山尚在，那就袖里藏椎（锥），去敲当地这座山吧，听听它"玲珑"的响声。深意则在：东坡虽已作古，他的诗文，仍像石钟山一样卓立，敲起来铮铮作金石声，是任何力量也无法"席卷"而去的。

余秋雨先生在《文化苦旅·柳侯祠》中谈道：只有在贬所，"文采华章才从朝报奏折中抽出，重新凝入心灵，并蔚成方圆。它们突然变得清醒，浑然构成张力，生气勃勃，与殿阙对峙，与史官争辩，为普天皇土留下一脉异音。世代文人，由此而增添一成傲气，三分自信。华夏文明，才不至全然黯暗。朝廷万万未曾想到，正是发配南荒的御批，点化了民族的精灵"。

对柳宗元的评价，完全可以移用于崇仰柳宗元的苏东坡，也可以移用于苏东坡的崇仰者黄庭坚，还可以移用于一切努力于自我灵魂塑造与独立人格构筑的文人士子。

命途多舛，既是苛待，又是成全。这要看你如何应对了。日常生活中，生命或是不堪重负、日趋萎缩，或是曲意奉承、面目全非。两者都使人丧失了自己的性灵，变成精神上的阉人。而在东坡身上，傲骨与睿智，竟然那么奇妙地结合、崇高地升华，勃涌着一种披肝沥胆、九死未悔的大丈夫情怀，而又那样淳朴、诙谐、安详、静穆。

黑格尔在《历史哲学》中写道：个人由于完成了他本身所肩负的历史使命，必然要遭受悲剧性的毁灭。但继之而来的个人又会担负起新的历史使命。这个使命从本质上说是对前人的继承和发展。因而也可以说，个别小宇宙中的悲剧，构成了通向人类大宇宙中不停顿的进步之路。

东坡以他的一生，以他惯常的粲然一笑，留给了我们一部"乐观哲学"。

笔者曾沿着东坡生前的行踪，走过了不少地方。那里的一切都能引起深沉的怀念。最普通的事物也因此显得熠熠生辉。他的罕有其匹的风采，永远辉映着这片不会沉沦的国土。

他是中华民族可以向世界夸耀的光荣与骄傲！

山谷道人

黄庭坚——青年时代——初入仕途——"俗里光尘合，胸中泾渭分"——太和任上——"点铁成金"——"江西诗派"的鼻祖——馆阁生涯——唐体宋调——黔江居十——手足情深——戎州——陈师道——水仙诗——羁管宜州——最后的日子——《蚁蝶图》。

细心的读者也许会注意到，本书所述的秦观或苏轼之逝，都用了黄庭坚的诗作结。这在笔者，纯出无意。黄诗在当时，影响是很大的，故有"苏黄"之称，正如人们将唐代的"李杜"并列一样。南宋严羽在《沧浪诗话》中，论到宋诗的流变时说："至东坡、山谷始自出己意以为诗，唐人之风变矣。山谷用功尤为深刻。其后法席盛行海内，称为江西诗派。"但作为东坡门生，黄庭坚始终对老师尊崇如一。《邵氏闻见后录》载：有人"亲见鲁直晚年悬东坡像于室中，每早作衣冠荐香，肃揖甚恭。或以同时声名相上下为问，则离席惊避曰：'庭坚望东坡门弟子耳，安敢失其序哉！'"而"江西诗派"中人谓"苏黄"者，"非鲁直本意"。

的确，自从元丰元年黄庭坚投书并呈《古风二首》给苏轼，表达了"小草有远志，相依在平生"的意愿之后，他就是苏轼至死不渝的门生、感恩戴德的弟子。八年后，庭坚已诗名大震，苏轼写了一首《送杨孟容》，自谓"效黄鲁直体"。庭坚知道后，赶紧写了一首诗，表示不敢当。诗题为《子瞻诗句妙一世，乃云效庭坚体，盖退之戏效孟郊、樊宗师之比，以文滑稽耳。恐后生不解，故次韵道之》。把苏轼之举，比作写《答孟郊》《酬樊宗师》，分别模拟自己两位弟子艺术风格的韩愈，并说明这是"戏效"，即开开玩笑而已。诗云："我诗如曹邻，浅陋不成邦。公如大国楚，吞五湖三江。……句法提一律，坚城受我降。枯松倒涧壑，波涛所舂撞。万牛挽不前，公乃独力扛。"曹、邻是西周分封的小国，吴公子季札曾到鲁国听乐观风，后来听到曹、邻的乐曲，不屑加以评论。楚国则是当时南方新兴的大国，土地辽阔，物产丰富，五湖三江尽在它的疆域之内。"句法"二句谓苏轼提一家的句法、格律，就像提一支劲旅一样，攻破了我的坚城而接受我的投降。"枯松"四句言自己像倒在涧壑中的枯松，任由波涛撞击，万牛挽之不起，而苏轼乃独力扛之使出。言下之意是：只有得到苏轼的大力提携，自己才有出头之日。全诗以"滑稽"收笔（因为他认为苏轼也是"戏效"）：我的儿子将来怎样，虽未可知，但客人们也有称赞他忠厚朴实的，他如能与您的孙女阿巽（苏迈之女）成亲，那我先买些红彩缠着酒壶吧——"诚堪婿阿巽，买红缠酒缸。"把两家儿女亲事信手拈来：自己是不能匹比了，儿子或许可跟苏轼孙女作配，还是说明两人的诗差了一个等级。写得何等巧妙、诙谐！平心而论，这首次韵超出苏轼原作，但黄庭坚始终认为这是子瞻"收敛光芒，入此窘步以见效"。当然，苏诗的特点是纵横恣肆，原不在这方面与黄诗争一日之长短的。

黄庭坚（1045—1105），洪州分宁（今江西修水）人。他的祖先原居婺州金华（今浙江金华），五世祖黄瞻曾在南唐李氏政权中供职，主管过分宁县。后因战祸频仍，黄瞻免职，觉得分宁山川深阻，可以避世，就定居在县属的双井。庭坚之父黄庶（字亚夫），进士入官，有《伐檀集》传世。陈师道《后山谈丛》载："唐人不学杜诗，惟……今黄亚夫庶、谢师厚景初学之。鲁直，黄之子、谢之婿也。其于二父，犹子美之于审言。"

黄庭坚幼时颖悟过人，读书五行俱下，数过辄成诵。舅父李常（公择）来黄家，见书帙纷错，随手抽架上书以试庭坚，无不通，李大惊，以为一日千里也。七岁时，黄庭坚作《牧童》诗："骑牛远远过前村，吹笛风斜隔陇闻。多少长安名利客，机关用尽不如君。"八岁作送人赴举诗："送君归去玉帝前，若问旧时黄庭坚，谪在人间今八年。"

黄庶去世时，黄庭坚十四岁。第二年，他随舅父李常游学淮南（治所在扬州）。李常带他游览名胜，结交文友，并介绍他拜识了孙觉（莘老）。孙觉爱赏其才，以女兰溪嫁之。有一次，黄庭坚诵唐代诗人薛能的诗："青春背我堂堂去，白发欺人故故生。"孙觉问是何人之诗，黄庭坚误以为是杜甫的。孙觉说：老杜诗沉稳，绝不会如此轻巧。后来黄庭坚对人说：因为岳父这句话，"遂晓老杜诗高雅大体"。这则逸事，是记在范温的《潜溪诗眼》中的。同书又载·有次孙觉认为杜甫的《北征》胜过韩愈的《南山》，王平甫（王安石弟）则持相反意见。"终不能相服"。时黄庭坚在场，发表看法说："若论工巧，则《北征》不及《南山》；若书一代之事，以与国风、雅、颂相为表里，则《北征》不可无，而《南山》虽不作未害也。""二公之论遂定"。黄庭坚推崇杜甫首先是其忧国忧民："虽在流落颠沛中，其心未尝一日不在本朝，故善陈时事，句律精深，超古作者，忠义之气激发而然。"(《潘子真诗话》录山谷语)

十九岁，黄庭坚参加乡试，获洪州第一。次年，去京师省试。考毕，传闻黄庭坚为省元（试礼部得中），同旅舍的考生置酒相贺。突然一个考生的仆人大喊着闯进门来，举着三个指头，告知三位考生中榜，却没有庭坚。席间未中者散去，甚至流涕。"鲁直饮酒自若"，饮罢看榜，也脸色如常。

分宁多寺庙，黄庭坚与禅师交往，受过"在家出家"的影响；游学淮南前，迈步乡野，又曾心许陶渊明的任真随运，有《溪上吟》曰："在世崇名节，飘如赴烛蛾。"省试归来，与黄介（字几复，南昌人）成莫逆之交。黄为他研说庄子，也使黄庭坚着迷。这一切，说明了他早期思想的复杂性，也养成了他遇挫不愠、处变不惊的人生态度。

二十三岁时，考中进士。归途有诗："京尘无处可轩眉，照面淮滨喜自知"，"出门捧檄羞闲友，归寿吾亲得解颜"。年纪轻轻，就觉得入仕羞对闲居的朋友，只想着早点归乡慰亲，不类苏轼兄弟当时的壮慨。次年（神宗熙宁元年）春夏居乡，与分宁黄龙山临济宗老禅惠南来往。在南昌，有《徐孺子祠堂》诗，末二句为："古人冷淡今人笑，湖水年年到旧痕。"徐孺子名稺，南昌人。汉桓帝时，因不满宦官专权，应召不出，在家乡隐居躬耕，时人目为"南州高士"。这二句诗说：对古人那种不慕荣名、淡泊自处的行为，如今的俗人只会讥笑而已，只有祠堂外的东湖之水，年年涨落，都回复到旧日的岸痕。言下之意是：历史人物的真正价值，绝不会随市价的涨落而有所增损。

秋初，赴汝州叶县（今属河南）任县尉。九月抵汝，因报到误期，受到镇相富弼的拘留处分。富弼曾听人谈过黄庭坚，很想晤面，但一见面便不喜欢这位朴拙兀傲的下属："将谓黄某如何，原来只是分宁一茶客。"这给了初入仕途的黄庭坚心灵上很大的创伤，以后屡萌退隐之念，反复表达之所以不退，完全是为了养亲："斑斑吾亲发，弟妹逼婚嫁。无以供甘旨，何缘敢闲暇？安得释此悬，相从老桑柘"，"身欲免官去，驽马恋豆糠"，"食贫自以官为业"。

与富弼相反，王安石对黄庭坚却很友善。读到黄庭坚在叶县任上所作的"俗学近知回首晚，病身全觉折腰难"，王击节称赏，以黄庭坚为"清才"，而非"奔走俗吏"。黄庭坚一生，对王安石的人品文章，也抱着崇敬的态度。

但对新法，黄庭坚推行是不力的。当时农田水利法要求叶县改麦垄为稻田，黄庭坚认为"名为利民，其实害之"。又河北发生旱灾、地震，后又洪水泛滥，黄庭坚写下长诗《流民叹》，记述灾民拖儿带女涌至叶县的惨状，对朝廷未能及时预防与赈济表示了不满，同时也有"素餐每愧斯民病"的情怀。但这在他集中并不多见，更多的是思友怀归之作，如《次韵裴仲谋同年》："……白发齐生如有种，青山好去坐（因）无钱。烟沙篁竹江南岸，输与（让给）鹧鹑取次眠。"又如《冲雪宿新寨忽忽不乐》："……小吏有时须束带，故人颇问不休官。江南长尽捎云竹，归及春风斩钓竿。"那时他才二十五六岁啊！最感人的是那首《夏日梦伯兄寄江南》。分手快一年了，他怀念哥哥黄大临（字元明）："故园相见略雍容，睡起南窗日射红。诗酒一年谈笑隔，江山千里梦魂通。河天月晕鱼分子，槲叶风微鹿养茸。几度白沙青影里，审听嘶马自搘筇。"首句"雍容"为平和亲切意，前面冠以"略"字，表现出只是略略享受了兄弟相处的和睦之趣。转眼又是别离，不是别离，是梦醒了。"睡起南窗日射红"，空虚怅惘自不待言；相遇只是一场梦，且好梦不长。三、四句补足一笔。五、六句转至夏日景物。天上的月晕倒映河川，温馨的夏夜正是游鱼产卵散子之时；

微风掠过，槲树摇曳，饱食柔草的鹿开始长茸。看似闲笔，却更使游子萌发桑梓之思、"友于"之念。七、八句说：多少次啊，我在水边的"白沙"上，在青林的影子里，聆听着远处的马嘶，会不会是你来了，我拄着竹杖独个儿伫立等待……苏轼有一位好弟弟，黄庭坚有一位好哥哥（这在下文还会叙及）。

熙宁五年，黄庭坚考中学官，任北京国子监教授。当时的北京留守、太师文彦博很器重他，留他再任至元丰二年。在大名八年，生活清苦，他自称"冷官"，但潜心诗艺，声名大振。因诗名，他始与苏轼订交，又得以续弦（孙氏在叶县逝世），娶谢景初（字师厚）女。"师厚方为其女择对，见庭坚诗，乃云：'吾得婿如是足矣。'庭坚因往求之"（《王直方诗话》）。谢景初为梅尧臣的妻侄，诗也学杜。黄庭坚曾对人说："谢师厚七言绝类老杜，但人少知之耳。如'倒着衣裳迎户外，尽呼儿女拜灯前'，编之杜集无愧也。"这些话传到师厚耳中，大概也是决定择他为婿的原因之一。黄庭坚对第二位岳父也一直是尊重的，有诗云"自往见谢公，论诗得濠梁"，还说"庭坚之诗卒从谢公得句法。"可惜谢夫人又于元丰二年卒于官所，年仅二十六岁，遗下一女。

在大名，黄庭坚致力于儒学，又能吸收佛道的外壳，形成其独特的"内刚外和"的人生哲学。道家讲"齐物"，佛家讲"中道"，都是通过泯灭差别而进入空无，以达到去欲的目的，求得超然物外。黄庭坚则以孟子的"物不齐"来改造佛道，强调是非善恶的伦理规范，所谓修养则是"克己""正心""以道义敌纷华之兵"（黄庭坚《答王云子飞》），从而进入"不动心"的境界，这也是一种不为物欲所累的"自由"状态。正是在这一点上，黄庭坚找到了圆融三家的联结点，于是能随缘摄收，又不改耿介之性。也就是说：内心对是非善恶泾渭分明，而外表随俗，和光同尘，与世浮沉。这时期次韵友人的诗中，有"白璧明珠多按剑，浊泾清渭要同流"。前句用《史记·邹阳传》典："明月之珠，夜光之璧，以暗投于道路，人莫不按剑相眄者。"原典是写争宝者怒目相向，互不退让。本诗改用对贤者的妒忌和按剑而怒。这一改，大大增强了对现实的批判色彩：对社会物质财富之"宝"，众人莫不红眼相争；而对有益于社会的美材——最宝贵的社会财富，却按剑怒目。下句语出《诗经·谷风》："泾以渭浊。"说泾水是因渭水而变浑浊的。泾水本清，渭水本浊，但后人误解诗意，又不作调查，把泾渭的清浊弄颠倒了（从社会学的角度讲，这种颠倒也不无意义）。黄庭坚沿用这一说法，但批判了"同流"必然"合污"的世俗之见，认为"同流"也可以不"合污"，正如周敦颐所谓的莲花"出淤泥而不染"。黄庭坚又在另一首诗里提到："俗里光尘合，胸中泾渭分。"这种人生态度，黄庭坚后来总结为"不俗"："余尝为少年言：士大夫处世，可以百为，惟不可俗，俗便不可医也。……视其平居无以异于俗人，临大节而不可夺，此不俗人也。"（《书缯卷后》）

元丰三年，黄庭坚解北京教职，进京候吏部改官。旋授吉州太和（今江西泰和）知县。一个秋夜，他在汴河岸置酒，与契友黄几复飞觞痛饮，并作七律以赠，留下了"黄流不解涴明月，碧树为我生凉秋"的名句。这两句说：只要保持内心的自我完善，就能出入污浊的官场，就像浊黄的汴水无法弄脏皎洁的月影一样；只要抛开名缰利锁，就能无往而不适，仿佛无情的碧树也会送上凉爽的秋意。这比他的"世态已更千变尽，心源不受一尘侵"，更为形象地阐明了他的处世哲学。

沿汴河东下，经南京、盱眙入淮，转运河，过高邮时得识与孙觉有亲戚关系的秦观，互以诗文相赠。由扬州入长江，溯流而上，十月经舒州怀宁县三祖山，山上有山谷寺，寺周有石牛溪、石牛洞等林泉之胜，黄庭坚乐而游之，喜其地幽美，因自号山谷道人，表达自己厌倦仕宦之志。这正如当时已抵黄州的苏轼后来自号"东坡居士"一样。

经皖公溪口（今属潜山），又与舅父李公择的船不期而遇。适逢风雨，阻留十日，两人在舱内连榻夜语，反复吟咏韦应物的"谁知风雨夜，复此对床眠"，黯然魂销。舅甥都在宦海浮沉，萍踪无定，不知何时才能相见。山谷留诗十首。分手后，黄庭坚仍很怀念，经南康（今江西星子），有《题落星寺》诗："落星开士深结屋，龙阁老翁来赋诗。小雨藏山客坐久，长江接天帆到迟。宴寝清香与世隔，画图妙绝无人知。蜂房各自开户牖，处处煮茶藤一枝。"一、二句，"开士"是菩萨的异名（佛家称能自开悟，又能以法开导他人）。"龙阁老翁"指李公择，李曾任龙图直学士，来这里赋过诗。下面的诗，全由首句的"深"字铺展。"雨藏山"，深也；"帆到迟"，深也；"与世隔"，深也；"无人知"，深也；可见山谷诗结构严密。三、四句为世所诵。五句"宴寝"指休息安寝的便室，是借用韦应物诗"宴寝凝清香"。六句作者自注，寺壁上的佛画中，"僧隆画甚富，而寒山、拾得画最妙"。七、八句言：一间间僧房，好似蜂巢，各自开着窗户；到处都以一根枯藤烧火煮茗（宋人饮茶，先将茶叶磨碎，再放到水中煮沸，不像现代的泡茶）。"蜂房"句为山谷经意之作，落星寺依山而建，由外看去，房舍排比鳞次，如蜂房各室，层叠攒簇。黄山谷曾问他的外甥洪朋（字龟父）：你喜欢舅舅哪些诗句呢？龟父举"蜂房各自开户牖，蚁穴或梦封侯王"（山谷另一首落星寺诗中的句子）与"黄流不解浣明月，碧树为我生凉秋"，认为"绝类工部"，黄山谷高兴地说："得之矣。"结句的枯藤，在古诗画中屡现，给人凄幽的美感。在黄山谷看来，清冽的山泉，上好的香茗，只有枯藤文火，方可取其真味。

也许这段日子，黄山谷在别的寺庙的壁上，看见了姨母李夫人（公择的妹妹，音乐家、画家）的墨竹，写下了两首绝句。其一为："深闺静几试笔墨，白头腕中百斛力。荣荣枯枯皆本色，悬之高堂风动壁。"李夫人爱写"劲节癯枝"，用笔刚健有力。三、四句言：画中枝叶纵横，有茂盛的，有枯槁的，都是竹子的本来面目。把它悬在高堂上，仿佛有清风在拂动墙壁似的。"风动竹"是常语，把"竹"字换一"壁"字，更显生动。

黄山谷的书法，也以挺拔奇崛见称，这是他人格的外化。为了褒扬这种风格，他在第二首诗中甚至这样说："人间俗气一点无，健妇果胜大丈夫。"这是化用乐府《陇西行》："健妇持门户，胜一大丈夫。"但有人却认为，将自己姨母称作"健妇"，"殊不得体"。这其实是黄山谷以俗语入诗，也是创作进程中势不能已的表现。

元丰四年初，黄山谷到太和任上，却写下《到官归志浩然二绝句》。第一首为："雨洗风吹桃李净，松声聒耳鸟惊春。满船明月从此去，本是江湖寂寞人。"当时苏轼仍在黄州，尚未写"小舟从此逝，江海寄余生"。大概老师的遭遇已使这位敏感的学生触目惊心了。第二首绝句以"敛手还他能者作，从来刀笔不如人"作结。"刀笔"，指官府文牍之事，或指主办文案的官吏。但作为一县之长，黄山谷并没有"敛手还他能者作"。太和地瘠民贫，号称难治。《宋史》本传载：黄庭坚"知太和县，以平易治。时课颁盐筴（民户食盐册籍），诸县争占多数，太和独否，吏不悦而民安之"。在榷盐制下，地方小吏狐假虎威，趁机敲诈勒索；衙役不问情由，强行摊派，对买不起的（盐价甚贵），拉牛牵羊，弄得鸡犬不宁。贩私盐者家产充公，当天未吃完而留过夜的盐，也按私盐论处。山谷下乡调查，深入僻壤，"僧言生长八十余，县令未曾身到此"（《雕陂》）。"黄雾冥冥小石门，苔衣草路无人迹。苦竹参天大石门，虎远（兽迹）兔蹊聊倚息（在虎、兔出没处暂歇）。阴风搜林山鬼啸，千丈寒藤绕崩石。"（《上大蒙笼》）"刀坑石如刀，劳坑人马劳。……白狐跳梁去，豪猪森怒嗥。云黄觉日瘦，木落知风饕。"（《劳坑入前城》）他看到村民"饭羹煮溪毛（水生野菜）""祖孙甘铺糟（糠）"。对"向来陆梁（强悍）嫚（轻视）官府"的山民，他"试呼使前问其故"，才知道"衣冠汉仪（服装举上合乎礼义）民父子，吏曹扰之至如此"。他们"但愿官清不爱钱，长养儿孙听驱使（以使自己养大自己的儿孙，听任官府驱使）"。于是黄庭坚实行了宽厚的办法，不硬行派销官盐。他还在县治以东的快阁壁上，手书《戒石铭》，摘出后蜀主孟昶文句"尔俸尔禄，民膏民脂。下民易虐，上天难欺"，镌石以自警。在另外一些诗中，他写道："民病我亦病，呻吟达五更。""不以民为梯，俯仰无所怍。"

《登快阁》，是他在这一时期最有名的诗篇："痴儿了却公家事，快阁东西倚晚晴。落木千山天远大，澄江一道月分明。朱弦已为佳人绝，青眼聊因美酒横。万里归船弄长笛，此心吾与白鸥盟。"首句"痴儿"用《晋书·傅咸传》中夏侯济给傅咸信中的话："生子痴，了官事，官事未易了也。了事正作痴，复为快耳。"意思是：官事是不容易了结的，认为能够把事情办妥的人才是傻瓜呢。这是魏晋士大夫崇尚清谈、轻视实干的一种共识。黄山谷却反其意而用之，认为自己"了却公家事"，所以才有空闲登阁游赏，也显示了他兀傲的个性（实际上，他也做了不少利民之事）。二句"东西"，指时东时西，来往观赏。"倚晚晴"化用李商隐"高楼倚暮晖""万古贞魂倚暮霞"，但更为清朗。一个"倚"字，把人与环境融成一体。人，好像不是倚在阁中，倚在栏上，而是倚着整个天空、整个世界。三、四句被称为"奇语"，使人千载之下，都能体会到诗人那坦荡的精神境界。黄山谷曾言周敦颐"胸中洒落如光风霁月"，这也是他毕生的追求，第四句可与"黄流不解涴明月"参读。五句用伯牙绝琴事，"佳人"指友人（李白"觉后思白帝，佳人与我违"）。六句用阮籍"能为青白眼"事，"横"字用得生新。末句"白鸥盟"，由《列子·黄帝》中"海上鸥鸟"寓言引申而来。全诗围绕着一个"快"字而发。黄山谷后来又在阁下建"鸥盟馆"。现快阁大厅正面墙上有山谷画像与他的题像诗："似僧有发，似俗无尘。作梦中梦，见身外身。"

当时苏辙贬高安监管盐酒税，黄山谷之兄元明，很为子由不平，写诗寄赠，有"钟鼎功名淹管库，朝廷翰墨写风烟"之句。黄山谷作《次元明韵寄子由》，首句即为"半世交亲随逝水，几人图画入凌烟"。兄弟、朋友间的亲情交谊，随着逝水般的流光，已快过半世了，有几个人能建功立业，使自己的像画上凌烟阁呢？表明他对仕途有较为清醒的认识。此诗颔联"春风春雨花经眼，江北江南水拍天"，杨万里评曰："春风春雨，江北江南，诗家常用。杜云：'且看欲尽花经眼。'退之云：'海气昏昏水拍天。'此以四字合三字，入口便成诗句，不至生梗。要诵诗之多，择字之精，始乎摘用，久而自出肺腑，纵横出没，用亦可，不用亦可。"

这大概便是"点铁成金"法吧。黄山谷晚年在《答洪驹父书》中说："自作语最难。老杜作诗，退之作文，无一字无来处。盖后人读书少，故谓韩、杜自作此语耳。古之能为文章者，真能陶冶万物，虽取古人之陈言入于翰墨，如灵丹一粒，点铁成金也。"关于这一点（包括释惠洪在《冷斋夜话》中所载山谷的所谓"夺胎换骨"法），历来褒贬不一。金代王若虚甚至斥之为"特剽窃之黠者"。笔者认为，"点铁成金"原系道家语，黄山谷只是借来说明"学诗如学道"，学道，只有修行到家，才能脱胎换骨，得道成仙；学诗，也只有"陶冶万物"，才能点化自如，得心应手。所谓"陶冶万物"，当然包括认识物理，体验世事，"取古人之陈言入于翰墨"，化为"自作语"。近似诗圣杜甫所说的"读书破万卷，下笔如有神"。

元丰六年，庭坚被调任德州德平镇（今山东商河县德平镇）监镇官。顺便回老家一次。离乡时，他写了《夜发分宁寄杜涧叟》："阳关一曲水东流，灯火旌阳一钓舟。我自只如常日醉，满川风月替人愁。"杜涧叟是作者的好友，旌阳山在县东　里处。这首诗又受到金人王若虚的攻击："山谷《题阳关图》云：'渭城柳色关何事，自是行人作许悲。'夫人有意而物无情，固是矣。然《夜发分宁》云：'我自只如常日醉，满川风月替人愁。'此复何理也？"（《滹南诗话》）让我们先来看看全诗。二句"钓舟"在古代文人笔下，往往被赋予特定的含义，"钓"暗示求仕，"舟"则象征漂泊不定、无以为家，两字合起来便有"在外游宦"之意。唐代社会较开明，游宦成为士人的生活方式；到宋代，已有人对此产生怀疑，进行反思，甚至否定。苏轼便说过："繁华真一梦，寂寞两荣朽。惟有当时月，依然照杯酒。应怜船上人，坐稳不知漏。"认为这些"船上人"（游宦者）是在无谓地消耗自己的生命。黄诗三、四句中的"愁"，便由此而生。这两句由欧阳修"我亦且如常日醉，莫教弦管作离声"翻出。但欧公于故作旷达中透出离愁，立意毕竟欠深。王若虚认为黄诗的"此复何理也"，我们认为是"无理而妙"。醉眼望去，满川的清风明月，竟是愁容不展。诗人没有说替"我"愁，而是替"人"愁，仿佛在用离人与送行者以外的身份旁观，也就是他所要做的"身外身"，以一种"齐物"的态度，将离别与常日之情等同起来，追求"梦外梦"。有情人尚能自持，你无情的风月何须自作多情！在苏轼、黄庭坚及其他宋人的某些诗歌意象里，其内涵靠从文本互涉关系揭示的意向往往死扣不得，而非得借助变通灵活的"妙悟"。一句常用的谚语被改造了：强扭的瓜最甜。

惠洪所记山谷语录云："诗意无穷，而人之才有限。以有限之才，追无穷之意，虽渊明、少陵，不得工也。然不易其意而造其语，谓之换骨法；窥入其意而形容之，谓之夺胎法。"对此，刘大杰先生在《中国文学发展史》中解释："换骨是意同语异，用前人的诗意，再用自己的语言出之。夺胎是点窜古人诗句，借用前人诗意，改为自己的作品。"就理解这段文字来说，是比较准确的。但我们在黄庭坚的著作中，却找不到有关"夺胎换骨"的言论。前人对此已有所怀疑。如陈善《扪虱新话》："后读曾公所编《皇宋百家诗选》，乃云惠洪多诞，《夜话》中数事皆妄。"晁公武《郡斋读书志》也指责《冷斋夜话》"多夸诞，人莫之信"。直至今人郭绍虞先生在《宋诗话考》中，还声明："盖惠洪喜游公卿之门，是缁流中之附庸风流者，欲借人言以为重，固宜其所说多不可信矣。"如果仅仅是一两件逸事"皆妄"，还无伤大体。但问题涉及黄庭坚乃至整个"江西诗派"的诗歌基本理论，我们对惠洪的引语则不能不慎重对待了。有人认为"点铁成金"主要指师前人之辞，"夺胎换骨"主要指师前人之意，按此标准，《夜发分宁寄杜涧叟》似也可列入后者，但须改为：师前人之意而出新。这与黄庭坚论书法的"随人作计终后人，自成一家始逼真"，赠人诗中的"听它下虎口著，我不为牛后人"以及"文章最忌随人后"并不相侔。从"随人作计"到"自成一家"，从守法到创法，从有法到无法（山谷所谓的"不烦绳削而自合"），是符合文艺创作规律的。我们据此也可以认为，山谷的"点铁成金"说，也就是推陈出新，既包括遣词，也包括命意，这与苏轼提出的"以故为新"也是一脉相承的。

自创新意、自铸新词自然更好，但文学是语言的艺术；而语言有相对的稳固性，语法结构、基本词汇乃至修辞手段，是多年积淀而成的。当诗歌史发展到一定阶段，诗人想要一空依傍地创新，就非常不易了。杜甫是一位"语不惊人死不休"的富于独创精神的诗人，曾有句云："春水船如天上坐，老年花似雾中看。"刘克庄评曰："此联在目前，而古今人所未发。"实际上，陈代僧人慧标已有"舟如空里泛，人似镜中行"，初唐沈佺期也有"人疑天上坐，鱼似镜中悬"。杜诗又有"薄云岩际宿，孤月浪中翻"，而梁代何逊已有"薄云岩际出，初月波中上"之句。前一例是师古人之意，后一例是师古人之辞，但由于杜甫善于"以故为新"，所以仇兆鳌评说："此用前人成句，只换转一二字间，便觉点睛欲飞。"因为"出""上"偏于客观描写，而换字有强烈的主观色彩："云过山头，停岩似宿，月浮水面，浪动若翻"，抒情主人公那种"世乱遭飘荡"的流离之苦，"无力正乾坤"的伤时之愤，都在"宿""孤""翻"中透露。唐代是古典诗歌名家辈出、诗体大备的鼎盛时期，题材与意境几乎无所不包，炼字、使典等修辞手法也已达到炉火纯青的地步。王安石说："世间好语言，已被老杜道尽；世间俗语言，已被乐天道尽。"宋人确实感到唐诗对他们的巨大压力，正如钱锺书先生在《宋诗选注》序中所说："前人占领的疆域愈广，继承者要开拓版图，就得配备更大的人力物力，出征得愈加辽远，否则他至多是个守成之王，不能算光大前业之君。……有唐诗作榜样是宋人的大幸，也是宋人的大不幸。"宋人若不甘依傍前人门户，就必须别开生面，不说胜于唐诗，至少力争异于唐诗。加之黄庭坚晚于北宋诸家，前人（苏轼、王安石等）已逐渐转变了唐风，奠定了诗文革新的决胜局面，黄庭坚要"自成一家"，不"随人作计"，就必须弄斧班门，钩幽凿险，独辟蹊径，不走同样的路，不在同一个地方拐弯。在这双重追求中，他尽了最大的努力，有成功的经验，也有失败的教训。但不管怎样，他不但与苏轼一起确立了宋诗面目，而且开创了江西诗派。

为什么不是苏轼而是黄庭坚作为"江西诗派"的鼻祖呢？一个重要原因是：苏轼"天生健笔一枝，爽如哀梨，快如并剪，有必达之隐，无难显之情"（赵翼语）；苏轼自己也说过，文章"大略如行云流水，初无定质，但常行于所当行，常止于所不可不止，文理自然姿态横生"（《答谢民师书》）。这种得心应手、涉笔成趣的天才式的写作方式，虽然使人震惊仰慕，却往往攀不可及，难以追随仿效。黄庭坚写诗不像苏轼那样随意挥洒，而是字斟句酌，仔细推敲，在创作实践中逐渐总结出一套比较完整而切实可行的诗论，启示后学者以法门。

但"点铁成金"和所谓的"夺胎换骨"说，又容易被后人误解为"资书为诗"，从书本中去讨生活，却没有领悟到其中最为重要的"陶冶万物""自作语"的求新精神，加之学养、才力不足，自诩"点铁成金"而往往"点金作铁"。除江西诗派中的陈师道、陈与义、徐俯、韩驹、吕本中、曾几等，很少有自立的气概。虽然流风余韵，直至清末的"宋诗运动"，但往往弊大于利，仿佛钱币流通久了而磨损无光。正因为我们与黄庭坚之间，挤进了一批由他的模仿者与崇拜者组成的队伍，致使后人对他产生了混乱的印象，他们的缺陷往往被转嫁到他身上，使他常受指责、讥评。当然，黄庭坚本人也有不少"点金作铁"的败笔，如将杜甫的"落月满屋梁，犹疑照颜色"仿为"落日照江波，依稀比颜色"。这是他在艰苦的探索实践中难以避免的。与王若虚同代的元好问的评价还是比较公允的："论诗宁下涪翁拜，未作江西社里人。"

谢氏去世后，黄庭坚又娶一妾，后得一子。元丰七年，黄庭坚抵德平任。当时德州通判赵挺之，为迎合上司，大力推行市易法。黄庭坚认为德平"镇小民贫，不堪诛求，若行市易，必致星散"，两人信函往来，争论不休，从此埋下了祸根。赵挺之后来为了巴结蔡京，对亲家李格非（李清照之父）也加以排挤。

同年，黄庭坚晤陈师道于颍昌。陈师道后来说："仆于诗初无师法……及一见黄豫章，尽焚其稿而学焉。……仆之诗，豫章之诗也。"他可说是黄庭坚的开门弟子。但在黄庭坚，却只是扶掖后进，本无意建立宗派的。他在这之前的《寄晁元忠》诗中已有表述："楚宫细腰死，长安眉半额。比来翰墨场，烂漫多此色。文章本心术，万古无辙迹。吾尝期斯人，隐若一敌国。"全诗意为：楚灵王喜欢细腰女子，宫人便节食，甚至饿死。长安城中的妇女喜欢画阔眉，各地的人便把眉画满半个额头。近来文坛上，五花八门，大多是这种投时所好乃至变本加厉的状态。文章本来是反映作者的内心世界的，千年万代都没有固定不变的规格。我曾期望这个人（指晁元忠），对我威重得好似敌国一样。

当然，黄山谷诗之所以能折服当时并非无名之辈的陈师道，自有其"点铁成金"的艺术魅力。如在德平有一首次韵刘景文的诗："公诗如美色，未嫁已倾城。嫁作荡子妇，寒机泣到明。绿琴蛛网遍，弦绝不成声。……"使已成滥调的"倾城"典故面目一新。他以奇特的想象，言刘景文诗才早熟，但既仕而不得志，故多凄怨之声；世乏知音，只得绝弦。同时所作的另一首《寄黄几复》更为佳什："我居北海君南海，寄雁传书谢不能。桃李春风一杯酒，江湖夜雨十年灯。持家但有四立壁，治病不蕲三折肱。想得读书头已白，隔溪猿哭瘴溪藤。"首句出自《左传》："君处北海，寡人处南海，唯是风马牛不相及也。"山谷在跋中说："几复在广州四会，予在德州德平镇，皆海滨也。"用典贴切，但两人关系，又并非"风马牛不相及"。二句用雁至衡阳回雁峰而返的故实，表明传书不能，以衬相距之遥。"谢"字用得委婉，表现大雁对他们同情又无可奈何。颔联上句忆京城相聚之乐，下句言今日离别之苦。"春风"含春风得意之态，"江湖"有辗转漂泊之意。"夜雨"能引起怀人之情（李商隐《夜雨寄北》）。两个朋友，各自漂泊江湖，每逢夜雨，独对孤灯，互相思念，深宵不寐，这般情景已延续十年之久！桃李、春风、江湖、夜雨、一杯、十年、酒、灯，这些俗词一经巧妙搭配，便构成全新的意境，加之对比强烈，使历代读者共鸣。在句法上，它上承温庭筠的"鸡声茅店月，人迹板桥霜"，下启马致远的"枯藤老树昏鸦，小桥流水人家"（汉语就是这般奇怪，可以浓缩到没有虚词，甚至没有动词，只有名词。名词本身便是形象，形象的组合便是画面。用画面便可表达出作者的思想感情）。颈联上句用《史记·司马相如传》"家居徒四壁立"典，下句用《左传》"三折肱，知为良医"典。三次折臂，积累了护理与治疗的经验，可望为良医。"蕲"，祈求。这里说黄几复无须三折肱便可成良医，形容他才干超人。尾联言虽然怀才不遇，黄几复仍勤学不辍，以致头白（黄庭坚头发也早白）；那琅琅的书声，与那攀藤猿猴的悲鸣隔着瘴气弥漫的山溪，遥相应和。令人联想起李贺的"不见年年辽海上，文章何处哭秋风"。这种悲慨，扩而广之到元丰八年黄庭坚的《送范德孺知庆州》中："平生端有活国计，百不一试薶九京。""九京"应为九原，古代晋国卿大夫的墓地。范仲淹确有经邦治国的才能，惜乎"百不一试"，那些良策便与他的身体一起长埋地下了。

欲"活国"者，而身先死，黄庭坚对历史上的改革志士是满怀痛惜与尊崇的。同年三月，哲宗即位，高太后听政。四月，属于旧党、长期沉沦下僚的黄庭坚被召入秘书省（掌图书的官署）为校书郎。六月入京，开始了六年馆阁生活。元祐元年三月，司马光称许他"好学有文"，推荐他与范祖禹参与校定《资治通鉴》，十月受命编写《神宗实录》。这年秋天，黄庭坚游汴京的西太一宫，看到王安石壁上题诗，想到斯人已去、旧党用玉石俱焚的态度对待新法，尤不满于分党裂派（如新旧党争、洛蜀党争），所以连写数诗，其中一首为："风急啼乌未了，雨来战蚁方酣。真是真非安在，人间北看成南。"风急，乌啼，蚂蚁因感知雨来而争穴相斗，"未了""方酣"，写出风波的急剧与斗争的残酷。有些政客苍黄翻覆，只讲势利，不讲是非，只有权术，没有人格，能将"北看成南"，过去逢迎王安石，现在又肆意诋毁。黄庭坚不随流俗，不避风险，表达了对王安石的推崇："短世风惊雨过，成功梦迷酒酣。草玄不妨准易，论诗终近周南。"任渊注："追念熙宁间一时建立之事，今已堕渺茫，如醉乡梦境。至其所可传，则有不朽者在"，第三句"谓其经学"，第四句"谓其诗"。也就是说，王安石的文章，不妨跟《易经》相比，王安石的诗歌，在思想风格上是接近《周南》（《诗经》十五国风之首）的。补充说一句，黄庭坚虽属苏门学士，对旧党中的洛蜀之争是持超然态度的。黄震《黄氏日钞》载："方苏门与程子学术不同，其徒互相攻讦，独涪翁超然其间，无一语党同。"当时黄庭坚诗中，还有"人材包新旧，王度济宽猛"之见解，未能也不可能被采纳。

这一时期对黄庭坚而言，与其说在政治上，毋宁说在文学上更有建树。神交已久的师生终于见面，除苏轼兄弟与黄庭坚外，张耒、晁补之、秦观等云集汴京，时相唱酬，加之又有李公麟等挥毫作画，以至于"一文一诗出，人争传诵之，纸价为高"（《文献通考·豫章先生传》）。这是北宋文坛的空前盛况，也是黄庭坚一生的黄金时期。他的诗已形成独特风格，时号"庭坚体"。苏轼题跋称其"格高韵绝"："读鲁直诗，如见鲁仲连、李太白，不敢复论鄙事。"

黄庭坚对老师，除敬重而外，也时常婉劝。如《双井茶送子瞻》："人间风日不到处，天上玉堂森宝书。想见东坡旧居士，挥毫百斛泻明珠。我家江南摘云腴，落硙霏霏雪不如。为君唤起黄州梦，独载扁舟向五湖。"乡亲们捎来了春茶，黄山谷马上想到分赠给情兼师友的东坡。"双井茶"被称为"草茶第一"，富弼就讥山谷为"分宁一茶客"。首联写翰林学士苏轼所处的环境。颔联用一"旧"字，不仅暗示人物身份起了变化（你这"旧居士"现在成了"新神仙"了吧），也有唤起反思的用意。颈联"云腴"指茶叶，茶树在高处接触云气而丰茂，故称。"硙"，亦作"碾"，小石磨，用以碾茶。尾联言：喝了我家乡的茶，也许会唤起您黄州旧梦，独驾一叶扁舟，浮游于太湖之上吧。苏轼以前有"买田阳羡"、在常州安置的上表。全诗中心在一个"退"字。黄庭坚其时已自号居处曰"退听堂"，而苏轼因既反对新党，又在政见上与旧党不尽相同，加上"洛蜀党争"，受到来自多方面的攻击，处境也日渐困窘。而黄庭坚实在不愿看见苏轼再来一次"乌台诗狱"或"黄州待罪"，所以才劝他急流勇退，学范蠡泛舟五湖，真是情深义重！

对其他的"苏门学士"，黄庭坚也是十分尊重的。如："晁张登然来，连璧照书几。……时蒙吐佳句，幽处万籁起。"说晁补之、张耒的造访，像一双白璧，光照我的书案。时时有幸听他们的好句，如幽静处无数美妙的乐声。在给秦观弟弟秦觏的诗中，黄庭坚甚至称："东南淮海惟扬州，国士无双秦少游。"这种真诚而热烈的赞美，完全打破了文人相轻的陋习。

元祐三年，苏轼主持礼部贡举，荐黄庭坚为参详官，负责评卷，李公麟为点检试卷。会试一般在年初，这年因大雪阻塞，许多参试的士子不能如期赶到。经苏轼等请求宽展试期，考试延至三月尚未结束。会试者一进试院便封闭号栅，禁绝出入，以防舞弊；而主考官员们的闭锁时间更长，直至阅卷录取结束，才能出来。大家因长时间不能出游，心情烦郁，便以诗画遣闷。李公麟画马，黄庭坚和之以诗，继和者还有苏轼、晁补之等。黄庭坚诗为："仪鸾供帐饕虱行，翰林湿薪爆竹声，风帘官烛泪纵横。木穿石槃未渠透，坐窗不遨令人瘦，贫马百蓁逢一豆。眼明见此玉花骢，径思着鞭随诗翁，城西野桃寻小红。"首三句言，仪鸾司供陈设酒宴的帷帐，成了吏员们的卧具，贪饕的虱子爬行其中；翰林司供应的湿柴，难以燃烧，时而发出噼啪之声，有如爆竹；夜里点烛办公，寒风袭来，帘栊无法遮挡，致使烛泪纵横而落。次三句又是一韵，用《真诰》中修道的典故，喻时日难熬，如木钻钻石槃，未曾钻透无由超升。坐窗而不能出游，令人消瘦。先不写"画马"，而说可怜的老马，老是吃蓁（铡余之草末，难以下咽），多想吃上一次好的饲料（如豆子）。这更主要是指精神上的。于是，李公麟画马，便成为锁窗官员心灵上的调节。第三段才点题，李公麟画的马栩栩如生，有如神骏，使人眼目大明（白居易有"如听仙乐耳暂明"）。且李公麟画的还是"骕马"（见苏轼《书试院诗后》），即转卧土尘中的千里马。由于黄庭坚心折"材大难为用"的苏轼，看到画中的"玉花骢"，自然会想到身边这匹受尽委屈的"千里马"——主考官苏轼，所以"径思着鞭随诗翁"，末句不是单指郊外，而是指避离京城，远去官场，学李公麟追求隐退的闲适生活。事实证明，这是敏感的预见，不久苏轼遭贬，"随诗翁"的黄庭坚也跟着受累。全诗通过试院闭锁日子的描写，展示了一代正直的诗人画家的现实遭遇与心灵历程。

这期间，黄庭坚另有一首情趣盎然的小诗《题伯时画顿尘马》："竹头抢地风不举，文书堆案睡自语。忽看高马顿风尘，亦思归家洗袍袴。"前二句写竹梢低垂着地，风也吹不起，文书堆满案头，瞌睡中还说着梦话，形象地表达了百无聊赖、昏昏欲睡的精神状态。后两句说，忽然抬头，看到一匹高大的骏马，迎风踢踏，扬起尘土。啊，我想到要回家洗换袍裤了。把李公麟的画马当成真马，又寄寓了困在试院中的思家之情。

黄庭坚"随诗翁"而未能"寻小红"，而是"迎瘴风"，但他处变不

437

惊、随遇而安。这与他平时的修养是分不开的。苏轼主张"士以气为主",史书言轼"劲气直节,豪宕不羁",黄庭坚也是。他的《题伯时画严子陵钓滩》便是佐证:"平生久要刘文叔,不肯为渠作三公。能令汉家重九鼎,桐江波上一丝风。""久要":旧约、旧交。"刘文叔":刘秀,字文叔。"三公",指高官,东汉以太尉、司徒、司空合称三公。前二句说:即使是少时的老友刘文叔,严子陵也不肯为他去当三公。后两句说:能使汉家的天下像九鼎般重的,就是在桐江的波浪上被风吹动的那一根钓丝啊!任渊注:"东汉多名节之士,赖以久存,迹其本原,正在子陵钓竿上来耳。"这根钓丝,改变了社会的风气,树立了优秀的榜样,"不汲汲于富贵,不戚戚于贫贱",所以在东汉末年的"党锢之祸"中,出现了那么多颇有气节、不畏权势的"志士仁人"。"气"偏重于敢作敢为,"节"偏重于有所不为——即不合作。而黄庭坚生活的时代,"怀仁辅义"者少,"阿谀顺旨"者多,不尽感慨,尽在言外。"九鼎之重"与"一丝之轻"这夸张的对比,使形象更为鲜明,思想更为深刻。

但黄庭坚比王安石、苏轼晚生,没有赶上酝酿改革的潮头,一从政就面临党争的激烈旋涡,他不断受到震惊,受到牵连。政局风云变幻,文网连着法网,又使他怀着戒心生活:"有手莫炙权门火,有口莫辩荆山玉。"他不敢,也不可能像东汉名士,甚至苏轼早期那样正面抗争,又不甘同流合污,只好一方面明哲保身、与世周旋,一方面洁身卓立,大节不亏。所以他的诗不以反映现实见长,而是通过心灵的观照来反射社会问题。其实,整个宋代,也因朝廷不可能有"四方之志",生活于其中的知识分子也就少有唐代诗人那种慷慨从戎、立功边塞的壮怀豪情。"黄沙百战穿金甲,不破楼兰终不还""宁为百夫长,胜作一书生",对他们而言,是可望而不可即的。江西师范大学朱安群先生认为:"愈到北宋后期,政治愈加黑暗,言论钳制加紧,文人动辄得咎,士大夫中的作客思想日益抬头,李煜入宋后'梦里不知身是客,一晌贪欢'的心曲,回响在北宋中后期士大夫的心壁上。王安石曾是著名的改革家，不能立足朝廷，去职闲居金陵，寄情山水与佛理。苏轼早年也主张'涤荡振刷'，在接连受了政治打击以后，'人间如寄''寄蜉游于天地'的思想不断出现。有了作客思想，必然取冷眼旁观态度；冷却了行动的热情，必然增加对社会人生的沉思。……黄庭坚用大量的诗篇写了自己的心理状况，普遍反映了北宋中后期知识分子的精神面貌，折射了那个时代的趋向，有很高的典型意义和认识价值。"在引用了钱锺书先生《谈艺录》中的"少年才气发扬，遂为唐体；晚节思虑深沉，乃染宋调"后，朱先生说："以节令为喻，唐诗像盛夏，枝荣叶茂，万紫千红，宋诗则'删繁就简三秋树''柯如青铜根如石'了。"既然黄诗以"折射"现实为主，而他又不愿"随人作计"，他的创作特点必然为"避显求隐，避热求冷，避熟求生，避滑求涩"。朱先生的这些议论，是很有见地的。（见《纪念黄庭坚诞生九百四十周年学术论文集》，江西师大中文系，1985 年 10 月）

朱先生博古知今，触类旁通，已主编了《黄庭坚诗词赏析集》。笔者衷心希望，在主客观条件允许下，朱先生能撰写一部《黄庭坚评传》。

元祐四年夏，苏轼出知杭州，黄庭坚遂无诗伴，又以母卧病，亲奉汤药，作诗渐少，更以头眩之病，几于废诗。元祐六年六月，丁母忧。《宋史》本传载："庭坚性笃孝，母病弥年，昼夜视颜色，衣不解带，及亡，庐墓下，哀毁得疾几殆。"

元祐八年九月服除，居家不出。绍圣元年，哲宗亲政，召黄庭坚去京，随时听候国史院的对证查问。主要因为他参与编写的《神宗实录》为执政（章惇、蔡卞等）不满。六月离分宁，七月过湖口，得遇被贬前往英州（后改惠州）的苏轼，挥泪相别，遂成永诀。九月过池州，兄大临、弟叔献、叔达泛舟来聚，经磋商，决定置家眷于芜湖，黄庭坚单独去接受勘问。十一月，至开封陈留，兄大临陪同。黄庭坚利用闲暇，再次整理旧作，见有讥刺时弊、同情民瘼者皆删去，称《退听堂集》。

《宋史》本传载：章、蔡辈在勘问时"摘千余条示之，谓为无验证。既而院吏考阅，悉有据依，所余才三十二事"。其中一条是黄庭坚写的："用铁龙爪治河，有同儿戏。"这是他在北京任学官时亲眼看见。王安石听信一些地方官员的吹嘘，用铁龙爪缚在船尾，疏六塔河、三股河，企图挖深河底。结果糜银百万，历时数年，河泥搅成一锅粥，毫无成效。黄庭坚在修《实录》时如实记载。当问到此条时，他对曰："庭坚时官北都，尝亲见之，真儿戏耳！""凡有问皆直辞以对，闻者壮之。"而哲宗认为黄庭坚态度特别不恭。十二月，黄庭坚谪涪州别驾，黔州安置。"谪命下，左右或泣下，公颜色自若，投床大鼾。君子是以知其不以得丧休戚芥蒂其中也"（杨希闵《年谱》）。

流放开始了，他的诗再一次焕发活力，正如他谪前所作《忆邢惇夫》诗中所言："诗到随州更老成，江山为助笔纵横。"

绍圣二年正月，其兄大临陪他赴贬所，时黄庭坚五十一岁。四月二十三日抵达。六月十三日，与大临别，后有《和答元明黔南赠别》："万里相看忘逆旅，三声清泪落离觞。朝云往日攀天梦，夜雨何时对榻凉？急雪脊令相并影，惊风鸿雁不成行。归舟天际常回首，从此频书慰断肠。"山谷在《书萍乡县厅壁》曾有一段记述，有助于我们理解此诗："初元明自陈留出尉氏、许昌，渡汉沔，略江陵，上夔峡，过一百八盘，涉四十八渡，送余安置于摩围山之下。淹留数月，不忍别，士大夫共慰勉之，乃肯行，掩泪握手，为万里无相见期之别。"诗的颔联说，往日"攀天"（致君尧舜）的理想已成一梦，而今日即便是对床而卧、同听夜雨、一枕清凉的平民生活亦不可复得了。颈联"脊令"典出《诗经·小雅》："脊令在原，兄弟急难。"两句说：大雪纷飞，两只脊令鸟依然形影相依；惊风乍起，鸿雁在天被吹得不成行列。此联实为至情之句。

在贬所，黄庭坚又写《竹枝词》二首，追忆来路。其一为："撑崖挂谷蝮蛇愁，入箐攀天猿掉头。鬼门关外莫言远，五十三驿是皇州。"崖谷陡峭，连蝮蛇也因爬不上去而发愁。竹林深密，猿猴上攀不得，只好掉头。峡州的鬼门关在黔州东北，故言"鬼门关外"。末句说：虽然经过了"五十三驿"，但这里毕竟还是"皇州"，说什么"远"，愁什么"贬"呢？其二为："浮云一百八盘萦，落日四十八渡明。鬼门关外莫言远，四海一家皆弟兄。"浮云萦绕山路，也笼罩行人，去路迷茫。夕阳的余晖投射到一个又一个渡头、水面，忽高忽低，忽明忽灭，也像行人的心情。末句说：既然"四海一家"，所有的百姓也便是"弟兄"。"弟兄"能住的地方，我又为什么不能待下去呢？

在这"杜鹃无血可续泪"的地方，黄庭坚另有《戏答刘文学》："人鲊瓮中危万死，鬼门关外更千岑。问君底事向前去，要试平生铁石心。"秦观稍后也有一首诗。《侯鲭录》载："瞿塘之下，地名人鲊瓮。少游尝谓未有以对。南迁度鬼门关，乃用为绝句云：'身在鬼门关外天，命轻人鲊瓮头船。北人恸哭南人笑，日落荒村闻杜鹃。'"但山谷虽忧患余生，而气度开张，绝不作衰飒乞怜语。甚至因贬涪州而号涪翁，因置黔州而自署黔江居士。

绍圣三年五月六日，弟弟叔达送庭坚家眷抵达，使他感到莫大安慰。但因俸薪微薄，生计艰难，他在信中说："某待罪于此，谢病杜门，粗营数口衣食，使不至寒饥，买地畦菜，已为黔中老农耳。"又据《豫章先生传》："两川人士争从之游，经公指授，下笔皆有可观。"他赠蜀中学子杨皓（字明叔）诗多首，在诗序中说："文章者，道之器也；言者，行之枝叶也。"又提出"以俗为雅，以故为新"的观点。实际上是重倡苏轼之言。苏轼在《题柳子厚诗》中讲过："诗须要有为而作，用事当以故为新，以俗为雅，好奇务新乃诗之病。"

黄山谷避而不提"好奇务新"，因为这是他前期诗的追求。这些诗抒发了诗人与世乖合、孤高放旷的思想感情，揭示了内心深刻复杂的矛盾，从而塑造出自己耿介兀傲而又无力抗争的形象。他的人物诗，也展现了一个绰约多姿的画廊：医生、卜者、隐士、贵胄、豪侠、诗人、画家等，这些人大多为一些卓荦超群、才具不凡又坎壈救亡图存不遇、贫贱自守的奇人异士。黄山谷晚年论诗有所不同，追求一种自然的化境，下文还将提及。这与苏轼那段话——也是晚年——所言相似。

黄庭坚的表兄张向，在绍圣四年被任命为提举夔州路常平，因黔州属夔州路，张向启奏朝廷移迁庭坚以避嫌。十二月，黄庭坚受命迁戎州（今四川宜宾）安置。绍圣五年（1098）三月，他离开黔州，六月抵达戎州。是月朝廷改年号为元符。

在戎州，借居南寺，自命所居屋为"槁木庵""死灰寮"，后在城南赁屋，名"任运堂"。在那里，他认识了文同的内侄黄斌老。从他的《次韵黄斌老所画横竹》，可以看出他的内心并非古井不波。首联为："酒浇胸次不能平，吐出苍竹岁峥嵘。"酒浇入胸中，感情无法平静，吐出青苍的竹子，能忍受岁暮的严寒，颇类东坡的"空肠得酒芒角出，肝肺槎牙生竹石"。尾联为："中安三石使屈蟠，亦恐形全便飞去。"字面上与杜甫的画鹰诗"梁间燕雀休惊怕，亦未抟空上九天"同一机杼。从内涵上讲，似乎也有靠"忍""默"，使自己的一腔愤懑不致宣泄无遗之戒。于是他做到了"小立近幽香，心与晚色静"。但这毕竟不同于"槁木""死灰"，而与"任运"相近。两年后，苏轼在金山寺自题画像，也有"心似已灰之木，身如不系之舟"句。这些，也都不能全从字面上理解。用黄庭坚离戎后所写的"胸中已无少年事，骨气乃有老松格"来解释，较为确切。

元符三年五月，徽宗即位，十二月，黄山谷从戎州东归。杨皓写了十首诗送别老师。黄山谷在和诗中勉励他："松柏生涧壑，坐阅草木秋。金石在波中，仰看万物流。"也可成为"骨气乃有老松格"的注脚。

黄庭坚舟过江安（今属四川），被县令石信道挽留过年，石嫁女与黄庭坚子。到峡州后，黄庭坚接到改任舒州的任命，并被诏入京。四月至江陵（今属湖北，又称荆州），居沙市。又接诏赴京任吏部员外郎。但八年的流放使他体弱多病，又有丧弟之痛，于是上表请辞，乞知太平州（今安徽当涂）或无为军（今属安徽），只求"太平""无为"了。并在荆州候命。

荆州承天寺主持智珠造七级浮屠。早在黄庭坚贬黔州过此时，即住承天寺，并答应智珠为佛塔作记。现塔已修成，州守马瑊又重提此事。黄庭坚应命作《承天院塔记》，只书"作记者"黄庭坚，"立石者"马瑊。在场的湖北转运判官陈举请求列名石上，为黄庭坚所拒，遂怀恨。

《病起荆江亭即事十首》，还坚持自己对新旧党争的一贯看法："不须要出我门下，实用人材即至公。"但在感情上，仍缅怀旧党中的朋友："闭门觅句陈无己，对客挥毫秦少游。正字不知温饱未，西风吹泪古藤州。"二、四句写秦观文思敏捷，但这样的英才，却流落而逝；希望西风能带去自己的热泪，洒向亡友灵前。关于一、三句，笔者则可对陈师道（字无己）的生平作一些补叙。

"闭门觅句"，形容陈师道作诗刻苦。相传他创作时，恶闻人声，鸡犬皆逐去，婴儿稚子亦抱寄邻家。朱熹后来也说过：陈无己"平时出行，觉有诗思便急归，拥被卧而思之，呻吟如病者，或累日而后起，真是'闭门觅句'者也"。

《宋史》本传言陈"年十六，早以文谒曾巩，巩一见奇之，许其以文著，时人未之知也，留受业"。陈对曾巩，终身敬重："向来一瓣香，敬为曾南丰。""丘原无起日，江汉有东流"，言曾巩虽已归葬丘原，但他的文章与令名，则与长江汉水一样，万古奔流。这是从王安石赠曾巩的诗化来："曾子文章世无有，水之江汉星之斗。"后人言陈"文师南丰，诗师豫章"。

陈师道家穷，他的丈人郭概去四川当官，他生计无着，只得让妻子儿女随从入川，自己在家照顾老母与妹妹。四年后，即元祐二年，陈师道因苏轼、傅尧俞、孙觉等人之荐，充任徐州州学教授，才将妻儿接回。《示三子》即为其至情之作："去远即相忘，归近不可忍。儿女已在眼，眉目略不省。喜极不得语，泪尽方一哂。了知不是梦，忽忽心未稳。"

两年后，苏轼出守杭州，陈师道不顾上官阻拦，托病请假，送苏轼直到南京，于是受到弹劾，由徐州移颍州教授。后来苏轼知颍，两人得以重聚。苏轼谪惠，陈师道也被定为苏门余党而罢黜。离颍后，他在舟中见"恶风横江江卷浪"，吟出了"少年行路今头白，不尽还家去国情"。苏轼贬儋，陈师道作《怀远》诗："海外三年谪，天南万里行。生前只为累，身后更须名？未有平安报，空怀故旧情。斯人有如此，无复涕纵横。"颔联说：他活着仿佛仅仅为了受累，倘若去世，更要虚名何用？尾联言：对苏轼屡遭贬斥的一生，即便涕泪纵横也无法给以慰藉。

丢官后，诗人"丁母忧，寓僧舍，人不堪其贫"，但他却不以为意，"志专欲以文学名后世"。的确也留下了不少佳什。如《绝句》："书当快意读易尽，客有可人期不来。世事相违每如此，好怀百岁几回开？"当时诗人的知友尽在远方（黄庭坚在戎州，苏轼在儋州），音信难通。另有一首《寄黄充》也属此意："俗子推不去，可人费招呼。世事每如此，我生亦何娱？"两诗已升华为人世普遍的感慨。

元符三年，徽宗即位，陈师道在七月被任为棣州（今山东惠民）教授，接着又被召为秘书省正字，他自己也很高兴，说正字一官，"名虽文字之选，实为将相之储"。但黄庭坚却在诗中问道："正字不知温饱未？"不久，因参加郊祀，无棉衣御寒，妻子向时为副相的连襟赵挺之（赵与陈同为郭概之婿）要了一件。陈师道因赵两次诬陷苏轼，"素恶其人""不肯服，遂以寒疾死"。黄庭坚的诗，不幸而言中。

陈师道一生，寿不及五十，官不过正字，但却留下不少传世名篇。他的诗高古而有真情，锻炼而以淡雅出之，当然也有与他的老师黄山谷一样的弊病，用典过多，往往很好的意思，也被一层层的典故成语遮得密不透风。另外，诗的题材也较窄。有一首写钱塘江观潮的，便显得十分稀罕："漫漫平沙走白虹，瑶台失手玉杯空。晴天摇动清江底，晚日浮沉急浪中。"另一首题芍药的，也就十分可贵："九十风光次第分，天怜独得殿残春。一枝剩欲簪双鬓，未有人间第一人。"首句"九十"，指春季九十天，"次第分"，指各类花依次开放。三、四句言：这一枝芍药真想要簪上人的双鬓，但世上没有一位美人能配得上佩戴此花。

荆州知州马瑊（字中玉）对黄山谷友善，在他的关照下，黄山谷植兰艺菊，心情较为舒畅。给李之仪的信中，他说："数日来骤暖，瑞香、水仙、红梅皆开，明窗静室，花气撩人，似少年都下梦也。"还有《次韵中玉水仙花二首》。其中一首为："淤泥解作白莲藕，粪壤能开黄玉花。可惜国香天不管，随缘流落小民家。"关于这首诗，黄山谷在荆州所收的学生高荷（字子勉）曾讲了一则逸事：黄山谷在荆州赁居，隔邻有一女子，诗人偶见之，"以为幽闲姝美，目所未睹"，后嫁给里巷贫民，黄山谷赋此诗以寓意。又数年，黄山谷去世，荆南大饥，女子的丈夫将她卖给田家时，她已"掩抑困悴，无复故态"了。田家知道当年事后，把女子改名"国香"，以纪念黄山谷。读此诗，迟暮的美人、失意的才士，皆有同慨。

由此事而育出下面这株诗花："凌波仙子生尘袜，水上轻盈步微月。是谁招此断肠魂，种作寒花寄愁绝。含香体素欲倾城，山矾是弟梅是兄。坐对真成被花恼，出门一笑大江横。"首联用曹植《洛神赋》宓妃的形象："凌波微步，罗袜生尘。"在波上月下轻盈而走，罗袜也蒙上了如尘的水雾。赋中写到宓妃与曹植分手后，十分悲伤，所以黄庭坚说：是谁招来这断肠的精魂，种成水仙这素洁的寒花，来寄托他的愁思？颈联"山矾"为树名，春末开小白花，极香。说水仙素雅芳馨，清风流水的神貌倾倒全城，迟开的山矾是她的弟弟，早开的梅花是她的哥哥。以男性比花，出人意表。尾联言对花久赏，真要被她撩乱了情怀，还是解脱一下，出门一笑，去看波涛汹涌的长江吧。"大江"与水仙相比，真是"大"得惊人，壮阔得惊人；诗笔与前面相比，也"横"得惊人，粗犷得惊人，给人以强烈的印象，这大概便是黄山谷的"拗体"吧。句法取自杜甫《缚鸡行》的结尾："鸡虫得失无了时，注目寒江倚山阁。"杜诗叙一小奴因主人厌鸡啄虫食蚁，缚鸡欲去市场卖掉；作者又怜鸡将遭烹煮，令小奴解缚；可是像鸡虫得失这类事情没完没了，还是不要把心思缠在上面，去倚阁看江好了。友人送来的水仙花，也许勾起了黄山谷对邻女那段难了的心事，既然暗中心许的佳人已另嫁他人，那么还是想开一些，转移思念吧。

崇宁元年正月二十三日，离开荆州，二十八日至岳阳，写《雨中登岳阳楼望君山二首》。其一为："投荒万死鬓毛斑，生出瞿塘滟滪关。未到江南先一笑，岳阳楼上对君山。"未到先笑，到时的喜悦，更可想而知了。其二为："满川风雨独凭栏，绾结湘娥十二鬟。可惜不当湖水面，银山堆里看青山。"二句说，远处的君山，恰似湘夫人盘结起的十二螺髻。三、四句意为：最好是泛舟湖上，平看那白浪青山的壮景，但因风雨而无法实现，只得带着凭栏旁观的惆怅。这种"旁观的惆怅"，也是宋人式的，但毕竟还有着"烈士暮年，壮心不已"的情怀。联想起黄庭坚早年所作的《浣溪沙》词，更可加深我们的理解。词为："新妇滩头眉黛愁，女儿浦口眼波秋。惊鱼错认月沉钩。　　青箬笠前无限事，绿蓑衣底一时休。斜风吹雨转船头。"苏轼曾评之曰："鲁直作此词，清新婉丽，问其得意处，自言以山光水色，替却玉肌花貌。此乃真得渔父家风也。然才出新妇矶，便入女儿浦，此渔父无乃太澜浪乎？"上片末句"惊鱼"意深。作者饱尝了宦海风波，变成"惊钩之鱼"，新月沉水，也误认钓钩，因此惊避不迭。下片从张志和《渔父词》化出。但"无限事""一生休"又有慨叹、不甘之意。末句更反张词词意。张志和因流连美景，"斜风细雨不须归"，黄庭坚因久经风雨，感觉敏锐，遇"斜风吹雨"，即感狂风暴雨先兆，就掉转船头了。以致后人说："张句是无心任运，涪翁句是有心避患。”

事实上，黄庭坚的“先一笑”笑得太早了，“满川风雨”即将来临，但因其有“银山堆里看青山”的老而弥坚的壮怀，所以才得以从容对待。

徽宗用蔡京为相后，施虐于元祐旧臣，比章惇有过之而无不及。当年九月，刻元祐奸党一百二十人名，立碑端礼门。次年又诏焚“三苏”与“苏门四学士”文集。黄庭坚皆在其中，命运可想而知。

崇宁元年赴鄂州途中，系舟樊口，上岸游武昌松风阁，有《武昌松风阁》诗，真迹留传至今，字为行书，气势雄浑，用笔劲峭。几天后，张耒贬此。两人在黄州，“经行东坡眠食地，拂拭宝墨生楚怆”。拂拭东坡题诗的石刻，墨迹依旧，人已隔世，又联想自己的遭际，怎不凄怆？！黄山谷愤然喊出了：“天生大材竟何用？只与千古拜阁像！”（《次韵文潜》）

在鄂州滞留，已是崇宁二年（1103）。山谷有《鄂州南楼书事》：“四顾山光接水光，凭栏十里芰荷香。清风明月无人管，并作南楼一味凉。”运用“通感”手法，无论是视觉之“光”，还是嗅觉之“香”，均并作一种“清凉”之感。但这种“清凉世界”很快便转为“南国炎荒”了。转运判官陈举秉承赵挺之意，呈上庭坚《承天寺塔记》，摘出其中的“天下财力屈竭”等句，诬以“幸灾谤国”。赵、陈本与黄庭坚有宿怨旧恨，这次是必欲置之死地而后快了。十一月将黄庭坚除名，羁管宜州（今广西宜山），比黔州、戎州更为荒远。有人担心黄庭坚受不了那里的瘴气，黄庭坚说：“宜州者，所以宜人也。”

但现实毕竟是严峻的。崇宁三年（1104），黄庭坚带家眷与亡弟叔达家小，匆匆离鄂，邻里友朋闻知，追至汉阳为他们饯行，黄庭坚留诗云：“只应瘴乡老，难答故人情。”至潭州（今湖南长沙），遇上护送秦观灵柩北归的秦湛（观子）、范冲（观婿）。黄山谷执手大恸，以银二十两为赠。起先对方考虑黄庭坚也在难中，不肯收下。黄庭坚说：“尔父，吾同门友也，相与之义几犹骨肉。今死不得预殓，葬不得往送，负尔父多矣。"秦湛才勉强收下。三月过永州，黄庭坚知已走近蛮荒炎瘴之邦，安置家人于此，单身前往。五六月间到达。

初居关城内，半年后，地方官谓其"不当居"，他抱被租住城南民房。民房上面漏雨，旁边灌风，西邻即为屠牛坊，南门外又为牛马市场，市声嘈杂，人不堪其忧。"余以为家本农桑，使不从进士，则田中庐舍如是……既设卧榻，焚香而坐"，名自屋为"喧寂斋"。这是他在《跋李资深书卷》中的描述。书此文时，用的是三文钱买的鸡毛笔。

黄大临自永州出发，千里迢迢来看望弟弟。十二月二十七日抵达。黄山谷月底邀其兄与一些宜州士子出游，见梅花初开，写下《虞美人》词。上片为："天涯也有江南信，梅破知春近。夜阑风细得香迟，不道晓来开遍向南枝。"瘴乡同样有江南之春，且南边枝干开遍。他的胸襟也为之开朗。

崇宁四年（1105）二月六日，与诸人饮饯兄大临于十八里津。黄山谷别诗中有"千林风雨莺求友，万里云天雁断行"之句。万千树林里，尽管风雨交加，莺声还在呼友；无边天空中，乌云弥漫，惊雁断了行列，无法相顾。任渊注："言鸟犹求友，而我独与兄别也。"这种险恶的环境描写，实为北宋晚期高压统治的象征。

南宋杨万里在《宜州新豫章先生祠堂记》中言："山谷之始至宜州也，有氓（平民）某氏馆之，太守抵之罪。有浮屠某氏馆之，又抵之罪。有逆旅（客店）某氏馆之，又抵之罪。馆于戍楼，盖圄之也。"黄庭坚是五月份搬到城头破败的戍楼栖身的。但境况也不尽如杨氏所言"盖圄之也"。他的起居，基本上是与三几友人围棋、诵书、饮酒，或调制治疗心悸病的药物，还接读亲友书信与接受宜州及附近民众所馈赠的草药、水果、粟米、鱼肉、竹笋、竹席、竹床、壮锦等物（见庭坚日记《宜州家乘》）。人们要他写借据，起先他不明所以，用鸡毛笔写了，后来才知道这是对方拿他的借据给童子作字帖的。于是他就丰富了借据的内容：一首唐诗，一段《论语》、一副对联。当然，也有不少是求教求书的。一位姓余的宜州官吏，派二子携纸而来，对黄山谷说："先生今日举动，无愧东都党锢诸贤，愿写范孟博一传。"黄山谷凭记忆默诵而书，仅有二三字疑误。"二子相顾愕服。山谷顾曰：《汉书》固非能尽记也，如此等传岂可不熟闻者？'"（《桯史》）这仿佛是苏轼少年读《范滂传》的一个长长的回应。

有位名叫范寥（字信中）的青年，长途跋涉，三月十五日来访。从此就一直留在老人身边，白天下棋诵书，晚上对床夜话，并在生活上予以照顾。陆游《老学庵笔记》载："秋暑方炽，几不可过。一日忽小雨，鲁直饮薄醉，坐胡床，自栏楯间伸足出外以受雨，顾谓寥曰：'信中，吾平生无此快也。'未几而卒。"终年六十一岁。时为九月三十日，无亲属在侧，只有范寥一人料理后事，盖棺后移至南城，四年后又护送灵柩归乡。

黄山谷以家学渊源，心仪杜甫。杜甫晚年流落东西两川和夔州、峡州，写下了不少瘦骨伶仃而气韵雄浑的吟唱。黄山谷在黔州时，想将它们全部书写刻石，因无经费告罢。到戎州后，李素翁慕名从眉州来访，欣然表示捐助，以了却山谷这桩心愿。刻石成后，又盖一堂存放。黄山谷起名为"大雅堂"，并作《大雅堂记》。他在《与王观复书》中说："所寄诗多佳句，犹恨雕琢功多耳，但熟视杜子美到夔州后古律诗，便得句法，简易而大巧出焉，平淡而山高水深，似欲不可企及。文章成就，更无斧凿痕，乃为佳作耳。"以至于张戒在《岁寒堂诗话》中言："韩退之之文，得欧公而后发明；陆宣公之议论，陶渊明、柳子厚之诗，得东坡而后发明；子美之诗，得山谷而后发明。"同时，黄山谷又十分推崇陶渊明，曾谓："拾遗句中有眼，彭泽意在无弦。"但陶诗是一种浑然无迹而又充满生命的神品，黄山谷（包括苏东坡）只是追求，而很难达到其境界。如果刻意求之，则往往变得僵硬与不真实，而他们自己所处时代的那种更为复杂的感情也会因此而丧失。可庆幸的是，苏、黄正是以自己不同于陶诗的风貌，才得以自成一家的。黄山谷从耿介兀傲的品性出发，主要形成的还是"宁律不谐不使句弱，用字不工不使语俗"的诗法。他的处世，也是偏于入俗而出俗的："道人壁立千仞，病在不入俗；至于和光同尘，又和本折却。与其和光同尘，不若壁立千仞。"尽管他高唱与世同波，但有时又对此不满："夫随波上下，若水中之凫，既不可以为人师表，又不可以为人臣作则。"

　　这样，我们便更能全面理解黄山谷这一段诗论："诗者，人之情性也。非强谏争于庭，怨忿诉于道，怒邻骂座之为也。……其发为讪谤侵陵，引颈以承戈，披襟而受矢，以快一朝之忿者，人皆以为诗之祸，是失诗之旨，非诗之过也。"以及他对晚辈的教诲："东坡文章妙天下，其短处在好骂，慎勿袭其轨也。"这些话是在当时党祸激烈、直道难行的政治环境下说的，前有苏东坡的"乌台诗案"，后有黄山谷的《实录》笔祸，能不令他怃然思之？但因他宁取"壁立千仞"，诗中仍多愤世嫉俗、郁勃不平之音，如："世上岂无千里马，人中难得九方皋。""地褊未堪长袖舞，夜寒空对短檠灯。""管城子无食肉相，孔方兄有绝交书。"管城子指笔，孔方兄指钱。两句言自己以文为生，既不能升官，又不能发财。即便那首集中少见的"平淡而山高水深"之作《跋子瞻和陶诗》也是如此："子瞻谪岭南，时宰欲杀之。饱吃惠州饭，细和渊明诗。彭泽千载人，东坡百世士。出处虽不同，风味乃相似。""饱吃"并非指生活安逸，而是东坡无往不适、其奈我何的精神写照，"时宰"与"百世士"两相对比，显出不同的历史价值。末二句言，归隐与出仕，情况虽有不同，但两人的风格情味，是多么相似啊！

　　更能说明问题的是黄山谷在荆州所作的《蚁蝶图》："蝴蝶双飞得意，偶然毕命网罗。群蚁争收坠翼，策勋归去南柯。"得意的蝴蝶，丧命蛛网。一群蚂蚁，争着收取从网上坠下的蝴蝶残翼，自以为立下奇功，扛着归去大树的洞穴。而这一切纠缠不休的关系，到头来都不过是南柯一梦而已。据岳珂《桯史》载：后来有人将此诗传入京师，蔡京见了大怒，欲加黄山谷以"怨望"之罪，重加贬谪，适闻黄庭坚已逝，方罢。黄山谷写此诗时，大概也忘记他对苏东坡"其短处在好骂"的批评了，只是不那么剑拔弩张而已。

余音袅袅

再话《蚁蝶图》——王朝末日——苏辙——文星不朽——张耒——晁补之——悲歌与凯歌——宋人风骨——放逐与回归——江河不哑,大地不聋蔡京为什么对《蚁蝶图》如此恼怒，当然是因为这首诗的辛辣讽刺。但就诗而言，却是黄庭坚站在较为客观的角度，对北宋后期愈演愈烈的党争的巨大概括。

"元祐更化"后，发生了"车盖亭诗案"，吕惠卿、章惇等三十六人被定为王安石的"亲党"，安焘等六十人被定为蔡确的"亲党"，全部逐出朝廷。这种过火的打击，种下了冤冤相报的种子。而在废罢新法的问题上，苏轼、范纯仁等都劝司马光慎重行事，两人又都为陷于诗案的蔡确作过一定的开脱，但归于无效。

司马光去世，旧党内部分裂成朔党、蜀党、洛党三派。朔党以刘挚为首，在废除新法上是司马光最坚定的支持者，势力也最大。蜀、洛二党，本书前已论及。在互相倾轧中，三党首领刘挚、苏轼、程颐都被罢去朝官职位。

哲宗亲政后，杨畏上言，称颂神宗"更法立制，以垂万世"的功德，希望哲宗"成继述之道"，并推荐章惇、吕惠卿、安焘、叶清臣等。章惇受命回京途中，有人问他为政以何为先，他答："司马光奸邪，所当先办，势无急于此。"章惇意志坚毅，但心胸狭隘，这两样因素的混合，便成为一种可怕的力量。事实还将证明，他对不愉快的往事有着生动的记忆。虽然司马光、吕公著已死，还是被追夺官职，章惇与时号"笑面夜叉"的蔡卞甚至要发棺暴尸，以泄私愤。

在朋党的争斗与倾轧中，人性是那么容易遭到泯灭。

杨畏因善变有案可查，被右正言孙谔弹劾解职。孙谔又在恢复募役法问题上同章惇发生分歧，主张吸取元丰、元祐的长处，被蔡京奏去官职。监察御史常安民上章奏退吕惠卿后，又言蔡京"奸足以惑众，辩足以饰非，巧足以移夺人主之视听，力足以颠倒天下之是否"，要求驱逐蔡京。安民还指斥章惇专国植党，要求哲宗收主权而抑权奸。章惇派说客劝安民稍自安静，并许以高官。安民表示自己只知忠君，不知媚相。章惇忍无可忍，唆使御史董敦逸，弹劾安民与苏轼兄弟素作党援。常安民被谪滁州，令监酒税。安焘上书救解，也出知郑州。力主"绍述"之说的李清臣，因为不赞成把所有的元祐党人都放逐岭南，恐"大骇物听"，逆了章惇之意，也被赶出朝廷。

于是，吕大防复贬舒州团练副使，安置循州；刘挚为鼎州（今湖南常德）团练副使，安置新州；范纯仁复置永州，韩维安置均州（今湖北丹江口），吕陶谪衡州（今湖南衡阳），赵君锡谪亳州，马默谪单州（今山东单县），贾易、朱光庭等也贬为末吏，或削去官秩。元祐诸臣一网打尽，无论蜀党、朔党、洛党，贬窜得一个不剩。

徽宗即位，废章惇，蔡京也因御史"交论其恶"夺职，徙居杭州。适逢宦官童贯奉诏南下，为徽宗访书画奇巧。蔡京便与他结纳，曲意奉承，昼夜伴游，并将自己所画的屏幛、扇带等，托贯进呈。又代购名人书画，加以题跋，或竟冒己名。当然，财帛贿赂更是题中应有之义。"已而宦妾、宦官合为一词誉京"，徽宗也自赏识。不久起京知定州，改任大名府。又逢曾布为排挤韩忠彦，荐京仍为翰林学士承旨。

这次复职，不仅未能使蔡京餍足，反而勾起他的旧恨。原来哲宗朝时，其弟蔡卞任尚书左丞，曾布密奏哲宗，兄弟不应同升，所以蔡京止调此职，不得辅政。现在，蔡京是一定要"辅政"了。继韩忠彦罢相后，曾布便成为蔡京攻击的目标。深得主眷的蔡京，果然如愿以偿。一个月后，曾布罢相，蔡京拜相。对曾布而言，也是咎由自取。

蔡京相国后，刻"元祐党人碑"于皇宫端礼门，由徽宗亲笔书写。后又在各地立碑，给逝者与存者设立一座精神的刑台。奸党名籍中，还包括章惇、张商英、李清臣、陆佃等与蔡京意见不合的新党。

蔡京重举"变法"旗号，大行聚敛之实。如免役法恢复后，巩州（今甘肃陇西）的役钱由元丰时每年的四百贯增全二万九十贯。方田的官员往往在原有税额外，增加税数，称作"蹙剩"，一县多达几万贯。在丈量过程中，贿赂公行，豪右形势之家多减免赋税，负担转嫁至下户头上。蔡京借口"不患无财，患不能理财"，刮地三尺。罢榷茶，允许商贩自由买卖，由官府自由"抽盘"，政和元年（1111）后，朝廷一年茶税收入达四百万贯，每年以一百万贯供皇帝"私奉"。改钞盐法，由商人任便向榷货务买得盐钞，凭盐钞去产地领盐，再到指定的州县贩卖。钞法屡变，商人出钱买钞，尚未领盐，旧钞已废，又须贴钱领取新钞，无钱更换新钞者，则"已输钱悉干没，数十万券一夕废弃，朝为豪商，夕侪流丐"。财富则大量流入宫廷，徽宗不无得意地说："此太师（蔡京）送到朕添支也。"

徽宗还利用宦官直接掠夺民田，以把官地、荒地、逃田、退滩等收归官府为名，将大量民田指作"天荒"，掠为"公田"，强占田地达三万四千余顷。

徽宗、蔡京将各地仓储钱谷搜罗一空。各路每年向朝廷上供的数额，神宗时已增加一倍。徽宗重定上供额，又增加十几倍。蔡京的亲信胡师文为江、淮、荆、浙等路发运使，将每年籴买东南粮米的大部分本钱，移作上供，让皇室挥霍，胡因而升为户部侍郎。各路官员竞相仿效，仓贮钱物全被搜空。

早期（熙宁，甚至元丰）变法的热情，越来越为贪婪的独占、无耻的掠夺所替代。撑饱了的帝王权臣，穷奢极欲，纸醉金迷。徽宗初年，由童贯主持杭州造作局，每天役使几千名工匠，为皇室制作珍宝奇玩。稍后，又在苏州设应奉局，蔡京命朱勔密取江浙花石进奉，后规模日增，每十艘运舟编为一"纲"，号"花石纲"，花石所过，毁桥凿城，一块石头的运费，甚至达三十万贯。大批农民长期被征作运夫，不能归田，甚至倒毙途中。大量花石树木抵京，用来建造延福宫、景龙江与艮岳（历史上统治者为私欲而侈建的工程，牵动国脉国本的不少。艮岳便是北宋的阿房宫、圆明园）。徽宗整日在宫中纵情取乐，宫女数以万计。

蔡京与其子蔡攸宅第相邻，"极天下土木之工"，蓄养姬妾成群。每年生日，各地都要奉献大宗礼物，称"生辰纲"。有次宴客，京对库吏曰："取江西官员所送咸豉来！"吏进呈十饼，客分食之，乃黄雀肫也。蔡京败后，有一士人在京师买得一妾，自称为蔡太师包子厨中人。一日命作包子，辞以不能。诘之曰："既是包子厨中人，何为不能作包子？"对曰："妾乃包子厨中缕葱丝者。"（均见罗大经《鹤林玉露》）

《宋史》本传载："京天资凶谲，舞智御人……帝亦知（应读作怕——笔者）其奸，屡罢屡起，且择与京不合者执政以桅（遏止）之。京每闻将退免，辄入见祈哀，蒲伏扣头，无复廉耻。"但野史又有另一方面的记录："蔡京罢政，赐邻地以为西园，毁民屋数百间。一日，京在园中，顾焦德曰：'西园与东园景致如何？'德曰：'太师公相东园嘉木繁阴，望之如云。西园人民起离，泪下如雨。可谓东园如云，西园如雨也。'语闻，抵罪"（《清波杂志》）。

宦官童贯执掌军权，每得军需，悉充私藏，家中金银珠宝如山。朱勔在苏州占有甲第、名园，田产跨郡连邑，每年收租十万多石，号曰"东南小朝廷"。童贯、王黼等还公开标价卖官，时有"三千索，直秘阁；五百贯，擢通判"的谣谚。有次，王黼、蔡攸在宫中陪徽宗饮宴，小丑般穿短衫窄袖，涂抹青红，和艺人一起，满口市井的淫词浪语（徽宗此时，自不会想到他被俘后，在押解他的金国小官面前，着青衣侍酒）。

徽宗二十多年的腐朽统治，终于激发了方腊、宋江等大规模的农民起义。民间流传的歌谣是："打破筒（指童贯），泼了菜（指蔡京），便是人间好世界。"

起义被镇压下去后，东北兴起的女真族，终于成了北宋王朝的克星。靖康元年十一月，金兵攻抵汴京。宋钦宗亲去金营献上降表。金兵大肆掠夺。已经让位的徽宗闻"金人征求万端，竭内帑至及乘舆嫔御，未尝动色，唯索三馆书画，上听之喟然"（《三朝北盟会编》）。靖康二年（1127）四月，金军虏徽、钦二帝和后妃、皇子、宗室贵戚连同朝官等三千余人北撤，另载宝玺、舆服、文物、图册、浑天仪及无数金银宝货，扬长而去。后金帝封徽宗为"昏德侯"、钦宗为"重昏侯"。

那些榨取民膏、精心营造的奇山名园，也一朝沦为废墟。四方珍禽，为平民徒手得之，以充美餐；苑内花木，也斫为柴薪。

北宋防住了内部的武装政变，却防不住外族的武力入侵；北宋抑武重文，却被无休无止的文官党争弄得奄奄一息。诚如黄山谷诗云："春残已是风和雨，更着游人撼落花（故意去把春花摇落）。"北宋非金人所亡，实自亡也。历史老人对以兵变而登基的赵匡胤开了一个玩笑。

苏辙与张耒、晁补之等都未及亲见北宋的覆亡，只在悲凉中度过了余生。当然也冷眼旁观了狐群狗党的为非作歹、横行肆虐，但也仅仅是"冷眼旁观"而已。

先是向往远方的开阔文明而如愿以偿，后是眷恋故乡的风土人情而终老他乡。苏轼兄弟都未走出这个怪圈。苏辙曾在《上枢密韩太尉书》中说："辙生十有九年矣，其居家所与游者，不过其邻里乡党之人，所见不过数百里之间，无高山大野可登览以自广。百氏之书虽无所不读，然皆古人陈迹，不足以激发其志气。恐遂汩没，故决然舍去，求天下奇闻壮观以知天地之广大。"

入朝后，他有许多宏观的史论。在《隋论》中，认为用极端的方式治理天下的王朝皆不能久。如秦、隋，以强大的军事力量统一了中国，但未随国势转变而改变治国策略，所以很快就覆亡了："彼亦见天下之久不定也，是以既得天下之众而恐其失之，享天下之乐而惧其不久，立于万民之上而常有猜防不安之心，以为举世之人皆有篡者英雄割据之怀，制为严法峻令以杜天下之变"，但只落得个事与愿违的结局。

为官时，他有不少尖锐的见解："近年贪刻之吏习以成风。上有毫发之意，则下有丘山之取；上有滂沛之泽，则下有涓滴之施。"（《贴黄》）

他因卷入党争的旋涡，大起大落，晚年居于颍昌，自号颍滨遗老，杜门不出，归信佛老。但还是由己及人，吟出："我愿人心似天意，爱惜老弱怜孤贫。"身居西湖之滨，却不能前去游览："宇宙非不宽，闭门自为阻。心知尘外恶，且忍闲居苦。"于是自培庭园："洗竹移花吾事了，子孙他日记衰翁。"

崇宁五年（1106），彗星过天，皇宫文德殿东墙上的元祐党人碑突遭雷击，裂成两半。徽宗恐惧天谴神怒，诏毁端礼门及各地党人碑，解除党禁。这实际上也是人心舆论推动的结果。想使党人碑成为对手耻辱柱的企图挫败了，树碑者却永远被钉在历史的耻辱柱上。苏辙的日子过得稍稍松快，他与儿孙们均学会"治生之道"。"麦秋幸与人同饱，昔日黄门今老农"，便是他当时的写照。

政和二年（1112），苏辙去世。在《颍滨遗老传》里，他表述道：一生没有白过，立功不成，却立了言。也许在弥留之际，他是怀着"文章自一家"的慰藉的。生前，苏轼就说过，子由之文"汪洋澹泊，有一唱三叹之声，而其秀杰之气终不可没"。明代茅坤也评其文曰："其奇峭处不如父，其雄伟处不如兄，而在疏宕袅娜处亦自有一片烟波，似非诸家所及。"

他被列为"唐宋八大家"的巨星之一。

苏轼的文章，更非诏令所能查禁。《风月堂诗话》载："东坡诗文落笔辄为人所传诵，……崇宁、大观间海外诗盛行，……是时朝廷虽尝禁止，赏钱增至八十万，禁愈严而其传愈多，往往以多相夸。士大夫不能诵坡诗者，便自觉气索，而人或谓之不韵。"到南宋，"建炎以来尚苏氏文章，学者翕然从之，而蜀士尤盛。亦有语曰：'苏文熟，吃羊肉；苏文生，吃菜羹'"（《老学庵笔记》）。宋代羊肉价贵。这是说对于苏文的精通程度关系到考场的得失、仕途的穷达。在高丽，当时两位著名文人兄弟，竟取名为"金富轼""金富辙"，以示对苏轼兄弟的钦慕。（见张世南《游宦纪闻》）而这仅仅是几十年间的荣誉，还有漫长的几百年乃至上千年的荣誉在等着东坡。

中外的历史，无不证明这种焚书禁文的做法，是多么愚蠢可笑。它只会激起人们强烈的逆反心理。德国大作家席勒甚至对朋友说："我们要写出一本必然会被暴虐者烧毁的书来。"

张耒以师弟子举丧后，第三次贬谪黄州，租屋柯山之下，自号柯山，并用以自己文集之名。诏除党禁，又居陈州，陈州古名宛丘，他又称宛丘先生。和黄庭坚一样，他在元祐年间的馆阁八载，是一生中的黄金时期。特别与晁补之倾盖相交，情如兄弟，时称"晁张"。晁赞其"君诗容易不着意，忽似春风开百花"。他体形魁伟，常常成为友人开玩笑的对象。陈师道诗云："张侯便然腹如鼓，饥雷收声酒如雨。"黄庭坚谑为"六月火云蒸肉山"，但对他仍十分推许："形模弥勒一布袋，文字江河万古流。"

张耒诗学白居易、张籍，为"苏门"中最关心民生疾苦者，诗中有"力田竟岁犹无获"的农夫、"不忧衣单忧饼冷"的鬻贩，有"船中客觉天未明，谁家鞭牛登陇声"的晨歌、"逃屋无人草满家，累累秋蔓悬寒瓜"的败景……文字也较自然流畅。他认为："文章之于人，有满心而发，肆口而成，不待思虑而工、不待雕琢而丽者，皆天理之自然而情性之道也。"（《贺方回乐府序》）《竹坡诗话》甚至说："本朝乐府当以张文潜为第一。"话虽然过分，但张耒确有不少佳篇佳句。如"故岁如晓客，行意不可留。新春如美人，含笑未举头"，把将去未去、欲来未来的年关写得新鲜活泼。又如："梦觉隔窗残月尽，五更春鸟满山啼""树头土枭作人语，月黑风悲鬼摇树""客灯青映壁，城角冷吟霜"等。其中"白头青鬓隔存殁，落日断霞无古今"（《再过宋都》），《王直方诗话》以为"气格似不减老杜"。再如《初见嵩山》："年来鞍马困尘埃，赖有青山豁我怀。日暮北风吹雨去，数峰清瘦出云来。"末句不光造语新奇，也反映了诗人的精神气质与审美追求。

《和周廉彦》中的颔联，"新月已生飞鸟外，落霞更在夕阳西"，被人反复研究。宋人汪景龙言此联本自唐代郎士元诗"河阳飞鸟外，雪岭大荒西"。今人钱锺书认为近似梅尧臣的"斜阳鸟外落，新月树端生"，因为郎诗只是想象地方的遥远，不是描写眼前的景物，而梅、张的写法正像岑参的"天坛飞鸟边"、杜甫的"柔橹轻鸥外"，"把一件小事物作为一件大事物的坐标，一反通常以大者为主而小者为宾的说法"。吴锦先生在《宋诗鉴赏辞典》中，除引用钱先生的看法外，更做了发挥："诗中写景，取两种自然物相衬托以构成画面，多数是以大托小，大者作为小者的背景。如李白的《望天门山》'两岸青山相对出，孤帆一片日边来'；黄庭坚的《达观台诗》'不知眼界阔多少，白鸟去尽青天回'，都是以移动着的孤帆、飞动着的白鸟为较小的局部，衬托在白日青天这样的大背景上，益显其动感。另一种方法是以小衬大，让大事物坐落在小事物的某一方位上。"除举了岑参诗例外，他还举了梅尧臣的另一句诗"北斗柄高天渐转"："仿佛是北斗不动，有如轴心，整个天宇在环绕着七星斗柄而徐徐转动。"他还认为，张耒此联比梅尧臣"夕阳鸟外落，新月树端生"，"改造得更加明丽圆转。它的好处不仅在新月、落霞、夕阳、飞鸟四美俱陈，汇成美妙的晚景，而且这几种互相衬托的大小景物，全都在动态中浮沉变幻，色相无穷"。吴先生最后也公允地指出："张耒的诗每有秀句孤拔而通篇不称之累。"的确，由于过分强调"满心而发，肆口而成"，忽视了对主题、形象、语言的必要提炼，张诗往往玉石杂陈，良莠参半。而他的成就，与苏轼的鼓励是分不开的。苏轼在《答张文潜书》中曾言："仆老矣，使后生犹得见古人之大全者，正赖黄鲁直、秦少游、晁无咎、陈履常与君等数人耳。"

张耒祖籍亳州谯县，从小以同乡曹丕为榜样，文要博学能诗，武则驰骋疆场。《少年行》中有"长衢大呼人四走，腰稳如植身如飞"之句。仕途中病臂，仍弯弓不止。晚居陈州，在《岁暮即事寄子由先生》中，却道："朝昏面壁坐，风雪闭门居。老去深依佛，年衰更嗜书。"但他始终未向腐朽的蔡京集团屈服，在痛悼子由、补之去世后，也寂寞而逝。"梧桐直不甘衰谢，数叶迎风尚有声"，是他废放期间的铮铮自白。

晁补之，字无咎，济州钜野人。其父晁端友工诗，苏轼曾为他诗集作引，称端友诗"清厚静深，如其为人，而每篇辄出新意奇语"。诗集已散失，现从留下的一首看，苏轼的评语并非过誉。"寒林残日欲栖乌，壁里青灯乍有无。小雨愔愔人假寐，卧听疲马啮残刍。"这首诗在当时就传诵很广。晁补之之叔晁端礼，擅词律。他就是在这样的文化环境熏陶中成长的。又据张耒所记，晁补之十三岁在常州从学王安国。王专主经学，对弟子要求很严，但却称晁补之为"奇才"。晁补之自己也很有大志，自述少时便想做皋陶、傅说、汲黯、刘向那样的贤臣。

十七岁，因父任杭州新城县令，晁补之得遇苏轼赏识延誉。这对晁补之而言，也是当之无愧的。他的《新城游北山记》，一反宋人游记中多杂议论的通例，而工于刻画，渲染出一种远离人世、幽深可怖的境界："去新城之北三十里，山渐深，草木泉石渐幽。初犹骑行石齿间，旁皆大松，曲者如盖，直者如幢，立者如人，卧者如虬。松下草间有泉，沮洳（低湿处）伏见；堕石井，锵然而鸣。松间藤数十尺，蜿蜒如大蚖（毒蛇）。其上有鸟，黑如鸲鹆（俗呼八哥），赤冠长喙，俯而啄，磔然有声。稍西，一峰高绝，有蹊介然，仅可步。系马石觜（角），相扶携而上。箩筱仰不见日，如四五里，乃闻鸡声。有僧布袍蹑履来迎，与之语，愕而顾，如麋鹿不可接。顶有屋数十间，曲折依崖壁为栏楯，如蜗鼠缭绕乃得出，门牖相值。既坐，山风飒然而至，堂殿铃铎皆鸣。二三子相顾而惊，不知身之在何境也。且莫（暮），皆宿。于时九月，天高露清，山空月明，仰视星斗皆光大，如适在人上。窗间竹数十竿相摩戛，声切切不已。竹间海棕森然如鬼魅离立突鬓之状，二三子又相顾魄动而不得寐。迟明，皆去。既还家，数日犹恍惚若有遇，因追记之。后不复到，然往往想见其事也。"

熙宁中，因父病故，晁补之由新城回巨野，家境贫困。结识当时任国子监教授的黄庭坚。黄山谷称其文可与晁错、董仲舒比美，诗胜何逊、阴铿。而苏轼对他的开门弟子，却要求日严。在《与鲁直书》中言："凡人文字务使平和，至足之余，溢为奇怪，盖出于不得已也。晁文奇怪似差（过）早，然不可直云耳。非谓避讳也，恐伤其迈往之气，当为朋友讲磨之语乃宜，不知公谓然否？"批评是委婉的，态度是平等的，用心是爱护的。可惜并未引起晁的足够重视，以致他晚年仍有此病。

元丰二年，二十七岁的晁补之考中进士，考官认为其文"近世未有"，神宗览罢，也曰："是深于经术者，可革浮薄。"使补之名重一时。

元祐元年，经李清臣推荐，晁补之被召试学士院，任秘书省正字，后迁校书郎。他与张耒"俱职太学，并试玉堂，同升馆阁"，"未省一日不相亲"。

元祐六年，任扬州通判，次年苏轼由颍知扬，晁补之赋诗"先生门弟子，佐守同一国"，特别高兴。苏轼在扬州的利民之举（如停"万花会"等），都得到晁的协助。苏轼始写和陶诗，首先也是赠给子由与晁补之的。晁补之也写了二十首次陶诗韵。

元祐末年，晁补之受召回秘书省，又出为齐州知州。时河北饥荒，流民入境，晁补之请准朝廷，得粟万斛赈济，为灾民治庐舍，具器用，供药物，救活数千人。他恩威并施，很想一展抱负。但哲宗亲政后，晁补之被列为元祐党人，由亳州通判而至监处州、信州（今江西上饶）酒税。

徽宗即位，晁补之由信州回京，在《遭赦北归》中言："山犹故险水犹奔，无复前年溅泪痕。自是人心随境别，橹声帆色尽君恩！"但不久党论复起，晁又外放，由兴奋而陷于失意："身惭随檄终难强，计欲归耕未敢陈。正是桃花红似血，不应无酒但沾巾。"

崇宁二年罢官，回故乡筑园赋闲。园名"归去来"，园内堂轩亭庵皆用《归去来辞》中的词语命名。"日往来其间，则若渊明卧起与俱。仰榜而味其词，则如与渊明晤语接。踌躇自得，无往而不归来矣。"但心境是颓唐的，尽抛却少年壮志。

大观四年（1110），五十八岁时，被起为泗州知州，不久即病死，张耒为其作墓志铭。《洞仙歌·泗州中秋作》，大概是晁补之的绝笔了。下片云："……待都将许多明，付与金樽，投晓共、流霞倾尽。更携取、胡床上南楼，看玉做人间，素秋千顷。"似乎要把明月的全部清辉纳入金樽，待天晓时共着流霞，一道饮尽这樽仙酿。本意说喝酒要喝到月落霞生方罢，但用此句法，顿觉新奇超迈。胡床是一种可以折叠的轻便坐具，传自西域。这里用东晋庾亮在南楼踞胡床赏月的典故。末二句天上人间浑然一体，境界阔大，想象丰富，词气雄放，也寄寓了作者消除人间黑暗、污浊的希望。清人刘熙载称"无咎词堂庑颇大"，近人张尔田谓"学东坡者，必自无咎始"，看来是比较恰当的。

回顾全书，一场封建王朝的政治自救运动不可挽回地失败了，而一场文学革新运动却不容置疑地获得了成功。北宋历史留下了它的一曲悲歌与一曲凯歌。这场胜利的进军从诗的革新开始，以散文革新为中心。柳开、石介主张文章"明道""致用"，是理论上的发难者。梅尧臣是宋诗特色的奠基人。欧阳修则是这场运动，更是散文方面的主将，但他并未革新到自己的词上。苏轼来了，不仅将宋词推上了中国文学史的高峰，而且散文也成为两宋的翘楚，并与黄庭坚一起，确立了宋诗的面目。他的全部创作，可用"白露横江，水光接天，纵一苇之所如，临万顷之茫然"来形容。他是这支文学联军的主帅，我们还可以举出一长串旗手、骁将的名字：王禹偁、范仲淹、尹洙、穆修、石延年、苏舜钦、柳永、王令、曾巩、王安石、苏洵、苏辙、秦观、张耒、陈师道、晁补之……当然，在进军途中，有些人筋疲力尽地倒下了，或由于才力不胜，或由于环境不允，文艺战争也有它的负伤、阵亡与遗忘。而那些幸存者与成功者，又往往是以生活的不幸与政治的失败为代价的，甚至可以说是必不可少的代价。

我们早已注意到一种奇特的现象。传统的入世出世思想，在宋代更深地影响到士大夫文人。在诗歌上他们高倡学杜，又标榜学陶。杜、陶地位的真正提高是在宋代，对二人的兼收并蓄，形成了宋诗的独特风貌，并影响到宋词、宋文。宋人甚至认为陶、王（维）、韦、柳的清淡简远，超于李、杜。但在苏、黄等大家那里，这种高格并未成为他们文学作品的主流，反倒在文人画中取得了主导地位。钱锺书先生因此提出：何以旧诗传统以杜甫为正宗，而绘画则尊王维为教主？黄宝华先生在《黄庭坚选集》前言中分析说："这两种美学趣尚植根于士大夫人生思想的不同方面，只是在诗画中表现的侧重点不同罢了。从传统的'诗言志'出发，诗歌历来为言志抒情的主要形式，与现实的联系较为紧密；而绘画更多地用以遣怀畅神，寄托超然之思，所以显得清远雅逸。一虚一实，恐怕这就是分歧所从来的原因之一。主宰封建社会后期的这一诗画倾向，其肇端正在北宋。就诗而言，尽管尊仰杜甫，但大部分文人已无杜甫直面现实的勇气，诗更多地成了文人清高的自我写照，不能与博大雄深的杜诗同日而语。"

但我们也应考虑到时代的因素。唐朝当权者只要作者不触犯封建制度的根本，并不怕他们戳破一点自己的伤疤，甚至有时对此还采取默许宽纵的态度。这对统治者来说，除了表示他们尚有信心，也是缓和内部矛盾、巩固统治地位的一个法门。如白居易《长恨歌》，极言玄宗之事，他逝后，唐宣宗李忱还写诗吊唁："……童子解吟长恨曲，胡儿能唱琵琶篇。文章已满行人耳，一度思卿一怆然。"宋代与唐朝相比，也是不能"同日而语"的，文禁日严，诗狱屡起，那些直面现实的作品，固然格外可贵，即便是清高的自我写照，也不失为对污浊现实的一种抵制。养气、尚健，才是宋诗的风骨所在，也是宋代士大夫的人格所在。宋代诗学，一方面要化解屈子之悲，将屈、杜之酸楚变而为陶之冲夷；另一方面又要扩展陶的心性，将冲淡襟抱变而为屈、杜式的入世情怀，呈现出一种陶、杜互补的综合形态。宋诗话既推崇东坡的"天外黑风吹海立，浙东飞雨过江来"，认为"'立'字最为有力"（马永卿），又强调"作诗要用健字撑拄，要活字斡旋。……撑拄如屋之有柱，斡旋如车之有轴"（罗大经）。其实，这也是对文人立身处世的要求。苏东坡晚年遭遇，实超乎老杜之上，而他却突出了"心"对"物"的悖离，"人"对"境"的超脱。他去世前不久写的《与米元章书》云："岭海八年，亲友旷绝亦未尝关念，独念吾元章迈往凌云之气、清雄绝世之文、超妙入神之字。何时见之，以洗我积岁瘴毒耶？"这是他以艺术精神为生命支柱的宣言。黄山谷前文已述，不赘。但他的"临大节而不可夺，此不俗人也"，至今还在笔者耳畔回响。总而言之，"先天下之忧而忧"与"临大节而不可夺"，映照出有宋一代士大夫的风貌。（以上论述，参见胡晓明先生《中国诗学之精神》）

笔者在写这部书的时候，犹如登攀一座高山。每当倚崖小憩，总觉得东坡在侧。一回首，他那被多年风雨鞭打的老脸，又倏然隐去，像一位白发顽童。但我却可以从他笔头所长出的、开遍山野的多汁枝叶与多彩花朵上，认识古老日子的每一个微笑、每一道光泽。夜幕降临，我又会从他那朗若星辰的眼睛里，窥见包罗万象的宇宙图像。他把使他不安、使他痛苦的一切，以及时代的躁动情绪所包含的变态与畸形，全部倾泻于自己的创作之中，也折射出诗人斑驳陆离的内心奇景。他常因抗拒而软弱、因贫困而富饶、因沉醉而清醒、因打击而坚强。空肠得酒，芒角横生，嬉笑怒骂，皆成文章。他放浪山水，斜插茱萸，吟咏梅花、明月与飞鸟，让海棠在瘴气弥漫中燃烧，让笛音在江面缭绕，让墨竹在风雨里长啸！使我们明白，原来美丽和珍奇要保护自己，既需要坚韧的抗衡，也需要明智的寂寞。他为自己营造了一个沉静完美、不可侵犯的世界。

这自然是不得已而为之。放逐与回归，共振着苏东坡及其同时代人的命运琴弦。"回归"当然不是指他们最后的遇赦，或身后被恢复爵位，追谥高官，而在于他们从京城外放，回归现实，更能体察民情，恢复自己身上的人性；还在于他们向往事功，却在名利场中处处碰壁，政治上无用武之地，甚至彻底失败，这反倒成就了艺术上的万幸，使他们退而求其次地找到自己的位置，在精神的王国里去建立丰功伟绩。进一步讲，如果没有深广的忧患意识，没有对残酷的政治斗争与苦难的底层生活的切身感受，这成功也是不能想象的。坎坷的遭逢，自有其举足轻重的价值。

毋庸讳言，这批秀杰之士（包括苏东坡在内）并非超人，他们作品中有些部分业已死亡，这大多是他们那个时代的过错。而他们作品里生机盎然、精力泉涌的因素，只要华夏文化、世界文明存在一天，便会永远存在，甚至与日弥新，这得归因于他们的斗士（最广义的！）气质，而非廷臣身份。换一种角度，正因为他们所愤恨、所抨击的现象还活着，使人厌恶的东西还活着，应该受蔑视、被埋葬的东西还活着，他们也理应活着，活在自己的作品里，活在人们的怀念中。

也许有人会说：这不正好印证邪恶的强大与长寿吗？我们并不回避这点：社会的痼疾只能在社会的土地上而非自然与梦幻的土地上加以治疗。但从秦始皇焚书愚民开始，如果不是有一批胆识之士对这种暴政表示抗拒，行使作为真正思想家、艺术家的绝对权力，用一支令人生畏的笔将其刺得遍体鳞伤，历史岂不只是一组暗哑无声的编钟，或一串充满谀辞的简帛？正由于那些花样翻新的画皮、随机应变的脸谱被不断戳穿，文明才一步步战胜野蛮，被痛苦所麻痹的人们才能从中汲取勇气与智慧，去正视一个奴役王国里的全部灾难。

江河不会哑默。

大地不会聋聩。

记忆不会冷却。

美梦不会烟逝。

读者啊，我亲爱的同胞，我的兄弟姐妹，请相信并且记住：每个今天，都是昨天的祭辰，明天的摇篮。

洪亮：放逐与回归

文 / 张国功

洪亮，1968 年毕业于复旦大学中文系，赴江西鲤鱼洲农场；1969 年分配至江西省水电工程团；1978 年调江西人民出版社。编审，中国作家协会会员。2005 年从百花洲文艺出版社退休。著有《太湖蝶》（江西人民出版社，1988）、《孟丽君》（江西人民出版社，1990，1993 新版）、《放逐与回归——苏东坡及其同时代人》[①]、《夏木清阴——宋诗随笔》（岳麓书社，2000）、《南船北马总他乡——中国诗性地理上的江南塞北》（济南出版社，2003，2008 新版）、《情天真有返魂香——宋词阅读笔记》（济南出版社，2005）、《杭州的一泓碧影》（上海音乐学院出版社，2008）、《江南文化读本》（合著，辽宁人民出版社，2008）、《世间何物是江南》（上海音乐学院出版社，2013）、《江南的春山和秋水》（上海文化出版社，2021）等。

[①] 本稿原名，本书曾以《放逐与回归》为名，于 1993 年、2005 年先后两次在百花洲文艺出版社出版，后以同名于 2018 年在江西高校出版社出版；还曾以《苏东坡新传》为名于 1993 年由台湾国际村文库书店出版繁体版本。

20 世纪 90 年代中期我刚毕业进入出版系统谋食时，少不更事，有一次"大放厥词"："出版社我知道有一位先生学问特别好。"在座者问我是谁。立马答曰：洪亮先生。那时我刚刚读完他皇皇四十万字的《放逐与回归——苏东坡及其同时代人》，故有此快语。后来才知道，我这种"童言无忌"的"单独列举法"，在不经意间实在得罪了不少心高气盛的同人。

不过有这种想法的，并非仅仅我这个随口臧否人物的书生。两年后，我有机会去复旦大学登门拜访知名的前辈学者贾植芳先生。先生操着我几乎听不懂的山西话与我聊天。听说我来自百花洲文艺出版社，先生即从座椅上遽然跃起说："你们社里出了本好书！"没等我接话，他立即从旁边的书架上摸出一册《放逐与回归》。

西方有"说不尽的莎士比亚"，东方则有"说不尽的苏东坡"。以林语堂的《苏东坡传》为典型，中国多少文人士子，隔着千年的时光，在冥冥之中走近苏东坡这位"伟大而可爱的旅伴"、不可救药的乐观主义者。洪亮走近苏东坡，走进宋代，走进他认为与宋代文化气质相仿的俄罗斯白银时代，走进知识分子的精神高地，走进中国文人诗性-审美的江南故乡，仿佛正应了一种灵魂深处的召唤，一种精神谱系上的自觉皈依。

洪亮评价苏东坡一生"常因抗拒而软弱，因贫困而富饶，因沉醉而清醒，因打击而坚强"。这，未免也是一种自我的言说。

流放者归来

1945 年 8 月 6 日，距离日本投降前九日，洪亮出生于四川宜宾——在与母亲异地而居时，他长期用"洪宜宾"这个本名来给在上海卧床的老母亲汇款尽孝。身为中央大学农学系学生的父亲，像那个时代的许多青年一样，在战乱中流徙内迁西南，却幸运地在重庆与一位山西逃难过来的女学生结识、结缡。抗战结束，千里江陵一日还。幼年的洪亮，此后随着双亲沿长江漂泊：四川、汉口、南京，最终定居上海，并于1963年考入复旦大学中文系。

天地玄黄的五六十年代，对于那一代中国知识分子来说，欲说还休。胡风"时间开始了！"的兴奋感还未消退，一场接一场政治的大风暴，开始磨耗着每一颗敏感的心灵。

中学时，政治斗争急管繁弦，风沙扑面。洪亮幸运地在优秀的翻译作品中找到了自己的心灵绿洲：傅雷译的《约翰·克利斯朵夫》，朱生豪译的《莎士比亚戏剧集》，查良铮（穆旦）译的普希金、拜伦，翟松年译的《当代英雄》……时代粗糙却又具有温情，以一种别样的方式弥补着他的精神贫困。

读到大三，"千万不要忘记阶级斗争"的时代口号声紧，"四清"，"文化大革命"……即使象牙塔中的书生，也无法避开政治风暴的裹挟。与很多亢奋的运动者不同，在坚硬的时代底色下，洪亮显得分外不合时宜。二十多年后，复旦大学教授潘旭澜先生在《洪亮其人其诗》中回忆他这位学生说："我同洪亮相识二十多年了，1965年下乡搞'四清'的时候，被分配同住一户农民家里两三个月。那时，我只觉得他为人正直、诚恳，不两面三刀，对一些极左的玩意儿甚为抵触，只想读书而不爱政治运动，所以时常若有所思，郁郁不欢，寡言少语。他同我这个名为工作队员，实际上已经挨整了两三年、赶下乡去改造的人，不宜也没有显得亲热，交谈也都是与下乡有关的事，但决不监视我的行动，更不打小报告，总是保持正常人与人之间的关系。'文化大革命'一来，整我越狠便越能表示自己是左派，可他放着这种包赢不输的好事不干，甚至连表示提高觉悟的大字报都不写一张。"

1968年大学一毕业，洪亮即被分配到鄱阳湖边上的鲤鱼洲。这个听起来草丰水美的鱼米之乡，实际上是血吸虫猖獗之地。继发明"五七干校"之后，1969年10月，随着林彪"一号通令"的下达，鲤鱼洲很快成为北大、清华教员"劳动锻炼"的基地。邓广铭、张岱年、王竹溪、王铁崖、厉以宁、罗荣渠、叶朗、乐黛云……大量中国当时最优秀的几代知识分子，在这个围湖造田的农场下放劳动。

尽管与当时不远处的天涯流放者并无沟通，而且一年后就被分配到江西水电工程团打风钻，但因为这种对苦难、流放等的切身体会，使得洪亮日后的阅读与写作，对于数度流放的苏东坡以及俄罗斯十二月党人等知识分子流放者群体，有着一种别样的关注。

十年后，感谢王飙、汤匡时、喻建章、朱焕添、陈俊山、潘清泉等慧眼伯乐的援手，洪亮在慢慢调正的时代旋律中调入江西人民出版社。

书生最难是天真

流放者归来，青春已然结束。除了深度的烟瘾、满身风霜与创伤，洪亮还锤炼出了一颗诗心。在名盛一时的文学刊物《百花洲》杂志做编辑，又受新时期氛围的激发，洪亮被抑制多年的诗兴顿时勃发。1988 年，他出版了一册《太湖蝶》。面对太湖上奋飞的蝴蝶，"回顾来路的风波险阻／悼念溺毙的兄弟姐妹／有的休憩后又要起飞／双翅还载着几许疲惫……也许受一种信念支配／要在奋斗中才有安慰／才能平息内心的风暴／才能感到生命的充沛"。作家忆明珠先生在序言中说："单看他的一些诗篇题目，大都与他的履痕游踪相伴随，像是山水诗人似的。其实不然，他不过借江山之助，发怀古之幽思。诗人触景生情，托物咏志，于人于事于史于世，无不倾注以严峻的审视和炽热的感情。他未免太认真，离看透、看破的境界还差得很远，所谓'书生气十足'，但其难能可贵也正在这里。"持同样印象的还有潘旭澜教授："洪亮的诗，深深地打上了他的个性烙印……在这些诗里，处处可以看到一个对生活非常执着，顽强地同命运抗争、不承认人民之外有什么上帝、有傲骨而无傲气、坚持自己所信奉的是非观以至有时有点偏激的歌者，向读者袒露灵魂。他对历史、现实、人生还没有看透，所以书生气就多，时而近于天真。"

书生最难是天真。1990 年，洪亮出版了长篇小说《孟丽君》。这是以清代杰出的女作家陈端生的长篇弹词《再生缘》为发端再创作而成的。孟丽君"挟封建道德反封建秩序，挟爵禄名位反男尊女卑，挟君威而不认怙恃，挟师道而不认夫婿，挟贞操节烈而违抗朝廷，挟孝悌力行而犯上反叛"。《再生缘》曾获得陈寅恪、郭沫若两大家的一致赞誉。陈誉之为"弹词中第一部书"；郭则提出"南缘北梦"，将之与《红楼梦》并举。著书人别有幽怀，在"著书唯剩颂红妆"的创作路径中，洪亮曲折地表达着中国文人的一种理想与纯真。梁笑先生在评论文章《追求小说的诗化倾向》中特意引出小说中的一段文字："喷涌的血意味着死亡，又更像播种，他们并不孤独：坟上常有花圈，怀念的歌曲追踪着依旧在大地上流浪的脚步。"

无地彷徨

书生意气，总是很难与时代和解的。在八九十年代之交大面积的人文精神危机中，洪亮同样彷徨于无地。拯救他的，是千年相契的苏东坡。那段时间，从书桌前抬头，他天天隐约看到东坡"那被多年风雨鞭打的老脸"。

在《放逐与回归》中，洪亮以苏东坡的人生命运为主线，群像式地描写了他与其同时代人范仲淹、欧阳修、梅尧臣、苏辙、曾巩、王安石、司马光、苏门四学士等人的悲欢。以苏东坡为核心，以北宋时代的人文历史为横轴，以上白屈原、陶潜、李白、杜甫，下至千年之后作者、读者，这样的中国知识分子的命运为纵轴，形成了一种广袤而幽深的中国知识分子的文心世界。放逐与回归，共振着他们一代人的命运琴弦，也折射出了宋代士大夫的精神风貌。

那个时代的大师竟然如此扎堆地在赵宋历史舞台上，他们的相互照耀和唱和给文学史留下多少温馨的记忆！作者以赤子之心体认苏东坡这一文化巨人与民族精灵的深切共鸣。洪亮由衷地说：对个人的荣辱处之泰然，却不能无视国家的兴衰与人民的疾苦，这是苏东坡的人格魅力所在，也是其作品永葆青春的秘密。多年后著名学者吴江先生为《放逐与回归》一书写下长篇评论《宋代为何凝聚起一座文化高峰》，他从洪亮文字中得出结论：宋代是一个文化昌盛和科技发展的时期。这很大程度上要归功于宋王朝的文化政策和知识分子政策。

"江河不会哑默，大地不会聋聩，记忆不会冷却，美丽不会烟逝。"文心诗性兼具的文字与内容，许多人都认为《放逐与回归》超越了林语堂的《苏东坡传》。潘旭澜说："作为书名的'放逐与回归'，是这部书的精髓所在，也是它超越林语堂《苏东坡传》的主要之点。放逐，指政治的失败，以及真的被一再流放，甚至垂老投荒；回归，既指回到广阔的社会生活中，更指艺术灵感的归来，找到实现人生价值的精神家园。"肖复兴认为这本大书有醒世的味道，实在是一部诗史、历史和心史。在学界，《中国古代散文史稿》一类著作把洪亮这本书与徐中玉、王水照等名家著述并列为宋代文学研修书目。读者张锐强说："在我的阅读视野中，这样的传记叙述方式还是第一次，我觉得总体质量比林语堂的《苏东坡传》好得多，不仅值得一读还很有收藏的必要。"网友"桃花岛居邪"说："目前关于苏东坡最好的书是洪亮写的《放逐与回归——苏东坡及其同时代人》，比林语堂的《苏东坡传》好很多。它不光写了苏东坡的一生的传记，还是他的心灵史和文学史。"

当登攀过苏东坡这座高山，洪亮在宋代欲罢不能，先后写出了宋诗研究随笔集《夏木清阴》和宋词阅读笔记《情天真有返魂香》。与许多学院派的论诗衡艺不同，洪亮更追求以一种对宋代文人心灵的触摸与体认。他时时以心灵的证悟与"同情之理解"进行着自己与宋人的沟通、历史与当下的交流、文本与现实的联结。一个突出的特点是，热爱中外诗歌的他，常常打通中外，引用心仪的诗句来表达自己解读宋代的感受。比如他引用余光中的诗句"在黄梅雨的月份／中国中国你令我伤心……扪着脉搏，证实一颗心还没有死去／还呼吸，还呼吸着雷雨的空气／我的血管是黄河的支流／中国是我我是中国"（《敲打乐》），来阐释陆游的拳拳爱国之心；引用西班牙诗人维森特·加奥斯的诗句"那么多的阴影，那么多的创伤，那么多的生命"来概括自己对宋诗整体的心灵判断；引用学人对罗伯斯庇尔的论述"他以他的权杖和急切的热情，把石头驯服为羊群。为着同一个最高目的，圣徒西西弗斯变成了暴君"来评判王安石政治洁癖中的历史错位与道德误区……

回归江南

2000 年，在一场文字波折后，洪亮离开了他耕耘二十多年的《百花洲》杂志。在这本知名一时、风生水起的文学杂志，洪亮曾经编发过公刘、白桦、徐迟、潘旭澜、赵丽宏、肖复兴、胡平、叶永烈、杨守松、李元洛、筱敏等名家的稿子。以中短篇小说闻名文坛的安徽作家李平易，有一次翻看到此后陌生的《百花洲》，动情地写下《想起洪亮先生》，文末说："文坛上虚火很旺，但不可否认，也还有地火在运行奔突，洪亮先生一些默默无闻的作为大概可归类为地火之运行吧。"

书生意气，自然无心于世俗所谓的事功，而更看重立言。好在身体尚可，1995 年又彻底戒了烟。卸下繁杂的编务，洪亮很快转而潜心创作，走进了自己的精神故乡：江南。也许是历经人生的挫折，枯涩的生命似乎格外渴望江南的抚慰。在《南船北马总他乡——中国诗性地理上的江南塞北》《江南文化读本》《杭州的一泓碧影》《世间何物是江南》中，洪亮江南流连，重温旧梦。他此前还显得有些拘谨的文字，此时前所未有地灵动自由。他诗人的灵性、不羁的感情，带来一次次生命的沉醉。"游人只合江南老"，沉醉江南，何尝不是渴望自我复归、灵魂栖止、个性自由的表征呢！在中国人文诗性的地图上，成长于江南、年轻时走遍江南的洪亮，经历个体生命寻找理想的重重波折，最终在诗性的江南找寻到生命的温暖与柔软，就像苏东坡经历肉体的放逐，而终于迎来精神的回归。

"当年我眺望你，好像眺望风浪迷茫的海洋。今天我回望当年，好像回望灯火阑珊的故乡。"只是，江南无处不泪痕，尤其是清廷与江南士子的对抗带来的历史记忆，更是抹上了一层历史沧桑。与他早年写《太湖蝶》意不在山水、中年写《放逐与回归》感慨"每个今天，都是昨天的祭辰，明天的摇篮"一样，即使熏沐着江南的柔媚惠风，风骨铮铮的书生洪亮，桃花扇底泪斑斑，仍然意在开掘着江南的英雄气！

楚雨片帆下，吴江春水生。2011年，遵从母亲的临终嘱言，洪亮回到了阔别半个世纪的上海。2013年，他在上海音乐学院出版社出版《世间何物是江南》，他说是自己总结江南的最后一本书。早年流连江南，晚年重温旧梦。洪亮在上海开始新的生活。与此前多年习惯闭户读书不同，他开始自费到处漫游：南北疆、黑龙江、海南岛、台湾、桂林……出游诱发诗兴，诗歌依然凝结着浓郁的江南情结与回归冲动。有一次上海作协去安徽泾县桃花潭采风，洪亮祖籍安徽六安，归途上洪亮情不自禁写下《皖南秋》，最后一节是："一路随秋风走过，寻访遗踪／酒旗兜住落日，寺钟被晚风吹送／李白的流寓，杜牧的歌哭／人去楼空，不如在作品里相逢。"

曾经有好些年，常常在文教路的旧书摊邂逅洪亮先生。他永远挎着一个简易的布包。典型的读书人的眼神，孤独而专注。他时而埋首搜寻着旧书残丛，时而踽踽独行，而对身边风尘市声中的喧嚣与繁华熟视无睹。"暖日轩眉哦大句，冷摊负手对残书。"半边街、师大、文教路、图书馆、青苑书店……南昌东边这一不大的区域，就是洪亮退休后的主要生活半径。散步、淘书、阅读、写作，人海栖迟，大道默存，在别人看来近于枯燥。他明知不可能读完书房中堆积丛脞的图书，仍然狂热地购藏。与很多人退休后仍选择打拼奔竞不同，洪亮拒绝了所有的邀约，而坚定地退守到至简的书生生活。当我越来越陷于奔忙迷茫的职场，与他像以前那样坐下来闲谈书卷的好时光越来越少。更多的时候，是他特意前来给我这个后辈赠送几册激赏的图书时见面聊上几句。但除了读书话题，他几乎绝口不聊经济之道，更不会世俗娱乐。偶尔闲扯到一些世事与风习，也往往不由自主地书生长叹，欲说还休。在这个时代，大众一起浮躁，一起世故，一起健忘，一起实用，没人为漫无边际的精神、历史而焦虑。幸有艰难能炼骨，洪亮老来依然一书生，在他人看来明显被这个时代放逐了；但在精神家园的回归上，他傲人地富有。

再后来，在洪亮离赣后不久，他坚执地将南昌寓所两大房间的书赠予我。书多为忧。他当然不忍心当作旧物处理散尽。记得当时他说：我知道你书房足够放得下，又爱书，好不容易有这么合适的人，赠予你正好。不久前在信中他谈及藏书，又说："因为上海的石库门房子，容不下，也撑不起。这些书的血脉，便由年轻的一代继承，我很欣慰。"我固然有一处过得去的书房（其实就是简陋的书库），但要容下这笔厚赠，亦是局促杂陈。更主要的是，先生信中所说继承"书的血脉"，在后生如我听来，如芒在背，深恐有负厚望。在书房静坐时，时时翻到这位同行与师长送我的书卷。我不知道以后的出版界是否还会有这种亦编亦创、亦诗亦文的人物。即使有，在对抗外在的诱惑，或者说在精神的坚持、内心的强大与生命的纯粹上，我们是否能做到那样决然、那样人文合一？怕是难了吧。说到底，书生气，早已是这个时代的稀缺资源了。历经生命的流放，饱经苦难的风霜，而赤子之心不改，一身清白，回归精神的原乡，几人难够？！

对话洪亮

张国功（以下简称张）：像当代很多文人一样，你祖籍安徽六安，幼年四处漂泊，从四川、汉口、南京，最后落足于上海，仿佛沿着长江流徙。你对幼年的经历有印象吗？这种遥远的经历是否给你以后的阅读与写作有一种独特的暗示、引领或增添了一份历史感？比如中国文人一入四川，总难免想起"三苏"。

洪亮（以下简称洪）：我生在四川宜宾，父母也因此为我取了"洪宜宾"这个名字。幼年的印象里，宜宾有一条蓝色的江，又有一条红色的江。两江交汇的地方，浪花特别美丽。长大了才知道，那是岷江与金沙江。我一生都没有离开过长江（江西也属于长江流域，古称"江右"）。我唯一的一首长诗就是《长江之歌》。我的长篇传记《放逐与回归—苏东坡及其同时代人》，更离不开长江的哺乳与滋养。

张：上海一向被贴上"海派"的人文地理标签。你在上海从小学一直读到复旦大学，但我发现你身上却少有上海人的生活方式与特质，甚至内在有着一种相反的狷介与风骨。你经常念到的大学师长，也是以"杂说"颠覆陈说、风骨独具的潘旭澜先生。上海这座城市以及这种文化对你来说，到底意味着一种怎样的存在？

洪：正因为学生时代始于上海，终于上海，在一定程度上，校园隔开了世俗社会。即使星期天，我也只是去福州路旧书店，就像现在常逛南昌文教路的旧书街一样。一批优秀的翻译家，如傅雷、查良铮，用作品教我做人。恩师潘旭澜先生更是活生生的榜样。总的来讲，海派文化对我影响不大。但也有例外，如施蛰存先生。

张：1968年大学毕业后，你被分配到鲤鱼洲农场锻炼。众所周知，当时北大、清华在那里办起了实验农场，数千中国知识精英在这片血吸虫狷獗之地无罪流放。你后来关注中国知识分子的苦难炼狱，甚至研究中国流人史。这种人生烙印，影响到你如何看待苦难？是一种资源还是一种不堪回首的痛苦？

洪：我关注中国知识分子的苦难历程。牛汉的一段话曾经震撼过我："我在诗中从不使用污辱动物的语言，以人类为中心的语言，比如'蠢猪''笨驴'之类。这和我多年不当人的经历有关。只有当你活成一个生物时，你才能体会到猪、牛、羊、一花一草的神圣、纯洁和庄严，体会到猪的眼睛真有神，羊真善良。它们和人是平等的，有时甚至还高贵些。人有什么权利污辱它们呢？"比起前辈，我的坎坷不算什么。但我还是不愿回首。被迫劳动是不美的。

张：青春作赋，皓首穷经。从早年激情的诗歌创作到现在沉郁的人物传记、文化随笔写作，你觉得这是一种个人的选择，还是体现了当代文人的共通命运？

洪：前面的文章已经讲透了。至少对我是这样。

张：你为他人作嫁衣二十多年。编辑固然是一种有意义的文化职业，但更是一项消磨人生精力的技术活。今天回头看，得失孰多？能否在如何把握编创两者关系上，给后来的编辑同人一些指点？

洪：其实我是很想为人作嫁衣的，当然必须是"可人儿"。但如果不是"可人儿"，就不妨退而为自己做几件嫁衣。我以为编辑搞创作，不仅不妨碍，反倒会提升业务水平，起码理解了创作艰辛，更尊重作者的心血结晶。这样，就能赢得信任，组来好稿。公刘是很傲的，但我与他谈得来。1991年初，在一次剖心的电话长谈后，便收到他的《羊年问答》，我很快发表在《百花洲》上："我要喝你的奶，亲爱的羊／喝吧，那是百草所变，你喝不光／我甚至……想吃你的肉，你的肉香／吃我的肉？也行嘛。反正我无力对抗／我还打算借你的皮，披在身上／那可不成！因为：你是狼。"接着，我又发了他的长篇回忆录《毕竟东流去—追忆我在江西赣州邂逅蒋经国先生的始末》，影响很大。

张：你喜欢宋诗，90年代初，苏东坡帮助你度过精神危机。宋代与俄罗斯的白银时代，看上去风马牛，你却感觉到甚至有意地去沟通两者精神上的相似性。能否简要说一下这个时代的精神内核对于今天的中国读书人的意义。

洪：两者的相似，首先在于艺术的创新精神。如宋诗之于唐诗，白银时代之于普希金、果戈理代表的黄金时代。其次，在艺术创新的同时，两者都对文化传统一往情深。曼德尔斯塔姆一次在回答"什么是阿克梅主义"的问题时说："就是对世界文化的眷恋。"布罗茨基后来以"文明的孩子"赞誉他们的赤子之心。再次，就是可贵的定力。白银时代的文化人，在兵荒马乱的岁月，蛰伏斗室，心无旁骛，潜心创作。流放（被迫流放或者自我流放），与其说挫伤了他们的意志，不如说激发了他们的灵感，有时是神经质的爆发。宋代文化人也多遭贬斥、流放。流放是一种加速度，将他们推入绝对的孤独。这个历程本来需要花费毕生的时间，而在流放状态下往往几朝几夕就完成了。他们与主流社会的距离是双重的，不仅可以用里数米衡量，而且也可以用年月来标识。他们带着刻骨铭心的创痛，陷入不可自拔的怀旧，在毫无节制的恐惧与怨艾中，喋喋不休，顾影自怜。对他们而言，诗歌不仅是一种自慰，一种倾诉，一种生存方式；在某种意义上，甚至是维持生命的一种呼吸。这使他们的诗歌较少浮泛的内涵、功利的目的，而更多体现为至情至性的流露。加之在一定程度上接受了贬谪之地异质文化（或草野文化）的熏染，而展现了别样的魅力和风采。结果往往是，在努力用诗歌拯救自己的同时，他们也拯救了当时的诗坛，使之不致走向僵滞与颓败。这当然是他们始料不及的。在物欲膨胀、价值重估的今天，读书人应该学习这种定力，坚持对艺术价值与自身价值的信心。

张：江南成为你读与写的一个关键词。这固然与你早年的个体经历有关，但是否更与江南之于士子特定的历史记忆有关？

洪：对江南的记忆，缘于对长江的记忆。狭义的江南（苏南、浙北、皖南），我是回不去了，所以我才写了回不去的江南。准确地说，是回忆中的江南、不可复现的旧时江南。按照刘士林先生的说法，在中国社会政治版图上，江南大部分时间处于边缘或者外省的位置。流放者因此在很大程度上从北方政治—伦理精神的桎梏中摆脱出来，在江南诗性—审美精神的惠风中沐浴、陶醉。我曾用"骚人遥驻木兰舟"来为这些诗魂摄神写照。当然，他们毕竟还是"欲采蘋花不自由"的。

猛然想到瞿秋白。这位地道的江南才子，虽然最终成了革命者，还是有着浓郁的江南情结："雪意凄其心惘然，江南旧梦已如烟。天寒沽酒长安市，犹折梅花伴醉眠。"

张：书多为奴。明知今生不可能读完，你却多年不停地购书。简要说说你对购书、藏书的看法。

洪：我不停地买书，缘于"文革"造成的阅读饥渴症。有些病症是终身难愈的。发现好的书，常会多买几本，送给朋友分享。

张：即使对于熟悉的朋友，你好像也很少谈及父母、经济等世俗生活，平时也不屑、不善于经营世俗生活。读书人内心自信而强大，但在生活行动方面往往不足，你如何看待自己这一点？

洪：苏东坡"因贫困而富饶"，也可换成"因（精神）富饶而（物质）贫困"，这不只是我一个人的宿命。

在喧嚣的世界里，

坚持以匠人心态认认真真打磨每一本书，

坚持为读者提供

有用、有趣、有品味、有价值的阅读。

愿我们在阅读中相知相遇，在阅读中成长蜕变！

好读，只为优质阅读。

苏轼全传

策划出品：好读文化　　　　　　监　　制：姚常伟

责任编辑：牛炜征　　　　　　　产品经理：刘　雷

封面设计：郑力珲　　　　　　　营销编辑：陈可心

内文排版：鸣阅空间

图书在版编目（CIP）数据

苏轼全传 / 洪亮著. — 北京：北京联合出版公司，
2023.11（2024.2重印）

ISBN 978-7-5596-7242-1

Ⅰ . ①苏… Ⅱ . ①洪… Ⅲ . ①苏轼（1036-1101）—
传记 Ⅳ.①K825.6

中国国家版本馆CIP数据核字（2023）第187692号

苏轼全传

作　　者：洪　亮
出 品 人：赵红仕
责任编辑：牛炜征
封面设计：郑力珲

北京联合出版公司出版
（北京市西城区德外大街 83 号楼 9 层　100088）
北京联合天畅文化传播公司发行
北京美图印务有限公司印刷　新华书店经销
字数 425 千字　710 毫米 × 1000 毫米　1／16　30.75印张
2023 年 11 月第 1 版　2024 年 2 月第 2 次印刷
ISBN 978-7-5596-7242-1
定价：68.00元